Kreta – Der Westen

Eberhard Fohrer

Text und Recherche: Eberhard Fohrer
Lektorat: Sabine Beyer
Redaktion und Layout: Claudia Martins
Fotos: siehe Fotonachweis
Covergestaltung: Karl Serwotka
Covermotive: Eberhard Fohrer (Bild oben: Am Strand von Paleochóra; Bild unten: Kreuzkuppelkirche bei Fódele)
Karten: Susanne Handtmann, Günther Grill

Fotonachweis

Alle Fotos von *Eberhard Fohrer*, außer:
Rolf Albrecht: 225, 226, 228
Heinz Ehrenfeld: 137, 143, 147, 207, 223
Hans-Albrecht Haffa: 210, 213
Frank Hoppe: 194, 197, 199, 201
Claudia Marenbach: 132, 169, 170
White Mountain Experience (Anemone Horn, Jean Bienvenu): 114, 138

ISBN 3-932410-44-0

Aktuelle Infos online unter www.michael-mueller-verlag.de

Originalausgabe 2000

Inhalt

Samariá-Schlucht und Umgebung 202

Plakiás und Umgebung 238

Wanderungen

Kartenverzeichnis

Zeichenerklärung für die Karten und Pläne

Landkarten

Schnellstraße	Bebaute Fläche	Höhle
Hauptverkehrsstraße	Grünanlage	Bushaltestelle
Nebenstraße	Gewässerfläche	Taxistandplatz
Piste	Flughafen/ -platz	Information
Wanderweg	Kirche	Post
	Schloss/ Festung	Museum
	Berggipfel	Parkplatz
Stadtpläne	Windmühle	Krankenhaus
	allgemeine Sehenswürdigkeit	Campingplatz
Hauptstraße	Badestrand	Telefon
Nebenstraße	Aussicht	Museum
	Leuchtturm	Moschee
	Ausgrabung	Schloss/Festung
	Gatter	

Ungebändigte Natur...

Westkreta erleben

Nach Westkreta reisen – das bedeutet vor allem Landschaftsgenuss: einsame Küstenpfade und stimmungsvolle Wanderwege, stille Hochebenen und wilde Schluchten, kahle Bergmassive und üppig grüne Waldgebiete, versteckte byzantinische Kirchen und Klöster, ländliche Idyllen weitab vom Touristenstrom. Dazu kommen die kulturell reizvollen Städte Réthimnon und Chaniá mit zahlreichen Relikten ihrer bewegten Vergangenheit und natürlich der intensive Badespaß in den kleinen Dörfern mit den langen Stränden an der äußersten Südwestküste. Nicht zu vergessen schließlich die Begegnung mit den Kretern selber im ruhigen, ursprünglich gebliebenen Inselinneren wie an der touristisch entwickelten Küste. Westkreta bietet also für jeden etwas – "kaló taxídi" (gute Reise)!

Der erste Eindruck, noch aus der Luft: Kreta ist ein Gebirge im Meer! Wie ein mächtiger Riegel liegt die lang gestreckte Insel am Südrand der Ägäis. Überall erblickt man hier Berge und Bergformationen. Zur Nordküste hin gleiten sie in hügligen Ausläufern sanft ab und bilden große Ebenen, in denen alle wichtigen Städte und die großen Urlauberzentren liegen. Anders im Süden, speziell im Südwesten. Hier enden die Zweitausender in jähen, schroffen Abstürzen: Steilküsten mit eingelagerten Sand- und Kiesstränden, winzige Dörfer zwischen hohen Felswänden, in die die Sonne gnadenlos hineinprallt. Manche Orte und Strände sind nur per Boot, über holprige Staubpisten oder

...und versteckte Relikte der reichen Vergangenheit

zu Fuß zu erreichen. Großartige Landschaftserlebnisse bieten hier Küstenwanderungen und die tief eingeschnittenen Schluchten, die sich über viele Kilometer durch die steilen Berghänge fressen.

Der Westen ist der gebirgigste, grünste und durch die beständigen Westwinde, die in der kühlen Jahreszeit die ersehnten Regenfälle mit sich bringen, auch der feuchteste Teil der Insel. Die majestätischen *Lefká Óri* (Weiße Berge) beherrschen das Bild. Ihre nackten Felsgipfel steigen bis fast 2500 m an. Zur Südküste hin sind sie durchbrochen von gewaltigen Einschnitten. Die weltberühmte *Samariá-Schlucht*, oft als Europas längste Schlucht bezeichnet, und ihre zahlreichen Nachbarschluchten gehören zu den eindrucksvollsten Phänomenen der gesamten Insel. Die weitausladenden kretischen Zypressen standen hier einst als dichte Wälder, Reste davon sind noch erhalten. Nur wenige Passstraßen führen durch die einsamen Höhen zu den kleinen Orten an der Libyschen See herunter, die beliebte Reiseziele für Individualisten sind – Schiffe sind hier die wichtigsten Transportmittel. Aber auch der abgelegene Nordwesten mit seinen lang gestreckten Halbinseln *Rodópou* und *Gramvoúsa* und der beschaulichen Region um das Städtchen *Kíssamos* ist einen Abstecher wert, genau wie die Strände *Gramvoúsa*, *Falássarna* und *Elafonísi* an der Westküste.

... für kulturell Interessierte

Ganz Kreta wirkt manchmal wie ein großes, etwas ungeordnetes Freilichtmuseum. Entdeckungen lassen sich hier überall machen: venezianische Wassermühlen und römische Zisternen, frühchristliche Wohnhöhlen und modrige Eremitenbehausungen, verfallene Kastelle, türkische Brunnen und Minarette,

Badevergnügen an abgelegenen Stränden...

verwitterte Tafeln mit Inschriften, antike Keramikscherben, alte Gräber, Tier- und Menschenknochen ... Gerade diese Vielfalt ist es, die den Reiz dieser historisch reichen Insel ausmacht.

Wer Kreta in der geschäftigen Hauptstadt *Iráklion* betritt, sollte die zwei Highlights nicht auslassen: das Archäologische Nationalmuseum mit der größten minoischen Sammlung der Welt und den weltberühmten Palast von *Knossós*. Im Westen wurde dagegen nur vergleichsweise wenig Minoisches entdeckt, dafür gibt es zahlreiche Relikte aus den verschiedensten anderen Zeitepochen: von den dorischen Städten *Áptera* und *Polirrinía* über die Ausgrabungen von *Archéa Eléftherna* und *Falássarna* bis zu den Klöstern *Arkádi*, *Agía Triáda* und *Préveli* und zahlreichen freskengeschmückten byzantinischen Kirchen und Kapellen. Und natürlich darf man *Réthimnon* und *Chaniá* nicht vergessen, die von allen Städten der Insel über die meiste historische Bausubstanz verfügen.

... für Badeurlauber

Westkreta besitzt zahlreiche Sand- und Kiesstrände, sowohl an der Nord- wie auch an der Südküste. Im Norden dominieren hauptsächlich lange, hellbraune Sandstrände mit wenig markantem, meist ebenem Hinterland. Sie fallen meist flach ins Wasser ab und sind fast alle touristisch erschlossen. Jede Bucht hat ihre Hotelanlage, an den Stränden reihen sich die Unterkünfte teilweise wie an einer Perlenkette. Vor allem östlich von *Réthimnon* und westlich von *Chaniá* stehen zahlreiche große Badehotels. Noch relativ wenig bebaut sind dagegen der lange Sandstrand zwischen *Réthimnon* und *Georgioúpolis* und der Kiesstrand im *Golf von Kíssamos*.

...panoramareiche Wanderwege in den Weißen Bergen und an der Küste

Im Süden sind die Strände in Felsbuchten versteckt, landschaftlich eindrucksvoller, wilder und ursprünglicher. Bisher sind sie noch eher eine Domäne der Rucksackreisenden, aber der Pauschaltourismus ist im Vormarsch – *Paleochóra* und *Plakiás* sind die Vorreiter. Wer sich von den Massen absetzen will, findet aber noch reichlich Möglichkeiten.

Die weitgehend unerschlossene Westküste besitzt zwei herrliche Badestrände, *Falássarna* und *Elafonísi*, vor allem letzterer wird allerdings mittlerweile von Mietwagenfahrern stark frequentiert.

... für Wanderer

Die üppig-wilden und archaisch anmutenden Szenerien der kretischen Natur haben schon Generationen von Wanderern begeistert. Zwar kann man überall

---

Ein Wanderparadies: die Schluchten im Westen Kretas

Ein gutes Dutzend tiefer Einschnitte durchzieht den bergigen Südwesten der Insel. Die berühmteste ist die fast 16 km lange **Samariá-Schlucht**. Sie ist eins der populärsten Ausflugsziele der Insel geworden und wird in der warmen Jahreszeit täglich von tausenden Besuchern durchquert. Weit weniger überlaufen sind die anderen Schluchten: **Aradéna**, **Eligiás**, **Ímbros**, **Tripití**, **Agía Iríni**, **Asfendoú**, **Kallikrátis** u. a. Das Besondere: Man kann sie alle nur zu Fuß erleben und befindet sich dort noch in weitgehend unberührter Natur. Die Schluchten sind eine Folge der starken Erosion des verkarsteten Felsgesteins, die vor allem wegen der großen Höhe und Steilheit der Berge nachhaltig wirken kann. Nach der Schneeschmelze zu Beginn des Frühjahrs werden sie von reißenden Sturzbächen überflutet, die alle im Meer münden. Das Begehen ist deshalb im Allgemeinen nur in den Monaten Mai/Juni bis September/Oktober möglich.

auf der Insel wandern, doch der Westen, speziell der *Südwesten* Kretas ist die mit Abstand beliebteste Wanderregion. Die majestätischen Bergzüge der *Lefká Óri*, die sonnigen Küstenpfade im äußersten Südwesten, die tiefen Schluchten, die sich vom Inland zur Südküste hinunterziehen – all das, kombiniert mit den warmen Temperaturen, die das Wandern quasi in der Badehose ermöglichen, garantiert herrliche Erlebnisse und Eindrücke.

Im praktischen Reiseteil dieses Führers finden Sie zahlreiche Wanderbeschreibungen, vor allem im Südwesten zwischen Paleochóra und Chóra Sfakíon.

... für Familien mit Kindern

Kreta ist in vieler Hinsicht ein kleines Paradies für Urlaub mit Kindern. Die Kreter sind meist ausgesprochen kinderfreundlich, und schnell kann der Junior zum Liebling der Kellner- und Küchenbrigade in der Stammtaverne werden. Die meisten Strände an der Nordküste fallen flach ins Wasser ab, und in den großen Badehotels, die pauschal über Reisebüros gebucht werden können, gibt es oft spezielle Kinderbetreuung und auch kindgerechte Einrichtungen wie Spielplätze und Planschbecken, z. B. in den Hotels der Grecotel-Kette bei Réthimnon. In den Städten und Dörfern sind die Spielplätze allerdings eher karg eingerichtet, ein bunt bemaltes Stahlgerüst, Schaukel und Wippe müssen genügen.

Mit der Völkerverständigung kann man nicht früh genug beginnen

Wer ohne Pauschalbuchung Urlaub mit Kindern machen will, dem empfehle ich im Westen Kretas z. B. *Paleochóra* an der Südwestküste (langer, flacher Sandstrand mit schattigen Bäumen, gute touristische Infrastruktur und Unterkünfte in Strandnähe), die gleichen Bedingungen (bis auf den Schatten am Strand) trifft man auch im freundlichen Ort *Plakiás*, südlich von Réthimnon. Geeignet ist vielleicht auch der ruhige Ort *Soúgia* (wenig Rummel, kaum Verkehr, schattige Bäume am Strand, allerdings nur Kiesstrand). In *Frangokástello* (östlich von Chóra Sfakíon) fällt der Strand ganz besonders flach ins Wasser ab, dort gibt es allerdings keinen richtigen Ort am Meer, sondern nur verstreute Tavernen und Unterkünfte.

Tipp: Der Reiseveranstalter Vamos-Eltern-Kind-Reisen GmbH (Eichstr. 57a, D-30161 Hannover, Tel. 0511/3481917, Fax 313109) vermittelt kinderfreundliche Quartiere an der kretischen Südküste.

Allgemeines

▶ **Klima und Reisezeit**: Mit 300 Sonnentagen im Jahr ist Kreta die sonnenreichste Insel Griechenlands und (neben Zypern) des ganzen Mittelmeeres. Das Jahr teilt sich auf in eine Regen- und eine Schönwetterperiode, die Übergangszeiten sind wenig ausgeprägt – der Frühling ist kurz, aber wunderschön, einen Herbst in unserem Sinn gibt es kaum. So kann man eher von drei als von vier Jahreszeiten sprechen: *Blüte- und Reifezeit*, März bis Mai (Tageshöchsttemperaturen 18-28 Grad, Tagestiefsttemperaturen 10-14 Grad); *Trockenzeit*, Anfang Juni bis Mitte Oktober (26-35 Grad bzw. 18-22 Grad); *Regenzeit*, Mitte Oktober bis Ende Februar (13-20 Grad bzw. 4-10 Grad). Prinzipiell kann man von Anfang Mai bis Mitte Oktober mit stabiler Schönwetterlage rechnen, die sich im Sommer allerdings zu starken Hitzegraden bis über 40 Grad steigert. Nach den oft heftigen Regenfällen, die meist im Lauf der zweiten Oktoberhälfte einsetzen, zeigt sich der Winter meist angenehm mild, und an der Südküste kann man sich sogar noch im Dezember ins Wasser wagen. Überhaupt ist es dort generell um zwei, drei Grad wärmer als im Norden der Insel.

● *Winde auf Kreta*: Wind gehört zu Kreta wie Salz zum Meer. So blasen im Hochsommer aus der Ägäis beständig die so genannten **Meltémi-Winde** und bringen Kühlung nach Nordkreta. Ebenfalls aus Norden kommt der heftige **Vórias**, der meist bis zu drei Tagen dauert. Während er an der Nordküste direkt vom Meer anlandig herüberfegt, pfeift er im Süden die Berghänge herunter und entwickelt dort Stärken bis 8 Beaufort. An sandigen Stränden kann das zu kleinen Sandstürmen ausarten, z. B. in Plakiás – berühmtberüchtigt als das "Windloch" der Südküste. Die Südküste bestreichen hauptsächlich im Frühjahr der **Nótias** und der gefürchtete **Siróko** (Schirokko), der auch **Lívas** genannt wird, weil er aus Libyen kommt. Der Sand und Staub, den er aus der Sahara mitbringt, überzieht alles mit einer rötlichen Schicht und dringt in die kleinsten Ritzen ein.

Durchschnittstemperaturen in °C

Monat	Luft (am Tag)	Wasser	Regentage	Monat	Luft (am Tag)	Wasser	Regentage
Jan.	15	16	13	Juli	29	24	0
Feb.	16	16	10	Aug.	29	25	0
März	17	16	8	Sept.	27	24	2
April	20	18	4	Okt.	24	23	5
Mai	23	20	3	Nov.	20	19	8
Juni	27	22	1	Dez.	17	16	12

▶ **Pflanzenwuchs**: Die Vegetation Kretas zeigt sich auf den ersten Blick spärlich, die Berge sind verkarstet und kahl, denn vor allem während der türkischen

Herrschaft wurden die ehemals dichten Wälder systematisch abgeholzt. Jedoch finden sich im bergigen und teilweise schwer zugänglichen äußersten Westen noch größere zusammenhängende *Waldgebiete*, und auch in den zahlreichen Schluchten gedeiht häufig artenreiche Vegetation. Dazu kommen Millionen von silbrig-grünen *Olivenbäumen*, die nachdrücklich das Gesicht der Insel prägen und deren Öl die Grundlage des – nach dem Tourismus – wichtigsten Wirtschaftszweigs der Insel bildet. Es klingt erstaunlich, aber trotz der großen Trockenheit in den Sommermonaten sind heute über 1500 verschiedene Pflanzenarten auf Kreta heimisch. Die Insel gehört dazu zu den vegetationsreichsten Gebieten des Mittelmeers. Vom zarten Alpenveilchen bis zur Strandnarzisse, vom spröden Bambusschilf zur mächtigen Wildzypresse reicht die Spannbreite der kretischen Flora. Immer wieder entdeckt man feuchte und fruchtbare Oasen mit großem Artenreichtum in der karstigen Felslandschaft. Vor allem gegen Ende der Regenzeit im März/April zeigt sich die Natur von ihrer besten Seite. Die großen Weide- und Karstflächen verwandeln sich dann in Blütenmeere. Kreta im Frühling und im Sommer – zwei gänzlich verschiedene Gesichter.

Wasser auf Kreta: Quell des Lebens

An vielen Stellen im kretischen Hochgebirge entspringen starke **Quellen**, die sich in Schluchten tiefe Furchen zum Meer gegraben haben. Obwohl die Insel im Hochsommer verdorrt und die meisten Wasserläufe ausgetrocknet sind, findet man an vielen Stränden glasklare und eiskalte Bäche, die meist von dichter Vegetation begleitet werden – herrlich erfrischend und eine wohltuende Abwechslung zum Meerwasserbad. Schönste Stellen in dieser Hinsicht sind **Georgioúpolis** an der Nordküste zwischen Réthimnon und Chaniá (dort liegt auch der einzige Süßwassersee Kretas), der Palmenstrand von **Préveli** an der Südküste bei Plakiás und die **Samariá-Schlucht** im gebirgigen Südwesten. An den Stränden der Südwestküste sprudeln außerdem unterirdische Süßwasserquellen, so z. B. am **Glikanéra Beach** zwischen Chóra Sfakíon und Loutró und bei der Kapelle **Ágios Pávlos** östlich von Agía Rouméli.

● *Bäume und Wälder*: Im Altertum war Kreta für seine riesigen **Urwälder** aus Zypressen und Zedern bekannt, die damals die ganze Insel bedeckt haben sollen. Spätestens in den Jahrhunderten der **türkischen Besetzung** wurde dem ein radikales Ende bereitet. Unter Duldung bzw. wohlwollendem Desinteresse der osmanischen Machthaber brannten **Landspekulanten** weite Waldstriche ab und verkauften das neue Weideland Gewinn bringend an Viehhalter. Auch die türkischen Militärs entfachten während der zahllosen Revolten der Kreter große Brände in den Waldgebieten, um den Aufständischen die Verstecke zu nehmen. Bis heute kommt die Erneuerung der Waldbestände nicht voran: Gründe dafür sind Gleichgültigkeit und Nachlässigkeit, die massive Überweidung durch Ziegen sowie die nach wie vor heftige Bodenspekulation. Alljähr-

lich ereignen sich schwere **Waldbrände**, nicht wenige werden absichtlich gelegt, z. B. von Hirten, die dadurch Weideland für ihre Ziegen gewinnen. Trotzdem präsentiert sich der Westen Kretas heute wieder hier und dort üppig grün. Kilometerweite Hänge mit **Kastanien** und **Bergzypressen**, tiefe Bachtäler mit riesigen **Platanen**, sogar prächtige **Palmenhaine** an Flussläufen prägen manche Regionen. Die anspruchslosen **Aleppokiefern** sind dagegen pinienähnliche Bäume, die oft um Ausgrabungsstätten gepflanzt sind und auch bei Aufforstungsmaßnahmen gerne verwendet werden.

● *Macchia*: Sammelbegriff für die verschiedensten immergrünen Bäume (krüppelwüchsig) und Sträucher, die als dorniger Verhau von 2-4 m Höhe überall dort die Felsen überwuchern, wo außer Kräutern kaum noch etwas wächst. Sie ist als verarmte Ersatzge-

Im Frühsommer blühen überall farbenprächtige Disteln

sellschaft für den Wald entstanden und für den Fußwanderer fast undurchdringlich. **Dornginster**, **Myrte**, **Stechwinden**, **Wacholder**, **Mastixsträucher**, diverse verkrüppelte Baumarten, darunter **Kermeseichen** und **Erdbeerbaum**, u. v. m. gehören dazu.

● *Phrygana*: Oberbegriff für unzählige dornige Büsche und Sträucher bis höchstens Kniehöhe, die weite Felsregionen Kretas bedecken. Sie ist charakteristisch für Regionen, in denen eine Überweidung durch Ziegen stattgefunden hat, und heute die eigentlich typische Vegetation der Insel. Wichtige Vertreter sind **Salbei**, **dornige Wolfsmilch**, **Asfodelos** und **Dornbibernelle**.

● *Kräuter*: Oregano, Thymian, Majoran, Salbei, Bohnenkraut, Rosmarin und andere Kräuter duften als knöchelhohe Büschel überall in der Phrygana, an Felshängen und auf Plateaus. Reichlich Wind und Sonne, der hohe Mineraliengehalt der kargen Böden und die spaltenreichen Kalk- und Schiefergesteine bieten ihnen ideale Wachstumsbedingungen. Ihr Wirkstoffgehalt ist hoch, und wegen der fehlenden Industrie sind sie kaum mit Schadstoffen belastet.

● *Blumen*: Im Frühjahr bildet der knallrote **Klatschmohn** überall leuchtende Felder, es gibt endemische Abkömmlinge der **Alpenveilchen**, **Tulpen** und **Pfingstrosen**, außerdem einige hundert andere Arten mehr. Die lilafarbene **Bougainvillea** und der leuchtend rote **Hibiskus** sind die häufigsten Zierblumen. In den Seitentälern der großartigen Samariá-Schlucht wachsen sogar noch seltene **Orchideenarten**.

● *Pflanzen in Schluchten und an Wasserläufen*: Meist sind Bäche und Quellen schon von weitem an den üppig ausladenden **Platanen** oder den dichten Wänden aus kräftigem **Pfahlrohr** (Riesenschilf) zu erkennen. Auch **Oleanderbüsche**, **Keuschstrauch** und **Aronstabgewächse** sind auf feuchte Standorte angewiesen, von denen es auf Kreta doch erstaunlich viele gibt.

● *Dünenvegetation*: ist auf Kreta in ausgeprägtem Maße nicht mehr zu finden, denn die meisten Arten haben vor den Touristenschritten kapituliert. Doch **Stranddistel**, **Schneckenklee**, **Hornmohn** und **Narzissen** haben an einigen Stellen überlebt.

▶ **Tierwelt:** Nutztiere wie Ziegen, Schafe und Maulesel sind ein alltägliches Bild. Auch der Artenreichtum an Vögeln fällt auf, Insekten kreuchen und fleuchen in Mengen, viele bunte Käfer und Schmetterlinge lassen sich auf Kreta beobachten, ebenso zahlreiche Schneckenarten. Hochwild in freier Wildbahn ist dagegen wegen des fehlenden Waldes und der Jagdleidenschaft der Kreter schwer dezimiert. Berühmteste Tiergattung der Insel ist die Kretische Wildziege *Ibex* oder *Agrími* (wiss. Name: Capra aegagrus creticus). Sie war lange vom Aussterben bedroht, und auch heute soll es erst 1000-2000 Expemplare geben (man darf sie natürlich nicht verwechseln mit den normalen Nutzziegen, die sich zu Hunderttausenden auf der Insel tummeln). Die Agrimiá leben in freier Wildbahn hauptsächlich in den unzugänglichen Felshängen um die Samariá-Schlucht, die 1964 zum Nationalpark erklärt wurde (→ S. 202). Es sind prächtige Tiere mit rehbraunem Fell und kurzen Haaren, die Männchen tragen ein mächtiges, weit geschwungenes Gehörn. Man bekommt sie kaum zu Gesicht,

Zottelige Schafe...

da sie nachts äsen und sich tagsüber meist verstecken. In den Stadtparks von Réthimnon und Chaniá kann man einige in armseligen Gehegen ihr Leben fristen sehen. Ihre Jagd ist streng verboten, doch die wenigsten kretischen Jäger halten sich daran. Auch die Vermischung mit normalen Ziegen gefährdet den Bestand der Rasse, ebenso der Mangel an Nahrung im überlaufenen Nationalpark Samariá. Inzwischen sind aber auf drei unbewohnten Felseninseln vor der Nordküste Reservate aufgebaut worden. Ansonsten wird einem wohl höchstens Kleingetier wie *Hasen* oder *Kaninchen* über den Weg laufen, wenn man von den zahllosen Haustieren wie *Katzen* und *Hunden* absieht. Letztere sind z. T. herrenlos und lammfromm, können aber auch sehr unangenehm werden.

Vom Aussterben bedrohte Tiere: Folgende Tierarten in und um Kreta sind durch das Vordringen der menschlichen Zivilisation, aber auch durch den aggressiv expandierenden Tourismus in ihrer Existenz gefährdet.

● *Meeressäugetiere*: **Delfine** sind in den Meeren bei Kreta noch relativ häufig anzutreffen, die Arten "Tursiops truncatus" und "Delphinus delphis" sind allerdings hochgradig gefährdet durch italienische Hochseefischfangflotten, die mit Treibnetzen arbeiten.

...und gelenkige Ziegen in den kretischen Bergen

Fast ausgerottet sind inzwischen die **Mönchsrobben** (Monachus monachus), die einzige Robbenart im Mittelmeer. Die Robben leben ständig im Meer, nur ihre Jungen bekommen und säugen sie an Land (Juli bis September). Dafür brauchen sie eine völlig ungestörte Felshöhle. Solche gibt es auch an Kretas Küsten, aber durch die immer häufiger unternommenen Ausflugsbootsfahrten werden sie immer weniger. Dazu kommt, dass die kurz vor dem Aussterben stehenden Tiere immer noch von Fischern und Jägern erschossen werden.

● *Meeresschildkröten*: Schildkröten der Art **Caretta caretta** paaren sich seit Jahrtausenden im Mittelmeer. Zwischen Juni und September legen sie an bestimmten Stränden Kretas ihre Eier ab, u. a. am langen Sandstrand **östlich von Réthimnon**. Die Weibchen kommen dafür nachts an den Strand, graben eine Grube in den Sand und legen etwa hundert Eier hinein. Dann bedecken sie das Nest mit Sand. Etwa 55 Tage müssen die Eier ungestört liegen bleiben, dann schlüpfen die Kleinen aus, meist nachts. Sie begeben sich sofort auf ihren Weg ins Meer und werden dabei von dem helleren Horizont des Wassers angezogen. Wenn die Schildkrötenmamas durch Lichtquellen oder Geräusche irritiert werden, machen sie unverrichteter Dinge kehrt und

verlieren ihre Eier vielleicht im Wasser. Auch die geschlüpften Kleinen verfehlen bei Störungen den richtigen Weg und sterben an Erschöpfung oder Wassermangel. Die Meeresschildkröten bedürfen im Zeitalter des Massentourismus dringend des Schutzes, denn die Zahl der Nester ist in den letzten Jahren rapide zurückgegangen. **Gehen Sie nicht nachts an die genannten Strände, benutzen Sie keinesfalls künstliche Lichtquellen, und beschädigen Sie nicht die Nester** (meist wurden diese von Naturschützern mit Käfigen umgeben).

● *Raubsäugetiere*: Zwei italienische Zoologinnen fingen 1996 im Ída-Gebirge zum Erstaunen der Wissenschaft eine männliche **Wildkatze** (Felis Silvestris Libyca), die man seit einem halben Jahrhundert für ausgerottet hielt. Es ist anzunehmen, dass noch einige weibliche Tiere in den Bergen versteckt leben, was den Fortbestand der Art gewährleisten würde.

● *Vögel*: Der **Lämmergeier** mit seiner mächtigen Spannweite von bis zu 2,80 m ist der einzige Vogel der Welt, der sich von Knochen ernährt und somit ein perfekter Verwerter von Aas ist. Er wird bis zu 40 Jahre alt und lebte früher in allen bergigen Regionen Europas, Afrikas und Asiens. In Kreta galt er als Symbol der intakten Natur, doch heute gibt es nur noch wenige Exemplare.

▶ **Wirtschaft:** Kreta ist keine reiche Insel. Bodenschätze gibt es nicht, deswegen auch kaum nennenswerte Industrie. 60 % der Landbevölkerung leben von der Bewirtschaftung ihrer kleinen Felder oder von der bescheidenen Zucht von Schafen, Ziegen, Schweinen und Geflügel. Große Bedeutung kommt bei dem Fehlen von Alternativen dem Dienstleistungssektor und Handel zu. Vor allem der ständig wachsende Tourismus schafft viele Arbeitsplätze und Möglichkeiten zur Eigeninitiative, z. B. "Rent Rooms", Tavernen, Souvenirläden, Reiseagenturen, Fremdenführer, Bootsausflüge oder Surfbrettverleih. Ohne das Geschäft mit den Urlaubern wären viele Kreter – wie früher – zur Auswanderung gezwungen.

Holzkohle für Touristen: Köhler auf Kreta

Weil die zahllosen Urlauber Souvláki und Grillfisch so gerne mögen, haben Köhler auf Kreta immer noch ihr Auskommen. Die Tavernenwirte an der Küste brauchen während der Saison ständig Nachschub an guter Holzkohle. Die kretischen Köhler hacken und zersägen das Holz von Zypressen und anderen alten Bäumen, schichten es zu großen Haufen und verbrennen es in einer langwierigen Prozedur zu Kohle. Vor allem an den Hängen des **Ída** im Hinterland von Réthimnon sieht man die schweißüberströmten Köhler oft bei ihrer harten Arbeit, z. B. um **Melidóni**.

● *Acker-, Gemüse- und Obstanbau:* Die Bodenbestellung ist schwierig, da auf dem hüglig-steinigen Inselterrain größere zusammenhängende Flächen fehlen, die mit Maschinen bearbeitet werden können. Zum anderen liegt die Vegetationsgrenze sehr niedrig – über 600 m wachsen nur noch dorniges Gestrüpp, wilde Weinreben und Olivenbäume. Weiterhin entscheidend ist das noch weithin ausgeprägte System der Erbteilung und Aussteuer. Die ständige Zersplitterung des Landes unter die gleichberechtigten Söhne und die Mitgift für die Töchter verhindern jegliche Bodenakkumulation. So bewirtschaften zwar viele Bauern ihr eigenes Land, an EU-Maßstäben gemessen ist Kreta aber praktisch nicht konkurrenzfähig. Kreta produziert hauptsächlich für den Eigenbedarf – in größerem Maßstab können nur **Sultaninen**, **Olivenöl**, **Tomaten**, **Gurken** und **Zitrusfrüchte** ausgeführt werden. Vor allem der weitflächige Anbau in Treibhäusern an der Süd- und Westküste ermöglicht den Export von Tomaten und Gurken das ganze Jahr über.

● *Viehzucht:* Sie beschränkt sich meist auf Schaf- und Ziegenhaltung sowie ein paar Schweine und Hühner im eigenen Stall. Rinder gibt es nur wenige. Eine große Rolle spielt die **Weidewirtschaft** – die Zahl der Schafe und Ziegen geht weit in die Hunderttausende, fast die Hälfte der Insel gilt als Weideland. Auch auf Kreta ist der Gegensatz zwischen "nomadisierenden" Hirten und ökologischem Landschaftsschutz (Wiederaufforstung, Urbarmachung für Anbau) ein großes Problem. Die Schafe und vor allem die gefräßigen Ziegen weiden das Grün so gründlich ab, dass die verkarsteten Böden sich kaum erholen können und schwere Erosionsschäden die Folge sind. Um neues Weideland zu schaffen, ist Brandstiftung für manche Viehbesitzer ein gängiges Mittel.

● *Fischerei:* Sie steckt in einer schweren Krise, weil die Gewässer um Kreta fast leer gefischt sind. Oft versucht man, mit Dynamitfischen und verkleinerten Maschenweiten die Erträge zu erhöhen. Die Folge ist, dass zahllose Jungfische getötet werden, bevor sie sich vermehren können, was die Zahl der Fische noch weiter sinken lässt. Die kretischen Fischfangflotten müssen oft wochen- und monatelang vor die afrikanische und türkische Küste fahren, um zufrieden stellende Erträge zu haben. Trotzdem muss der meiste Fisch eingeführt werden.

Fischer auf Kreta – harte Arbeit und geringe Erträge

• *Industrie*: gibt es nur im Großraum Iráklion, wobei in erster Linie die heimischen Produkte wie Oliven, Trauben und Obst zu Seife, Öl, Spirituosen, Wein und Konserven verarbeitet werden. Ansonsten spielt inzwischen die **Baustoffindustrie** eine große Rolle, denn dank des ständig zunehmenden Tourismus werden überall auf der Insel Neubauten in großem Maßstab errichtet. Vor allem Steinbrüche und Zementwerke, Sand- und Kalkgewinnung lohnen sich.

▸ **Brauchtum, Feste und kulturelle Veranstaltungen:** Die Kreter feiern gerne und ausgiebig. Irgendwo wird man sicher Gelegenheit haben, eins der zahllosen Feste, meist am Feiertag eines Heiligen oder aus politischem Anlass, mitzuerleben. In den größeren Orten herrscht dann Volksfestatmosphäre – überall wird gegessen und getrunken, am Dorfplatz spielen stundenlang Musikanten mit Lýra, Laoúto und dem Tambroúras. Vor allem die kirchlichen Feste – *Panagíria* (Einzahl: Panagíri) genannt – werden mit großer Anteilnahme aller Bewohner gefeiert.

Ostern: das wichtigste Fest der Kreter

"Pás'cha", das griechische Osterfest, ist auf Kreta ein Ereignis, gegen das unsere Ostereiersuche eher bescheiden anmutet. Voller Hingabe werden die Hinrichtung Christi und seine anschließende Auferstehung nachempfunden. Die Vorbereitungen beginnen bereits in der 49-tägigen Fastenzeit, die am Rosenmontag einsetzt. In der Karwoche finden dann täglich Messen statt. Am Karfreitag wird Christus zu Grabe gelegt – nach dem Trauergottesdienst ziehen große Prozessionen durch den Ort. Die Feierlichkeiten gipfeln in der Auferstehungsmesse am Samstag kurz vor Mitternacht. Mit dem Ruf **Christós anésti** ("Christus ist auferstanden!") entzünden um Mitternacht alle Gläubigen ihre Kerzen – ein wunderschönes Schauspiel. Ein ausgelassenes Freudenfeuerwerk schließt sich an. Danach geht man im Familienverband groß essen – zuerst die rot gefärbten Eier, die das Blut Christi symbolisieren, dann eine Suppe aus Innereien vom Lamm, die **Magirítsa**. Am Ostersonntag wird schließlich das Ende der Fastenzeit gefeiert, zahllose Lämmer sind dafür geschlachtet worden und brutzeln jetzt an Spießen über Holzkohlenfeuern, überall wird getanzt und gesungen.
Wichtig: Ostern wird im **griechisch-orthodoxen Kirchenjahr** nach dem Julianischen Kalender errechnet und fällt auf einen anderen Termin als bei uns, nämlich ein oder zwei Wochen später. Die Daten der nächsten Jahre: 15. April 2001, 5. Mai 2002 und 27. April 2003.

Weitere bedeutende Feste:

• *6./7. Januar*: Epiphanias-Fest in Erinnerung an die Taufe Christi. In allen Orten wird das Wasser feierlich gesegnet. In den Küstenorten wirft der Papás, in den Städten der Bischof, ein wertvolles Kreuz ins Wasser, das von jungen Männern im erbitterten Taucherwettkampf wieder heraufgeholt wird.

• *Karneval*: Maskierung und Umzüge wie bei uns, besonders ausgiebig in den Städten gefeiert. Am **Rosenmontag** fährt man hinaus – Beginn der **Fastenzeit**. An diesem Tag wird nur Fisch, ungesäuertes Brot und Chalvá, ein Gebäck aus Honig und Sesam, gegessen.

• *25. März*: **Mariä Verkündigung**, gleichzeitig nationaler Gedenktag an den Aufstand von 1821 **(Unabhängigkeitstag)**, der mit Militärparaden gefeiert wird.

• *23. April*: **Fest des heiligen Georg**, einer der wichtigsten Heiligen der orthodoxen Kirche, Schutzpatron der Hirten und Bauern, aber auch des Militärs (er war römischer Offizier unter Kaiser Diokletian, nahm den christlichen Glauben an und starb als Märtyrer). In allen Kirchen, die ihm geweiht sind, finden Feste statt. Volksfeste bei Réthimnon und Chaniá.

Der griechische Nationalfeiertag ("Óchi-Tag") wird Ende September überall auf Kreta gefeiert

- *1. Mai*: **Frühlingsfest**, Blumenkränze werden an die Haustüren gehängt und bleiben dort bis zum 24. Juni, um dann im Sonnwendfeuer verbrannt zu werden. Man fährt hinaus und isst im Freien, oft werden Hammel geschlachtet.
- *Christi Himmelfahrt*: wird mit Gottesdiensten, Volksfesten und Feuerwerk gefeiert.
- *21. Mai*: Fest des **heiligen Konstantin und der heiligen Helena** in allen gleichnamigen Kirchen.
- *20.-27. Mai*: Gedenkfeiern für die kretischen **Widerstandskämpfer** des Zweiten Weltkriegs in ganzen Bezirk **Chaniá**. Am 21. Mai 1941 haben deutsche Fallschirmspringer die Insel überfallen. Besonders großes Fest im Dorf **Kándanos** am Weg nach Paleochóra (→ S. 173).
- *24. Juni*: **Geburtstag Johannes des Täufers**, große Sonnwendfeuer werden entzündet, die jungen Männer springen darüber.
- *29. Juni*: **Fest von Petrus und Paul** in allen Kirchen, die diesen Heiligen geweiht sind.
- *15.-31. Juli*: großes **Weinfest** im Stadtpark von **Réthimnon**, Weinproben und Tänze.
- *20. Juli*: **Tag des Propheten Elias** (Profítis Ilías), dem zahlreiche Gipfelkapellen geweiht sind.

- *25.-30. Juli*: **Sultaninenfest** in **Sitía**, im äußersten Osten Kretas.
- *27. Juli*: **Fest des heiligen Panteleímon**, besonders ausgiebig wird in Fournés bei Chaniá gefeiert.
- *5.-7. August*: **Verklärung Christi**, große Prozession zur Gipfelkapelle des Joúchtas (bei Archánes) mit anschließendem Fest.
- *15. August*: Fest der Panagía (**Mariä Entschlafung**), eins der größten Feste der orthodoxen Kirche, das überall in Griechenland und auf Kreta ausgiebig gefeiert wird.
- *25. August*: Tag des **heiligen Titus**, Begleiter des Apostels Paulus und Schutzheiliger der Insel, große Prozession in **Iráklion**.
- *29. August*: **Enthauptung Johannes des Täufers**. Zweitägiges Kirchenfest auf der Halbinsel Rodópou (westlich von Chaniá), Gläubige pilgern in mehrstündigem Fußmarsch zur Kapelle **Ágios Ioánnis** (→ S. 161).
- *31. August*: **Niederlegung des Gürtels der Maria**, großes Fest in Psichró auf der Lassíthi-Ebene.
- *14. September*: Die **Kreuzaufrichtung** wird vor allem in den Dörfern des Ída-Gebirges gefeiert.
- *7. Oktober*: Zum Andenken an den **Eremiten Johannes** wird an diesem Tag im Kloster

Gouvernéto auf der Akrotíri-Halbinsel gefeiert. Feierliche Prozession hinunter zur Höhle des Eremiten beim ehemaligen Kloster Katholikó.

● *26. Oktober*: **Fest des heiligen Demétrios** in allen Kirchen, die diesem populären Heiligen geweiht sind.

● *28. Oktober*: **Óchi-Tag**, Nationalfeiertag im Gedenken an das Nein (Óchi) der griechischen Regierung zur Kapitulationsaufforderung durch Mussolini von 1940.

● *7.-9. November*: **Nationalfeiertag Kretas** im Gedenken an den 9. November 1866, an dem sich die von Türken belagerten Kreter im Kloster Arkádi gemeinsam in die Luft sprengten und zahlreiche Türken mit in den Tod rissen. Hauptsächlich im Kloster Arkádi und in Réthimnon.

● *1. November*: Fest des **heiligen Minás**, des Schutzpatrons von **Iráklion**. Messe und Prozession.

● *6. Dezember*: **Nikolaustag**, der Schutzpatron von Ágios Nikólaos (Ostkreta).

● *Weihnachten*: nicht so ausgiebig gefeiert wie Ostern. Auch die Bescherung findet erst zu Silvester statt. Weihnachtsbäume gibt's aber inzwischen auch auf Kreta.

● *Neujahr*: Am **Silvesterabend** ziehen die Kinder singend von Haus zu Haus und bekommen kleine Geschenke. Nach Feiern im Freundeskreis ist man spätestens um 23 h wieder zu Hause und wartet im Kreis der Familie auf das neue Jahr. Dann wird der Neujahrskuchen angeschnitten. Wer die Münze darin findet, wird im neuen Jahr viel Glück haben.

Zu Besuch in kretischen Klöstern

Ein Klosterbesuch auf Kreta ist immer etwas Besonderes. Die Stimmung in den oft einsam liegenden Klöstern ist Welten entfernt vom Touristenrummel an der Küste. Die Mönche und Nonnen empfangen in der Regel (nicht immer!) gerne Gäste, meist wird man mit einem Stück griechischem Konfekt oder einem Gläschen Rakí bewirtet. Eine angemessene Spende sollte man immer zurücklassen (denken Sie daran, Kleingeld passend mitzunehmen). Die meisten Klöster sind arm, oft lebt nur noch ein einziger Mönch in den alten Gemäuern, und die Gelder der Touristen helfen bei der Instandhaltung. Ganz besonders wichtig beim Besuch: Sie müssen sittsame Kleidung tragen und wenig Haut zeigen! **Keine nackten Beine und Schultern, stattdessen lange Hosen bzw. knielange Röcke**. Die Missachtung dieser Kleidervorschriften bedeutet eine empfindliche Verletzung religiöser Gefühle. In vielen Klöstern ist weiblichen Besuchern der Eintritt nicht einmal mit langen Hosen, sondern ausschließlich mit Rock erlaubt. Oft bieten die Klöster dann den Besuchern selbst lange Hosen oder Kittel an.

Exkurs: Das minoische Kreta

Kreta liegt im Schnittpunkt dreier Welten – von Asien und Afrika befruchtet und nach Europa ausstrahlend, gilt die Insel als Keimzelle europäischer Kultur. Ab 2000 v. Chr. taucht die erste hoch entwickelte Zivilisation auf europäischem Boden aus dem Dunkel der Geschichte: Die *Minoer* errichten auf Kreta die prachtvollen Paläste Knossós, Festós, Agía Triáda, Mália und Káto Zákros und behaupten sich jahrhundertelang als stärkste Kraft im östlichen Mittelmeer. Völlig unbefestigt sind ihre Machtzentren – ein schlagender Beweis dafür, dass sie keinerlei Feinde zu fürchten haben. Beendet wird diese einzigartige Epoche um 1450 v. Chr. durch eine rätselhafte Katastrophe: Die Paläste verbrennen, und die Zivilisation der Minoer verschwindet unter meterdicken Staub- und Erdschichten. Danach gelangt Kreta nie mehr zu seiner früheren Stärke zurück, wird stattdessen immer wieder von äußeren Feinden besetzt, unterdrückt und ausgebeutet. Nacheinander fallen *Mykener* (1400-1100 v.

Die Rekonstruktion minoischer Fresken lassen Anmut und Lebensfreude erkennen

Chr.), *Dorer* (1100-480 v. Chr.), *Römer* (67 v. Chr. – 395 n. Chr.), *Byzantiner* (395-826, 961-1204)), *Sarazenen* (826-961), *Venezianer* (1204-1669), *Türken* (1669-1898) und schließlich die *deutsche Wehrmacht* (1941-1945) über die strategisch wichtige Insel her.

Zeitabschnitte der minoischen Epoche

● *Vorpalastzeit* (2600-2000 v. Chr.): Seit etwa 2000 v. Chr. ergießen sich große Einwandererströme über die Insel, vermutlich aus dem kleinasiatischen Raum. Dank ihrer überlegenen Zivilisation können sie die einheimische Bevölkerung leicht unterwerfen bzw. assimilieren. Aus der Verschmelzung der beiden Volksgruppen entstehen die so genannten **Minoer**, die Kreta über 1200 Jahre hinweg zum Zentrum einer hoch entwickelten Kultur machen. Die neuen Herren der Insel betreiben einen schwunghaften Seehandel, ein reger Kulturaustausch mit den höher entwickelten Kulturen auf dem asiatischen Festland findet statt, eine Art primitive Hieroglyphenschrift entwickelt sich.

● *Ältere Palastzeit* (2000-1700 v. Chr.): Die einfache Agrargesellschaft entwickelt sich zu einer differenzierten Gesellschaftsordnung. Es entstehen die gewaltigen Paläste von **Festós**, **Knossós**, **Mália** und **Káto Zákros**. Wichtigstes Indiz dafür, dass die Mi-

noer damals ihre Herrschaft über das ganze östliche Mittelmeer ausdehnten und keine Feinde fürchten mussten, ist die Tatsache, dass sowohl die Paläste als auch die sie umgebenden Siedlungen gänzlich unbefestigt waren! Auf die schon früher aufgetretene Hieroglyphenschrift stößt man bei Ausgrabungen aus dieser Epoche häufiger, vor allem aber werden erste Tontäfelchen mit der berühmten **Linear-A-Schrift** entdeckt – bis heute ist diese Silbenschrift nicht entziffert. In einer rätselhaften Katastrophe – vielleicht ein Erdbeben – werden um 1700 v. Chr. alle Paläste bis auf die Grundmauern zerstört.

● *Jüngere Palastzeit* (1700-1450 v. Chr.): In dieser Blütezeit der minoischen Kultur werden die Paläste prächtiger als je zuvor wieder aufgebaut. Farbenfrohe Fresken schmücken die Gänge und Innenräume, religiöse Riten und Feste, darunter vor allem der seltsame Stierkult, spielen eine große Rolle im Leben der Oberschicht.

Zentrum der Insel ist unbestritten **Knossós**, wo der **Minos** herrscht – wahrscheinlich kein Eigenname, sondern ein Herrschertitel, ähnlich dem des Pharao in Ägypten. Die Linear-A-Schrift wird von der **Linear-B-Schrift** abgelöst, deren Entzifferung 1953 gelingt. Die auf Tontafeln eingravierten Texte sind eine frühe Form des mykenischen Griechisch. Wahrscheinlich waren damals bereits Festlandsgriechen auf Kreta in führenden Positionen.

Um 1450 gehen die Paläste in einer furchtbaren **Katastrophe** unter. Was damals passierte, ist bis heute ein Rätsel. Die Explosion des Vulkans auf der Insel **Santoríni** (100 km nördlich von Kreta), der größte bis heute bekannt gewordene Vulkanausbruch aller Zeiten, wurde lange als Ursache angenommen. Binnen einer halben Stunde soll damals eine bis zu 200 m hohe Flutwelle über Kreta hinweggefegt sein und alle Siedlungen in Küstennähe vernichtet haben. Jedoch können jüngere Forschungen einen engen zeitlichen Zusammenhang der beiden Katastrophen nicht belegen.

● *Nachpalastzeit* (1400-1100 v. Chr.): Mykenische Eroberer sind jetzt die Herren der Insel, die kretische Mittelmeerherrschaft geht zu Ende. Es kommt zu einer Art **Mischkultur** von Mykenern und Minoern, deren Zentrum sich allerdings zunehmend auf das griechische Festland verlagert.

Das "Stierspringen": eins von vielen Rätseln der Minoer

Minoische Rätsel

Die Paläste: Ihre eigentümliche Architektur – gänzlich unbefestigt, Wohnräume in Kellerlage, Lichtschächte anstatt Fenster, weiches Material als Treppenbelag u. a. – hat immer wieder Anlass zu Spekulationen über die Funktion der gewaltigen Anlagen gegeben. Während der französische Archäologe Faure vermutete, es handle sich um Heiligtümer, in denen eine Priesterschaft lebte, hat der deutsche Archäologe Wunderlich die abenteuerliche Theorie aufgestellt, die minoischen Paläste könnten Grabanlagen gewesen sein.

Stierkult: Der Stier war allem Anschein nach ein heiliges Tier der Minoer. Überall auf Fresken, Siegelringen und Steinreliefs tauchen Stierabbildungen auf, stilisierte Stierhörner schmückten wahrscheinlich die Mauern aller Paläste, und auch in der Mythologie spielt der Stier eine herausragende Rolle. Vielleicht verehrten die Minoer mit dem Stier den Sonnen- oder Himmelsgott (der mit Gewittern wie ein zorniger Stier tobt). Vielleicht brachten sie ihn aber auch der aufgebrachten Erdgottheit als Opfer, um sie zu besänftigen (Erdbeben!) – die rituelle Opferung von Stieren hat man mehrfach nachweisen können. Auf Fresken und Siegelsteinen hat man eigenartige Darstellungen von so genannten "Stierspringern" gefunden. Sie warten auf den anstürmenden Stier, packen ihn im letzten Moment an den Hörnern und schwingen sich in einem hohen Salto auf seinen Rücken. Junge Männer und Frauen (!) sollen diese wahrhaft akrobatischen Leistungen vollbracht haben.

Stellung der Frau: Selbstbewusst stehen sie da, die minoischen Frauen auf den farbenprächtigen Wandgemälden, frei und selbstbestimmt wirken sie. Männliche Herrscher – der Minos also – sind dagegen nirgendwo bildlich abgebildet, ihre Existenz ist lediglich durch den wesentlich später lebenden Dichter Homer schriftlich überliefert. Manche Wissenschaftler haben das zum Anlass genommen, vom minoischen Matriarchat zu sprechen, und vermuten eine Herrschaft der Frauen im minoischen Kreta.

Doppelaxt: wahrscheinlich das heilige Zeichen der Minoer (ähnlich dem Kreuz der Christen). In allen Palästen, vor allem im Palast von Knossós, war es dutzende Male in Pfeiler und Wände geritzt. Die Ursprünge dieses Kultsymbols sind uralt und gehen in die Zeit bis vor 10.000 v. Chr. zurück. Seine Bedeutung ist ungewiss. Als geklärt gilt dagegen, dass die Doppelaxt für die Bezeichnung Labyrinth verantwortlich war. Die Doppelaxt wurde nämlich mit einem vorgriechischen Wort "labrys" bezeichnet. Wahrscheinlich nannten die späten Griechen den Palast von Knossós "Labyrinth" = das Haus der Doppeläxte.

Kultbecken: In jedem der minoischen Paläste auf Kreta hat man sie gefunden – breite Stufen führen zu einem kleinen, sorgfältig mit Alabaster verkleideten, quadratischen oder rechteckigen Raum unterhalb des Bodenniveaus. Diese so genannten Lustrationsbecken lagen meist in unmittelbarer Nähe der Herrscherräume (in Knossós direkt im Thronsaal) und müssen eine wichtige Rolle im Kult gespielt haben.

Menschenopfer: Auf dem Hügel Anemospília am Fuß des Berges Joúchtas (südlich von Iráklion) hat man vor zwanzig Jahren den unwiderruflichen Beweis gefunden, dass in diesem Tempelheiligtum ein Mensch geopfert worden war! Der Tempel stürzte wahrscheinlich während des Erdbebens von 1700 v. Chr. gerade in dem Moment ein, in dem die Opferzeremonie stattfand, und hat das furchtbare Geschehen über Jahrtausende konserviert.

Landeanflug auf Iráklion: Blick auf den Psilorítis, das höchste Gebirgsmassiv Kretas

Anreise

▶ **Per Flug**: Die gängigste Lösung – in drei Stunden am Ziel. Kreta als eins der meistbesuchten Ziele des Mittelmeers fliegen viele Fluggesellschaften von zahlreichen mitteleuropäischen Airports an. Der Löwenanteil der Flüge geht nach *Iráklion* (Zentralkreta), deutlich weniger Flieger landen in *Chaniá*, der größten Stadt Westkretas. Prinzipiell hat man die Wahl zwischen Linien- und Charterflug. *Linienflüge* haben den Vorteil, dass man sehr spät buchen kann und die Flugscheine bis zu einem Jahr gültig sind. Die regulären Tarife sind allerdings sehr teuer, doch bieten die großen Linienfluggesellschaften auch preisgünstige Flüge an, die dann etwa 600-900 DM kosten. *Charterflüge* werden pauschal mit Unterkunft oder einer anderen touristischen Leistung (Wander-, Studien-, Sportreisen o. ä.) verkauft. Mittlerweile kann man aber bei allen Charterfluggesellschaften und Reiseveranstaltern auch Flüge ohne Unterkunft buchen, genannt "Nur-Flug" bzw. "Only-Flights". Ansonsten können Spontanbucher mit "Last Minute"-Flügen einiges an Geld sparen.

Flug nach Iráklion: In der warmen Jahreshälfte sehr häufige Flüge, hauptsächlich Charter, aber auch per Linie mit Lufthansa und der griechischen Olympic Airways, letztere z. T. mit Umsteigen in Athen. Preise je nach Saison und Buchungstermin ca. 500-800 DM hin/rück. Auf dem chronisch überlasteten Flugplatz "Níkos Kazantzákis" ist in der Saison chaotisches Gedränge die Regel. Zu jeder Ankunft einer Olympic-Airways-Maschine fährt ein Flughafenbus ins Zentrum. Außerdem verkehren häufige Linienbusse in die Stadt, die Haltestelle liegt genau gegenüber vom Flughafenausgang, oberhalb der Rasenfläche (→ Iráklion).

Flug nach Chaniá: Sinnvoll, falls man sich ausschließlich im äußersten Westen Kretas aufhalten will. Einige Chartergesellschaften und Olympic Airways fliegen Chaniá aus Mitteleuropa direkt an. Preise etwa wie nach Iráklion. Auf dem Flugplatz "Stérnes" auf der Akrotíri-Halbinsel geht es wesentlich ruhiger zu als in Iráklion. Auch hier fährt zu jeder Ankunft einer Olympic-Airways-Maschine ein Flughafenbus ins Zentrum. Linienbusse gibt es jedoch nicht! Es besteht die Möglichkeit, mit einem Bus von Olympic Airways nach Réthimnon weiterzufahren (kann man beim Ticketkauf buchen).

Flug nach Athen: Reizvolle Variante, um noch etwas mehr zu sehen – den Flug bis Athen buchen und mit der täglichen Fähre (ca. 11 Std.) weiter nach Iráklion, Réthimnon oder Chaniá bzw. mit preiswertem Inlandsflug nach Iráklion oder Chaniá (50 Min.).

● *Flug mit Unterkunft*: Für den Urlaub in der **Hauptsaison** ist – vor allem für Familien mit Kindern – anzuraten, Flug und Unterkunft über Reiseveranstalter pauschal zu buchen. Die Zimmersuche kann in dieser Zeit unter Umständen zu einem langwierigen Unternehmen ausarten, da auch griechische Urlauber ihre Sommerferien gerne auf Kreta verbringen. Vermittelt werden im Westen Kretas in erster Linie die großen Badehotels an der Nordküste, nämlich bei **Réthimnon**, **Georgioúpolis** und **Chaniá**, außerdem die Südküstenorte **Paleochóra** und **Plakiás**. Preislich muss man in der Hauptsaison um die 1200-1700 DM pro Pers. für einen zweiwöchigen Hotelaufenthalt inkl. Flug rechnen, in der Nebensaison sinken die Preise oft unter 1000 DM. Veranstalter mit großem Kreta-Angebot sind z. B. **Attika**, **Jahn**, **ISTS**, **Kreutzer**, **Neckermann** und **TUI**.

● *Nur-Flug*: Im Zuge der Deregulierung des EU-Luftverkehrs kann man inzwischen problemlos Charterflüge ohne Pauschalarrangement buchen. Vor der Buchung ist dabei das Einholen mehrerer Angebote zu empfehlen. Gute Anlaufadressen sind z. B. die Reisebüroketten **Centralflug** mit über 160 Niederlassungen in Deutschland (Sammelnummer: Tel. 0180/5252555, Internet: http://www.fly.de) und **Travel Overland** (Tel. 089/272760, Abruffax 089/3073039, Internet: http://www.travel-overland.de).

Kein Problem: Fahrrad im Flieger

Kreta ist ein beliebtes Ziel für Radler. Der Westen der Insel ist zwar weitgehend bergig und teils recht steil, bietet aber herrliche Landschaftseindrücke. Im Charter kostet die Mitnahme eines Fahrrads ca. 40-60 DM hin/rück, Linienfluggesellschaften berechnen etwa 50 DM pro Strecke, also 100 DM hin/rück. Sachgerechte Verpackung ist sinnvoll, z. B. in Pappe oder Luftpolsterfolie, gut geeignet sind auch spezielle Fahrradtaschen. Lenker querstellen und festbinden, Pedale nach innen schrauben und etwa die Hälfte der Luft ablassen, damit die Schläuche durch den Unterdruck in den Frachtkammern nicht platzen, das Rad aber trotzdem noch gerollt werden kann.

▶ **Mit eigenem Fahrzeug, Bahn oder Bus:** Für die lange Anreise über Land und Meer benötigt man viel Zeit, bei einer reinen Kretareise ist sie kaum zu empfehlen. Bequemste Möglichkeit ist die Fährpassage ab *Italien*, allerdings mit erheblichen Kosten für den Fahrzeugtransport. Das Übersetzen nach Pátras/Griechenland ist möglich ab *Triest*, *Venedig*, *Ancona*, *Bari* oder *Brindisi*, anschließend führen eine gut ausgebaute Autobahn und eine Bahnlinie am Golf von Korinth entlang nach *Piräus*, wo man mit einer der täglichen Fähren von ANEK und Minoan Lines nach Kreta übersetzen kann. Alternative zum

Zug: Die *Deutsche Touring GmbH* (Am Römerhof 17, D-60486 Frankfurt/Main, Tel. 069/790350, Internet: www.deutsche-touring.com) bietet ganzjährig Busfahrten von verschiedenen deutschen Städten nach Athen an.

Unterwegs auf Kreta

Ein eigenes Fahrzeug, sei es mitgebracht oder vor Ort geliehen, bringt den unschätzbaren Vorteil der Beweglichkeit. Einsame Strände, abgelegene Ausgrabungen, versteckte Kapellen, kleine Bergdörfer – kein Problem. Aber auch per Bus kann man recht gut herumkommen, denn die kretischen Linienbusse fahren häufig und sind preiswert.

Auf Kreta mit dem Auto unterwegs zu sein macht Spaß, denn auf den Überlandstraßen herrscht kaum Verkehr, und dank der meist angenehmen Temperaturen kann man fast immer mit offenem Fenster fahren. Allerdings muss man hinter jeder Kurve auf einen entgegenkommenden Omnibus oder eine Ziegenherde gefasst sein, die die ganze Straßenbreite einnehmen. Weniger angenehm ist das Fahren in den "Großstädten" Iráklion, Chaniá und Réthimnon, wo sich die Blechkarawanen im Schritttempo vorwärts quälen. Aufpassen: Die Vorfahrtsregelung ist kein Dogma. Unvermutet wird trotz starken Verkehrs von links und rechts eingebogen. Mit den kretischen Autofahrern haben wir im Allgemeinen keine schlechten Erfahrungen gemacht – die Kreter fahren in der Regel vorsichtig, mediterrane Temperamentsausbrüche am Steuer sind nicht die Regel.

Ein Kapitel für sich: Das kretische Straßennetz

Generell sind die Verkehrswege im Norden der Insel besser in Schuss als im Süden. Ein Straßennetz nach mitteleuropäischem Standard darf man allerdings nicht erwarten. Weite Teile Kretas sind steil und gebirgig und deshalb nur schwer zu erschließen. Noch stammen viele Pisten aus vormotorisierten Zeiten, Eselspfade und Karrenwege verbinden teilweise noch die kleinen Dörfer. Doch wurden in den letzten Jahren erhebliche Anstrengungen unternommen, auch die letzten Lücken im Straßennetz zu schließen, und ständig kommen neu asphaltierte Teilstücke dazu. So trifft man häufig auf Straßen, die bereits zum Teil asphaltiert sind, aber unvermutet in holprige Schotterpisten übergehen.

Sozusagen das Rückgrat der kretischen Straßen ist die "New Road", die sich fast die gesamte **Nordküste** entlangzieht. Sie ist zum großen Teil schnellstraßenmäßig ausgebaut, d. h. sie besitzt zwei Fahrspuren in jeder Richtung (allerdings fungiert die rechte Spur gleichzeitig als Standspur). Erlaubte Höchstgeschwindigkeit 110 km/h (Motorräder 90 km/h), bei den Einfahrten nur 60 km/h (Schilder sind ab und zu verdeckt). Radarkontrollen werden gelegentlich durchgeführt. **Zwischen Nord- und Südküste** verlaufen mehrere asphaltierte Straßen und durchqueren das bergige Inselinnere. An der **Südküste** gibt es keine durchgehende Küstenstraße, denn im äußersten Westen zwischen Paleochóra und Chóra Sfakíon verhindert das hohe Massiv der Lefká Óri (Weiße Berge) mit seinen mächtigen Nord-Süd-Schluchten jegliche Straßenführung von West nach Ost. Einige der Orte am Fuß der Lefká Óri sind sogar nur mit dem Boot zu erreichen.

Mit Linienbussen kommt man in alle Bade- und Küstenorte

▶ **Überlandbusse:** Die preiswerten Busse der kretischen Gesellschaft KTEL kurven kreuz und quer über die Insel, selbst entlegene Dörfer werden täglich angefahren. Das kretische Busnetz ist in zwei Bereiche geteilt und orientiert sich an der politischen Gliederung der Insel. Die *KTEL Iráklion/Lassíthi* ist für Zentral- und Ostkreta zuständig, die *KTEL Chaniá/Réthimnon* fährt alle Orte in Westkreta an. Nahtstellen, wo sich die Routen beider Gesellschaften treffen, sind Iráklion im Norden und Agía Galíni im Süden. Zentrale Punkte des Busnetzes sind im Westen der Insel natürlich die Busbahnhöfe der Städte entlang der Nordküste, nämlich *Chaniá*, *Réthimnon* und *Iráklion*. Durch Fernbusse sind sie untereinander mehrmals täglich verbunden.

> **Tipp**: Besorgen Sie sich möglichst bald die Busfahrpläne. Es gibt sie für "Zentral- u. Ostkreta" (Iráklion – Ágios Nikólaos – Sitía – Ierápetra), erhältlich in Iráklion/Busbahnhof A, "Westkreta Kreis Réthimnon" (Chóra Sfakíon, Plakiás, Agía Galíni, Anógia u. a.), erhältlich im Busbahnhof C von Iráklion und im Busbahnhof von Réthimnon, sowie für "Westkreta Kreis Chaniá" (Falássarna, Elafonísi, Kíssamos, Omalós, Paleochóra, Soúgia u. a.), erhältlich in den Busbahnhöfen von Chaniá und Kíssamos.

▶ **Mietwagen:** Zahllose kleine und große Firmen verleihen Mietwagen in allen Städten und größeren Touristenorten. Die Wagen sind zum großen Teil neu, hin und wieder aber auch in schlechtem Zustand (ggf. Probefahrt sinnvoll). Die preiswerten Kleinwagen der niedrigsten Kategorie sind wenig komfortabel, für mehrere Personen samt Gepäck wird es darin außerdem sehr eng.

Nur wenige kretische Schluchten können mit dem Fahrzeug durchquert werden

Sehr begehrt und bei den Straßenverhältnissen auch zu empfehlen sind die diversen offenen Jeeps, die angeboten werden. Damit kann man auch über steinige Staubpisten abseits der gängigen Asphaltstraßen fahren – in Kreta oft noch notwendig, um zu interessanten Zielen abseits vom Touristenstrom zu gelangen. Da Preise und Qualität äußerst unterschiedlich sind, sollte man sich immer bei mehreren Vermietern erkundigen. Handeln ist fast immer möglich, vor allem in der Nebensaison werden gerne "Sonderangebote" offeriert, und die Preise sinken stark. Achtung Pauschalreisende: Buchen Sie nicht in Ihrem Hotel, dort sind die Preise fast immer deutlich höher als "draußen"!

● *Versicherung*: Der Versicherungsumfang spielt für den Mietpreis des Fahrzeugs eine erhebliche Rolle. Alle Firmen bieten **Haftpflichtversicherung** (Third-Party-Insurance) nach griechischem Recht nur bis zu einer bestimmten Höhe. Was darüber hinausgeht, müsste der Fahrer aus eigener Tasche begleichen.
Bei allen Leihfirmen kann man aber eine **Vollkaskoversicherung** (C.D.W. = Collision-Damage-Waver) mit und ohne Eigenbeteili-

gung abschließen. Bedingung dabei ist jedoch, dass man keinen Verstoß gegen die griechische Straßenverkehrsordnung begeht. Schäden an **Reifen und Unterseite** des Wagens sind mittlerweile bei vielen (nicht allen!) Firmen mitversichert.
Insassenversicherung (P.A.I. = Personal-Accident-Insurance) kann bei einigen Unternehmen zusätzlich abgeschlossen werden, Kostenpunkt ca. 5-6 DM pro Pers.

Tipp: Bei vielen Verleihern kann man schon von zu Hause aus einen Mietwagen buchen, der dann am Flughafen bereit steht und der auch wieder am Flughafen abgegeben werden kann. Günstig ist bei größeren Touren außerdem die Einwegmiete: Gegen Aufpreis kann man bei manchen Firmen den Wagen in einer anderen Stadt zurückgeben und muss ihn nicht dorthin zurückbringen, wo man ihn geliehen hat.

▶ **Motorradverleih**: Motorräder, Roller und Mofas gibt es in jedem Touristenort zu leihen. Vorteil: Straßen, die für Autos zu eng und unpassierbar sind, kann man mit dem Zweirad noch benutzen. Selbst abgelegene Ziele können besucht werden, die meisten Staub- und Erdpisten sind in der Regel problemlos zu bewältigen, wenn man vorsichtig genug fährt. Jedoch aufpassen beim Leihen: Nicht selten sind die Zweiräder in erbärmlichem Zustand – profillose Reifen, Probleme beim Anlassen, lockere Kette, defektes Licht und schlechte Bremsen sind fast schon obligatorisch. Deshalb immer eine *Probefahrt* machen.

Man kann es nicht stark genug betonen: unter allen Umständen *vorsichtig fahren*!! Kretas Straßen sind vor allem für leichtere Fahrzeuge wie Mofas und Roller tückisch, denn unvermutete Bodenwellen, spiegelglatt geriebener Asphalt, Spurrillen, Querkanäle und Schlaglöcher sind die Regel. Ein Moment der Unachtsamkeit kann den Urlaub gründlich verpatzen. Unfallursachen sind meist überhöhte Geschwindigkeit und Unerfahrenheit! Die meisten Mofas und kleinen Motorräder sind "frisiert". Mofas fahren ca. 40 km/h, 50 ccm-Maschinen mit drei Gängen ca. 65 km/h.

● *Mietverträge* (Rental Contracts): sind oft so vage abgefasst, dass der Mieter für sehr vieles haftbar gemacht werden kann. In Deutsch abgefasste Verträge gibt es nur selten (meist Griechisch und Englisch), falls doch, oft in so haarsträubender Übersetzung, dass man die Hälfte nicht versteht bzw. die Punkte mehrdeutig sind.

Für Schäden am Fahrzeug haftet der Fahrer im Allgemeinen voll, wenn er Sandpisten benutzt hat. Manchmal muss man auch unterschreiben, dass das Fahrzeug bei Übergabe vollständig in Ordnung war (Motor und Bremsen) und man es im selben Zustand zurückbringen muss o. ä. Wenn dann etwas kaputtgeht (z. B. Bremsseil gerissen), muss man oft für Ersatzteilkosten oder Reparatur aufkommen, auch wenn eigentlich der schlechte Zustand des Fahrzeugs für den Schaden verantwortlich war. Das Ganze je nach Kulanz des Vermieters, wobei es auch positive Ausnahmen gibt.

● *Preise*: **Mofas** und **Halbautomatikräder** kosten je nach Saison pro Tag ca. 15-30 DM, **Roller** 20-40 DM, **Motorrad** 250 ccm 45-60 DM (incl. 18 % Mehrwertsteuer).

Wenn man gleich für mehrere Tage mietet, verringert sich der Tagespreis um einiges. Handeln ist wegen der starken Konkurrenz oft möglich, vor allem in der wenig ausgelasteten Nebensaison.

● *Reservierung*: Wie Mietwagen kann man auch Zweiräder bereits zu Hause vorbuchen, z. B. bei **Motor Club**, Iráklion, Platia 18 Anglon, Tel. 081/222408, Fax 222862 (Reservierung in Deusch oder Englisch), oder über **Olympia Reisen**, Elsa-Brandström-Str. 7, D-33602 Bielefeld, Tel. 0521/ 139260, Fax 139262, E-mail: info@olympia-reisen.de

● *Versicherung*: Eine **Haftpflicht** für Unfallgegner ist immer im Mietpreis inbegriffen. **Vollkasko** kann für ca. 13-18 DM extra abgeschlossen werden, in ihr sind aber nicht enthalten: Diebstahl-, Feuer-, Reifen-, Felgen- und Glasschäden.

● *Helmpflicht*: existiert auch in Griechenland. Trotzdem hat nicht jeder Verleiher Helme vorrätig, denn die Polizei kümmert sich bisher kaum darum. Wer also Wert darauf legt, sollte ihn selber mitbringen.

Tipp: Für das Fahren von Mofas und Rollern ab 50 ccm ist seit 1996 offiziell der Führerschein der Klasse 1 erforderlich! Zwar verleihen viele Vermieter Mofas auch weiterhin ohne Führerschein 1. Im Fall eines Unfalls könnte es für sie jedoch Ärger mit der Versicherung geben.

▶ **Schiffsverbindungen**: Vor allem im gebirgigen Südwesten spielt der Schiffsverkehr eine erhebliche Rolle. Das extrem steile Terrain zwischen *Paleochóra*

An der unwegsamen Südwestküste ersetzen Fähren die Linienbusse

und *Chóra Sfakíon* verhindert jede Straßenführung. In der Saison verkehren stattdessen mehrmals täglich Passagierschiffe (z. T. auch mit Autotransport) mit Zwischenstationen in Soúgia, Agía Rouméli und Loutró. Eine solche Fahrt entlang der felsigen Steilküste sollte man unbedingt einmal mitgemacht haben! *Agía Rouméli* ist Endpunkt der Samariá-Schlucht. Von dort kann man nur mit dem Boot entweder über Soúgia nach Paleochóra oder über Loutró nach Chóra Sfakíon weiterfahren. Außerdem steuern von Paleochóra, Soúgia und Chóra Sfakíon mehrmals wöchentlich Schiffe die vorgelagerte Insel *Gávdos* an, die südlichste Insel Griechenlands.

Bootsausflüge zu entfernten Badestränden und vorgelagerten Inseln werden in zahlreichen Küstenorten Kretas angeboten, u. a. von Plakiás zum Strand von *Préveli*, von Paleochóra zum Strand von *Elafonísi* und von Kíssamos zum Strand *Bálos* auf der Halbinsel Gramvoúsa.

> **Tipp**: Alle Schiffsverbindungen sind wetter- und saisonabhängig! Bei hohen Windstärken, z. B. wenn im Frühjahr der Schirokko bläst, wird der Schiffsverkehr oft für Tage unterbrochen. Im Winter generell stark eingeschränkter Verkehr.

▶ **Fahrrad**: Reichlich Kondition, wenn möglich Erfahrung, sollte man mitbringen. Von Iráklion bis in den äußersten Westen Kretas sind es etwa 160 km, die Insel ist bis zu 60 km breit und fast überall bergig, teils steigen die Passstraßen bis 1200 m ü. M. an. Fahrradfreundliche Ebenen gibt es an der Nordküste um Kíssamos, Chaniá, Réthimnon und Iráklion, im Süden liegt die große Messará-Ebene.

• *Fahrradmitnahme in Linienbussen*: ist prinzipiell möglich, liegt allerdings immer im Ermessen des Busfahrers. Erst wenn er zustimmt, kann man am Schalter einen Gepäckschein lösen und das Rad selbst verladen. Gelegentlich wird verlangt, den Lenker querzustellen, die Pedale abzuschrauben und die Ketten und Reifen zu umwickeln. Preise sind entfernungsabhängig und liegen zwischen 5 und 15 DM pro Rad.

• *Fahrradverleih*: gibt es mittlerweile in zahlreichen kretischen Orten, im Angebot sind Normalfahrräder und Mountainbikes, auch Kinderräder und Kindersitze gibt es oft.

• *Geführte Touren*: **Hellas Bike Travel**, deutsch betriebenes Unternehmen im Raum Réthimnon, Standort beim Grecotel Rithymna Beach. Tel. 0831/71002, Fax 71668, Internet: www.hellasbike.com (→ S. 91).

Bike Adventure Crete, ebenfalls östlich von Réthimnon. Tel./Fax 0831/72398, E-Mail: adventure@grecian.net; Internet: www.adventure.gr (→ S. 91).

Trekking Plan, in Agía Marina, westlich von Chaniá. Zweigstelle in Chaniá. Tel./Fax 0821/60861, E-Mail: sales@cycling.gr; Internet: www.cycling.gr (→ S. 129).

• *Reiseveranstalter*: Pauschal buchen kann man Radreisen (mit Unterkunft und geführten Touren) bei **Alps Mountain Bike Tours**, Tengstr. 1, D-80798 München, Tel. 089/5427880, Fax 54290118, außerdem bei **Attika Reisen** und **TUI**. Ein weiterer Veranstalter ist **Velotravel** (Tel. 0721/25244), hier kann man z. B. eine fünftägige Tour durch Westkreta incl. Hotelübernachtung und Gepäcktransport buchen.

▶**Wandern:** Wandern kann man überall im Westen Kretas. Urwüchsige, oft grandiose Natur, keinerlei Industrie, wenig große Ortschaften – alles Pluspunkte. Besonders schöne und beliebte Regionen für Wanderer sind die *Südwestküste* und die zahlreichen *Schluchten*, die sich zur Südküste hinunterziehen. Jedoch Vorsicht: das oft schwierige Terrain kann hohe Anforderungen stellen! Man sollte es möglichst vermeiden, alleine zu wandern, speziell in den Weißen Bergen (*Lefká Óri*) im äußersten Westen Kretas. Nicht von ungefähr sind dort schon Wanderer verdurstet, weil sie Wege und Quellen nicht kannten. Wer die Hochgebirgsregionen kennen lernen will, tut gut daran, sich organisierten Wanderungen bzw. ortskundigen Führern anzuschließen (→ unten). Falls man doch alleine losgeht, sollte immer eine Kontaktperson wissen, wo man unterwegs ist, denn auf manchen Wanderrouten kann es passieren, dass man den ganzen Tag keinen Menschen trifft.

Markierte Wege nach unseren Vorstellungen gibt es auf Kreta nicht, sporadische Farbkleckse und lose Steinpyramiden sind oft die einzigen Markierungen. Vor einigen Jahren wurde jedoch auf Kreta der *Europawanderweg 4* (monopáti épsilon téssera) durchgehend mit rautenförmigen, gelb-schwarzen "E 4"-Schildern markiert. Leider stehen mittlerweile fast überall nur noch die Stangen. Der Weg führt von Kíssamos im Nordwesten bis Káto Zákros im Südosten über die gesamte Insel, im Westen ist er in eine Berg- und eine Küstenroute aufgespalten.

• *Ausrüstung*: Kretas Boden ist steinig und voller Dornen. Knöchelhohe **Wanderstiefel** mit fester Profilsohle sind unabdingbar. **Lange Hosen** schützen, wenn es durch Gestrüpp geht. **Windjacke** und **Regenschutz** sind, abgesehen vom Hochsommer, ebenfalls sinnvoll, da das Wetter schnell umschlagen kann, besonders in den Bergen.

• *Informationen*: Vor Bergwanderungen kann der **Griechische Bergsteigerverein EOS** (Ellinikós Orivatikós Sindesmós) auf Kreta die ei-

ne oder andere nützliche Information geben: **Iráklion**, Leoforos Dikeosinis 74, Tel. 081/282973;

Réthimnon, Gerakari Str. 3, Tel. 0831/ 23666;

Chaniá, Michelidaki Str. 3, Tel. 0821/24359. Auf jeden Fall informativ ist auch ein Besuch bei den weiter unten genannten einschlägigen Reisebüros und Wanderveranstaltern.

• *Jahreszeiten*: Kreta im Frühjahr ist herrlich – im Sommer schweißtreibend und strapaziös, im Winter gefährlich bis unmöglich.

Die kretischen Berge bieten oft herrliche Panoramen

Bis März regnet es viel, was Matsch und Schlamm auf den Wanderwegen bedeutet. In den höheren Lagen verhindern Schneefelder das Weiterkommen.

Beste Wandermonate im Tief- und Hügelland sind **April**, **Mai** und **Juni** – die zahllosen Blumen und frischen Farben sind unvergesslich. Für **Gebirgswanderungen** sind Juni und Juli günstig. Dann regnet es kaum, und Wetterstürze sind selten. Ein leichter Nieselregen an der Küste bedeutet meist Nebel, Gewitter und Kälte in den Bergen. Ins Hochgebirge sollte man deshalb **nur** bei stabiler Wetterlage und Sonnenschein aufbrechen – in Höhenlagen über 700 m wird auch im Hochsommer die Hitze erträglich. Auch **September** und die erste **Oktoberhälfte** sind noch angenehme Wandermonate – Trauben und Obst sind reif, die Sonne ist nicht mehr so drückend.

• *Karten/Wegbeschreibungen*: Exakte Wanderkarten für Kreta gibt es nicht (→ Kartenmaterial). Die Wanderskizzen in diesem Buch wurden nach Vorlagen unserer Rechercheure angefertigt.

• *Proviant*: Das wichtigste ist reichlich **Wasser**! Das wiegt zwar, wird aber von Stunde zu Stunde leichter. Man kann sich nie darauf verlassen, dass Quellen oder Zisternen am Weg liegen, und wenn, dann können sie ausgetrocknet sein! Sinnvoll ist die Mitnahme eines **Faltkanisters** für Trinkwasser (5 oder 10 ltr. Fassungsvermögen).

• *Handys*: Immer wieder verirren sich Wanderer und müssen per Helikopter gesucht werden. Eine gewisse Reduzierung des Risikos bieten **Handys**, mit denen man in den meisten Gebieten Kretas problemlos telefonieren kann. In Schluchten funktionieren sie jedoch nur, wenn ein Sendemast in Sichtweite ist.

• *Wanderreisen*: Kann man mit Flug und Unterkunft bereits im heimischen Reisebüro buchen. Aber auch auf Kreta bieten viele Veranstalter geführte Wandertouren mit Unterkunft/Verpflegung, lassen Sie sich das Programm schicken. Die Anreise bucht man meist individuell, kann sich aber dabei vom Veranstalter helfen und beraten lassen.

Alpinschule Innsbruck (ASI), Wanderungen in der Samariá-Schlucht, Ímbros-Schlucht, Weiße Berge (Kallérgi-Hütte) u. a. Zu buchen über TUI, Prospekte im Reisebüro.

Happy Walker, Réthimnon, Topasi Str. 56, der Niederländer Anthony Pruissen bietet mehrmals wöch. geführte Touren im Raum Réthimnon, Dauer jeder Wanderung ca. 4 Std. Tel./Fax 0831/52920.

Hermann Richter-Wanderreisen, Kemeler Weg 15, D-56370 Reckenroth, Tel./Fax 06120/8651. Ein langjähriger Kenner führt Sie durch die Sfakiá und die Weißen Berge. Programm anfordern.

White Mountains Experience, Kioupis Anastasiou, Kalathas B No. 11, GR-73100 Chaniá, Tel. 0821/69153, Fax (dt. Nr.) 069/791263642, e-mail: wme@kreta-wandern.de, Internet: www.kreta-wandern.de; Anemone Horn und ihr Team bieten Tagestouren sowie 1-2wöchige Wanderungen in drei verschiedenen Schwierigkeitsgraden an der Südküste und in den Lefká Óri.

Eva Zetzsche, Apokoronou 254, GR-73003 Kalíves, Kreta. Tel./Fax 0825/31957. Die Deutsche lebt seit 1992 in Kalíves (bei Chaniá) und veranstaltet im Frühjahr und Herbst 6-tägige Wandertouren im Westen Kretas.

Tipp: Oft wird man unterwegs nach dem Weg fragen müssen – "kaliméra" (Guten Tag) oder "chérete" (Seid gegrüßt), "pou íne monopáti pros ...?" (wo ist der Fußweg nach ...?), "pósa chiliometra íne pros ...?" (wieviel Kilometer sind es nach ...?), "thélo stin ..." (ich möchte nach ...).
Wichtig: die Einheimischen weisen einem natürlich immer den einfachsten Weg, nämlich die nächste Straße! Wer einen Fußweg sucht (den es so gut wie immer gibt), muss betont nach dem monopáti fragen!

Übernachten

Die Bauwut ist gewaltig. An jeder Ecke der Insel schießen Hotelbauten aus dem Boden, Ferienwohnungen werden in Schnellbauweise hinaufgezogen, fast jeder vermietet Privatzimmer.

Eine wirkliche Horrorvision, dass die Küsten ganz Kretas einfach zugepflastert werden könnten – doch so weit ist es glücklicherweise noch nicht. An der Nordküste nimmt der Bauboom allerdings teilweise beängstigende Ausmaße an. Das geht oft auf Kosten der Qualität. Gebaut wird mit einfachsten Materialien, und das Gros der Zimmer, selbst in besseren Häusern, strotzt nicht gerade vor Gemütlichkeit: kahle, weiß gekalkte Wände und Fliesenböden, ein Bett, Stuhl, Nachttisch, Wandschrank, vielleicht ein Tisch. Das Mobiliar besteht meist aus hellem Kiefernholz, liebevolle Details wie Zimmerpflanzen, Wandbilder, handgearbeitete Teppiche usw. sind selten, Funktionalität herrscht vor. In den letzten Jahren hat sich jedoch einiges geändert. Die meisten neu erbauten Hotels, Rent Rooms usw. zeigen einen deutlichen Trend zum modernen Wohnstandard. Es ist Geld auf die Insel gekommen, und viele Hoteliers haben erkannt, worauf mitteleuropäische Gäste Wert legen. In den historischen Altstadtvierteln von *Réthimnon* und *Chaniá* werden beispielsweise immer mehr venezianische und türkische Häuser sorgfältig restauriert und zu geschmackvollen Herbergen umgebaut.

Während sich in den Küstenorten touristische Entwicklungen mit großer Dynamik abspielen, ist das *Inselinnere* davon weitgehend unberührt geblieben. Hier finden Sie noch großteils schlichte Privatquartiere, die sicher nicht viel Komfort bieten, aber unverfälscht das wirkliche Inselleben abseits der ausgetrampelten Pfade widerspiegeln. Und auch an der *Südküste* gibt es noch die kleinen, ruhigen Nischen, wo der "große" Tourismus noch nicht so recht vorgedrungen ist. Orte wie *Soúgia* oder *Léntas* ziehen hauptsächlich Rucksackreisende an, und die vorgelagerte *Insel Gávdos*, der südlichste Punkt Europas, besitzt noch nicht einmal ein einziges Hotel. Auch die Westküste Kretas ist vom Bauboom weitgehend verschont geblieben.

Tipp: Wer auf eigene Faust reist, Stress bei der Zimmersuche vermeiden und gleichzeitig einiges an Geld sparen will, sollte unbedingt in der Nebensaison fahren, also April/Mai bzw. September/Oktober. Viele Häuser stehen dann fast leer, und die Preise fallen in dieser Zeit deutlich. Handeln ist fast immer möglich, und Doppelzimmer werden nicht selten unter 30 DM offeriert.

Selbst im kleinsten Dorf werden "rooms" angeboten

● *Hotels*: Hotels sind offiziell in sechs Kategorien unterteilt: Luxus, A, B, C, D und E. Vor allem in den unteren Klassen handelt es sich fast durchweg um Familienbetriebe, die sich auch häufig Pension nennen. In den Prospekten der Reiseveranstalter werden nur Häuser der ersten drei Kategorien angeboten. Einen guten Ruf genießen die Hotels der renommierten **Grecotel-Kette** bei Réthimnon.
Luxus-Kat. (DZ ca. 250-400 DM, Halb- oder Vollpension obligatorisch); **A-Kat.** (DZ je nach Saison von 150-250 DM, Halb- oder Vollpension meist obligatorisch); **B-Kat.** (DZ je nach Saison ca. 90-180 DM, Halbpension möglich); **C-Kat** (DZ je nach Saison 40-120 DM, Halbpension z. T. möglich); **D-Kat.** (DZ je nach Saison 35-80 DM); **E-Kat.** (DZ je nach Saison 30-60 DM).
● *Privatzimmer*. Überall hängen die Schilder **"Rent Rooms"**, **"Rooms to let"** oder

"Domatio" (griech. = Zimmer), manchmal nennt man sich auch stolz Pension oder gar Hotel. Registrierte Unterkünfte erkennt man am blauen Logo der griechischen Fremdenverkehrszentrale, das am Eingang aushängt. Vor allem in den kleinen Küsten- und Badeorten ist in den letzten Jahren eine wahre Flut von Unterkünften entstanden, die fast durchweg Zimmer mit eigenem Du/WC bzw. kleine Apartments mit Küche und Bad bieten. Die Einrichtung ist einfach und den mediterranen Verhältnissen angepasst, oft sind Kühlschrank und Ventilator vorhanden, häufig bekommt man preiswertes Frühstück. Privatzimmer kosten in der Regel je nach Saison zwischen 35 und 60 DM, aber es gibt auch günstigere Möglichkeiten, z. B. im Inland und auf der Insel Gávdos.

● *Ferienwohnungen*: hauptsächlich für Familien mit Kindern sinnvoll, weil geräumig und mit Kochmöglichkeit. Ein **Apartment** besteht aus Wohn- und Schlafzimmer mit Küche oder Kochecke (Herd, Spüle, Kühlschrank) und Du/WC, ein **Studio** besitzt nur einen Raum mit integrierter Kochecke und Du/WC. Ferienwohnungen kann man problemlos bereits zu Hause im Reisebüro oder über die unten stehenden Anbieter mieten, bei denen man auch gleich die Anreise per Schiff oder Flug mitbuchen kann. Viele Inhaber bieten ihre Häuser auch per Inserat im Reiseteil überregionaler Zeitungen an. Etwas billiger ist meist die Anmietung unmittelbar vor Ort, Auskunft geben diverse Hinweistafeln, die Informationsstellen und viele Agenturen ("Travel Agencies"). Apartments kosten in der Hochsaison je nach Komfort und Ausstattung etwa 70-120 DM/Tag. In der Nebensaison sinken die Preise stark.
Einige Anbieter: **Jassu-Spezialbüro für Griechenland-Reisende**, Hartmut M. Burggraf, Cäsariusstr. 79 a, D-53639 Königswinter, Tel. 0223/91750, Fax 917523; **Kedros Reisen**, Harald Leutsch lebt seit vielen Jahren auf Kreta und vermittelt Unterkünfte (auch in Dörfern abseits vom Massentourismus) auf der ganzen Insel. P.O. Box 125, Gr-74100 Réthimnon/Kreta, Tel./Fax 0030/831/54588; **Kreta Ferienwohnungen Alexander Damianof**, Ditzinger Str. 12, D-71254 Ditzingen, Tel. 07156/7099, Fax 32348; **Kreta Reisen Evi Haffenrichter**, Clemensstr. 49, D-80803 München, Tel. 089/333295, Fax 395613; **Minotours Hellas Kreta**, Rosalie Großheim, Hüttenbrink 1,

D-37520 Osterode-Lerbach, Tel. /Fax 05522/3934; **Takis-Ferienhäuser GmbH**, Neuhauser Str. 15 a, D-80331 München, Tel. 089/2366510, Fax 23665199.

● *Jugendherbergen*: existieren in West- und Zentralkreta derzeit nur in **Iráklion**, **Réthimnon** und **Plakiás**. Kostenpunkt ca. 8-10 DM pro Übernachtung, JH-Ausweis wird nicht verlangt.

● *Camping*: In Westkreta gibt es zur Zeit sieben Campingplätze, nämlich bei Réthimnon, Chaniá, Kíssamos, Paleochóra und Plakiás (Beschreibungen in den jeweiligen Ortskapiteln). Die Plätze sind überwiegend schlicht und besitzen wenig Komfort. Mit Pflege und Modernisierung nimmt man es oft nicht sonderlich genau. Warmes Wasser steht meistens, aber nicht immer zur Verfügung. Auch Taverne und Bar sind häufig vorhanden, manchmal gibt es einen Swimmingpool. Öffnungszeiten meist April/Mai

bis September/Oktober. Auf allen Campingplätzen darf man auch ohne Zelt übernachten, oft gibt es Mietzelte.

● *Wohnmobile*: Auf den Campingplätzen gibt es noch keine spezifischen Einrichtungen wie Chemikalausgüsse u. ä. Standplätze außerhalb von Campinganlagen findet man an diversen Stränden, z. B. bei **Elafonísi**, **Georgioúpolis**, **Mália** und **Soúgia**. Theoretisch ist das Übernachten zwar verboten (in ganz Griechenland), aber wenn man sich nicht gerade provozierend an exponierte Plätze stellt, gibt es in der Regel keine Schwierigkeiten.

● *Wildzelten/Schlafen im Freien*: ist offiziell verboten, und nur noch in wenigen Orten im Westen Kretas werden ausgedehnte Zeltlager und Schlafsackkolonien toleriert, nämlich in **Soúgia** (Südküste), am Strand von **Elafonísi** (Westküste) und am Strand von **Sarakíniko** (Insel Gávdos).

Tipp: In unseren Ortsbeschreibungen finden Sie zahlreiche Unterkunftsadressen mit Charakterisierung, Telefonnummer und Preisen (Stand 2000). DZ bedeutet Doppelzimmer, d. h. der angegebene Preis gilt für ein Zweibettzimmer. Da die Preise je Saison sehr unterschiedlich sein können, haben wir meist Preisspannen angegeben. Diese Angaben sind Änderungen unterworfen und können nur ungefähre Anhaltspunkte geben.

Essen und Trinken

Die kretische Küche ist schlicht, kulinarische Höhepunkte und raffinierte Gewürzmischungen sind selten. Dafür gibt's Bauernsalat, dampfende Souvlaki vom Holzkohlengrill, Landwein an wackligen Tavernentischen, Pommes und nicht selten viel Herzlichkeit.

Der karge Boden Kretas und die fehlende Viehzucht erlauben nur wenig Abwechslung – was nicht heißen soll, dass das Essen schlecht ist, aber Zubereitung und Angebot variieren wenig, individuelle Geschmacksnoten sind selten. Viel hängt vom Wirt und Service ab – mal wird liebevoll und aufmerksam, mal nachlässig und ohne Mühe gekocht. In den letzten Jahren hat sich jedoch einiges getan. Überall in den großen Touristenorten haben sich ansprechende Lokale mit passablem Niveau und interessantem Angebot emporgearbeitet, und es werden immer mehr. Als Ergänzung zu den griechischen Gerichten wird dort mittlerweile verstärkt internationale Küche angeboten. Andererseits ist aber auch der Trend zu beobachten, dass vermehrt spezifisch kretische Spezialitäten serviert werden. "Paradosiáka Tavérna" nennen sich die Lokale, in denen man sich der Zubereitung traditioneller Speisen widmet. Leider haben mit dem Tourismus auch Nepp und Massenabfertigung Einzug gehalten. Da die Preise staatlich vorgeschrieben sind, wird eben an Portionsgröße und

Gemütliche Fischlokale an der Küste...

Qualität gespart, fehlende Speisekarten (und somit auch fehlende Preise) werden ausgenutzt, um überteuerte Gerichte an den Mann zu bringen usw. Dies gilt vor allem für die überlaufenen Restaurants in den Stadtzentren der Nordküste. Tipp: Gerade in den Großstädten kann es sich lohnen, abseits vom Rummel kleine und wenig besuchte Tavernen zu suchen, dort wird man solche Praktiken nur selten antreffen. Generell sind die Preise gegenüber Mitteleuropa günstig – für eine vollständige Mahlzeit inkl. Getränke für zwei Personen kann man etwa zwischen 35 und 50 DM ansetzen.

> **Tipp**: Olivenbäume besitzt Kreta im Überfluss. Deswegen wird alles, was gekocht wird, in Olivenöl zubereitet, und zwar reichlich! Auch der beliebte "Griechische Salat" mit Tomaten, Gurkenscheiben und Féta (Schafskäse) trieft vor Öl. Wer das nicht mag, sollte bedenken, dass Olivenöl wesentlich gesünder ist als Margarine oder Butter. Die Kreter erkranken laut mehrerer internationaler Untersuchungen unter anderem wegen des häufigen Genusses von Olivenöl besonders selten an Knochen-, Herz- und Kreislauferkrankungen!

● *Die Lokale*: **Estiatórion** (Restaurant) und **Tavérna** (Gasthaus) unterscheiden sich heute nur noch unwesentlich, daneben gibt es noch die **Psárotavérna** (Fischrestaurant) und die **Psistária** (Grillstube) bzw. das **Pséstopólion** (Gegrilltes zum Mitnehmen). Auf dem Vormarsch ist die **Paradosiáka Tavérna**, wo der Versuch unternommen wird, sich auf alte kulinarische Traditionen zurückzubesinnen.

Die **Oúzeri** bietet neben Oúzo und Rakí vor allem die beliebten *mezédes* an (→ unten). Diese Lokale trifft man auch unter den zungenbrecherischen Namen **Mézedopólion** oder – noch besser – **Oúzomezedopólion**. Das **Kafeníon** ist das Stammlokal aller männlichen Kreter. Selbst im hintersten Bergdorf findet man noch ein solches schlichtes Kaffeehaus. Kretische Frauen verkehren hier höchstens als Bedienung,

Touristinnen werden aber akzeptiert.
In den größeren Städten gibt es überall moderne **Cafés** und **Kafé-Bars** internationalen Zuschnitts. Vor allem die großen kretischen Städte wie Iráklion, Réthimnon und Chaniá

besitzen eine ausgeprägte Caféhauskultur. Im **Zacharoplastíon** (Konditorei) gibt es Kuchen, Blätterteiggebäck, manchmal Eis und die leckeren *loukoumádes* (→ unten).

▶ **Vorspeisen** *(orektiká)*: Vor allem in der Ouzerí und im Mezedopólion werden Appetithappen gereicht, genannt *mezédes* oder *pikília*: Käsewürfel, Zucchinikroketten, Tomaten- und Gurkenscheibchen, Scampi, Schnecken, Oliven, kleine Stückchen Melone, Muscheln, Pistazien, *dákos* (überbackener Zwieback), Mandelkerne und andere Leckereien. Für die Kreter bietet die Ouzerí Gelegenheit, sich gesellig zu treffen.

Arsinósalata, Salat aus rohen Seeigel-Innereien – ohne Stacheln natürlich.

Dákos, mit Tomaten und Fétakäse überbackener Zwieback.

Dolmadákia, gerollte Weinblätter, mit Reis und Gewürzen gefüllt.

Gígantes, große weiße Bohnen, so genannte "Saubohnen".

Saganáki, überbackener Kefalotíri-Käse, traditionell in kleinen Pfannen serviert.

Salingária oder **kochlií**, Kreter essen Weinbergschnecken mit derselben Selbstverständlichkeit wie Muscheln, Meeres-

krebse, Schweine und Hühner. Man isst sie, indem man die Zinke einer Gabel verbiegt und damit das Fleisch aus der Schale pult.

Skordaljá, Kartoffelbrei mit Knoblauch.

Táramosaláta, rötlich-orangefarbenes Püree aus Fischeiern mit Weißbrot oder Kartoffeln.

Tonnosaláta, Thunfischsalat.

Tsatsíki, der auch bei uns mittlerweile zur Genüge bekannte Joghurt mit Knoblauch und Gurken muss mit Liebe und Erfahrung zubereitet werden, damit er wirklich mundet. Es gibt große Unterschiede!

▶ **Fleischspeisen:** Da Rinder- und Schweinezuchten auf Kreta fehlen, wird traditionell wenig Fleisch gegessen. Schafe gibt es allerdings mehr als genug –

...schlichte Grilltavernen im Hinterland

herzhaft-deftiges Hammelfleisch sollte man mal versuchen. Besonders lecker sind ansonsten die Gerichte aus dem Tontopf (Kasserolle).

Békri Méze, scharf gewürzte Fleischstückchen (Gulasch) mit einer Soße aus Käse und verschiedenen Gewürzen.

Briám, verschiedene Gemüse, vor allem Zucchini, Auberginen und Paprika, zusammen mit Kartoffeln und Tomaten im Backofen geschmort.

Gûwétzi, Hammelfleisch mit Spaghetti und Tomatenstückchen, meist im Tontopf serviert.

Imám Baíldi, mit Tomaten, Zwiebeln und Hackfleisch gefüllte Auberginen. Der Name stammt aus dem Türkischen und bedeutet "Der Imam fiel vor Begeisterung um".

Keftédes, "meat balls", Frikadellen oder Fleischbällchen. Wie bei uns, nur manchmal etwas mehr gewürzt. Auch **biftékia** genannt.

Kleftikó, die "Räubermahlzeit", Kartoffeln und Rind- oder Hammelfleisch im Tontopf oder in Alufolie serviert. Eine speziell kretische Spezialität. Die Kleften (= Spitzbuben) waren die Partisanen der Befreiungskriege gegen die Türken, lebten versteckt in den Bergen und wurden nachts heimlich von ihren Familien versorgt. Damit die Speisen nicht so schnell kalt wurden, brachte man sie in sorgfältig verschlossenen und umwickelten Töpfen hinauf.

Moussaká, ein Auflauf aus Auberginen, Hackfleisch, Kartoffeln oder Nudeln. Wird auf großen Blechen zubereitet und den ganzen Tag über warm gehalten. Meist in Olivenöl.

Pastítsio, Nudelauflauf mit Hackfleisch und Tomaten. Mit Käse überbacken.

Spetsofaí, Wursteintopf mit Zwiebeln, Reis, Tomaten und Paprika, sehr lecker, leider nicht sehr häufig auf den Speisekarten zu finden.

Soutzoukákia, knusprig gebratene Hackfleischröllchen mit Tomaten-Paprika-Soße.

Souvláki, das griechische Nationalgericht, jedem Griechenland-Reisenden zur Genüge bekannt. Die aromatischen Fleischspieße aus Schaf- oder Schweinefleisch sind mit Oregano gewürzt und über Holzkohlen gegrillt. Sie sind meist preiswert und überall zu haben, mit etwas Zitrone verfeinert man den Geschmack.

Stifádo, besonders leckere Spezialität. Zart-fasriges Rindfleisch mit leckerem Zwiebelgemüse und Zimt gewürzt und meist in der Kasserolle serviert.

▶ **Fisch und Meerestiere**: wesentlich teurer als Fleisch. Die Fanggründe um Kreta sind fast leer gefischt, und die kretischen Hochseefischer sind oft wochenlang unterwegs bis zur türkischen oder afrikanischen Küste. Mittlerweile muss viel Fisch als Tiefkühlkost eingeführt werden – aus Athen, von wo große Fischfangflotten ständig in die Ägäis unterwegs sind, aber auch aus Kanada, Argentinien und Senegal.

Tipp: Fisch heißt psári und wird nach Gewicht verkauft (in der Speisekarte ist meist der Kilopreis angegeben). 200 bis (maximal) 300 g genügen zum Sattwerden. Aufpassen, dass einem nicht zu viel aufgenötigt wird. Den Fisch sollte man sich vor der Zubereitung zeigen lassen und falls zu groß, einen kleineren wählen!

Barbúnia, Rotbarben oder "red mullet", verbreiteter und sehr geschätzter Speisefisch.

Chtapódi, der Oktopus muss nach dem Fang viele dutzend Mal mit Kraft auf einen Stein geschleudert werden, damit das Fleisch weich und genießbar wird. Danach wird er auf langen Leinen zum Trocknen aufgehängt und später gegrillt oder mit Zitrone serviert.

Kalamarákia, Tintenfisch, die Arme werden in Öl gesotten, paniert und in Scheibchen geschnitten.

Marídes, das einfachste und billigste Fischgericht. Die winzigen, fingerlangen Sprotten werden meist als mezédes (Vorspeise) gereicht.

Psarósoupa bzw. **Kakaviá**, Fischsuppe, nur in bestimmten Fischtavernen wie am Hafen von Réthimnon und Chaniá erhältlich. Diverse Fische (auch weniger "edle" Teile und Reste) werden mit Zwiebeln, Kartoffeln und Karotten zu einem dampfenden Sud verarbeitet.

Tónnos, Thunfisch.

Tintenfisch auf der Trockenleine

Xifías, Schwertfisch. Großer Fisch, der nur weit draußen zu fangen ist. Sehr lecker und fast grätenlos, die meterlangen Pracht- exemplare werden säuberlich in dicke Filetscheiben zerteilt und mit Zitrone serviert.

▶ **Vegetarische Gerichte und Salate:** Wegen des früheren Mangels an Fleisch gibt es viele Speisen auf Gemüsebasis, Aufläufe usw. Auch dies hat – neben dem allgegenwärtigen Olivenöl – seinen Anteil daran, dass sich die Kreter europaweit besonders gesund ernähren.

Choriátiki, beliebtester Salat ist natürlich der bekannte griechische Bauernsalat, von Touristen gerne fälschlicherweise "Griechischer Salat" genannt. Er besteht aus Tomaten, Gurken, grünen Salatblättern und Oliven. Das Ganze gekrönt von einer aromatischen, bröckligen Scheibe féta (Schafskäse).

Chórta, speziell kretisches Wildgemüse, das überall wie Unkraut wächst. Ähnelt etwas dem Spinat und wird mit Olivenöl gekocht, mit Knoblauch gewürzt und mit Zitronensaft beträufelt.

Kolokidákia jemistá, gebratene bzw. frittierte Zucchini.

Kolokíthoukeftédes, vegetarische "Fleischbällchen" aus geriebenem Kürbis.

Piperjés jemistés, mit Reis gefüllte Paprika.

Revíthia, gebackene Kichererbsen, z. B. als Suppeneinlage (soúpa revíthia).

Tomátes jemistés, mit Reis gefüllte Tomaten, lecker. Gibt es praktisch überall, sind aber gar nicht so einfach zuzubereiten, wie sie aussehen.

▶ **Nachspeisen/Süßes** *(gliká)*: Kreta bietet eine reiche Auswahl an traditionellen Backwaren – meist auf Basis von Blätterteig, sehr süß und oft türkischen Ursprungs.

Bakláva, süße Blätterteig-Roulade mit Honig und Nüssen gefüllt, stammt ursprünglich aus der Türkei.

Bugátsa, Blätterteiggebäck mit Quarkfüllung. Ebenfalls sehr empfehlenswert.

Chalvá, knusprig-süßes Gebäck aus Honig und Sesamsamen.

Kataífi, sehr süßer Sirupkuchen aus dünnen Teigfäden, bietet jede kretische Bäckerei.

Skaltsouniá, die berühmten kretischen

Quarktaschen aus Teig, manchmal süß, manchmal herzhaft.
Loukoumádes, in heißem Öl gebrühte Teigkugeln, mit Honig übergossen.

Tirópita, mit Féta gefüllte Blätterteigpastete.
Yaúrti, Schafsjoghurt mit Honig (méli) ist eine weit verbreitete Spezialität Kretas.

▶ **Getränke:** Kretisches Wasser *(neró)*) ist ausgezeichnet und kann überall bedenkenlos getrunken werden. In vortouristischen Zeiten bekam man es zum Essen und danach zum Kaffee überall ungefragt gereicht. Zwischenzeitlich war diese Sitte völlig verschwunden, mittlerweile scheint sie im Rahmen des touristischen Wettbewerbs wieder aufzuleben.

Hier wird Rakí gebrannt

● *Raki*: Eine echte kretische Spezialität ist "Raki" (auch "Tsikoudiá" genannt), ein aus den Rückständen von Weinbeeren destillierter klarer Schnaps mit bis zu 35 % Alkohol. Im Herbst wird er überall auf Kreta in kleinen Destillerien privat gebrannt (siehe Bild).

● *Kaffee* (kafé): Wenn man den typischen griechischen Kaffee, ein starkes, schwarzes Mokkagebräu in winzigen Tassen, bekommen will, muss man ausdrücklich **kafé ellinikó** oder **"Greek coffee"** verlangen. Ansonsten wird Nescafé mitteleuropäischer Art serviert.

● *Limonade*: Jeder kretische Ort hat seine Limonadenfabrik, zumindest fast jeder. Meist sind es winzig kleine Fläschchen, preiswert, sehr süß – und wesentlich besser als die Getränke der US-Multis.

● *Bier* (bíra oder zýthos): Davon gibt es auf Kreta jede Menge, denn die Einheimischen trinken inzwischen viel und gerne das eigentlich fremde Hopfengetränk. Eine nordgriechische Großbrauerei produziert und vertreibt landesweit das Bier **Mýthos** (gesprochen: míssos), ansonsten erhält man überall **Amstel** und **Heineken**, die in Lizenz im Land gebraut werden. Eine Tochterfirma der deutschen **Henninger Bräu** braut sogar auf Kreta und stellt u. a. ein alkoholfreies Bier namens **Tourtel** her.

● *Wein* (krassí): In Restaurants gibt es neben Flaschenweinen fast überall auch offene Weine. Letztere sind meist rosé oder rot, und man sollte ihnen den Vorzug geben – sie sind preiswerter, weil vom lokalen Weinberg, oft besser und einfach echter. Jedoch sind sie selten gut gekühlt, weil sie in großen Fässern gelagert werden (verlangen Sie **krassí chimá** bzw. **krassí ap to varéli** = Wein vom Fass). Qualitätsweine werden im Weinort **Pezá** südlich von Iráklion produziert, wo sich das größte Weinbaugebiet der Insel erstreckt. Der bekannte geharzte **Retsína** war früher eine Importware vom Festland, mittlerweile wird er auch auf Kreta hergestellt – ein Zugeständnis an die Touristen.

krassí = Wein, **mávro krassí** oder **kokkíno** = Rotwein, **áspro krassí** = Weißwein.

Reisepraktisches von A bis Z

▶ **Ärztliche Versorgung**: Nicht ganz so schlecht wie ihr Ruf. In allen Städten und wichtigen Urlaubsorten gibt es genügend Ärzte, viele haben im Ausland studiert und sprechen Englisch, Deutsch oder Französisch (einige Tipps unter Réthimnon und Chaniá). *Staatliche Kliniken* ("Health Centers" genannt) befinden sich in allen größeren Städten und den Provinzzentren ländlicher Gebiete. Allerdings ist das Netz lückenhaft, die Kliniken sind nicht immer gut ausgerüstet und gelegentlich unsauber. Das modernste Krankenhaus ist die Universitätsklinik von Iráklion. Weiterhin gibt es einige gute und teure *Privatkliniken*. In der Saison bietet "Cretan Medicare", ein Netz von Arztambulanzen mit mehrsprachigem Personal, in den wichtigsten Badeorten der Nordküste Hilfe rund um die Uhr, darunter Georgioúpolis, Kalíves und Plataniás. Medikamente werden zum großen Teil eingeführt, trotzdem sind sie in Kreta wesentlich billiger als in Deutschland. Vieles läuft rezeptfrei.

> **Tipp**: Bei kleineren Beschwerden kann man getrost auf den Gang zum Arzt verzichten und in einer Apotheke um Rat fragen.

• *Behandlungskosten/Versicherung*: Für deutsche und österreichische Touristen, die in einer gesetzlichen Krankenkasse oder Ersatzkasse versichert sind, gibt es die Möglichkeit, sich auf **Krankenschein** kostenlos behandeln zu lassen (für Schweizer bisher noch nicht). Besorgen Sie sich dafür vor Abreise bei Ihrer Kasse das Formblatt **E 111**. Dieses können Sie bei jeder Niederlassung der griechischen Krankenkasse **IKA** in ein so genannter Krankenanspruchsheft (**Vivliário**) umtauschen, mit dem Sie kostenlos behandelt werden – jedoch nur von Ärzten, die der IKA angeschlossen sind, und das sind nicht sehr viele. Auch viele IKA-Stellen verfügen über eine ambulante Station, in der Sie sich gleich an Ort und Stelle untersuchen lassen können.
Einfacher und weniger zeitaufwendig ist es aber in der Regel, einen Arzt **bar** zu bezah-len. Im Prinzip sind die Kosten etwas günstiger als bei uns, doch wie in allen Urlaubsgebieten verlangen manche Ärzte von Touristen hohe, teils wohl auch überhöhte Rechnungen. Gegen eine detaillierte Quittung (**Apódixi**) des behandelnden Arztes, die die Diagnose, Art und Kosten der Behandlung beinhalten sollte, erhalten Sie aber bei Ihrer Krankenkasse zu Hause die Ausgaben zurückerstattet (ganz oder anteilig, je nach Krankenkasse verschieden). Darunter fallen auch Apotheken- und Medizinkosten (anteilig), falls sie vom Arzt verschrieben wurden.
Aufenthalt und Behandlung in einem staatlichen Krankenhaus oder Health Center (Nosokomío) kostet für ausländische Touristen nur eine geringe Gebühr. Zusätzlich müssen die Medikamente bezahlt werden. Auch diese Kosten erstattet Ihre Krankenkasse zurück.

Zu bedenken ist eventuell der Abschluss einer zusätzlichen **Auslandskrankenversicherung**, die die meisten privaten Krankenkassen preiswert anbieten (unter 1 DM pro Tag). Darin ist auch ein aus medizinischen Gründen erforderlicher Rückflug eingeschlossen.

> Wichtige Telefonnummern (in allen Orten): **Polizeinotruf** Tel. 100; **Feuerwehr** Tel. 199; **Erste Hilfe** Tel. 166; **Pannenhilfe** Tel. 104.

▸ **Diplomatische Vertretungen:** Die Botschaften Deutschlands, Österreichs und der Schweiz haben ihren Sitz in Athen. Auf Kreta betreiben sie jeweils ein Konsulat (die BRD zwei).

• *Deutschland*: **Botschaft der Bundesrepublik Deutschland**, Karaoli & Dimitriou Str. 3, Athen, Tel. 01/7285111, Fax 7251205. Mo-Fr 9-12 h. Konsulate: **Iráklion** (Kreta), Zografou Str. 7, Tel. 081/226288; **Chaniá** (Kreta), Daskalojannis Str. 62, Tel. 0821/27114 (wegen Tod des Konsuls bis auf weiteres geschl.).

• *Österreich*: **Österr. Botschaft**, Athen, Leoforos Alexandras 26, Tel. 01/8211036, Fax 8219823. Mo-Fr 10-12 h. Konsulat: **Iráklion** (Kreta), c/o Cretan Holidays, Eleftherias-Platz/Dedalou Str. 34, Tel./Fax 081/223379.

• *Schweiz*: **Schweizer Botschaft**, Athen, Iassiou Str. 2, Tel. 01/7230364, Fax 7249209. Mo-Fr 10-12 h. Konsulat: **Iráklion** (Kreta), c/o Cretan Holidays, Eleftherias-Platz/Dedalou Str. 34, Tel. 081/223379.

▸ **Einkaufen:** Schafwolle, Baumwolle und Ziegenleder sind die Grundmaterialien, aus denen die schönen kretischen Andenken hergestellt werden: dicke, warme Pullover und pflanzengefärbte Teppiche, leichte Sandalen, robuste Lederstiefel und Ledertaschen aller Größen, reich verzierte Spitzendecken, Häkelarbeiten und Strickwaren. Noch überwiegt nicht der Massenkitsch wie die dutzendfachen Nachbildungen minoischer und altgriechischer Skulpturen oder T-Shirts à la "I love Crete". Aber er ist schwer auf dem Vormarsch, genauso wie die Produkte "made in Taiwan" – dies findet man allerdings so gedruckt nicht auf den Synthetikteppichen und -pullovern! Vorsicht ist bei jedem Kauf geboten. Beim genauen Hinsehen erkennt man aber, ob man echte Schafwolle oder überwiegend mit Kunststoff versetzte Stücke vor sich hat! Besonderen Augenmerk verdienen die Schnitzereien aus *Olivenholz*, die verschiedene Holzwerkstätten anbieten (z. B. in Réthimnon und Kíssamos). Sie sind nicht billig, aber das glatt geschliffene, gemaserte Holz hat eine eigene Ästhetik. Die Ausfuhr von Antiquitäten ist verboten, darunter zählt alles, was vor 1830 hergestellt wurde. Ein hübsches Mitbringsel sind dagegen vielleicht die neu hergestellten *Ikonen*, die alten Vorbildern oft täuschend echt nachempfunden sind. Bei *Modeschmuck* muss man schon Glück haben, Stücke kretischer Tradition aufzutreiben. Das meiste, was in den kretischen Läden zum Angebot ausliegt, wird in ganz Griechenland, wenn nicht Europa, verhökert. *Gold- und Silberschmuck* ist deutlich preiswerter als in Mitteleuropa – 585er kostet auf Kreta etwa soviel wie 333er in Deutschland. Gerne mit nach Hause nimmt man schließlich die vielen kretischen *Gewürzkräuter*, die auf den Märkten preiswert angeboten werden. Besonders in Réthimnon findet man auch einige schöne Geschäfte.

Farbenfrohe Webarbeiten werden in vielen Bergdörfern angeboten

• *Leder*: Die größte Auswahl an Lederwaren findet man in der so genannten "Ledergasse" von **Chaniá** (→ dort), aber auch in **Réthimnon** ist die Auswahl groß.

• *Webarbeiten*: Vor allem schmale, läuferförmige Teppiche und bunte Hirtenrucksäcke sind preiswert zu haben im Bergdorf **Axós** am Nordhang des Ída-Gebirges. Garantiert echte Handarbeit sind die Teppiche bei Familie Patelaros (→ S. 101).

• *Spitzendecken/Häkelwaren*: **Fódele** (bei Iráklion) ist dafür in erster Linie bekannt. Ein Wald von Tischdecken und Webteppichen bedeckt dort die Wände der Häuser. Vieles ist allerdings nicht echt.

• *Ikonen*: Spezielle Ikonen-Werkstätten gibt es in **Iráklion**. Künstlerisch besonders wertvoll sind die Ikonen, die von den Nonnen im **Kloster Chrissopígi** bei Chaniá gefertigt werden und in vielen Kirchen und Klöstern Kretas hängen (→ S. 134).

• *Keramik*: Originelle Keramik findet man z. B. im Bergdorf **Margarites** bei Réthimnon.

• *Schmuck*: Ein Tipp ist der reichhaltige Laden von **Helmut Grimm** beim Morosini-Brunnen in Iráklion, in dem u. a. wertvoller Silberschmuck angeboten wird.

Tipp: Falls Sie planen, das eine oder andere Stück zu kaufen, sollten Sie möglichst die Produzenten selber aufsuchen. Dort bekommt man es erstens billiger – und die Bewohner der Bergdörfer können die Drachmen eher brauchen als die Souvenir-Multis an der Küste. Handeln ist meist möglich. Leider sind die Verkäufer inzwischen so zahlreich geworden, dass oft Aufdringlichkeit und plumpe Hartnäckigkeit das Geschäftsgebahren bestimmen.

▶ **Ermäßigungen:** Schüler und Studenten aus EU-Staaten erhalten in fast allen Ausgrabungsstätten und staatlichen Museen Griechenlands freien Eintritt. Für Studenten aus anderen Ländern gibt es meist 50 % Ermäßigung. Vorgezeigt werden muss dafür ein internationaler Schüler-/Studentenausweis. Wichtig: Die Regelung mit dem Freieintritt ist an den Kassen meist nicht vermerkt, man muss nachfragen!

▶**Finanzen**: Die griechische Währungseinheit ist die *Drachme (Drs)*. Es gibt Banknoten im Wert von 100, 200, 500, 1000, 5000, 10.000 und 100.000 Drs. sowie Münzen im Wert von 5, 10, 20, 50 und 100 Drs. *Wechselkurs* in Griechenland (Januar 2000): 1 DM = ca. 166 Drs. Die kretischen Preise sind zwar für mitteleuropäische Verhältnisse günstig, doch ein "Billigreiseland" ist Griechenland schon lange nicht mehr. Vor allem die großen Touristorte sind im Sommer auf dem besten Weg, sich ans mitteleuropäische Kostenniveau anzupassen. Doch in der Nebensaison lebt man immer noch deutlich günstiger als bei uns: Dann bekommt man nach wie vor ein Doppelzimmer für 30-35 DM und ein Abendessen für 15-20 DM pro Kopf.

An die Landeswährung kommt man am bequemsten und sichersten mit *ec-Karte und Geheimnummer*, denn Geldautomaten gibt es in allen größeren Orten (→ Kasten). Ansonsten können *Bargeld* und *Reiseschecks* in Banken und Postämtern überall problemlos in Drachmen eingetauscht werden. Wichtig: Bei Scheckeinlösung immer den Pass mitnehmen. Weiterhin gibt es *Wechselautomaten*, die gegen ausländische Scheine griechische Drachmen ausspucken, dabei fallen allerdings relativ hohe Gebühren an. Auch *Kreditkarten* werden in den Touristorten akzeptiert.

Tipp: ec-Geldautomaten gibt es in allen größeren Städten und Touristorten. Drei große Vorteile: 1) vor Ort fällt keine Kommission an, 2) die abhebbaren Beträge sind mit max. 100.000 Drs. recht hoch, 3) in der Regel geringe Wartezeiten. Jedoch Vorsicht: Nicht alle Automaten nehmen ec-Karten an, man muss auf die Aufkleber achten. Zu Hause fällt pro Abhebung eine Gebühr von 6,50 DM an. Bedienungshinweis: als Sprache "English" einstellen, für Abhebung "Checking" oder "Scheck" drücken.

▶**Informationen**: Die Griechische Zentrale für Fremdenverkehr (G.Z.F.), in Griechenland unter dem Zeichen E.O.T. (*Ellenikós Organismós Tourísmou*) zu finden, hat in der Bundesrepublik Deutschland vier, in Österreich und der Schweiz jeweils ein Büro eingerichtet. Man erhält dort farbige Faltblätter mit verschiedenen Informationen und einer groben Übersichtskarte zu allen touristisch interessanten Gebieten, außerdem gibt es Kartenmaterial zu Kreta und eine Zusammenstellung sämtlicher Reiseveranstalter. Auf Kreta gibt es Informationsbüros in *Iráklion*, *Réthimnon* und *Chaniá*, viel Unterstützung darf man dort allerdings meist nicht erwarten. Ansonsten kann man sich mit Fragen an die überall zahlreich vorhandenen *Reiseagenturen* wenden.

● *Deutschland*: Wittenbergplatz 3a, **D-10789 Berlin**, Tel. 030/2176262-63, Fax 2177965.
Abteistr. 33, **20149 Hamburg**, Tel. 040/454498.
Neue Mainzer Str. 22, **D-60311 Frankfurt**, Tel. 069/236561-63, 236576.
Pacellistr. 2, **D-8000 München**, Tel. 089/222035-6, Fax 297058.

● *Österreich*: Opernring 8, **A-1015 Wien**, Tel. 01/5125317, Fax 5139189.

● *Schweiz*: Löwenstr. 25, **CH-8001 Zürich**, Tel. 01/2210105, Fax 2120516.

● *Zentral- und Westkreta*: **Iráklion**, Xanthoudidou Str. 1, Ecke Eleftherias-Platz, unmittelbar gegenüber vom Archäologischen Museum, Tel. 081/228203, Fax 226020. Zweigstelle im Flughafen.
Chaniá, Kriari Str. 40, wenige Schritte von der Platia 1866, Tel. 0821/96426.
Réthimnon, Eleftheriou Venizelou Str., in einem Pavillon an der Strandpromenade, Tel. 0831/29148.

> **Tipp**: Wer über Internetanschluss verfügt, sollte die Website www.west-crete.com des Wanderveranstalters "White Mountains Experience" aufrufen. Dort findet man auch viele weiterführende Links zu anderen kretischen Websites.

▶ **Kartenmaterial**: Die hundertprozentig exakte Kreta-Karte gibt es noch nicht, doch inzwischen nähert sich mancher Kartograf schon stark der tatsächlichen Realität auf Kretas Straßen. Häufigste Fehlerquelle: Pisten sind als Schotterwege eingetragen, obwohl bereits seit einigen Jahren asphaltierte Straßen existieren.

● *Kartenauswahl*: Gut und exakt sind folgende Karten.

Kríti/Crete, vom Athener Verlag Road Editions, 1:250.000. Genauer Überblick über den Stand der Asphaltierung auf Kretas Straßen, über Geo Center Stuttgart auch im deutschen Buchhandel erhältlich, ansonsten überall auf Kreta.

Crete/Kreta, von Berndtson & Berndtson, 1:200.000. Gelungenes Kartenbild und gute Verarbeitung, da eingeschweißt in strapazierfähige, abwaschbare und umweltfreundliche PET-Folie.

Kreta, von Freytag & Berndt, 1:200.000. Kartenbild etwas gewöhnungsbedürftig, jedoch sehr genau.

Kreta West und **Kreta Ost**, von Marco Polo, je 1:125.000. Detailliert, allerdings nur zusammen erhältlich.

Kreta – Der Westen, vom Harms IC-Verlag, 1:100.000. Ähnlich wie die beiden Karten von Marco Polo, aber noch um Details wie einige Wanderwege ergänzt.

▶ **Papiere**: Trotz EU-Mitgliedschaft werden die Ausweise bei Ein- und Ausreise bisher noch kontrolliert. Für Deutsche, Österreicher und Schweizer genügt der *Personalausweis*. Kinder unter 16 Jahren müssen im Pass der Eltern eingetragen sein oder einen eigenen *Kinderausweis* haben, ab zehn Jahren mit Passbild. Wenn man mit dem *Reisepass* einreist, darf dieser keinen Stempel der türkischen Republik Nord-Zypern enthalten. Wer über Jugoslawien kommt, muss unbedingt den Reisepass mitnehmen und sich vorher eingehend nach etwaigen Visabestimmungen erkundigen. Sinnvoll ist es, Personalausweis und Reisepass sowie Kopien der Dokumente mitzunehmen. Im Fall eines Verlustes kommt man so beim zuständigen Konsulat schneller zu Ersatzpapieren.

▶ **Strom**: In ganz Griechenland 220 Volt Wechselstrom. In die Steckdosen passen allerdings zumeist nur die flachen Eurostecker. Wer auf den Föhn, das Reisebügeleisen oder den Tauchsieder nicht verzichten will, nimmt besser den Zusatzstecker "Südeuropa" mit.

▶ **Telefon**: Jede Stadt und viele Touristenorte besitzen eine *Telefonzentrale* der halbstaatlichen Telefongesellschaft OTE (*Organísmos Tilepikinoníon tis Elládos*). Von den dortigen Fernsprechkabinen kann man bequem und zuverlässig in alle Welt telefonieren und zahlt nach Beendigung des Gesprächs laut Zählerstand. Den Gang zum OTE-Büro kann man sich aber meist sparen, denn mittlerweile gibt es überall öffentliche *Kartentelefone*, von denen man völlig problemlos ins Ausland rufen kann. Magnetische Telefonkarten für 1500 Drs. (100 Einheiten) erhält man in vielen Läden und Kiosken, die großen Karten für 6500 Drs. (500 Einheiten) und 11500 Drs. (1000 Einheiten) gibt es dagegen nur in OTE-Büros und bei der Post.

> Beim Wählen zuerst die **Auslandsvorwahl** (BR Deutschland **0049**, Österreich **0043**, Schweiz **0041**), dann die Ortsvorwahl ohne die Null und schließlich die Nummer des gewünschten Teilnehmers wählen.
> Wer **innerhalb Griechenlands** telefonieren will, muss die Null der Vorwahl mitwählen. Jede größere Insel bzw. Provinz oder Stadt hat ihre eigene Vorwahl, kleinere Orte bzw. Inseln sind oft unter einer Nummer zusammengefaßt.
> Wer **nach Griechenland** anrufen will: Vorwahl Griechenland von Deutschland ist **0030**, von der Ortsvorwahl die Null weglassen. Beispiel: Anruf BRD nach Iráklion – 0030 + 81 + Nummer des Teilnehmers.

▶ **Toiletten**: Für alle Toiletten in Griechenland (und Kreta) gilt: *Papier darf nicht mit hinuntergespült werden*, dafür steht immer ein Eimer in der Ecke. Ansonsten wären dauernd die engen Abflussrohre verstopft. Als öffentliche Toiletten bzw. in Tavernen, Cafés etc. sind zum Teil noch die traditionellen Stehklos in Gebrauch. Bei richtiger Benutzung sind sie eigentlich sogar hygienischer als unsere Sitztoiletten. Leider spottet ihr Zustand oft jeglicher Beschreibung. Papier muss oft selber mitgebracht werden. Beschilderung: *ándron* = Herren, *ginaíkon* = Frauen.

▶ **Uhrzeit**: In Griechenland gilt die *osteuropäische Zeit* (OEZ). Sie ist der mitteleuropäischen Zeit (MEZ) um eine Stunde voraus. Von April bis Oktober ist die Sommerzeit gültig.

▶ **Wasser**: Das Leitungswasser ist in den Städten überall gechlort, man kann es problemlos trinken, frisches Quellwasser in den Bergen ebenfalls. In der freien Natur sollte man von *Zisternen* nur trinken, wenn sie abgedeckt oder eingezäunt sind, das Wasser könnte sonst von Schafen und Ziegen verunreinigt sein. Ansonsten gibt es Wasser in großen, bläulichen Plastikflaschen zu kaufen.

▶ **Zoll**: Innerhalb der EU dürfen Waren zum eigenen Verbrauch unbegrenzt ein- und ausgeführt werden. Überschreitet man allerdings unten genannte Richtmengen, muss man im Fall einer Stichprobenkontrolle glaubhaft machen, dass diese Mengen nicht gewerblich genutzt werden, sondern für den persönlichen Verbrauch bestimmt sind.

> **Richtmengenkatalog** (Warenmenge pro Person ab 17 Jahre): 800 Zigaretten, 400 Zigarillos, 200 Zigarren, 1 kg Rauchtabak, 10 ltr. Spirituosen, 20 ltr. Zwischenerzeugnisse, 90 ltr. Wein (davon höchstens 60 ltr. Schaumwein) und 110 ltr. Bier.
> Für Schweizer und den Einkauf in Duty-free-Shops gelten niedrigere Quoten: 200 Zigaretten oder 100 Zigarillos oder 50 Zigarren oder 250 g Tabak; 1 ltr. Spirituosen oder 1 ltr. Zwischenerzeugnisse oder 2 ltr. Wein oder 2 ltr. Bier sowie Geschenke bis 200 sFr.

Markante Silhouette: venezianischer Hafen und Kastell von Iráklion

Stop-Over Iráklion

Die Hauptstadt Kretas ist das unbestrittene Zentrum der Insel. 90 % aller ausländischen Urlauber landen hier, sei es per Charterflug oder mit der täglichen Fähre ab Piräus.

Besonders schön ist Iráklion sicher nicht, aber die lebhafte Inselmetropole mit ihrem hohen Bevölkerungsanteil an Studenten besitzt Atmosphäre und ist für ein, zwei Tage Aufenthalt auf jeden Fall gut, bevor man nach Westen weiterreist. Bedeutendste Attraktion ist das *Archäologische Nationalmuseum* mit der größten minoischen Sammlung der Welt. Nur wenige Kilometer außerhalb der Stadt steht außerdem der berühmte minoische *Palast von Knossós*, der getrost zu den Weltattraktionen in Sachen Archäologie gezählt werden kann.

Anreise/Verbindungen

▶ **Flug**: Der Flughafen "Níkos Kazantzákis" liegt etwa 5 km östlich vom Stadtzentrum. In der Saison landen die internationalen Chartermaschinen teilweise im 10-Minuten-Rhythmus, chaotisches Gedränge und lange Wartezeiten an den wenigen Gepäckbändern sind die Folge. Beim Rückflug muss man ebenfalls mit Verzögerungen rechnen. Linienflüge von und nach *Athen* gehen ca. 5-6 x tägl. (ca. 120 DM), Flugauskunft unter Tel. 081/245644.

Einrichtungen: Beim Gepäckband Informationsschalter des EOT (auch von der Halle zu erreichen), mehrere Bankschalter (hohe Kommission) und Post. In der Ankunfts-/Abflughalle Geldautomat, mehrere Auto- und Zweiradvermieter, außerdem

Bar, Souvenirshop, internationale Zeitungen etc. Gepäckaufbewahrung in einem kleinen Häuschen außerhalb, etwa 100 m westlich der Ankunftshalle, pro Stück ca. 4 DM/Tag, Surfbretter, Fahrräder etc. ca. 7 DM/Tag, ab Mitternacht muss neu bezahlt werden (falls nicht geöffnet, Auskunft im Souvenirshop in der Halle).

• *Vom Flughafen nach Iráklion*: An der Straße gegenüber vom Flughafengebäude (ca. 100 m vom Ausgang für internationale Flüge) starten die blauen **Stadtbusse** zum **Eleftherias-Platz** im Zentrum und fahren im Anschluss weiter bis zum **Busbahnhof B** am Chaniá-Tor (→ Busse). In der Hochsaison fahren die Busse alle 10 Min., sonst etwa alle 15-20 Min., Kostenpunkt etwa 1 DM. Erster Bus morgens um 6 h. Falls Sie zum **Busbahnhof A/C** wollen, sagen Sie dem Busfahrer Bescheid, er lässt Sie dicht davor heraus, und Sie sparen den Fußmarsch vom Eleftherias-Platz.

Für eine **Taxifahrt** ins Zentrum sollten Sie maximal 13 DM zahlen (erkundigen Sie sich beim Info-Schalter nach den aktuellen Preisen!). Empfehlenswert ist es, den Preis vorher auszuhandeln, bei Fahrt nach Taxameter riskiert man Umwege. Die **Taxis** fahren ab Iráklion/Flughafen auch größere Ziele auf der ganzen Insel an, die Preise sind am Ausgang der Halle mit dem Gepäckband angeschlagen (→ auch Kap. Taxi weiter unten).

• *Von Iráklion zum Flughafen*: **Bus 1** (beschildert "Aerodrom", "Aerolimin" oder "Airport") fährt etwa alle 20 Min. Am besten am Eleftherias-Platz zusteigen, Haltestelle auf der Stadtmauer 50 m rechts/südlich vom Archäologischen Museum, vor der Fahrt Ticket kaufen, Fahrkartenkiosk neben Astoria-Hotel.

▶ **Schiff**: Die großen Fähren aus Piräus haben ihre Anlegestelle einen knappen Kilometer östlich vom venezianischen Hafen und Zentrum. Große Self-Service-Cafeteria und Gepäckaufbewahrung im benachbarten Busbahnhof A (→ unten). Man kann leicht zu Fuß ins Zentrum gehen.

• *Auskünfte und Tickets*: in den zahlreichen Agenturen an der **25 Avgoustou Str.** zwischen Venezianischem Hafen und Morosini-Brunnen.

• *Verbindungen nach Piräus*: ganzjährig mindestens 2 x tägl. mit **Minoan Lines** und **ANEK**, Fahrtzeit 11-12 Std.

▶ **Überlandbusse**: Iráklion ist Dreh- und Angelpunkt des gesamten Busverkehrs auf der Insel. Von den drei Busbahnhöfen (im Folgenden A, B und C genannt) werden alle größeren Orte der Insel mehrmals täglich angefahren. Die hier angegebenen Daten gelten für Werktage in der Zeit von Ostern bis Oktober. Samstag/Sonntag und in der kalten Jahreszeit deutlich weniger Abfahrten!

Busbahnhof A: vis à vis der Anlegestelle für Fährschiffe von Piräus, etwa 400 m östlich vom Venezianischen Hafen. Hier fahren die Busse in den Osten und Süden der Insel ab. Es gibt eine Gepäckaufbewahrung, ein kleines Café und Toiletten.

• *Verbindungen*: **Agía Pelágia** 6 x tägl., ca. 4 DM;
Ágios Nikólaos etwa 25 x tägl., ca. 9 DM;
Archánes 15 x tägl., ca. 2,20 DM;
Ierápetra 8 x tägl., ca. 14 DM;
Lassíthi (Psichró) 2 x tägl., ca. 8,50 DM;
Limín Chersónisou & Mália von 6.30-22 h alle 30 Min., ca. 4 bzw. 5 DM;
Sísi, **Mílatos** 2 x tägl., ca. 5,50 bzw. 6,30 DM;
Sitía 5 x tägl., ca. 18 DM.

Busbahnhof B: 50 m außerhalb vom Chaniá-Tor. Hier fahren hauptsächlich Busse in den Süden von Zentralkreta ab. Da er vom Zentrum ein ganzes Stück entfernt liegt, kann man ab Platia Eleftherias den Stadtbus 6 nehmen, die Busse ab Flughafen fahren ebenfalls hin. Benachbart gibt es mehrere Kafenia und Tavernen.

• *Verbindungen*: **Agía Galíni** etwa 7 x tägl., ca. 9,50 DM;
Anógia 5 x tägl., ca. 5 DM;
Festós 6 x tägl., ca. 8 DM;
Fódele 2 x tägl. (außer Sa/So), ca. 4,50 DM.
Léntas 1 x tägl. (außer Sa/So), ca. 11 DM;
Mátala 7 x tägl., ca. 10 DM;
Míres 12 x tägl., ca. 7 DM.

Busbahnhof C: genau gegenüber vom Busbahnhof A am Hafen (→ Stadtplan), breite Verkehrsstraße in Richtung Wasser überqueren. Angeschlossen an die kleine Station ist eine Cafeteria mit Kinderspielgeräten (→ Kasten, S. 54). Von hier geht etwa stündlich ein Bus auf der New Road nach Réthimnon und Chaniá.

● *Verbindungen*: Hauptachse des kretischen Busverkehrs ist die autobahnähnlich ausgebaute **New Road** von **Iráklion** über **Réthimnon** nach **Chaniá** an der Nordküste entlang. Zwischen 5.30 und 20.30 h wird sie etwa stündlich befahren, Fahrtdauer bis Réthimnon etwa 1,5 Std. (ca. 9 DM), nach Chaniá knapp 3 Std. (ca. 17 DM).

▶ **Mietfahrzeuge:** In der Innenstadt gibt es Dutzende von Verleihern, die meisten an der *25 Avgoustou Str.*, die von der Platia Venizelou zum venezianischen Hafen hinunterführt, und ihren Seitengassen. Viele geben außerhalb der Hochsaison starken Rabatt, Handeln möglich, hartnäckig sein! Mehrere Angebote einholen, mit dem günstigsten zum zweitgünstigsten gehen und fragen, ob er unterbieten will ... Man kann einiges sparen.

● *PKW*: **Hasstel**, 25 Avgoustou Str. 86, ziemlich weit oben, schräg gegenüber der venezianischen Loggia. Herr Stelios Hassourakis ist ein alter Hase im Geschäft. Tel. 081/ 285439, Fax 285987.
Caravel, 25 Avgoustou Str. 39, von Hasstel ein Stück die Straße hinunter, andere Straßenseite. Tel. 081/245345, Fax 220362.
Ritz, im Hotel Rea (→ Übernachten), hier gibt es eine gut lesbare deutsche Version der Geschäftsbedingungen. Tel. 081/ 223638, Fax 242189.
● *Motorräder*: **Motor Club**, Platia 18 Anglon, Kreisverkehr beim Fischerhafen, unteres Ende der 25 Avgoustou Str. Gute und relativ neue Maschinen, ordentliche Wartung und nettes Personal, vermieten auch Autos. Tel. 081/222408, Fax 222862.

*U*nterwegs in der *S*tadt und außerhalb

Im Zentrum kann man sich bequem zu Fuß bewegen. Nur wenn man raus will, nach Knossós, zum Strand etc., ist ein Fahrzeug nötig.

● *Eigenes Fahrzeug*: Ein kostenpflichtiger **Parkplatz** namens "Car Parking Museum" liegt unterhalb vom Archäologischen Museum an der Ikarou Str. (zum Hafen und Airport), tagsüber kann man hier für ca. 5 DM parken. Gute Möglichkeiten bietet ansonsten die **Dimokratias Str.**, parallel zum Park (Parkscheine für 100 Drs./Std. gibt's in Kiosken). Wenn man etwas Geduld aufbringt, findet man dort auch sicher irgendwo gratis ein freies Plätzchen.
● *Stadtbusse*: Die städtischen Busse sind dunkelblau. **Tickets** müssen vor der Fahrt bei Fahrkartenkiosken gekauft werden – einer steht gegenüber der Venezianischen Loggia, wenige Meter vom Morosini-Brunnen, ein anderer am Eleftherias-Platz, direkt neben dem Eingang zum Astoria-Hotel. Gestaffelte Fahrpreise zwischen 70 Pfennig und 1,20 DM, Fahrtziel nennen.
Bus 1 fährt alle 10-20 Min. ab Eleftherias-Platz zum **Flugplatz**.
Bus 2 fährt von 7-22.30 h alle 20 Min. ab Busbahnhof A die 25 Avgoustou Str. hinauf (Haltestelle gegenüber der Venezianischen Loggia) und durchs Jesus-Tor (Haltestelle) nach **Knossós**.
Bus 6 fährt von 6.30-23 h alle 20-30 Min. vom Flugplatz quer durch die Stadt (Stopp am Astoria-Hotel, Eleftherias-Platz) zum Busbahnhof B und weiter zum westlichen Stadtstrand, genannt **Ammoudára** bzw. **Linoperámata** mit diversen Strandhotels.
Bus 7 fährt von 6.30-21 h alle 20-30 Min. zum Strand von **Amnissós** östlich von Iráklion (Haltestelle 50 m rechts/südlich vom Arch. Museum).
● *Taxi*: Standplätze in der Stadt u. a. am **Eleftherias-Platz**, am **Kornarou-Platz** (Bembo-Brunnen) und am **Busbahnhof A**. Ansonsten halten die Fahrer auch auf Winkzeichen, wenn sie frei sind. Vor allem für **Fernfahrten** sollte man den Preis vorher aushandeln. Ungefähre Preise ab Iráklion (Stand '99): Knossós ca. 10 DM, Réthimnon 75 DM, Agía Galíni 80 DM, Georgioúpolis 100 DM, Chaniá 125 DM.
Funk-Taxi, 24 Std. unter Tel. 081/210102 und 210168.

Übernachten

1 Kronos
4 Atrion
6 Vergina
7 IYHF-Jugendherberge
9 Rea
10 Irini
11 Rhodos
13 Hellas
17 Atlantis
19 Dedalos

Essen und Trinken

2 Ippokampos
3 Ta Psaria & Thalassina
5 Tou Terzaki & Kapetanios
14 To Pareaki
16 O Gero Platanos
18 Loukoulos
20 Giovanni
21 "Schmutzgäßchen"

Sonstiges

8 Gepäckaufbewahrung
12 Diskothek Trapeza
15 Wäscherei

Iráklion

Information/Adressen (s. Karte auf S. 50/51)

● *Information*: Das Büro des **EOT** (griechisches Fremdenverkehrsamt) liegt direkt gegenüber vom Archäologischen Museum, Xanthoudidou Str. 1, Ecke Eleftherias-Platz. Freundliches Personal, in der Saison allerdings überlastet, man spricht Englisch. Stadtpläne, Prospektmaterial, Infos über Bus- und Schiffsverbindungen, Museen, Unterkünfte u. a. Mo-Fr 8-14.30 h, Sa/So geschl. Tel. 081/228203, Fax 22602. Zweigstelle im **Flughafen** (→ Anreise/ Verbindungen).

● *Gepäckaufbewahrung*: **Flughafen** (→ dort), ca. 4 DM/Stück. **Busbahnhof A** am Hafen, tägl. 6-19.30 h, ca. 1,50 DM/Stück. **Left Luggage**, Avgoustou Str. 48 (gegenüber

Bank of Greece) tägl. 7-23 h, ca. 3 DM. **Left Luggage (8)**, Chandakos Str. 18, Stück ca. 2 DM, Schließfach ca. 3 DM, auch Platz für Fahrräder. Mit Waschsalon. Tägl. 7.30-22 h. Tel. 081/280858, Fax 284442.

● *Olympic Airways*: Hauptbüro an der Südseite vom Eleftherias-Platz, tägl. außer sonn- und feiertags 7-15.45 h. Tel. 081/ 229191-5, Fax 342526.

● *Post*: an der Platia Daskalojannis 10, einige Schritte vom Eleftherias-Platz. Mo-Fr 7.30-20 h (Briefmarken, Poste Restante), 7.30-14.30 h (Telegramme, Geldüberweisungen).

● *Toiletten*: öffentliche "Örtchen" im **El-Greco-Park**, in der **Busstation** und unter der **Kathedrale Ágios Minás**.

Übernachten (s. Karte auf S. 50/51)

● *Oberklasse*: **Atlantis (17)**, A-Kat., Mirambelou Str. 2, großes, komfortables Hotel zw. Busbhf und Arch. Museum, kürzlich völlig renoviert, große, gut ausgestattete Zimmer, Pool. DZ mit Frühstück je nach Saison ca. 160-190 DM. Tel. 081/229103, Fax 226265. **Atrion (4)**, B-Kat., Paleologou Str. 9, ruhige Lage in wenig befahrenem Viertel zwischen Avgoustou und Chandakos Str., Nähe Uferstraße. Großer, neuer Betonbau, elegant eingerichtet und mit Marmorfliesen ausgelegt, in den klimatisierten Zimmern Teppichboden, unten Springbrunnen und kleiner, gemütlicher Innenhof, im Hochparterre Cafeteria mit Bar. Tipp für Autofahrer: Tiefgarage. DZ mit Frühstück je nach Saison ca. 100-130 DM. Tel. 081/229225, Fax 223292. **Sofia**, C-Kat., Stadiou Str. 57, in Nea Alikarnassos, unweit vom Flughafen, 6 km nach Knossós. Ruhige Lage in einer Seitenstr., sehr sauber, modern eingerichtet, freundliches Personal. Mit Pool. Bietet sich als Übernachtungsquartier an, wenn man einen frühen Rückflug hat. DZ ca. 70-110 DM, Frühstück extra. Tel. 081/240002, Fax 227564.

● *Mittelklasse*: durchweg schlicht und einfach **Irini (10)**, C-Kat., Idomeneos Str. 4, Nähe Busbahnhof A/C, größeres Betongebäude mit für Iráklion recht passablem Standard, 59 hübsche Zimmer mit großen Balkonen, etwas teurer. DZ ca. 70-110 DM, Frühstück extra. Tel. 229703, Fax 226407. **Kronos (1)**, C-Kat., Sofia Venizelou Str. 712/ Ecke Monis Angarathou Str. 2, direkt an der viel befahrenen Uferstraße, 5 Min. vom Morosini-Brunnen, ordentlicher Standard, sau-

ber und herrlicher Meeresblick, allerdings nicht ganz leise. DZ ca. 60-80 DM. Tel. 081/ 282240, Fax 285853. **Dedalos (19)**, C-Kat., Dedalou Str. 15, brauchbare Adresse zentral in der Shopping- und Bummelstraße (Fußgängerzone), 2 Min. vom Morosini-Brunnen. Schlicht eingerichtet, in den Gängen und Zimmern dünne Teppichböden, jeweils Du/WC und teils Balkon zur Fußgängerzone, sauber. DZ je nach Saison ca. 60-75 DM, Frühstück extra. Es wird etwas Deutsch gesprochen. Tel. 081/ 244812, Fax 224391.

● *Preiswert*: Eine Handvoll einfacher Hotels, Privatzimmer und die Jugendherberge von Iráklion findet man im alten türkischen Viertel, das von der Avgoustou und Chandakos Str. begrenzt wird. **Rhodos (11)**, Privatzimmer unmittelbar links neben der Kirche Ágios Títos, Frau Kosmadaki ist die nette Vermieterin. Zimmer ganz zentral, ruhig und sauber, Etagendusche. DZ ca. 35-50 DM. Tel. 081/ 228519. **Hellas (13)**, Chandakos Str. 24, weißes Haus mit Fensterläden und Türen in leuchtendem Blau. Innen schlicht und schmucklos, netter Besitzer Iannis mit deutscher Gattin Petra. Ordentlich geführt und sauber, Zimmer von ein bis sechs Betten, pro Pers. ca. 12 DM, DZ ca. 40 DM. Sechs Duschen und sieben Toiletten sind auf den vier Stockwerken verteilt. Frühstück und Snacks auf dem mit vielen Pflanzen überrankten Dachgarten. Tel. 081/280858, Fax 284442. **Rea (9)**, D-Kat., Kalimerakis Str. 1, zweigt im unteren Teil der Chandakos-Str. ab, leider nachts wegen Mopedfahrern nicht ganz leise. Saubere, helle Zimmer mit Waschbecken und einfachem Mobiliar, teilweise eig. Du/WC. Geführt vom Geschwisterpaar Eva und Michalis Chronakis. DZ mit Bad etwa 50 DM, mit Etagendusche ca. 40 DM, auch Dreibettzimmer für ca. 60 DM. Im etwas dunklen Untergeschoss wird das magere Frühstück serviert. Mit empfehlenswertem Autoverleih Ritz. Tel. 081/223638, Fax 242189.

Vergina (6), Chortatson Str. 32, "Rooms" nur zwei Häuser vom Rea entfernt, restauriertes Haus aus türkischer Zeit, schöner Hof mit Bananenstauden und Orangenbäumen, ruhige und zentrale Lage, freundliche Besitzerin. Innen spartanisch, nur wenige Zimmer, aber kürzlich renoviert, neues Mobiliar, Terrassengarten. DZ etwa 35-50 DM, auch Dreibettzimmer. Tel. 081/242739.

● *Jugendherberge*: **IYHF (7)** Vironos Str. 5, Seitengasse der 25 Avgoustou Str. Älteres Haus in zentraler, aber ruhiger Lage. Einfache Schlafräume mit Doppelstockbetten und Bretterböden, ca. 10 DM pro Bett (Bettwäsche 2 DM), auch DZ und Einzel zu haben. Nur kaltes Wasser. Es gibt karges Continental Breakfast (ca. 4 DM) und andere Mahlzeiten, keine Kochmöglichkeit. Mit Gepäckaufbewahrung. Von 24 bis 7.30 h geschl. Tel. 081/286281, 222947.

● *Camping*: Einziger Zeltplatz bei Iráklion ist **Camping Creta** bei Goúrnes, etwa 10 km östlich der Stadt, direkt am schmalen Sandstrand. Zu erreichen mit Bus ab Busstation am Hafen Richtung Limín Chersónisou und noch ca. 1 km zu Fuß.

*E*ssen & *T*rinken *(s. *K*arte auf *S*. 50/51)*

Iráklion ist in erster Linie Durchgangsstation. Die Gastronomie bietet deshalb nichts Außergewöhnliches und kann sich mit Chaniá oder Réthimnon nicht messen, weder vom Ambiente noch vom Angebot.

● *Im Zentrum*: **Giovanni (20)**, Adam Korai Str. 12, schönes klassizistisches Haus in schmaler Parallelgasse zur Fußgängerzone, Handvoll kleiner Tische vor der Tür, gedämpfte Musik und ebensolche Atmosphäre. Bei Iannis (Giovanni) 3 Menüs zur Auswahl: Fisch, "Traditional" oder vegetarisch, ca. 30 DM.

Loukoulos (18), gepflegtes italienisches Lokal gegenüber von Giovanni, hübscher Garten, historisches Haus, Pizza vom Holzofen und gute Nudelgerichte. Etwas teurer.

Das **"Schmutzgässchen" (21)** wird seinem Spitznamen nicht mehr gerecht. Die blitzblanken Tavernen in dem winzigen Gässchen zwischen Marktstraße und Evans Str. (offizieller Name Archimandritou Fotiou Theodosaki Str.) waren ursprünglich preiswerte Imbissstuben für die Marktbesucher aus der Provinz. Heute sind sie voll "entdeckt", es gibt die üblichen Grill- und Fischgerichte, die Preise sind nicht günstiger als anderswo.

O Gero Platanos (16), am Platz vor der Kathedrale Ágios Títos unter einer großen Platane, deren Äste tief über die Tische hängen, stilles Fleckchen mitten in der Stadt, leichte Speisen wie gefüllte Tomaten und Weinblätter, Salate und Vorspeisen.

Wer einmal die bekannten griechischen *mezédes* (Vorspeisenteller) kosten will, kann eine der folgenden Adressen ausprobieren:

Tou Terzaki und **Kapetanios (5)**, diese beiden gemütlichen Ouzerien findet man in der Ioannou Marinelis Str., westlich der Avgoustou Str. direkt bei der kleinen, modernen Kirche Ágios Dimítrios (Vironos Str. hinein und rechts). Im Angebot u. a. gefüllte Tomaten, Oktopus, Shrimps und natürlich Wein. Preiswert und gute Qualität.

To Pareaki (14), kleines Mezedopólion an einem winzigen Platz an der Chandakos Str. (neben Wäscherei **(15)**), geführt von jungem Paar. Drinnen ganz mit Holz ausgekleidet, draußen sitzt man angenehm und ruhig unter schattigen Bäumen. Traditionelle Gerichte und diverse Vorspeisenteller, Preise okay.

● *Am Venezianischen Hafen*: **Ta Psaria** und **Thalassina (3)**, am unteren Ende der 25 Avgoustou Str., zwei durchschnittliche, wegen des schönen Blicks auf Meer und Hafenkastell aber immer gut besuchte Fischtavernen.

Ippokampos (2), westlich vom Fischerhafen (vom Ende der Avgoustou Str. die Uferstraße ein Stück nach links). Nette Ouzerie zwischen Hafenstraße und einer zweiten Straße dahinter. Man sitzt an kleinen Tischchen auf dem Gehsteig, zu essen gibt es hauptsächlich Mezédes, z. B. *táramosaláta* (Seeigelpüree), Knoblauchpüree, gefüllte Kartoffeln, Schnecken, rote Rüben etc., ansonsten Fisch, aber auch der gefüllte Oktopus ist schmackhaft. Speisekarte gibt's nicht, man darf in die Töpfe gucken. Leider stört der Verkehr hier doch ziemlich.

Tipp: "Ta Liontaria" und "Kirkor" sind zwei handtuchschmale Kafenia neben-einander am Morosini-Platz. Gegründet wurden sie in den zwanziger Jahren, als es noch kein einziges weiteres Lokal am Platz gab. Spezialität ist "bougátsa créma", ein süßer Grießauflauf mit Blätterteig gedeckt - lecker!

Nachtleben (s. Karte auf S. 50/51)

Iráklion ist der einzige Ort Kretas mit Großstadtcharakter, und dank der vielen Studenten quirlt das Leben. Viele Cafés und Bars wurden in geschmackvoll restaurierten historischen Häusern eröffnet. Am schönsten ist es aber, irgendwo draußen zu sitzen und den Trubel zu beobachten, denn Iráklions Zentrum hat sich in den letzten Jahren zu einem einzigen großen Open-Air-Café entwickelt. Vor allem am **Morosini-Brunnen** ist viel los. Der Platz quillt abends fast über, hat aber trotzdem Atmosphäre.

Alternative dazu sind die berstend vollen **Studentenkneipen** an der Platia Adam Korai seitlich der Fußgängerzone. Ansonsten findet man vor allem entlang der **Chandakos Str**. diverse aufwendig eingerichtete Cafés sowie das neue, theaterähnlich barock gestaltete Kino **Vitzenzos** (Filme in Originalsprache mit griechischen Untertiteln). Eine der beliebtesten Diskotheken ist **Trapeza (12)** in der Leoforos Doukos Bofor Str. 7, unmittelbar oberhalb vom Busbahnhof am Hafen.

Tipp: Auch mit Kindern kann man in Iráklion durchaus etwas unternehmen. Einen Spielplatz findet man z. B. ganz zentral im El-Greco-Park. Hübsch ist außerdem die "Cafeteria Port Garden" im Busbahnhof C. Dort treffen sich abends viele einheimische Familien, deren Kids hier mit Eifer diverse batteriegetriebene Vehikel und Spielgeräte nutzen können. Ein Luna Park liegt südlich der Platia Eleftherias, ein weiterer östlich vom Busbahnhof A.

Sehenswertes

Zentrum der Altstadt ist die Platia Venizelou mit dem venezianischen *Löwenbrunnen* (Morosini-Brunnen) und zahlreichen Cafés und Restaurants. Hier beginnt auch die *Fußgängerzone* namens Odos Dedalou, die zum weitläufigen Eleftherias-Platz mit dem Nationalmuseum führt (→ unten). Nur wenige Schritte südlich vom Brunnen trifft man auf die lebhafte *Marktgasse* (Mo-Fr 8.30-14.30 h, außer Mo und Mi auch nachmittags 17-20.30 h, Sa 7-14.30 h), nördlich liegen die ehemalige *venezianische Loggia* und die Kirche *Ágios Títos* (tägl. 7-12.30, 16.30-19.30 h, außer zur Zeit der Messen. Keine Shorts).

Weiterhin lohnt ein Besuch des *Historischen Museums* mit Exponaten zur kretischen Geschichte vom Frühchristentum bis zum 20. Jh. an der Uferstraße westlich vom Hafen (Mo-Fr 9-17 h, Sa 9-14 h, So geschl., Eintritt ca. 6.50 DM, Studenten und Gruppen zahlen ca. 5 DM) und des *Ikonenmuseums* mit wertvollen Ikonen von Michaíl Damaskinós in der Kirche Agía Ekateríni am gleichnamigen Platz (Mo-Sa 9-13.30, Di, Do, Fr 17-20 h, So geschl. Eintritt ca. 3.50 DM).

Besonders schön bummeln kann man schließlich am venezianischen Hafen, der vom wehrhaften *Kástro Koúles* bewacht wird (Mo-Sa 8.30-18 h, So 10-17 h, Eintritt ca. 3,50 DM, Schül./Stud. ermäß.). Und auch die venezianische *Stadtmauer* von Iráklion ist noch weitgehend erhalten, auf der Marengo-Bastion kann das Grab des weltberühmten kretischen Dichters *Nikos Kazantzákis* betrachten.

> **Tipp**: Auf halbem Weg nach Knossós wurde 1998 das "Naturhistorische Museum Kretas" eröffnet. Mit zahlreichen Exponaten wird auf ca. 800 qm der Naturreichtum der Insel in Vergangenheit und Gegenwart nahe gebracht, u. a. kann man die Rekonstruktion eines minoischen Bauernhauses betrachten und einen Botanischen Garten besuchen. Geöffnet tägl. 9-19 h, Eintritt ca. 7 DM, Stud. die Hälfte. Adresse: Leoforos Knossou 157, Tel. 081/324711.

Archäologisches Nationalmuseum: einzigartige Sammlung von der Steinzeit bis zur römischen Besetzung, museumsdidaktisch allerdings nicht auf dem neuesten Stand. Schwerpunkt sind die Minoer und ihre Kultur. Hier finden Sie weltberühmte Stücke wie den "Diskos von Festos", die "Schlangengöttinnen", den "Stierspringer" und den "Stierkopf" auf engstem Raum versammelt. Die Sammlung ist chronologisch aufgebaut. In den Sälen I-XIII im Erdgeschoss befinden sich Keramikfunde, Waffen, Hausrat, Schmuck u. a. vom Neolithikum (Jungsteinzeit) bis zur Nachpalastzeit und der Geometrischen Epoche (5000-650 v. Chr.). Im ersten Stock sind die Reste der großartigen *Farbfresken* aus Knossós und verschiedenen Privatvillen zu sehen. Schon im Auftrag des Entdeckers Sir Arthur Evans (→ Knossós) wurden Anfang des Jahrhunderts in mühsamer Kleinarbeit die ehemaligen Gesamtkompositionen der Wandbilder rekonstruiert. Dem heutigen Betrachter scheint es kaum mehr vorstellbar, wie man aus den oft nur handtellergroßen Stücken meterhohe Figuren herleiten kann. Doch in wissenschaftlichen Kreisen sind die restaurierten Fresken heute anerkannter als die Rekonstruktion des Palastes von Knossós.

Mittagspause am Löwenbrunnen

• *Öffnungszeiten/Preise*: Di-So 8-19, Mo 12.30-19 h (Änderungen möglich). Eintritt ca. 11 DM, für Personen über 65 Jahre und Schüler/Stud. aus Nicht-EU-Ländern ca. 5 DM. Freier Eintritt für Schüler/Stud. aus EU-Ländern und Jugendliche bis 18 Jahre. Fotografieren ohne Blitz und Video erlaubt, Stativ verboten.

Diskos, Stierkopf, Freskenkunst:
Minoische Highlights im Nationalmuseum von Iráklion

Der **Diskos von Festós** im Saal III ist der bedeutendste Fund aus dem gleichnamigen Palast in der Messará-Ebene im Süden Zentralkretas. Er wurde 1908 gefunden und stammt aus der Zeit zwischen 1700 und 1600 v. Chr. Es handelt sich um eine Tonscheibe von 16 cm Durchmesser mit spiralförmig von

innen nach außen verlaufenden Hieroglyphen. Die insgesamt 45 Zeichen sind mit Stempeln in den noch weichen Ton gedrückt, ein erstes Beispiel vorantiker Druckkunst.

Man erkennt Köpfe mit Helmbüschen, Gestalten, Vögel, Blumen und andere einfache Symbole – aber bis heute ist der Diskos nicht entziffert! Nicht einmal über den mutmaßlichen Inhalt des beidseitigen Textes ist man sich einig – vielleicht eine Art sakraler Hymnus, da man einen Refrain zu erkennen glaubt. Jedes Zeichen bedeutet eine Silbe, die Wörter sind mit senkrechten Strichen voneinander getrennt.

Immer im Mittelpunkt: der Diskos von Festós

Die vollbusigen **Schlangengöttinnen** im Saal IV stammen aus den unterirdischen Schatzkammern des Zentralheiligtums von Knossós und sind fast zum Symbol der minoischen Kultur geworden. Schlangen galten den Minoern als heilige Tiere. Die eine Göttin (oder Priesterin) hält sie hoch über dem Kopf, bei der anderen winden sie sich um den Körper. Auffallend ist ihre eigenartige Tracht: weiter, langer Rock, extrem enge Mieder, der Busen gänzlich unbedeckt.

Der berühmte **Stierkopf**, ebenfalls in Saal IV, besteht aus Steatit, nur die rechte (dunklere) Seite (in der Draufsicht links) ist echt, der Rest wurde ergänzt. Er diente vielleicht als Kultgefäß für Blutopfer – im Genick ist eine Eingussöffnung, im Maul der Ausguss. Mit dem Opfer stimmte man die Stiergottheit gnädig. Der berühmte Stierkult war fester Bestandteil der minoischen Religion. Das Auge besteht aus Bergkristall und Jaspis, die Nüstern sind mit Perlmutt umgeben, die vergoldeten Hörner sind ergänzt.

Im gleichen Saal das Modell eines **Stierspringers** aus Elfenbein. Es steckt auf einem dünnen Plastikstab frei in der Luft, um die Bewegung zu demonstrieren. Leider ist die Oberfläche stark zerstört.

Im Saal V sind die beiden berühmten minoischen Schrifttypen einander gegenüber gestellt. Auf der einen Seite der Vitrine 69 Täfelchen mit der frühen **Linerar-A-Schrift**, diese ersetzte die Hieroglyphenschrift und ist wie diese bisher unenträtselt. Auf der anderen Seite die spätere **Linear-B-Schrift**. Diese wurde während der Zeit der mykenischen Herrschaft auf Kreta benutzt und konnte entziffert werden. Es handelt sich dabei um den Teil einer Inventarliste des Palastes von Knossós.

Im Obergeschoss steht in der Mitte des Saals XIV der berühmte Kalksteinsarkophag von Agía Triáda. Er stammt etwa von 1400 v. Chr. und ist der einzige Steinsarkophag, der je auf Kreta gefunden wurde. Er gehört zu den kostbarsten Stücken des Museums und ist über und über bemalt, die Fresken sind besonders gut erhalten. An den beiden Längsseiten sind kultische Handlungen dargestellt.

Knossós

Die rätselhafte Palastanlage der sagenhaften minoischen Könige liegt nur wenige Kilometer südöstlich von Iráklion und ist eins der bedeutendsten Baudenkmäler der Frühgeschichte.

In über dreißig Jahren mühevoller Kleinstarbeit wurde das riesige Areal Anfang des Jahrhunderts freigelegt – eine Trümmerwüste mit verkohlten Grundmauern, zerstörten Innenräumen und leeren Säulenstümpfen, aber von unschätzbarer Bedeutung für Archäologie und Altertumswissenschaft. Was hier tief in der Erde Kretas geruht hatte, war eine echte Sensation und übertraf die kühnsten Erwartungen aller Forscher: der schlagende Beweis für die Existenz einer hoch entwickelten Zivilisation lange vor der klassischen Antike Griechenlands.

Dass heute auch fachlich nicht vorgebildete Besucher Freude an dieser gigantischen Anlage verspüren können, ist das Verdienst des Ausgräbers, *Sir Arthur Evans*. Wo andere Archäologen alles peinlichst genau im Originalzustand belassen hätten – also Grundmauern ohne Dächer, Sockel ohne Säulen –, zog Evans Zwischendecken ein, vervollständigte abgebröckelte Mauern mit Beton, stellte neue Säulen auf die Stümpfe, malte die Räume mit knalligen Farben aus. Kurz, er tat alles, um wenigstens Teile des Palastes so wiederherzustellen, wie sie hätten gewesen sein können. Andererseits ließ er Mauern, die nicht in sein Bild vom Palast passten, rigoros verschwinden, ja kartografierte sie nicht einmal. Was Evans an strenger Wissenschaftlichkeit zu wenig hatte, hatte er zu viel an Intuition und Spekulation. So schloss er aus dem Vorhandensein einer schlichten Tonwanne gleich auf die Funktion des Raumes – natürlich ein Badezimmer. Der fehlende Abfluss störte ihn dabei nicht. Ein eingestürztes Obergeschoss *(Piano Nobile)* richtete er wieder völlig her – ob es wirklich jemals so aussah, wissen die (minoischen) Götter ... Mit viel Enthusiasmus und Einbildungskraft machte Evans in jahrzehntelanger Arbeit aus dem Palast, was er heute ist: die weltweit umstrittenste Rekonstruktion eines geschichtlichen Bauwerks, andererseits die Top-Sehenswürdigkeit der ganzen Insel.

• *Geschichte*: Der Palasthügel von Knossós war schon während der **Jungsteinzeit** besiedelt, unter dem Zentralhof hat man Reste von Wohnhütten gefunden. Nach 2000 v. Chr. entstand dann der erste Palast, gleichzeitig mit den Palästen von Festós und Mália. Um 1700 v. Chr. wurden Knossós und die anderen Paläste wahrscheinlich durch ein Erdbeben zerstört, bereits um 1600 aber wiederaufgebaut – noch schöner und wesentlich größer als vorher. Die **Blütezeit der minoischen Kultur** fällt in diese Zeit. Knossós war der absolute Mittelpunkt der Insel, mit seinen beiden Häfen und weit über 100.000 Einwohnern hatte die Stadt um den Palast wahrscheinlich mehr Einwohner als das heutige Iráklion. Von Knossós aus sollen der sagenhafte König Mínos und seine Nachfolger die ganze Insel und das östliche Mittelmeer beherrscht haben.

1450 v. Chr. bricht eine bis heute rätselhafte **Katastrophe** über Kreta herein, nach älteren Theorien verursacht durch einen gewaltigen Vulkanausbruch auf der Insel Santoríni, der die kleine vorgelagerte Insel in Stücke reißt und eine ungeheure, bis zu 200 m hohe Flutwelle erzeugt, die wenig später die kretische Nordküste erreicht und furchtbare Verwüstungen anrichtet. Neue Untersuchungen haben einen Zusammenhang zwischen Vulkanausbruch und Zerstörung der Paläste jedoch widerlegt. Was auch immer die Ursache gewesen sein mag, der Palast brennt jedenfalls bis auf die Grund-

mauern nieder. Anders als die übrigen Paläste wird Knossós aber zum zweiten Mal wiederaufgebaut. Wahrscheinlich von den Mykenern, die damals Kreta eroberten. Aus dieser Zeit stammen auch die berühmten **Linear-B-Schrifttäfelchen**, die man nur hier gefunden hat (→ S. 56).

Um 1400 folgt dann die **endgültige Zerstörung** des Palastes durch wieder neue Eroberer. Die Siedlung Knossós bleibt jedoch bestehen. Sie überdauert sogar die Besetzung durch Römer und Byzantiner, bis sie im 9. Jh. n. Chr. von den Sarazenen zerstört und geplündert wird.

Die Entdeckung des Palastes

Die Existenz einer mächtigen Stadt Knossós war bereits seit Homer bekannt. Auf Grund der Überlieferung sollte sie auf dem Hügel von Kephála, nahe bei

Iráklion, liegen. Hier waren auch schon eine Menge Funde gemacht worden, darunter große Tonpithoi und Steine mit Steinmetzzeichen. 1886 kam der deutsche Hobbyarchäologe Heinrich Schliemann, der zehn Jahre zuvor auf Grund seiner Homer-Studien Troja gefunden hatte, nach Iráklion und wollte das Gelände kaufen, jedoch erschien ihm der geforderte Kaufpreis zu hoch.

894 kam Arthur Evans nach Knossós. Er war der Sohn eines vermögenden Altertumsliebhabers, finanziell unabhängig und ein begeisterter Hobby-Archäologe. Sein besonderes Interesse galt eigenartigen Siegelsteinen mit merkwürdigen, nie gesehenen Schriftzeichen, die er bei einem Antiquitätenhändler in Athen entdeckt hatte. Auf die Frage, woher er diese Steine habe, antwortete ihm der Händler: "Aus Kreta". Auf Kreta angelangt, entdeckte Evans die rätselhaften Schriftzeichen auf den verschiedensten Zufallsfunden, bemerkte aber vor allem, dass viele Frauen in ländlichen Gegenden diese uralten, durchlochten Siegelsteine um den

Sir Arthur Evans: Die Bronzebüste des Ausgräbers

Hals trugen. Jetzt war sein Interesse gänzlich geweckt. Als er sah, was auf dem Hügel Kephála gefunden worden war, witterte er seine Chance und erwarb einen Teil des Geländes. Sechs Jahre später verließen die Türken Kreta, und er konnte das gesamte Gelände kaufen. Im März 1900 begannen die Ausgrabungen. Noch im selben Monat wurde ihm klar, dass ein ganzes System von Gebäuden unter der Hügelkuppe ruhen musste. Am 5. April die erste Sensation – zwei Stücke eines Kalkfreskos kommen zum Vorschein. Der erste "Minoer" ist entdeckt: bronzefarbene Schultern, dichtes, schwarz gelocktes Haar, unnatürlich enge Taille (der Rhytonträger aus dem Prozessionskorridor – heute im Arch. Museum von Iráklion). Am 13. April die nächste Überraschung: Ein anfangs als "Badezimmer" angesehener Raum entpuppt sich als großes Kultbad. Daneben wird ein großer rechteckiger Raum entdeckt, der an drei Seiten von steinernen Bänken und kunstvollen Farbfresken eingerahmt ist. Vor allem aber steht an der einen Längswand ein kunstvoll gefertigter Thron aus Alabaster – 2000 Jahre älter als jeder andere Thron Europas! Kein Zweifel: Der Thronsaal des Minos und seiner Nachfolger ist entdeckt! Weitere spektakuläre Funde folgen: das große Treppenhaus im Ostflügel, anschließend die weiträumigen Königssuiten, der gepflasterte Zentralhof und immer wieder prächtige Fresken. Vor allem aber stoßen Evans und seine Mitarbeiter ständig auf Stierabbildungen, auf Fresken, auf Siegelsteinen, als Skulpturen. Am wichtigsten wird die Entdeckung des Stierspringer-Freskos, das einen jungen Mann beim Salto über einen anstürmenden Stier zeigt. Der rätselhafte Stierkult rückt in den Mittelpunkt des Interesses. Waren diese todesmutigen Springer vielleicht die athenischen jungen Männer und Frauen, die laut dem Ariadne-Mythos dem Minotaúros jedes Jahr zum Fraß vorgeworfen wurden? Oder waren es todesmutige Akrobaten, die hier zirkusähnliche Schauspiele vor versammeltem Hofstaat vorführten? Hing der Stiermythos mit den ständigen Erdbeben der Region zusammen, versuchten die Minoer damit, die Erdmutter zu besänftigen?

Allmählich erkennt Evans, was hier auf ihn wartet, nämlich die vollständige Ausgrabung und Rekonstruktion eines der bedeutendsten Paläste der Frühgeschichte. Dazu kommt die Registrierung der Funde, die Erforschung und Datierung der gesamten, bisher fast unbekannten minoischen Kultur. Über 30 Jahre verbringt Evans mit diesen gewaltigen Aufgaben. Aber mit der Freilegung der Mauern, die Jahrtausende unter Erdmassen verborgen waren, kommen erst die eigentlichen Probleme. Zur Konstruktion des Palastes von Minos war nämlich viel Holz verwendet worden. Schwere Balken hatten große Mauermassen getragen, teilweise dem heutigen Fachwerk ähnlich. Dazu kamen die zahllosen Säulen, die ebenfalls aus Holz waren – Zypressenstämme, mit der Wurzel nach oben, nach unten sich verjüngend. Alle diese Holzteile waren im Feuersturm von 1450 v. Chr. verbrannt. Die spärlichen Reste waren durch Feuchtigkeit und Luft längst verfault. Kurz, der ganze Bau drohte zusammenzustürzen und die zahllosen Wunder der Minoer unter sich zu begraben. Evans und sein Architekt versuchen alles – erst nehmen sie hölzerne Pfosten und Balken, aber diese verfaulen viel zu schnell. Dann versuchen sie es mit Backsteinmauern und sorgfältig eingepassten Steinsäulen – aber das wiederum ist zu teuer (sogar für Evans). In den zwanziger Jahren wird schließlich der Stahlbeton erfunden – er ist dauerhaft und stark, und man kann ihn problemlos in alle Fugen und Hohlräume einfüllen. So ersetzen die Ausgräber alle ehemaligen Holzteile durch Beton und bemalen ihn noch dazu hellbraun, um das Holz zu imitieren. An vielen Stellen im Palast sieht man noch heute diese Betonfassungen. Aber Evans will mehr: eine anschauliche, für das Auge interessante Rekonstruktion der Anlage als Ganzes. So geht er daran, die Räume wieder mit Decken zu versehen, je lässt auf Grund der Originalfragmente großflächige Wandgemälde mit leuchtenden Farben herstellen, lässt die Schäfte der neu eingefügten Betonsäulen rot, die Kapitelle und Sockel schwarz bemalen u. ä. m. Das "Disneyland für Archäologen", wie es Spötter gerne nennen, nimmt seinen Anfang.

Der Palast

Knossós liegt auf einer kleinen Anhöhe im weiten Tal des Kaíratos, gleich links neben der Straße, wenn man von Iráklion kommt.

Vorbei an Dutzenden Bussen, Tavernen und Souvenirshops, gelangt man zum Eingang der Anlage, die man von der Westfront her betritt. Ein dichter Gürtel von Aleppokiefern versperrt den Blick auf den Palast, der mit 22.000 qm Gesamtfläche, weit über tausend Räumen und bis zu vier Stockwerken bei weitem der größte der minoischen Paläste auf Kreta ist. Völlig unbefestigt steht er da, ein Symbol für die allen Anzeichen nach absolut friedvolle Zeit der Minoer. Das Grundschema des Aufbaus ist bei allen kretischen Palästen gleich: Um einen lang gestreckten, rechteckigen *Zentralhof* gruppieren sich die Gebäudeflügel im Viereck. In Knossós befinden sich an der westlichen Längsseite die Kulträume und Magazine, an der Rückfront (Ostseite) das große Treppenhaus, die Privaträume der Königsfamilie und Werkstätten. Fenster gibt es nur wenige, dafür wunderbar konstruierte *Lichtschächte*, die Luft und Sonnenlicht bis in die entlegensten Winkel des Palastes schicken. Grandios ist auch die *Kanalisation* mit ihren modern anmutenden Tonröhren und Abflussschächten.

● *Anfahrt/Verbindungen*: mit dem **eigenen Fahrzeug** ab Eleftherias-Platz die breite Leoforos Dimokratias nehmen, die direkt nach Knossós führt (etwa 6 km). Dort aufpassen: nicht von den winkenden "Parkwächtern" der großen Tavernen kurz vor der Ausgrabung irritieren lassen, sondern bis zu den zwei kleinen **Hauptparkplätzen** am Eingang weiterfahren (leider oft vollgestellt mit Bussen) – nur dort kann man **kostenlos** parken. Bei den Parkwächtern zahlt man ca. 500-1000 Drs. (kann man sich zwar anteilig in der dazugehörigen Taverne anrechnen lassen, doch praktisch alles kostet mehr. Zudem wird ungefragt Brot serviert und berechnet, so dass man unterm Strich mit dem Parken einen Tavernenbesuch "einkauft"). Ein Stückchen nach den Gratis-Parkplätzen am Eingang steht wieder ein winkender Wächter, dort zahlt man ebenfalls 500 Drs. **Bus 2** fährt ab Iráklion 7-23 h alle 20 Min. (in der Saison auch häufiger). Er startet am Busbahnhof A am Hafen, hält dann etwas unterhalb vom Morosini-Brunnen (gegenüber Venezianischer Loggia) und am Jesus-Tor. Fahrpreis einfach etwa 1,30 DM, meist überfüllt. **Taxi** kostet etwa 7 DM.

● *Öffnungszeiten/Eintritt*: tägl. 8-18 h (im Sommer bis 20 h), im Winter 8-17 h. Eintritt ca 11 DM, für Personen über 65 und Schüler/Stud. aus Nicht-EU-Ländern ca. 5 DM. Freier Eintritt für Schüler/Stud. aus EU-Ländern und Jugendliche bis 18 Jahre. Fotografieren und Video frei.

● *Führungen*: Am Eingang wird man angesprochen, ob man sich in eine Gruppe einreihen will, Kostenpunkt ca. 13 DM/Pers.

Rundgang

▶**Westflügel**: zunächst der große, gepflasterte **Westhof** *(1)*. Wahrscheinlich diente er oft als Schauplatz feierlicher Kulthandlungen, denn ihn durchziehen etwas erhöhte *Prozessionswege*, und in den drei großen, ummauerten *Gruben (2)* links hat man Gefäße gefunden, die bei den Zeremonien verwendet wurden. In der zweiten Grube sind Ruinen frühminoischer Häuser aus der Vorpalastzeit zu erkennen. Außerdem stehen im Hof noch die Reste von zwei *Altären (3)*, von denen Evans annahm, dass hier Tiere geopfert worden waren.

Von der berühmten **Westfassade** des Palastes sind nur die Grundmauern erhalten, der obere Teil und die Pfeilerstümpfe sind rekonstruiert. Mit etwas Fantasie

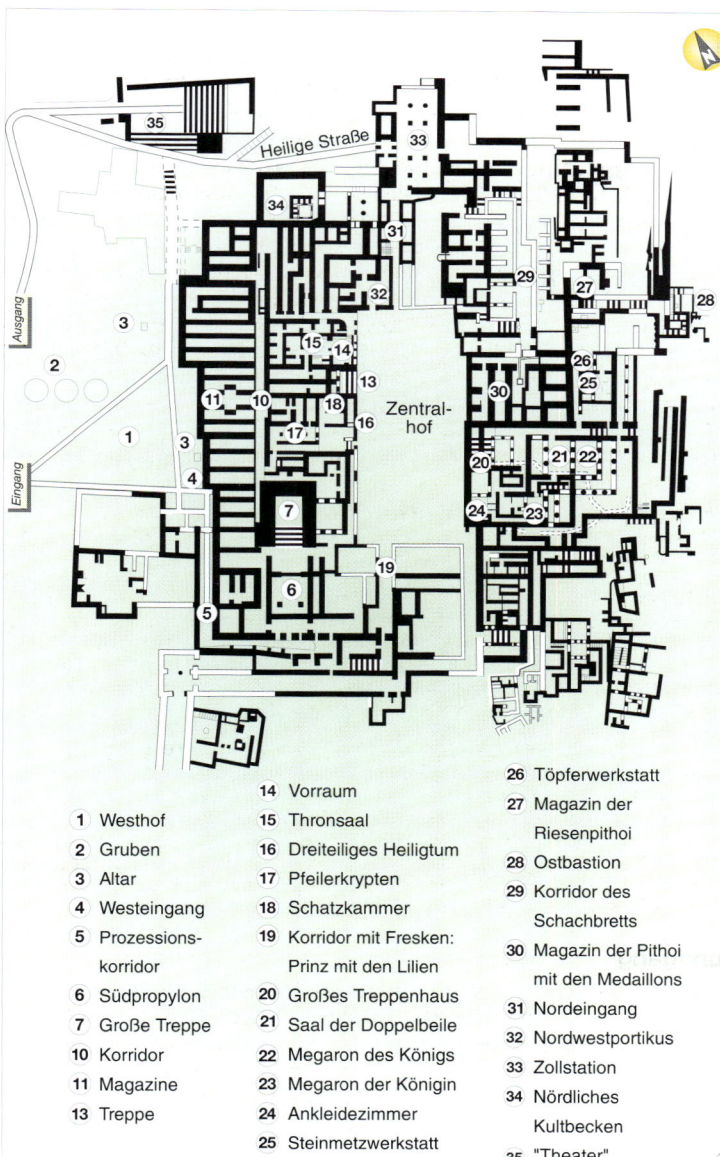

	14	Vorraum	**26** Töpferwerkstatt
1	Westhof	**15** Thronsaal	**27** Magazin der
2	Gruben	**16** Dreiteiliges Heiligtum	Riesenpithoi
3	Altar	**17** Pfeilerkrypten	**28** Ostbastion
4	Westeingang	**18** Schatzkammer	**29** Korridor des
5	Prozessions-	**19** Korridor mit Fresken:	Schachbretts
	korridor	Prinz mit den Lilien	**30** Magazin der Pithoi
6	Südpropylon	**20** Großes Treppenhaus	mit den Medaillons
7	Große Treppe	**21** Saal der Doppelbeile	**31** Nordeingang
10	Korridor	**22** Megaron des Königs	**32** Nordwestportikus
11	Magazine	**23** Megaron der Königin	**33** Zollstation
13	Treppe	**24** Ankleidezimmer	**34** Nördliches
		25 Steinmetzwerkstatt	Kultbecken
			35 "Theater"

Palast von Knossós

Überdachter Raum mit rekonstruierten Fresken im Piano Nobile

erkennt man noch Spuren der verheerenden Brandkatastrophe von 1450 v. Chr. an den scharfkantigen Alabasterplatten, mit denen die Blöcke verkleidet sind. Ins Innere des Palastes gelangt man an der rechten Seite der Fassade *(4)* – eine Rundsäule stützte den Türstock, ihre *Basis* ist erhalten. Rechts zwei kleine Räume, in denen wahrscheinlich die Torwachen saßen.

Hier beginnt der lange Gang, der wegen seiner Wandmalereien **Prozessionskorridor** *(5)* genannt wird (Reste der Fresken im Obergeschoss des Arch. Museums in Iráklion – ursprünglich mehr als 500 Figuren). Sein *Boden* ist mit weißen Alabasterplatten, grauen Schiefersteinen und rotem Mörtel nach dem mutmaßlichen Originalzustand rekonstruiert (einige Originalteile an der dem Palast zugewandten Wegseite).

Vor dem Ende des Korridors wendet man sich nach links und kommt zum **Südpropylon** *(6)*, dem monumentalen Südeingang des Palastes mit seinen meterdicken Mauern. Es besteht aus zwei Hallen mit je zwei Säulen (nur noch Fundamente vorhanden) und wurde von Evans teilweise rekonstruiert. Blickpunkt sind die großen *Freskenkopien* von Kultgefäßträgern, wahrscheinlich das Ende des Prozessionsfreskos, das bis hierher gereicht hat. Die betonierten Senkrecht- und Querbalken in den Mauern sollen frühere Holzbalken imitieren, die in der Art von Fachwerk den Mauern Elastizität gaben.

Über eine breite Treppe *(7)* gelangt man ins Obergeschoss, den so genannten **Piano Nobile**, das völlig eingestürzt war und von Evans wiederaufgebaut wurde (Rekonstruktion sehr umstritten). Oben kommt man nach einigen Metern in einen Raum mit je drei Pfeiler- und Säulenbasen, wahrscheinlich ein *Heiligtum (8)*. Rechts davon die kleine *Schatzkammer* des Heiligtums *(9)*. Westlich unterhalb im Erdgeschoss erkennt man einen langen *Korridor (10)*, flankiert von 18 *Magazinen (11)*, in denen riesige Tonpithoi mit Wein, Öl und Getreide ihren Platz hatten. In die Böden sind enge, gemauerte *Kästen* eingelassen – sie fungierten wahrscheinlich als "Safe" für die wertvollsten Stücke des Palastes.

Ein Stück weiter nördlich im Piano Nobile befindet sich rechter Hand ein kleiner, überdachter *Raum (12)* direkt über dem Thronsaal (→ weiter unten). Hier sind Kopien verschiedener *Fresken* untergebracht, so dass man einen kleinen Eindruck von der reichhaltigen Ausstattung der ursprünglichen Räume bekommt. In der rechten Hälfte des Raumes ein mit Säulen abgegrenzter *Lichtschacht* – wenn man hinunterblickt, sieht man das Kultbecken des Thronsaals.

Über eine Treppe *(13)* gelangt man von der erhöhten Piano-Nobile-Terrasse hinunter in den **Zentralhof**. Gleich links neben der Treppe lagen

8	Dreisäuliges Heiligtum	**11**	Magazine
9	Schatzkammer	**12**	Freskenraum
10	Korridor		

Piano Nobile

in mehreren Stockwerken übereinander die ehemaligen Amtsräume des Palastes. Nur noch das Erdgeschoss mit dem berühmten Thronsaal ist erhalten. Heute darf man nur den *Vorraum (14)* zum Thronsaal betreten. Durch die Füße der zahllosen Besucher ist der gut erhaltene Alabasterboden glatt gewetzt. In der Mitte ein großes *Porphyrbecken*. Größte Attraktion ist aber natürlich die hölzerne *Nachbildung* des ältesten Throns Europas.

Durch die Türöffnungen kann man in den **Thronsaal** *(15)* hineinsehen. Von Alabasterbänken eingerahmt steht hier der echte *"Thron des Mínos"* aus der Älteren Palastzeit noch an der ursprünglichen Stelle! Rechts und links und an den Seitenwänden sind Fabelwesen aus spätminoscher/mykenischer Zeit aufgemalt – so genannte *Greifen* mit Adlerkopf, Löwenkörper und Schlangenschwanz (sie versinnbildlichen die allumfassende Macht des Mínos im Bereich des Himmels, der Erde und der Unterwelt). Auf den Bänken saßen wahrscheinlich die Priester bzw. Berater des Herrschers. Auf der anderen Seite des Saals, abgetrennt durch rekonstruierte Säulen, ein großartig erhaltenes *Kultbad* mit darüber liegendem Lichtschacht (Raum mit Fresken darüber). Diese Reinigungs- oder Lustrationsbecken hat man in allen minoischen Palästen gefunden, ihr genauer Zweck ist ungeklärt. Zum Baden wurden sie nicht verwendet, denn Boden und Wandverkleidungen sind nicht abgedichtet.

Auf der anderen (rechten) Seite der Treppe vom Piano Nobile in den Zentralhof stehen die Reste der Fassade des *dreiteiligen Heiligtums (16)*. Es ist überdacht und kann nicht betreten werden. Hinter dem Vorraum mit Bänken erkennt man die Türöffnungen der so genannten *Pfeilerkrypten (17)*. Je ein massiver viereckiger Pfeiler steht dort in der Mitte der beiden Räume, eingeritzt sind kleine Symbole der heiligen Doppelbeile. Um die Basen der Pfeiler sind flache Gruben für das Blut von Opfertieren ausgehoben. Rechts vom Vorraum liegt im letzten ummauerten Abschnitt die *Schatzkammer (18)* des Heiligtums. In den rechteckigen Gruben hat man u. a. die berühmten "Schlangengöttinnen" gefunden (Saal 4 im Arch. Museum).

▶ **Zentralhof:** Der lang gestreckte Hof in der Mitte des Palastes diente der Belüftung und Beleuchtung der sich anschließenden Gemächer. Von seiner Pflasterung sind noch Spuren erhalten. Aller Wahrscheinlichkeit nach fand hier neben anderen Kulthandlungen und Festen auch das berühmt-berüchtigte *Stierspringen* statt (→ S. 25). Einige großartige Fresken sind erhalten, die das Gewimmel auf den Tribünen zeigen (Saal 15 im Arch. Museum).

▶ **Südflügel:** Über den Zentralhof können Sie jetzt einen kurzen Abstecher in den südlichen Flügel machen. Im Korridor, der hier in den Hof führt, finden Sie das bekannte Fresko des *Prinzen mit den Lilien (19)*, heute natürlich ebenfalls eine Kopie.

▶ **Ostflügel:** Er liegt auf der anderen Seite des Zentralhofs. Ursprünglich war er wohl fünf Stockwerke hoch – zwei Stockwerke ragten über den Zentralhof, drei weitere sind an den Rand des Hügels gebaut, der an dieser Seite steil zum Flussbett abfällt. In einem weit ausladenden Treppenhaus steigt man hinunter zu den Gemächern der Königsfamilie, ins Zentrum der Macht also, außerdem gab es hier Werkstätten und Magazine.

Das **Treppenhaus** *(20)* ist wohl das großartigste Bauwerk des Palastes. Die Treppenfluchten sind breit und ausladend, ein geräumiger Lichtschacht führt von oben nach unten und beleuchtet jedes Stockwerk. Die Absätze auf den einzelnen Stockwerken sind mit einer niedrigen Balustrade, auf der wieder die rekonstruierten, leuchtend roten Säulen stehen, vom Lichtschacht abgetrennt. Eigenartigerweise bestehen die Stufen aus Alabaster, einem weichen, gipsartigen Material, das sich sehr schnell abtritt. Die Wände seitlich der Treppe waren wahrscheinlich mit Fresken bemalt.

Weiter unten trifft man auf die so genannte *Rampe der Königlichen Wache* mit Fresken, die eigenartige achteckige Schilde zeigen (die Aussparung in der Mitte diente der Gewichtsverringerung). Wahrscheinlich waren hier die Wärter untergebracht, die den Zugang zu den königlichen Gemächern bewachten.

Am Fuß des Treppenhauses kommt man durch einen Korridor zunächst in den *Saal der Doppelbeile (21)*, so genannt nach den winzigen Doppeläxten, die in die Westwand des Lichtschachtes geritzt sind. Vielleicht war es eine Art Audienzsaal, denn an der Wand befindet sich unter Glas ein Kalksteingebilde, auf dem der Abdruck eines ehemaligen Thrones (oder Altars) erkannt worden ist. Gleich benachbart liegt das **Megaron des Königs** *(22)*. Einfallsreich und charakteristisch für die minoische Bauweise ist die architektonische Gestaltung. In drei Wänden des Raumes befinden sich breite Türöffnungen. Wenn man die

Holztüren öffnete, verschwanden sie völlig in den seitlichen Vertiefungen. Der Raum wirkte dann, als ob er nur von Säulen umgeben wäre, und muss wunderbar luftig gewesen sein – im Sommer sicher der angenehmste Teil des Palastes. Ein kleiner dunkler Gang führt von der Halle der Doppeläxte ins **Megaron der Königin** *(23)*. Zweifellos der Raum mit der dichtesten Atmosphäre – schon allein wegen des wunderschönen Delfinfreskos: dunkelblau auf hellblauem Grund, dazu Fische und stachlige Seeigel. Das Megaron hat eine rundum laufende Bank, außerdem viele Fenster und Lichthöfe an zwei Seiten. Ein noch heute angenehm und warm wirkender Raum mit Fresken, Ornamenten und leuchtenden Farben! Evans empfand ihn als weiblich – deswegen das "Megaron der Königin". Nebenan ein winziges Zimmer, nach Evans das *Badezimmer der Königin!*

Der Prinz mit den Lilien

Einen schmalen Gang entlang kommt man in das *Ankleidezimmer der Königin (24)*. Und hier findet sich das sicher überraschendste Stück – eine *Toilette* mit Wasserspülung, im Volksmund auch Plumpsklo genannt! In der Wand eine Vorrichtung für einen hölzernen Sitz (Spuren wurden gefunden), unten ein Loch, das in Verbindung mit der Kanalisation steht, neben dem Sitzenden Platz für ein Gefäß zum Spülen. Die Röhren der Kanalisation führten zum benachbarten Fluss. Hinter der Toilette lag ein Archiv für Tontäfelchen. In den Gemächern der Königin sind noch Evans' frühe Holzrekonstruktionen zu sehen – und auch, wie der Zahn der Zeit daran genagt hat. Deshalb stieg er auf Beton um.

Nördlich der Königssuiten befanden sich die ehemaligen *Werkstätten*. In der *Steinmetzwerkstatt (25)* hat man Basalt vom Peloponnes gefunden, der für die Herstellung von Siegelsteinen verwendet wurde. Nebenan lagen *Töpferscheiben (26)*. An verschiedenen Stellen kann man Reste der großartigen Kanalisation erkennen, die noch vom ersten Palastbau stammen. Geradeaus liegen *Magazine*, in denen riesige Tonpithoi mit vielen Griffen stehen *(27)*. Nach rechts führt eine Treppe hinunter zur *Ostbastion (28)*, von wo aus man zum direkt darunter liegenden Flussufer gelangen konnte (das Tor ist jedoch versperrt).

> **Tipp**: An der Treppe finden Sie eins der bemerkenswertesten Beispiele minoischer Kanalisationskunst. An der rechten Seite der Stufen führt ein enger Kanal hinunter. Die minoischen Ingenieure haben ihn mit sinnreichen Biegungen (Parabelkurven) und Sinkbecken für mitgerissenes Erdreich so konstruiert, dass das Wasser nur halb so schnell strömt, als wenn es in gerader Linie herunterfließen würde. Außerdem kommt es unten so sauber an, dass es noch zum Waschen geeignet ist. Vielleicht lag hier die Wäscherei des Palastes.

Die Treppe wieder hinauf, gelangen Sie zum so genannten *Korridor des Schachbretts (29)*. Hier wurde das berühmte Spielbrett gefunden, das heute im Saal 4 des Arch. Museums zu bewundern ist. Im Korridor, vor allem aber im Raum am Südende darüber, sieht man wieder die modern anmutenden Tonröhren der Kanalisation. Benachbart wieder ein *Magazin*, in dem große Pithoi mit Medaillonschmuck noch an der ursprünglichen Stelle stehen *(30)*. Darüber (nicht erhalten) lag ein großer, freskengeschmückter Saal – vielleicht, im Gegensatz zum eher kultisch-religiös benutzten Thronsaal im Westflügel, der eigentliche Thronsaal des Herrschers.

▶ **Nordflügel**: Vom Zentralhof führt ein enger, abschüssiger *Korridor* zum Nordeingang des *Palastes (31)*. Links und rechts davon standen zwei hohe Bastionen, von denen Evans die westliche wieder aufgebaut hat *(32)*. An der Wand hinter den Säulen der Teil eines rekonstruierten, aber mittlerweile stark beschädigten *Relieffreskos*, das vielleicht das Einfangen eines wilden Stieres zeigt. Am unteren Nordende des Korridors liegt ein großer Saal mit acht Pfeiler- und zwei Säulenstümpfen. Hier endete die Straße vom Hafen von Knossós, und vielleicht diente dieser Saal zum Stapeln und Sortieren der ankommenden Waren. Evans nannte ihn *Zollstation (33)*.

Westlich der Bastion mit dem Stierkopf ein weiteres (heute überdachtes) *großes Kultbecken (34)*. Es ist mit Alabaster verkleidet und war früher mit Fresken ausgemalt – vielleicht ein Reinigungsbecken für angekommene Palastbesucher.

Auf der "Heiligen Straße"

Heilige Straße: Wenige Meter nördlich vom Kultbecken verläuft die so genannte Heilige Straße. Sie führte in minoischer Zeit von der "Zollstation" Richtung Westen bis nach Amnissós, dem Hafen von Knossós. Wahrscheinlich zogen hier oft feierliche Prozessionen entlang. In ihrer Mitte verläuft eine Doppelreihe von rechteckigen Platten – so konnten hier auch Wagen bequem fahren. Nördlich der Straße stoßen Sie nach wenigen Metern auf das *Theater (35)*. Um einen gepflasterten Hof erheben sich zwei rechtwinklig zueinander gebaute Stufenreihen, in ihrem Schnittpunkt war vielleicht die königliche Loge untergebracht, der Sockel ist noch erhalten. Wahrscheinlich diente der Platz auch als Empfangs- und Versammlungsort bei kultischen Zeremonien, vielleicht sogar zeitweise als Gerichtshof.

Die bildhübsche Kreuzkuppelkirche der Panagía bei Fódele

Von Iráklion nach Réthimnon

Die Küste westlich von Iráklion zeigt sich wild und eindrucksvoll. Mächtige Gebirgsausläufer stürzen hier ins Meer, und Badeorte sind nur in wenigen Nischen der kahlen Felslandschaft angesiedelt, bis die lange Sandbucht von Réthimnon beginnt.

Etwas westlich vom Badeort *Agía Pelagía* bringt uns ein kleiner Abstecher landeinwärts ins Dörfchen Fódele (Busse ab Iráklion 2 x täglich, einmal frühmorgens und einmal mittags).

▶ **Fódele**: Hier wurde 1545 wahrscheinlich der weltberühmte Maler Doménicos Theotokópoulos geboren, in der Kunstgeschichte besser bekannt unter seinem Pseudonym "El Greco". Für die Einwohner bedeutet sein Name vor allem – wer will es ihnen verdenken – Geld. In der Saison erreichen täglich ganze Busladungen voller Touristen den Ort, und die Frauen verdienen sich mit Webwaren, Spitzen, Decken und Tüchern ein schönes Nebengeld.

Wer auf den Spuren des großen Malers wandeln will, darf vor lauter Decken und Teppichen nicht die spärlichen Hinweise zu seinem vermeintlichen Geburtshaus übersehen. Es liegt etwa 1 km außerhalb und ist im Rahmen eines hübschen Spaziergangs zu erreichen: Man überquert von der Hauptstraße aus den Fluss und geht durch Orangenhaine bis zur kleinen byzantinischen *Kreuzkuppelkirche der Panagía* – ein wirkliches Schmuckstück aus flachen Schieferplatten, das allein schon den Weg wert ist. Morgens um 9 h wird das Kirchlein von einer jungen Dame aufgesperrt, die Eintrittskarten verkauft und den Besuchern allerlei über die Schätze des alten Bauwerks erzählt. Dann geht es nach links unter ein paar hohen Johannisbrotbäumen hindurch noch ein kurzes Stück zum *Geburtshaus* El Grecos, das mit Kopien seiner Werke zu einer Art Museum gestaltet wurde.

El Greco: Kretischer Maler mit Weltruhm

Schon früh ging Doménicos Theotokópoulos nach Iráklion, um dort an der Berg-Sinai-Schule seine Ausbildung zu beginnen, der große **Damaskinós** soll sein Lehrer gewesen sein (→ Iráklion/Ikonenmuseum). Mit 25 Jahren verließ er Kreta für immer und reiste nach Venedig, wo ihn der berühmte **Tizian**, der wohl bekannteste Maler seiner Zeit, in seine Werkstatt aufnahm. 1577 siedelte er nach **Toledo** um, wo er bis zu seinem Tode 1614 blieb und sich bald große Anerkennung verschaffte. Obwohl das spanische Königshaus ihn ablehnte, erhielt er zahlreiche Aufträge für Gemälde von Kirchen, Klöstern und begüterten Privatleuten aus ganz Spanien. El Greco wird heute als der bedeutendste Vertreter des **spanischen Barock** angesehen. Seine Bilder leben vom Visionären, er brachte eine Dimension des Seelischen in seine Bilder, die im katholischen Spanien auf fruchtbaren Boden fiel.

▶ **Balí**: Kleiner Fischer- und Badeort, eingeschmiegt zwischen mehreren Felsbuchten. Durch ausufernde Hotel- und Pensionsneubauten ging viel vom ehemaligen Charakter verloren. Ein klein wenig Atmosphäre findet man noch im Hafen, wo man von den schattigen Tavernen aus den Fischern zusehen kann. Auch die Bademöglichkeiten in und um Balí sind nicht überragend. Zwar gibt es mehrere kleine Sandstrände, doch sind diese häufig überfüllt. Schön ist lediglich die Bucht nördlich vom Ort, das grünlich schimmernde Wasser ist hier glasklar, nur wenige Meter vorgelagert liegt eine kleine Felseninsel, die wunderbar zum Sonnen und Herumklettern geeignet ist (auch FKK). Der lange Kiesstrand am Ortsbeginn ist nur im Hotelbereich sauber.

Das architektonisch interessante Kloster *Ágios Ioánnis* (auch: Moní Atáli, Moní Balíou) liegt hoch über Balí am Hang, zu erreichen auf einer 400 m langen und steilen Piste ab der New Road. Nur noch ein Mönch wohnt hier oben und kümmert sich um die Instandhaltung der Anlage (Sa-Do 9-12 und 16-19 h, Fr geschl.).

● *Übernachten*: Zahllose Möglichkeiten, viele Hotels kann man über Reiseveranstalter buchen, z. B. **Talea Beach**, **Bali Beach** und **Mythos Beach**. Für Individualreisende folgende Empfehlungen:

Sofia, Pension auf der Hügelkuppe kurz vor dem Ortskern direkt an der Zufahrtsstraße, geführt von freundlichem Ehepaar. Modern und sauber, Zimmer mit Du/WC, auch einige Studios und Apartments, geräumiger Dachgarten, mit Weinlaub überrankte Frühstücksterrasse. DZ ca. 40-70 DM. Pauschal über Neckermann.

Maria, gleich links daneben, sehr sauber, schöne Terrassen, günstige Preise, Supermarkt unten im Haus. Maria und ihr Mann sprechen gut Deutsch.

Sunrise, oberhalb der Sandbucht nördlich vom Ort, ordentliche "Rooms" mit Marmorfußböden und ebensolchen Bädern, toller Blick auf die Bucht. Geführt vom freundlichen Ioannis Tziritas, dem auch die Taverne Karavostasis gehört (→ Essen). DZ ca. 35-60 DM.

● *Essen*: **Panorama**, etwas erhöht über dem Hafen, vielleicht das schönstgelegene Lokal, beschauliche Terrasse unter Weinranken, wunderbarer Blick hinunter.

Karavostasis, hübsche Taverne in der Strandbucht nördlich von Balí. Man sitzt unter einem Schilfdach und unter Weinlaub. Geführt von Ioannis Tziritas mit deutscher Gattin, einfallsreiche Küche und meist gute Auswahl.

Blick auf die Hafenbucht von Balí

Psaropoula, nette, familiär geführt Taverne, etwas oberhalb des südlich vom Hafen gelegenen Strands an einer steil ansteigenden Straße, besonders Griechen gehen hier bisher gerne essen.

▶ **Pánormo:** Gemütliches Örtchen aus alten Bruchsteinruinen und neu hochgezogenen Betonapartments, bisher erholsam ruhig geblieben. In den wenigen alten Gassen mit den weiß getünchten Häusern lässt es sich schön bummeln. Seit wenigen Jahren schützt eine lange Betonmole den Fischerhafen gegen die ständigen Westwinde, die sich am Kap östlich vom Ort fangen. Daneben liegt ein 100 m langer, hellbrauner Sandstrand, der in der Saison relativ sauber gehalten wird. Auf der Klippe darüber ist noch die brüchige Mauer der alten venezianischen Festung *Milopótamos* erhalten, dahinter steht die Kreuzkuppelkirche vom Ort. Westlich vom Panormo Beach Hotel findet man eine kürzlich aufgeschüttete Sand-/Kiesbucht mit der beliebten Taverne von Kostas.

● *Übernachten*: Zum großen Teil werden Apartments mit Küche und Du/WC vermietet. Über Reiseveranstalter kann man z. B. Apartments **Kirki** und **Konaki** buchen, außerdem die historische **Villa Kynthia** und das große Hotel **Panormo Beach**. Für Durchreisende besser geeignet sind folgende zwei Adressen:
Lucy, Pension neben Restaurant Panorama mitten im Ortskern, Zimmer einfach, aber hübsch. Tel. 0834/51212.
Philoxenia, Studios/Apartments schräg gegenüber von Restaurant Panorama, Lesertipp: "gute und nahezu luxuriöse Übernachtung" für ca. 80 DM. Tel. 0834/ 51481.

● *Essen*: **Barba Andreas**, am Hafen, auf Terrasse übers Meer gebaut. Wirt Kostas ist Lammschlächter, hat daher oft sehr gutes Fleisch.
To Steki, kleine Familientaverne oben im Ort, sehr hübsch unter Maulbeerbäumen, benachbart das größere **Panorama**.
Fanari, Taverne neben der Schule und dem Kinderspielplatz, für Eltern mit Kleinkindern sicherlich ein Tipp.
Kostas, Strandtaverne an der Badebucht westlich vom Ort, vom Hotel Panormo Beach noch ein paar Schritte weiter. Vor allem frischer Fisch wird serviert, jeden Morgen kommen die Fischer vorbei.

Der venezianische Hafen von Réthimnon ist einer der schönsten Kretas

Réthimnon und Umgebung

Réthimnon ist neben Chaniá die schönste Stadt Kretas. Mit ihrer vielfältigen historischen Bausubstanz, den alten Gässchen, dem venezianischen Hafen, den türkischen Holzerkern und Minaretten ist sie fast ein Muss, um die Geschichte der Insel farbig vor Augen geführt zu bekommen.

Und auch das Umfeld ist attraktiv, denn ein flacher Sandstrand beginnt mitten in der Stadt und zieht sich entlang der großen Ebene von Réthimnon viele Kilometer nach Osten. Westlich von Réthimnon erstreckt sich ein zweiter, genauso langer Strand, der erst beim beliebten Badeort *Georgioúpolis* am Beginn der Halbinsel Drápanos endet.

Bezüglich Ausgrabungen ist der Westen bisher vernachlässigt worden – minoische Paläste wurden noch keine gefunden, jedoch reichhaltige Spuren von Minoersiedlungen, z. B. die große Nekropole *Arméni* im Hinterland von Réthimnon und ein ganzes Wohnareal sowie eindrucksvolle Zisternen aus römischer Zeit bei *Archéa Eléftherna*. Außerdem gibt es diverse Klöster, die einen Abstecher in die einsame Bergwelt lohnen – allen voran *Kloster Arkádi*, das zum Symbol für den kretischen Widerstandsgeist geworden ist. Den verblüffenden Wasserreichtum Kretas kann man schließlich im vegetationsreichen Tal von *Argiroúpolis* erleben.

Und auch für Wanderer ist das bergige Hinterland von Réthimnon reizvoll, denn mehrere Schluchten mit teils üppiger Vegetation münden am Meer, die durchwandert werden können, allen voran *Farángi Mílou*, das "Tal der Mühlen".

Réthimnon

Der erste Anblick kann enttäuschen, denn Réthimnons Außenbezirke sind ein hässliches Konglomerat von tristen Betonbauten, wahllos durcheinander gewürfelt. Vor allem der östliche Stadtbereich ist in ständiger Ausdehnung begriffen.

Aber dieser erste Eindruck trügt, wie so oft: Réthimnon streitet sich mit Chaniá um das Prädikat "schönste Stadt Kretas". In der Altstadt mit ihren engen Gassen und den niedrigen, zwei- bis dreistöckigen Häusern haben die Türken nachhaltig ihre Spuren hinterlassen. Mehrere schlanke *Minarette* stehen noch, auch die bauchigen Kuppeldächer von ehemaligen Moscheen sieht man hier und dort, außerdem gelegentlich vergitterte *Holzerker* – typische Architektur der früheren orientalischen Bewohner, die man auch heute in der Türkei noch häufig findet. Die Häuser selbst mit ihren eleganten Portalen und Torbögen sind dagegen venezianischen Ursprungs. Vor allem an der Uferpromenade und am wunderschönen, kreisrunden *venezianischen Hafen* wirken die alten Häuser mit ihren verblassten Pastellanstrichen, den schmiedeeisernen Balkonen und den großen Fensterläden durch und durch italienisch. Gekrönt wird das Ganze von den Mauern der mächtigen *Fortezza*. Sie thront auf einem Hügel über den Dächern und nimmt die ganze Spitze der Halbinsel ein, auf der das historische Zentrum von Réthimnon liegt. Als eine weitere Besonderheit der Stadt beginnt mitten im Zentrum ein flacher Strand mit weichem, weißem Sand und zieht sich kilometerweit nach Osten – entlang der neu angelegten Uferstraße bestückt von zahllosen Hotels, Apartments, Shops und Lokalen aller Art.

Kein Wunder also, dass Réthimnon in der Saison zum Gutteil von den Touristen lebt: An der langen Uferpromenade im Zentrum reiht sich ein Restaurant an das nächste, alle gut gefüllt, betriebsam und westeuropäisch anmutend. Viele Schmuck-, Souvenir- und Leder-Shops sorgen in den Gässchen für Farbe, Tavernen mit Kerzenlicht geben der Altstadt allabendlich ein stimmungsvolles und romantisches Flair. Doch bereits einige Straßenzüge hinter der "Touristenmeile" am Wasser umfängt einen die beruhigende Atmosphäre eines verschlafenen kretischen Städtchens – machen Sie mal einen Bummel während der Siestazeit.

Anfahrt/Verbindungen

- *Schiff*: **Cretan Ferries** fahren in der Saison 1 x tägl. von und nach Piräus, Fahrtdauer ca. 11,5 Std. Der große Lande- und Abfahrtskai liegt nördlich vom venezianischen Hafen. Weitere Schiffsverbindungen (→ "Ausflüge").
- *Bus*: Der **Busbahnhof** für die großen Überlandstrecken liegt an der westlichen Peripherie des Zentrums (→ Stadtplan). Busse zur **Südküste** fahren u. a. nach **Plakiás** (5 x tägl.), **Agía Galíni** (6 x), Kloster

Préveli (2 x tägl.), **Chóra Sfakíon** (1 x, über Plakiás), **Spíli** und **Rodákino**. Zum Teil muss in Bále umgestiegen werden. Entlang der **Nordküste** fahren Busse nach **Iráklion** und **Chaniá** etwa stündlich auf der New Road (einige wenige Busse fahren über die längere Old Road), letzte Verbindungen zwischen 21 und 22 h. Weitere Verbindungen gibt es zum **Kloster Arkádi** (ca. 4 x tägl.), nach **Amári** (3 x tägl.) und **Margarítes** (2 x tägl.), außerdem fahren häufig Busse zu

Réthimnon und Umgebung

den **Badehotels** und **Campingplätzen** östlich der Stadt (auch einige Busse nach Iráklion halten dort).
Eine weitere kleine Busstation liegt an der **Platia Iroon** (Kafenion neben Hotel Acropole), wenige Meter vom Wasser am östlichen

Ende der Altstadt. Hier fahren die Busse in die meisten Orte der Provinz Réthimnon ab, z. B. **Pérama**, **Axós**, **Anógia**, **Amári**.
• *Taxi*: Standplätze an der **Platia 4 Martiron** und an der **Platia Iroon** (vor Hotel Kyma Beach). Tel. 0831/22316, 25000 (24 Std).

Stadtrundfahrt: Ein "Sightseeing-Bähnchen" auf Autoreifen umrundet tägl. das historische Zentrum von Réthimnon. Rundfahrten etwa halbstündl. 10-23 h, Dauer ca. 20 Min., Zusteigen kann man an der Platia Iroon. Erwachse ca. 10 DM, Kinder (5-12 Jahre) die Hälfte.

Information/Adressen (siehe Karte S. 74/75)

• *Information*: **Städtisches Informationsbüro**, in einem Pavillon an der Strandpromenade, Eleftheriou Venizelou Str. Es gibt einen guten Stadtplan und spärliches Auskunftsmaterial. Mo-Do 8-18, Fr 8-17, Sa 10-16 h, So geschl. Tel. 0831/29148.

• *Ärztliche Versorgung*: **Dr. Andreas Papadakis (36)**, Gerakari Str. 170 (hinter Platia Iroon). Allgemeinarzt, der in München studiert hat und gut Deutsch spricht. Sprechstunden 9-13, 18-20 h. Tel./Fax Praxis 0831/24654, Wohnung 0831/25141, Mobil 0932470045.
Dr. Eugenia Anagnostaki, M. Prevelaki Str. 19 (zwischen Kountouriotou und Moatsou Str.), deutsche Zahnärztin, Universität Hamburg. Mo-Fr 8.30-13.30, 17.30-20 h. Tel. 0831/27304.
Dr. Daskalakis, Deutsch sprechender Kinderarzt im Hotel Elina, Akti Kountouriotou 741 (Strandstraße). Tel. 0831/27395.
Klinik in der Trantalidou Str., südlich vom Stadtpark. Tel. 0831/27814.

• *Ausflüge*: In der Hauptsaison fahren **Badeboote** täglich in beide Richtungen die Küste entlang: Nach Westen gibt es eine Tour nach **Georgioúpolis**, außerdem eine Küstenfahrt bis **Maráthi** auf der Halbinsel Akrotiri (Baden und Essen), Richtung Osten geht es entlang der klippenreichen Küste zu den **Höhlen von Scaletá** und weiter nach **Pánormo** oder **Balí**. Auskünfte direkt bei den Ausflugsschiffen im Hafen.
In der Saison ein- bis mehrmals wöch. Ausflugsfahrten zur berühmten Vulkaninsel **Santoríni**, Überfahrtsdauer einfach 4,5 Std., Aufenthalt 5 Std., hin/zurück ca. 90-120 DM.

• *Auto-/Zweiradverleih*: diverse in der ganzen Stadt. Von Lesern empfohlen wird Motorradverleih **Stavros** in der Paleologou Str. 14, in einem Schmuckstück von histori-

schem Haus mit Holzerker, vom Fischerhafen in Richtung Rimondi-Brunnen, Tel. 0831/22858; außerdem **Zita** an der Strandpromenade, Tel. 0831/57798.

• *Fahrradverleih*: **Stavros**, Paleologou Str. 14 (s. o.).
Fahrrad, Kountouriotou Str. 17, Durchgangsstraße südlich der Altstadt. Tel. 29331.
Hellas Bike Travel, etwas östlich von Réthimnon, gegenüber Eingang vom Hotel Rithymna Beach, Tel. 0831/71002, Fax 71668, Internet: www.hellasbike.com (→ S. 31).
Bike Adventure Crete, ebenfalls östlich von Réthimnon, kurz vor Hotel Rithymna Beach. Tel./Fax 0831/72398,
E-Mail: adventure@grecian.net:
Internet: www.adventure.gr (→ S. 31).

• *Geldwechsel*: u. a. **National Bank** und **Bank of Crete** am Platz mit dem Denkmal von Eleftherios Venizelos an der Kountouriotou Str., jeweils mit Geldautomat. Weiterer Geldautomat beim Restaurant Delfini an der Strandstraße.

• *Markt*: großer **Donnerstagsmarkt** auf dem Parkplatz neben dem Stadtpark (oberhalb der Platia 4 Martiron). Ein weiterer Markt soll in Zukunft in der Nähe von Fußballstadion und Busbahnhof stattfinden.

• *Post*: **Hauptpost** in der Moatsou Str., oberhalb vom Stadtpark, Mo-Sa 8-20 h. **Postkiosk** (auch Geldwechsel) an der Strandstraße neben Restaurant Delfini, Mo-Fr 8-20 h, Sa 8-24 h (nur Mai bis Oktober).

• *Reisebüros*: **ANEK**, Igomenou Gavriil Str. 17, direkt gegenüber dem Haupteingang zum Stadtpark, Schiffsbuchungen ab Chaniá und Iráklion nach Piräus. Tel. 0831/29846.
Cretan Ferries, Arkadiou Str. 250, Tickets für die Fähren von Réthimnon nach Piräus. Tel. 0831/29221, Fax 55519.

Olympic Airways, Koumoundourou Str. 5, Straße hinter dem Stadtpark, parallel zur Hauptstraße, Tel. 0831/22257. Ein Zubringerbus fährt zu jedem Abflug nach Chaniá.

• *Toiletten*: in der Petichaki Str. am venezianischen Hafen und neben dem Informationsbüro am Stadtstrand.

• *Wäscherei*: neben der Jugendherberge in der Topasi Str. 45, Mo-Sa 9-14, 17-20 h.

Übernachten (siehe Karte S. 74/75)

Die Möglichkeiten sind schier unbegrenzt. In der **Altstadt** findet man zahlreiche einfache Pensionen, aber auch immer mehr geschmackvoll restaurierte venezianische Palazzi. Diverse große Badehotels stehen in den Neubauvierteln an der **Strandstraße** östlich vom Zentrum. Reiseveranstalter bieten hauptsächlich Strandhotels etwas außerhalb an. Einige der besten kretischen Hotels liegen am Strand **östlich der Stadt** (→ S. 90).

• *Ober-/Mittelklasse*: **Palazzo Rimondi (22)**, A-Kat., Xanthoudidou Str. 21 (Querstraße zur Arambatzoglou-Str.). Geschmackvoll restaurierter Palazzo mitten im alten Viertel, Patio mit Swimmingpool. Apartments mit antiken Möbeln, Kücheneinheit, TV und Aircondition, Preis je nach Saison ca. 120-300 DM. Pauschal z. B. über Jahn Reisen. Tel. 0831/51289, Fax 26757.

Veneto (21), A-Kat., Epimenidou Str. 4. 1997 eröffnet, gehobener Standard, zehn Apartments (meist über zwei Etagen) in einem aufwendig restaurierten venezianischen Palazzo, ausgestattet mit antikem Mobiliar. Jeweils TV, Aircondition, Telefon, Safe. App. für 2 Pers. je nach Saison 130-230 DM. Tel. 0831/56634, Fax 56635.

Mythos (31), B-Kat., Platia Karaoli Dimitriou 12, kleines, persönlich geführtes Hotel im östlichen Bereich der Arkadiou Str., etwas zurück von der Straße, bei der Kathedrale. Ein 400 Jahre alter venezianischer Palazzo wurde hervorragend restauriert und 1994 als Hotel eröffnet. Vermietet werden zehn Suiten, alle in verschiedenen Stilen individuell eingerichtet, jeweils mit Kochecke, Aircondition und TV. Hervorzuheben die historischen Eisenbetten (nicht in allen Zimmern) mit orthopädischen Matratzen. Im Innenhof winziger Swimmingpool und Oase. Erstaunlicherweise trotz Innenstadtlage sehr ruhig. Gastfreundliches Besitzerpaar Manolis und Nadja, sie spricht Deutsch. DZ mit Frühstück je nach Saison ca. 120-260 DM. Pauschal z. B. über Attika. Tel. 0831/53917, Fax 51036.

Fortezza (10), B-Kat., Melissinou Str. 16, direkt am Rand der Altstadt, unterhalb der Fortezza. 1989 nach dem Vorbild alter Palazzi erbaut, trotz seiner Größe (54 Zimmer) den umliegenden historischen Häusern sehr gut angepasst. Geschmackvoll und mit viel Sinn für Stil eingerichtet, hölzerne Emporen und blitzende Messingstreben. Im Erdgeschoss ziehen sich schattige Arkaden um einen großen Swimmingpool im hübschen, atriumähnlichen Innenhof, wo im Sommer das Frühstück serviert wird. DZ mit Frühstück je nach Saison ca. 100-140 DM, auch EZ zu haben. Achtung: Zimmer nach außen sind nachts nicht ganz leise, weil die verkehrsberuhigte Straße ab 19 h für den Durchgangsverkehr geöffnet wird – versuchen Sie, ein Zimmer zum Innenhof zu bekommen. Das Hotel wird hauptsächlich pauschal gebucht. Tel. 0831/23828, Fax 54073.

Vecchio (12), B-Kat., Michali Daliani Str. 4, versteckte Lage in einer Gasse gegenüber der Venezianischen Loggia. Schön restaurierter venezianischer Palazzo. 27 Zimmer und Apartments gruppieren sich um den Pool im Innenhof, alles mit Keramikfliesen ausgelegt. DZ mit bzw. Apartment ohne Frühstück ca. 70-110 DM. George Vourlakis, der liebenswürdige Direktor des Hauses, spricht perfekt Deutsch. Tel. 0831/54985, Fax 54986.

Ideon (6), B-Kat., Nikolaou Plastira Str. 9, wenige Schritt westlich vom venezianischen Hafen. Seit 1972 solides Großhotel in schöner Lage an kleinem Platz direkt am Wasser, vor einigen Jahren renoviert. Vorne raus alle Zimmer mit Meerblick, hinter dem Haus hübscher, kleiner Pool, dort auch eine sehr stilvoll restaurierte venezianische Villa mit einigen Suiten. DZ mit Frühstück ca. 80-130 DM, fast ausschließlich von Reiseveranstaltern belegt. Tel. 0831/28667, Fax 28670.

• *Preiswert*: Die einfachen Quartiere liegen meist in der Altstadt, vor allem an der **Arkadiou Str.**, der langen Hauptstraße, die parallel hinter der Uferfront verläuft. Hier wohnt man hautnah (und lautstark!) am Nabel des Geschehens, einige haben nach vorne raus Zimmer mit wunderbarem Blick auf Uferpromenade und Stadtstrand.

Réthimnon und Umgebung

Übernachten

② Lefteris Papadakis Sons
④ Atelier
⑥ Ideon
⑦ Anna
⑧ Dokimaki
⑩ Fortezza
⑫ Vecchio
㉑ Veneto
㉒ Palazzo Rimondi
㉓ Leon
㉗ Olga's House
㉙ The Sea Front
㉚ Castello
㉛ Mythos
㉜ Zania
㉞ Jugendherberge

Essen und Trinken

① Fanari
③ Castelvecchio
⑬ Knossos
⑭ Avli
⑮ Larentzo
⑯ Kyria Maria
⑲ T' Araxovoli
⑳ To Sokaki
㉖ Minares

Nachtleben

⑨ Venetsianiko
⑪ Baja Club
⑰ Rockcafé
⑱ 13 Fengaria by Odysseas
㉕ O Gounas

Sonstiges

⑤ Onyx-Schleiferei
㉔ Buchhandlung
㉘ Kontojannis (Kräuter)
㉝ Happy Walker
㉟ Stagakis (Instrumente)
㊱ Dr. Papadakis

Piräus

Pánormo,
Georgioupolis

Venez.
Hafen

⑱
etichaki
㉔

⑩iou
㉙
㊀
㉚eniou
㉛
hedrale
㉜

E. Venizelou
Arkadiou

ℹ

Platia
Iroon
**Moschee Kara
Moussa Pascha** ㊱
Gerakari

P. Koundouriotou

M. Prevelaki
Dimokratias
🅿
Moatsou

Zimvrakaki

N. Kazantzakis

**Moschee
Veli Pascha**

Iráklion

Réthimnon

Ein anderer Schwerpunkt für Übernachtungsmöglichkeiten liegt **westlich vom venezianischen Hafen** ein Stück die Straße am Wasser entlang, fast schon unterhalb vom Kastell, direkt am Meer. Leider wird es hier abends wegen der zahlreichen Tavernen und Cafés recht laut und erst recht morgens, wenn die Fähren aus Piräus am nahen Kai landen und Schwerlaster die Uferstraße entlangdonnern.

Zania (32), C-Kat., Pavlou Vastou Str. 3, kleines Seitengässchen der Arkadiou Str. Einfache, aber wirklich schöne Herberge in einem alten türkischen Haus mit himmelhohen Räumen, Holzdecken, -böden und teils neuem Mobiliar. Nur Etagendusche, fünf Zimmer. DZ ca. 35-60 DM. Tel. 0831/28169.

Leon (23), C-Kat., in der Arkadiou Str., am Eingang zur Vafe Str., am auffallenden Löwenschild zu erkennen. 400 Jahre alter venezianischer Palazzo mit schmiedeeisernen Balkonen und viel Holzinterieur: Holzböden und -decken, gediegenes Mobiliar, große Wandschränke. Zimmer wegen der kleinen Fenster etwas dunkel, aber viel Atmosphäre, sauber. DZ mit Du/WC und Frühstück für ca. 40-65 DM, Frühstück auf der Gasse vor dem Haus. Tel. 0831/26197.

Castello (30), Platia Karaoli Dimitriou 10, im östlichen Bereich der Arkadiou Str., etwas zurück von der Straße, bei der Kathedrale. Hübsches Haus in weißem Rauputz, Innenhof, daneben kleiner, üppiger Garten mit Springbrunnen, vielen Blumen, Orangen- und Zitronenbäumen. Insgesamt sauber und gut ausgestattet, Zimmer oben sind besser als im Erdgeschoss. DZ ca. 40-65 DM, auch Frühstück. wird serviert. Zu empfehlen, wie auch Leser bestätigen: "Maria und Iannis sind einfach wundervolle Gastgeber, die Pension mit ihrem Garten ist in der lärmenden Stadt wie eine Oase". Tel. 0831/50281.

The Sea Front (29), Arkadiou Str. 159, Zimmer in einem renovierten Altstadthaus, etwas enge Angelegenheit, aber brauchbar, Kühlschrank auf dem Flur, DZ mit grau lackierten Türen, Holzdecken/-böden und Du/WC um die 35-60 DM, Balkons auf die Straße und zur Promenade. Ganz oben großes Zimmer mit Dachterrasse. Insgesamt sauber und gepflegt, nicht so schön ist das Neonlicht in den Zimmern. Tel. 0831/51062.

Olga's House (27), Souliou Str. 57, schmales Ladengässchen beim Petichaki-Platz, ziemlich verwinkelt, aber hübsch. Die Treppe hinauf kommt man in einen gemütlich ausstaffierten Dachgarten mit vielen Pflanzen und Sitzgelegenheiten. Georg, der freundliche Hausherr, sorgt für angenehme Atmosphäre. Sieben Zimmer mit Du/WC, DZ ca. 35-55 DM, auch Drei- und Vierbett möglich. Tel. 0831/54896, Fax 29851.

Dokimaki (8), Damvergi Str. 14, hinter dem Hotel Ideon (→ oben), um einen Innenhof zwölf Zimmer unterschiedlicher Qualität, teils mit Küche, ruhig, schön sind die Räume unter dem Dach mit weitem Blick. Besitzerin Barbara macht auf Wunsch Frühstück. Etwa 40-60 DM. Tel./Fax 0831/24581.

Lefteris Papadakis Sons (2), E-Kat., Nikolaou Plastira 26, an der Uferstraße westlich vom venezianischen Hafen, sauber und solide möbliert, geführt vom jungen Ehepaar Manolis und Gabriela (Schweizerin). Leser waren hier meistens zufrieden. In den letzten Jahren wurden an dieser Straße allerdings zahlreiche Tavernen und Cafés eröffnet (auch das Untergeschoss von Lefteris ist an eine Taverne verpachtet), deswegen ist es hier nicht mehr sehr leise. DZ mit Bad ca. 35-60 DM. Tel. 0831/23803.

Atelier (4), Chimaras Str. 27, wenige Meter unterhalb der Fortezza, vier saubere Zimmer mit Kühlschrank und überwachsenem Balkon, schöner Blick über die Stadt, ruhig. Die nette, junge Besitzerin Frosso Bora und ihr Mann George Katsantonis arbeiten im Laden unter den Zimmern – sie fertigt Keramik, er malt in Öl. DZ ca. 35-55 DM. Tel. 0831/24440.

Anna (7), Katechaki Str., direkt am Aufgang zur Fortezza, kleines türkisches Haus mit Holzerker, sauber und geschmackvoll möbliert, Besitzer haben 15 Jahre in Deutschland gearbeitet, DZ ca. 35-60 DM. Tel. 0831/25586.

• *Außerhalb*: **Pantheon**, B-Kat., westlich von Réthimnon, kleine Oase am Ortsrand des Dorfes Atsipópopoulo, direkt an einer meist wenig befahrenen Straße. Ansprechendes, modernes Haus mit schönem Garten und Pool, Gänge und Zimmer in hellgrau und rosa gehalten. Herrlicher Blick auf Réthimnon, Kinderspielgeräte. DZ ca. 60-100 DM, Aircondition mit Aufpreis, Frühstück extra. Pauschal über Jahn und Neckermann. Tel. 0831/54914, Fax 54913.

Forest Park, C-Kat., Tipp! Idyllisch und ruhig gelegene Hotelanlage mit Pool über

---

Türkische Holzerker prägen die Gassen von Réthimnon

den Dächern von Réthimnon im Grünen, auf dem Hügel Evligias. Ins Zentrum etwa 10 Fußminuten. 37 saubere Zimmer, tägliche Reinigung. DZ ca. 60-100 DM. Tel. 51778, Fax 28043.

Erato, Apartmentanlage im östlichen Vorort Perivolia, Andrea Rodinou Str. 1, nahe der Durchgangsstraße. Schöne 2- und 4-Bettzimmer mit Kochnische, Kühlschrank, Dusche, Telefon und Radio. Das nette Besitzerpaar hat lange in Deutschland gelebt und spricht fließend Deutsch. Zum Strand läuft man 5 Min., ins Zentrum 15-20 Min. Tel. 0831/26913.

• *Jugendherberge* (34): freundliches Haus mitten in der Altstadt, Topasi Str. 45. Gute Kontaktbörse, viele Traveller. Etwa 80 Betten in 8- bis 18-Bett-Sälen, Schlafen auf der Terrasse ebenfalls möglich. Kleiner Garten, saubere Duschen und Toiletten (oft Warteschlangen in der Saison). Übernachtung ca. 10 DM (Bettwäsche ca. 1,50 DM), es gibt Frühstück und Getränke. Nachts keine Sperrstunde. Nick, der lockere Herbergsvater, spricht Englisch. Tel. 0831/ 22848.

• *Camping*: Ein empfehlenswerter Zeltplatz liegt einige Kilometer östlich der Stadt direkt am Strand. Details weiter unten.

Essen (siehe Karte S. 74/75)

Romantisch mit Kerzenlicht speist man in den grün überrankten Gassen im Umkreis vom **Rimondi-Brunnen**. Ein gutes Dutzend Fischtavernen drängt sich rund um den **venezianischen Hafen**, weitere Tavernen und Cafés findet man dicht an dicht an der touristisch aufgeputzten **Strandstraße** östlich anschließend. Einige lohnende Adressen liegen verstreut in den Gassen der **Altstadt**.

• *Venezianischer Hafen*: ein ungewöhnlich schönes Plätzchen, leider wiederholte Leserkritik wegen Aufdringlichkeit, schlechter Qualität und überzogenen Preisen.

Knossos (13), neben "Seven Brothers", großer Name über kleinem Lokal, seit 50 Jahren im Besitz der Familie Stavroulakis. Die Mama kocht, Tochter Maria und Sohn Stavros bedienen liebenswürdig. Gute Küche und für diese Lage noch relativ preiswert.

• *Rimondi-Brunnen und Umgebung*: Der kleine, zentrale Platz der Altstadt bietet viel Atmosphäre, wird allerdings von den anliegenden Bars mit Rap und Techno beschallt. In den engen Gassen im Umkreis wurden zahlreiche venezianische Gewölbe zu stilvollen Restaurants umgebaut, draußen sitzt man romantisch bei Kerzenlicht.

Kyria Maria (16), versteckt im Gässchen unmittelbar hinter dem Brunnen, Diogenes Moschoviti Str. Früher eine der ursprünglichsten und preiswertesten Tavernen im Umkreis, inzwischen hat man sich angepasst – normale Preise und durchschnittliche Portionen. Leserzuschriften zur Qualität des Gebotenen sehr uneinheitlich! Außerhalb der Touristensaison bei Studenten beliebt.

Larentzo (15), Radamanthios Str./Ecke Xanthoudidou Str., wenige Meter vom Brunnenplatz, stimmungsvolles Ambiente mit Sitzplätzen in einer engen Gasse, ausgezeichnete Küche auf hohem Niveau mit frischen Zutaten, auch internationales Angebot, nicht billig.

Avli (14), ebenfalls Radamanthios Str./Ecke Xanthoudidou Str., in einem venezianischen Palazzo aus dem 16. Jh., angeschlossen ein kleiner Gastgarten. Hier wird die traditionelle kretische und griechische Küche gepflegt, das Ergebnis sind ungewöhnliche und interessante Gerichte mediterraner Art, die man in Touristenlokalen sonst kaum irgendwo erhält, z. B. Hyazinthenknollen in Essig gekocht, Schweinefilet mit Portulak (ähnlich wie Brunnenkresse) und Balsamessig, Schweinefleisch mit Lauch und Pflaumen. Wermutstropfen: Die ausgezeichneten Flaschenweine kosten kaum unter 30 DM, und auch die Essenspreise sind hoch. Die liebevoll aufgemachte Speisekarte führt in die Eigenheiten der Inselküche ein.

• *Verstreut in der Stadt*: **T'Araxovoli (19)**, Platia Iroon Politechniou, Nähe Busbahnhof, Gartenlokal am Platz mit dem großen Gebäude der Bezirksverwaltung (Nomarchia), spezialisiert auf Vorspeisen *(pikília)*, die auf vielen kleinen Tellern gereicht werden.

To Sokaki (20), einfaches, beliebtes Lokal, etwas versteckt in der Portou Str. 9. Im großen Hof unter Zitronenbäumen wird ordentliche kretische und griechische Küche serviert, die früheren interessanten Gerichte sind in letzter Zeit durch eine recht "normale" Speisekarte ersetzt worden. Einen Versuch wert sind auch hier die Vorspeisenteller *pikília*.

Minares (26), Vernardou Str., romantisches Plätzchen seitlich der großen Moschee, touristisch entdeckt.

O **Gounas** (25), Panou Koroneou Str. 8, urige Taverne, durchschnittliche kretische Hausmannskost, preiswert, dazu jeden Abend Live-Musik von den Söhnen des Hauses (→ Nachtleben).

Castelvecchio (3), an der Chimaras Str., wenige Meter unterhalb der Fortezza, nette Terrassentaverne mit Blick über die Stadt, ruhige Lage. Mit Zimmervermietung (Tel. 0831/55163).

Fanari (1), westlich vom Venezianischen Hafen, Leserempfehlung: "Auch bei den Einheimischen sehr beliebt, hervorragende Küche (liebevoll zubereitete Vorspeisen, leckere Hauptgerichte, große Portionen) und netter Service."

Nachtleben (siehe Karte S. 74/75)

In dieser Hinsicht bietet Réthimnon eine ganze Menge. Zum einen belebt die rege Nachfrage der studentischen Jugend das Angebot, andererseits ist die Stadt überschaubarer als Iráklion und Chaniá.

• *Cafés und Bars*: An der Strandpromenade mit ihren kleinen Palmen reiht sich auf 500 m Länge ein Café und ein Restaurant an das andere. Das eigentliche Nachtleben spielt sich aber um den venezianischen Hafen ab. Wem es hier nicht gefällt, der fühlt sich vielleicht am Rimondi-Brunnen wohler.

Galero, am Rimondi-Brunnen, ganz zentral, vom English oder Continental Breakfast bis zum späten Drink ist hier alles geboten. Gute Kontaktbörse, oft laute Musik, Internetzugang. Gegenüber das hübsch ausstaffierte **Caribbean**.

Venetsianiko (9), großes, sehr beliebtes Café am venezianischen Hafen, viele Griechen als Gäste, abends Kerzenlicht u. Discomusik. Mehrere ähnliche Cafés im Umkreis.

Figaro, Vernardou Str., stimmungsvolles Café neben der großen Moschee, abends Blick auf das angestrahlte Minarett.

Punch Bowl, Arambatzoglou Str. 44, liebevoll eingerichtete "Irish Bar" im Herzen der Altstadt.

• *Kretisch-griechische Musiklokale*: O **Gounas** (25), Panou Koroneou Str. 8, beste und beliebteste Adresse, um kretische Musik zu hören. Im gemütlich-düsteren Gewölbe eines alten venezianischen Palazzo kann man ländlich-mittelmäßig, aber preiswert essen und trinken. Währenddessen spielen Iannis, Stratos und Stefanos, die Söhne des urigen Besitzers Nikos Gounas, fast täglich auf Lyra, Bouzouki und Gitarre (21-24 h). Die Toiletten sind keine Visitenkarte.

13 Fengaria by Odysseas (18), um die Ecke vom venezianischen Hafen, am Beginn der Strandpromenade. Jeden Abend griechische Live-Musik (ab 21.30 h).

• *Discos/Musik-Bars*: Im Umkreis vom venezianischen Hafen läuft das meiste.

Fortezza Club, direkt im venezianischen Hafen, sehr angesagter Treffpunkt mit super Laser-Show, gespielt wird vor allem Disco und Techno.

Rockcafé (17), Petichaki Str. 6, verwinkelter Raum mit großer Tanzfläche, hauptsächlich kommerzielle Popmusik von den Siebzigern bis zu aktuellen Charts, meist ganz schön was los.

Metropolis NYC (New York City Club), in einer schmalen Seitengasse beim venezianischen Hafen, daneben **Vitro Club**, gegenüber **Xtreme** mit härterer Rockmusik: Crossover, Metal bis Punk.

Baja Club (früher: Opera Club) (11), Melissinou Str., größte Disco in der Altstadt, wenige Meter vom Hotel Fortezza, am Wochenende strömen die Massen.

• *Kino*: **Asteria**, unterhalb der Fortezza, bis zu drei Vorstellungen abends.

Shopping (siehe Karte S. 74/75)

Réthimnons Altstadt besitzt ein umfangreiches Angebot an Läden aller Art. Besonders stimmungsvoll ist die winzige **Souliou Str.** (zwischen venezianischer Loggia und Platia Petichaki), wo sich ein hübsch aufgemachter Laden an den anderen drängt. In Réthimnon besteht neben Chaniá die beste Möglichkeit, preiswerte **Lederartikel** zu erwerben, von Taschen aller Art über Gürtel bis zu Sandalen und Stiefeln. Besonders günstig kauft man zum Saisonschluss im September, dann gibt es Nachlässe bis zu 30 %. Ebenfalls groß und deutlich preiswerter als in Deutschland ist das Angebot an **Gold-** und **Silberschmuck**.

Réthimnon und Umgebung

Sichtlich gestresster Lederwarenverkäufer

● *Bücher/Zeitschriften/Zeitungen*: **International Press (24)**, in der Petichaki Str. am venezianischen Hafen. Gut sortierte Buchhandlung mit deutscher Inhaberin, besonders viel Literatur über Kreta.
Weiterer **Buch- und Zeitungsladen** in der Einkaufsstraße Ethnikis Antistaseos, gegenüber dem Kräuterladen Moka.
Antiquariate (An- und Verkauf von gebrauchten Büchern) in der Souliou Str. 43 und Arambatzoglou 51, bei letzterer Adresse auch hübsche Drucke von alten Landkarten und historische Postkarten.

● *Instrumente*: In der Dimakopoulou Str. 6, einem kleinen Seitengässchen der Platia 4 Martiron, stellt **Emmanuel Stagakis (35)** als einer der wenigen kretischen Instrumentebauer noch die traditionellen Lyras und Laoutos her. Der Laden ist zur Straße hin offen, und man kann ihm zusehen.

● *Kräuter/Gewürze*: **Moka**, seit 1925 in der Einkaufsstraße Ethnikis Antistaseos, Gewürze (pur und spezielle Mischungen), Kräuter, Tee, Kaffee und Süßes.
Panajoti Kontojannis (28), Souliou Str. 58. Der kleine Kräuterladen im Gassengewirr der Altstadt fällt vor allem durch seine vielen handgeschriebenen Schilder auf – in Griechisch und gebrochenem Deutsch preist

Besitzer Panajoti Kräuter aller Art an, die meisten in den Bergen von Kreta frisch gezupft.

● *Kunsthandwerk*: **Museum Shop**, Paleologou Str., in der restaurierten venezianischen Loggia (→ Sehenswertes), Verkauf von Kopien antiker Fundstücke, hergestellt von einer autorisierten Werkstatt in Iráklion. Der Standort des Originals ist jeweils angegeben. Mo-Fr 9-21 h, Sa 10-16 h, So geschl. Tel. 0831/53270.
Theoni Silver House, Petichaki Str. und Souliou 37, gediegener Silberschmuck mit eingefasstem Bernstein und verschiedenen Halbedelsteinen.
Onyx-Schleiferei (5), Katechaki Str. 3, am Aufgang zur Fortezza. Herr Theodorakis stellt formschöne und gar nicht mal teure Gefäße, Vasen, Aschenbecher usw. her. Man kann ihm bei der Arbeit zusehen.
Olivenholz, Arambatzoglou Str. 37, zentral in der Altstadt, schöne Schnitzereien.

● *Musik*: **Kostas Spanoudakis**, Arkadiou Str. 226 (direkt hinter dem Fischerhafen), kleiner Laden für Kassetten und CDs, sehr freundlich beraten wird man durch ein griechisches Ehepaar, das zehn Jahre in Ulm gelebt hat. Kostas singt selbst und hat eine Platte produziert.

• *Sport*: Im unmittelbaren Stadtbereich kann man Fahrräder und Surfbretter leihen, es werden geführte Wanderungen angeboten, und es gibt eine Tauchschule. Am Strand östlich der Stadt arbeitet bei den großen Badehotels **Creta Palace**, **Rithymna Beach** und **El Greco** jeweils ein deutsch geführtes Wassersportzentrum von Overschmidt mit allen Möglichkeiten von Surfen bis Segeln. Weiterhin bietet dort **Hellas Bike Travel** Mountainbikes und geführte Radwander-Touren, im Hotel Rithymna Beach arbeitet außerdem ein Tauch-Center. Details zu allem → S. 91.

Happy Walker (33), Topasi Str. 56, der Niederländer Anthony (kurz: Ton) Pruissen ist auf Wanderungen spezialisiert und bietet mehrmals wöchentlich geführte Touren im Raum Réthimnon. Deutsch sprechende Reiseleitung, ca. 40-50 DM, Rabatt für Gäste der Jugendherberge und Mehrfachbucher. Tägl. 17-20.30 h. Tel./Fax 0831/ 52920.

Paradise Dive Center, Arkadiou Str. 263/ Eleftheriou Venizelou Str. 76 (Strandpromenade). Aufmerksam geführtes PADI-Center, Ausrüstungsverleih und Tauchkurse in einer Bucht östlich von Plakiás an der Südküste, 35 km von Réthimnon. Tel. 0831/53258.

• *Feste*: **Weinfest**, in der zweiten Julihälfte im **Stadtpark**. Zwei Wochen lang allabendlich Musik und Tanz von kretischen Folkloregruppen, man zahlt geringfügigen Eintritt und kann von den angebotenen Weinen soviel trinken, wie man will (eigenes Glas mitbringen).

Renaissance-Festival, Ende Juli/Anfang August zwei Wochen lang Theater, Musik und Kultur im Zeichen der Renaissance.

Sehenswertes

Die früher vernachlässigte historische Altstadt wird immer mehr zum Schmuckstück. Im engen Gassengewirr zwischen venezianischen Portalen, kunstvoll vergitterten Holzerkern und schmiedeeisernen Balkons kann man genussvoll bummeln.

Platia Tesseron Martiron (Platia 4 Martiron, Platz der vier Märtyrer): Dieser zentrale Platz ist gleichsam das Eingangstor zur winkligen Altstadt. Er liegt an der langen Kountouriotou Str., die die Altstadt mit ihren engen Gassen von der verkehrsdurchbrausten Neustadt trennt. Markanter Blickfang ist das Denkmal von *Kóstas Giampoudákis*, dem berühmten Sprengmeister von Kloster Arkádi (→ S. 95). Wegen ihrer farbenfrohen Fresken ist auch das Innere der modernen Kirche *Tesseron Martiron* am Platz einen Blick wert. Sie ist benannt nach vier Kretern, die um ihres Glaubens willen auf dem Platz gehenkt wurden. Die Reliquien von dreien sind in der Kirche untergebracht.

Stadtpark: an der Oberseite der Platia 4 Martiron, eine Oase im Verkehrsgewühl. Hohe Aleppokiefern, Eukalyptus, blühender Oleander, Orangenbäume, Palmen und Hibiskus sorgen für Schatten. In der Mitte liegt ein runder Platz, auf dem gelegentlich Theaterstücke aufgeführt werden, außerdem sind im Park einige bescheidene Tiergehege untergebracht.

Porta Guora: ehemaliges Stadttor an der Nordwestecke der Platia 4 Martiron. Hier betritt man die winklige Altstadt. Die lebendige Einkaufsgasse Ethnikis Antistaseos führt schnurgerade hinunter zur lang gestreckten *Platia Titou Petichaki* mit Palmen und Tavernen, in deren Umgebung man interessante kleine Läden findet, vor allem in der *Souliou Str.* (→ Shopping).

Kirche San Francesco: Von der Ladenstraße Ethnikis Antistaseos führt ein Seitenweg zu dieser ehemaligen venezianischen Basilika. Im großen, einschiffigen Innenraum finden wechselnde Ausstellungen statt.

Moschee Tis Nerantzes ("Odeion"): am südlichen Ende der Platia Petichaki, größte Moschee der Stadt mit drei bauchigen Kuppeln und einem hohen Minarett. Über eine schmale Wendeltreppe mit 120 Stufen konnte man früher bis zur zweiten Plattform hinaufsteigen (heute gesperrt) – toller Blick über die Stadt mit ihren roten Ziegeldächern bis zum Psilorítis, dem höchsten Bergmassiv Kretas. Das Innere der Moschee wird als Gemeinde- und Konzertsaal genutzt. Eine Musikschule (Odeion) ist hier untergebracht, und manchmal kann man den Kleinen zusehen, wie sie auf der Lyra üben.

Weitere Moscheen: Gut erhalten, jedoch ebenfalls nicht zugänglich, ist das schlanke Minarett der Moschee *Valides Sultana* in der Vosporou Str., etwas unterhalb der Platia 4 Martiron. Die restaurierte Moschee *Veli Pascha* steht landeinwärts der langen Kountouriotou Str., und die kleine, aber ausgesprochen hübsche Moschee *Kara Moussa Pascha* findet man an der Arkadiou Str./Ecke Victoros Hugo Str. (Nähe Platia Iroon). Letztere besitzt eine dreikuppelige Vorhalle und einen üppig überwucherten Friedhof mit einigen türkischen Grabsteinen.

Arkadiou Straße: Von der Platia Petichaki erreicht man durch die geschäftige *Paleologou Str.* die lange Arkadiou Str., die Hauptstraße der Altstadt mit zahlreichen Geschäften aller Art. Sie zieht sich vom venezianischen Hafen parallel zur Uferpromenade bis zur Platia Iroon und ist in ihrem Hauptteil als verkehrsberuhigte Zone ausgewiesen. Kürzlich wurde sie komplett mit einem neuen Belag versehen, was sie optisch eindrucksvoll aufwertet.

Rimondi-Brunnen: Dieser pittoreske Wasserspender steht am beschaulichen Nebenplatz der Platia Petichaki. 1629 ließ ihn der venezianische Statthalter Alvise Rimondi errichten, wahrscheinlich weil ihn der schöne Morosini-Brunnen in Iráklion wurmte. Leider ist er nicht mehr vollständig erhalten. Zwischen vier korinthischen Säulen sprudelt das Wasser aus drei stark verwitterten Löwenmäulern, die lateinische Inschrift ist teilweise abgebrochen. Die Türken überdachten ihn mit einer Kuppel, Reste sind erhalten.

Venezianische Loggia: Der repräsentative Bau an der Ecke Arkadiou/Paleologou Str. zeigt sich mittlerweile perfekt restauriert. Auffallend ist die symmetrische Grundstruktur des Gebäudes mit jeweils drei großen, heute verglasten Rundportalen/Fenstern an den Seiten. Die Venezianer nutzten das Gebäude als Clubhaus für den Adel, vielleicht auch zeitweise als Festung. In türkischer Zeit wurde es zur Moschee umgebaut. Heute kann man hier naturgetreue Nachbildungen antiker Funde erwerben (→ Shopping).

Venezianischer Hafen: Von der Loggia kommt man mit wenigen Schritten zum venezianischen Hafen. Die Intimität und Ruhe dieses fast kreisrunden Beckens kann man vor allem vormittags und während der Siesta genießen, ansonsten kämpfen die dicht an dicht gebauten Tavernen um die Gunst der Kundschaft. Sehr schön ist der kleine Abstecher auf die schmale historische *Mole*, die den Hafen zur See hin abschließt. Am Ende erhebt sich ein schlanker *Leuchtturm* aus gleißend hellem Stein. Im Anschluss kann man Richtung Westen um den Burgberg herum einen schönen Spaziergang am Wasser entlang machen.

Ruhepause am Rimondi-Brunnen

Vom Rimondi-Brunnen nach Westen: Wenn man die schmale *Theodoros Arambatzoglou Str.* nimmt, verlässt man nach wenigen Metern die laute Geschäftszone und erreicht ein ruhiges Wohnviertel. Dieser Straßenzug gehört mit den Seitengässchen zu den schönsten der Stadt. Überall sind große türkische Holzerker zu sehen, dazwischen findet man Reste venezianischer Pracht, z. B. Torbögen und steinerne Fenstereinfassungen.

Am Ende der Arambatzoglou stößt man auf einen kleinen Platz mit der Kirche *Naos Kyrias tou Angelou* (Verkündigung Marias). Geradeaus geht es weiter zum großen Platz mit dem Gebäude der *Nomarchia* (Bezirksverwaltung). Nach rechts gelangt man zur mächtigen venezianischen *Fortezza*, ein kleines Seitengässchen der Melissinou Str. führt hinauf zum großen Tor der Festung. An der Melissinou steht auch die schlichte *katholische Kirche* von Réthimnon, die Franz von Assisi geweiht ist (Statue am Altar).

Die Fortezza

1573-1580 wurde sie von den Venezianern auf einer nach drei Seiten von Meer und Steilfelsen abgeschlossenen Halbinsel erbaut. Mit ihren dicken Mauern und bulligen Bastionen sollte sie vor allem gegen die im 16. Jh. neu aufgekommene Gefahr der türkischen Kanonen schützen.

Doch schon 1646, bei der ersten Bewährungsprobe, wurde sie wegen schwerer baulicher Mängel und einer Reihe von missglückten Unternehmungen seitens der venezianischen Verteidiger von den Türken nach kurzer Zeit eingenommen. In den folgenden Jahrzehnten und Jahrhunderten wurde die Fortezza

Blick von der Meerseite auf die Fortezza

mit einer Moschee versehen und stadtähnlich überbaut, was durch die Bombardements des Zweiten Weltkriegs weitgehend zerstört wurde. Heute sind außer den massiven Mauern mit ihren großen Bastionen, der Sultan-Ibrahim-Moschee und der großen Anlage des Haupttors nur Fragmente der einstigen Anlage erhalten. Dennoch lohnt der Besuch wegen der ruhigen Atmosphäre und des schönen Blicks auf Stadt und Meer.

Öffnungszeiten/Preise: tägl. 8-19 h (letzter Einlass 18.15 h), ca. 5 DM.

Rundgang: Dem Haupttor an der Ostseite der Fortezza ist ein *fünfeckiger Gebäudekomplex (1)* vorgelagert. Er beherbergte bis in die siebziger Jahre das Gefängnis von Réthimnon. Vor einigen Jahren wurde hier das Archäologische Museum eingerichtet (→ Museen).

Hinter dem *Haupttor (2)* durchstößt ein leicht ansteigender Gang mit Tonnengewölbe die ungemein dicke Mauer. Wenn man ins Freie tritt, passiert man rechter Hand ein ehemaliges *Waffenlager (3)* mit vier Arkadenbögen, in dem heute eine Fotoausstellung untergebracht ist.

Geradeaus gelangt man zur Bastion *Agios Elias* mit einigen weit ausladenden Aleppokiefern, von der man einen prächtigen Blick über die ganze Stadt hat. Kürzlich wurde hier allerdings ein *Freilufttheater (4)* eingerichtet, was den bedauerlichen Nebeneffekt hat, dass die Bastion tagsüber für die Besucher geschlossen ist.

Auf dem zentral gelegenen, höchsten Punkt der Fortezza steht die *Sultan-Ibrahim-Moschee (5)*, die hier 1646 an Stelle der ehemaligen venezianischen Bischofskirche erbaut wurde. Im Gegensatz zur Kirche, deren Apsis genau nach Osten zeigte, wurde die Moschee jedoch nach Südosten ausgerichtet, wo die heilige Stadt Mekka liegt. Diese schiefwinklige Anordnung fällt gegenüber

Fortezza von Réthimnon

①	Archäolog. Museum	⑨	Pferdeställe
②	Haupttor	⑩	Palazzo Rettere
③	Waffenlager	⑪	Lagerräume
④	Freilufttheater	⑫	Nordtor
⑤	Bischofskirche/Moschee	⑬	Haus der Ratsherren
⑥	Bischofspalast	⑭	Felsengang
⑦	Ágios Theodóros	⑮	Kapelle
⑧	Westtor	⑯	Graben

den übrigen, streng symmetrisch angelegten Häusern deutlich aus dem Rahmen. Das Innere der ehemaligen Moschee ist heute fast leer, rechts vom Eingang führen einige Stufen zum zerstörten *Minarett*. Gegenüber liegt der *Mihrab*, die einstmals reich verzierte Gebetsnische. Benachbart zur Kirche steht der *Bischofspalast (6)*, von dem nur noch spärliche Reste erhalten sind. Südlich davon sieht man die kleine Kapelle *Ágios Theodóros (7)*.

Wie die Ostmauer besitzt auch die Westmauer der Fortezza ein *Tor (8)*. Im Umkreis sind verschiedene kleinere Gebäude erhalten, auf der Bastion *Agios Lukas* im Südwesten Reste der Befestigungsanlagen und Pferdeställe *(9)*.

Wenn Sie nun zur Nordseite der Fortezza gehen, kommen Sie zunächst am *Palazzo Rettere (10)* vorbei, dem militärischen Hauptquartier der Festung, das später als Gefängnis genutzt wurde. Dahinter erstrecken sich mehrere große, unterirdische *Lagerräume (11)*. Ein Gang führt zum *Nordtor (12)* hinunter, das sich zur steilen Meerseite des Festungshügels öffnen ließ. Hier sollten ursprünglich die Entsatztruppen der venezianischen Flotte eingelassen werden.

Doch die Schiffe konnten wegen des hohen Seegangs nicht ankern. Stattdessen flüchteten die Verteidiger in der Endphase der türkischen Belagerung hier zum Meer hinunter. An der Nordseite der Fortezza lagen auch die Pulvermagazine der Venezianer sowie das von den Türken später mit einer Kuppel überwölbte *Haus der Ratsherren (13)* von Réthimnon – in sicherer Entfernung von der kanonengefährdeten Südseite.

Vorbei an einem in den Fels gehauenen *Gang (14)* kann man sich nun zur Bastion *Agios Nikolaos* an der Ostseite der Festung begeben. Dort können Sie den Rundgang über die Fortezza beenden und gleichzeitig ein düsteres Kapitel der deutsch-griechischen Beziehungen im letzten Jahrhundert aufschlagen. Auch auf dieser Bastion sind mehrere Gebäude und eine *Kapelle (15)* erhalten, umgeben von einem Pinienhain. Parallel zur Mauer liegt ein mit Weinstöcken überwucherter *Mauergraben (16)*, an dessen Ende eine Tür zu erkennen ist. Hier verrichteten im Zweiten Weltkrieg die deutschen Erschießungskommandos ihre schmutzige Arbeit.

Museen und Ausstellungen

Archäologisches Museum: im ehemals türkischen Gebäude genau vis-à-vis vom Eingang zur Fortezza. Die Ausstellung zeigt Funde vom Neolithikum über die minoische Epoche bis in römische Zeit. Die prähistorischen und minoischen Stücke stammen aus Gipfelheiligtümern, Nekropolen und verschiedenen Höhlen im Umkreis von Réthimnon, z. B. vom Gipfel des Vríssinas, aus der Höhle von Geráni, aus Archéa Eléftherna und aus der berühmten Nekropole von Arméni (→ Réthimnon/Umgebung). Ansonsten gibt es u. a. schöne minoische Sarkophage und einige Marmorstatuen zu sehen, darunter eine besonders gut erhaltene Aphrodite, außerdem römische Miniaturbronzen und Glasgefäße aus einem Schiffswrack bei Agía Galíni. Kurze Erläuterungen zu den Funden sind jeweils beigefügt.

Öffnungszeiten/Preise: Di-So 8.30-15 h, Mo geschl., ca. 3,50 DM, EU-Stud. frei, andere Studenten die Hälfte.

Historisches und Volkskundliches Museum: in einem restaurierten venezianischen Palazzo aus dem 17. Jh., M. Vernardou Str. 28-30. In mehreren Sälen werden an Hand historischer Stücke und Fotos bäuerliches Leben, traditionelle häusliche Arbeiten und Handwerk dargestellt. Im ersten, lang gestreckten Raum Durchbruchstickereien, Klöppelarbeiten, Webteppiche, historische Kostüme und Waffen. Rechter Hand folgen danach Geräte aus Landwirtschaft und Haushalt (u. a. Dreschschlitten, Pflug, Kaffeemühle und Röstgeräte). Interessant sind hier vor allem das kleine Hammerwerk und das Modell einer Wassermühle, die Réthimnon früher mit Mehl versorgten (→ Mühlental, S. 92). Der nächste Raum widmet sich der Töpferei und Korbflechterei, danach folgen wieder Webarbeiten.

Öffnungszeiten/Preise: Mo-Sa 9-13, 18-20 h, So geschl., ca. 3,50 DM, Stud. ermäß.

Museio Laikis Technikis (Volkskunst): Ausstellung traditioneller Webteppiche in der Chimaras Str., am Aufgang zur Fortezza (bei der katholischen Kirche abbiegen).

Öffnungszeiten/Preise: Di-Sa 10-14, 18-21 h, So 10-15 h, Mo geschl., ca. 2 DM.

Die großen Badehotels östlich von Réthimnon gehören zu den besten im Westen Kretas

Center of Contemporary Art "Lefteris Kanakakis": Die städtische Kunstgalerie ist in einer schön restaurierten, ehemaligen Seifenfabrik schräg gegenüber dem "Museio Laikis Technikis" untergebracht.
Öffnungszeiten/Preise: Di-Sa 10-14, 18-21 h, So 10-15 h, Mo geschl., ca. 3,50 DM.

▶ **Réthimnon/Baden:** Der lange, schattenlose *Sandstrand* beginnt mitten in der Stadt, unmittelbar östlich vom venezianischen Hafen, und zieht sich auf gut 15 km Länge in wechselnder Breite die gesamte Uferebene nach Osten. Ursprünglich sollte im Stadtgebiet zwischen den beiden Molen ein großer Hafen angelegt werden, doch das erwies sich als Reinfall. Das große Becken versandete ständig und musste aufgegeben werden. Dementsprechend geht es hier ganz flach ins Wasser hinein, der Strand ist also auch gut geeignet für Kinder. Sonnenschirme und Liegen (ca. 7 DM/Tag), Surfbretter und Tretboote werden beim zentralen Strandcafé verliehen. Da sich das Wasser jedoch nur langsam austauscht, ist die Qualität denkbar schlecht.

Besser lässt es sich an der Uferstraße Richtung Osten baden. Dort reihen sich zahllose Hotels und sonstige touristische Einrichtungen aneinander, und eine ausgedehnte Badezone ist entstanden.

Östlich von Réthimnon

Östlich der Stadt erstreckt sich eine lang gezogene, fürs Auge wenig aufregende Landwirtschaftsebene. Pluspunkt ist jedoch der gut 15 km lange Sand- und Kiesstrand, der die Ebene zum Meer abschließt. Kein Wunder, dass hier einige der besten Badehotels der Insel stehen.

• *Anfahrt/Verbindungen*: Die **Old Road** ist roter Faden der Region, sie verläuft etwa 500 m landeinwärts der Küste und mündet im östlichen Strandbereich auf die New Road. Busverbindung von und nach Réthimnon mit **Überlandbussen** Réthimnon-

Iráklion und den häufigen blauen **Stadtbussen** (etwa 20 x tägl., ca. 6.30-21 h), letztere halten an allen großen Strandhotels und am Campingplatz.
Ein **Taxi** von und nach Réthimnon kostet je nach Entfernung etwa 8-12 DM.

▸ **Missíria:** Wenige Kilometer östlich von Réthimnon liegt Camping "Elisabeth" direkt am breiten Sandstrand. Tipp: am Strand entlang zu Fuß nach Réthimnon laufen!

• *Übernachten/Essen*: **Camping Elisabeth**, etwa 4 km von Réthimnon, Zufahrt ab Old Road (Achtung: genau auf das nicht sehr deutliche Hinweisschild achten!), an der New Road kein Hinweis. Geräumiger Platz mit kargen Rasenflächen, hohem Schilf, zahlreichen schattigen Tamarisken und Eukalyptusbäumen, ruhig. Kleines Restaurant, Frühstücksbuffet, Mini-Market, Waschmaschine, Safes, gelegentlich Barbecue-Abende. Duschen meist warm. Es gibt Tische und Stühle, die man sich vor die Zelte stellen darf. Der Platz gehört Elisabeth, die ausgezeichnet Deutsch spricht. An der

Rezeption die freundliche Holländerin Walli. Es werden auch kleine Bungalows vermietet, außerdem Motorräder, Mopeds, Fahrräder und Sonnenschirme. Wegen des langen Strandes direkt vor dem Platz auch gut für Kinder geeignet. Geöffnet April bis Oktober. Tel. 0831/28694.
Athina, Taverne mit Zimmervermietung direkt an der Old Road, Nähe Camping. DZ ca. 50 DM mit Frühstück. Im Familienbetrieb der Voulgarelis wird man mit ehrlicher, sehr guter und dazu preiswerter griechischer Küche bedacht. Man spricht Deutsch. Tel. 0831/24717.

▸ **Platanés:** ursprünglich nur ein Durchgangsort mit lauter Verkehrsstraße, inzwischen aber stark vom Pauschaltourismus in Beschlag genommen. Zwischen Straße und Strand diverse gute Übernachtungsadressen, an der Straße mehrere aufwendig aufgemachte Tavernen, die griechische und internationale Küche bieten.

• *Übernachten*: **Sandy Beach**, B-Kat., freundliches Haus an einer Zufahrt zum Strand, Fassade mit wildem Wein überrankt, schattige Balkons mit Arkaden, gemütliche Bar und Restaurant mit gutem Essen. Laut Leserzuschrift abends bzw. nachts ziemlich laut, Musik bis 24 h von den Nachbarhotels. Zum Strand sind es ca. 70 m, dort Beach-Bar. DZ mit Frühstück ca. 80-130 DM. Tel. 0831/26993, Fax 21155.
Mantenia, B-Kat., 1991 eröffnet, 22 Zimmer, Swimmingpool, Frühstücksbuffet, Zimmer zum Meer absolut ruhig. Leser M. Gallati: "Einerseits familiäre Atmosphäre, andererseits komfortables und schönes Wohnen". DZ mit Frühstück ca. 80-130 DM. Tel. 0831/27054, Fax 54629.
Marinos Beach, C-Kat., lang gestrecktes Grundstück zwischen Straße und Strand, 36 solide ausgestattete Studios und Apartments in zwei gegenüberliegenden Häusern, dazwischen blumenüberwuchertes Grün, der Garten zieht sich bis zum Strand hinunter, großer Pool mit Kinderbecken. Studio für 2 Pers. je nach Saison 45-80 DM,

Apartment 70-100 DM, Frühstück ca. 10 DM/Pers. Pauschal über Jahn und Neckermann. Tel. 0831/23701, Fax 27840.
• *Essen*: im Ort an der Durchgangsstraße eine ganze Reihe sehr touristischer und teurer Lokale, z. B. das **Marinos** mit satten, grünen Rasenflächen.
Von Lesern alternativ empfohlen: **Vergina** und **Zorbas** – in letzterem große Auswahl an Vorspeisen sowie leckeres Stifado. Leserempfehlung auch für die Tavernen **Egli** und **Crete** in einer Seitengasse namens Aistralon Polemiston zur Uferpromenade: "Schmackhafte Gerichte, freundliche und unaufdringliche Bedienung."
Tou Sisi, etwas außerhalb, an der Old Road Richtung Réthimnon kurz nach der Brücke links. Alteingeführtes, solides Restaurant, das vor allem bei den Einheimischen einen guten Ruf genießt. Große, luftige Terrasse, von Basilikumpflanzen umgeben, im vom Ambiente eher nüchtern, aber Essen okay. Reiche Auswahl an *mezédes* (Vorspeisen), *soutzoukákia* mit Kartoffeln, dazu aromatischer offener Wein.

Apolafsis, an der New Road, ca. 300 m oberhalb der Old Road. Die Taverne wurde erst vor wenigen Jahren eröffnet, der Besitzer legt großen Wert auf frische Waren und Zubereitung, bei den Einheimischen hat er bereits einen sehr guten Ruf. Dimitrios verfügt über gute Sprachkenntnisse, und man sollte es wagen, sich außerhalb der Speisekarte ein vorzügliches Menü zusammenstellen lassen.

● *Sonstiges*: **Venus Travel Service**, Machis Kritis Str. 192. Manolis spricht hervorragend Deutsch und bemüht sich sehr um seine Gäste. Unterkünfte, Schiffsausflüge und Autos. Tel. 0831/24841.

Dr. Leonidas Palaskas, Deutsch sprechender Arzt an der Durchgangsstraße. Mo-So 9-22 h, Tel. 0831/57026 oder 0944519649.

Venezianische Hausburg in Maroulás

▶ **Maroulás:** sehr altes, aus Furcht vor Piratenüberfällen festungsartig gebautes Dorf, 6 km landeinwärts von Platanés. Von den Venezianern und Türken wurde das idyllische, ruhige Örtchen mit seinem herrlichen Blick auf die Küste als Landsitz bevorzugt, und auch heute wird wieder so manche alte Hausruine liebevoll restauriert.

● *Anfahrt*: von **Platanés** die Straße zum Kloster Arkádi nehmen. Diese schlängelt sich in engen Serpentinen zwischen Olivenbäumen den Berg hinauf. Etwa 1,5 km vor **Ádele** (bis hierher kann man den Linienbus zum Kloster Arkádi nehmen) rechts nach **Maroulás** abbiegen, noch ca. 2 km.

● *Essen*: **Maroulas (Taverna Helen)**, am zentralen Platz, herrliche Terrasse unter Bougainvillea, alte Mühlsteine, Säulen und die Steine einer Ölpresse liegen malerisch verstreut. Essensauswahl ist beschränkt, am offenen Holzkohlengrill brutzeln gelegentlich Koteletts und Souvlaki.

Katerina, etwas versteckt hinter der großen venezianischen Hausburg, westlich vom zentralen Platz. Tipp: wunderbare Panoramaterrasse mit Blick zur Küste! Geführt von einem Landwirt mit seiner dänischen Gattin (spricht gut Deutsch). Gemütlich eingerichtet, kleine Speisekarte, toller Rotwein aus Spíli, selbst gemachter Rakí, Fleisch aus eigener Schlachtung.

● *Shopping*: **Marianna's Workshop**, wenige Schritte vom Platz, gegenüber vom Kafenion. Marianna hat sich ein umfangreiches Wissen über die kretischen Pflanzen angeeignet, stellt Exktrakte und Tees zu Heilzwecken und zur Stärkung der Körperfunktionen her. Die Zutaten sammelt sie selbst in den umliegenden Bergen. Mo-Sa 10-13.30, 15-20 h, So geschl.

▶ **Kloster Arseníou:** bei *Stavroménos*, 1 km landeinwärts (beschildert). Das Kloster stammt vom Ende des 16. Jh., wurde aber beim Erdbeben von 1856 weitgehend zerstört. In der *Kirche* eine sorgfältig restaurierte Altarwand und farbenfrohe Fresken, die erst in den achtziger Jahren aufgetragen wurden. Links daneben liegt das *Refektorium*, laut Inschrift von 1645. Im zweiräumigen *Museum* (ca. 1 DM) kann man Messgewänder, Ikonen, Bildwerke, Bücher und Urkunden aus dem 16.-19. Jh. betrachten.

▶ **Geropotamós Beach:** Der Fluss Geropotamós kommt aus dem Ída-Gebirge und mündet am Ostende der Ebene. Die New Road überquert ihn auf einer Brücke. Unterhalb davon liegt ein dunkelgrüner Strandteich, davor ein schöner, halbrunder Kies-/Sandstrand, eingefasst von Klippen. Östlich oberhalb wurde allerdings vor wenigen Jahren das riesige Areal des Hotels "Creta Panorama & Mare" eröffnet (→ unten), seitdem wird der Strand quasi als "hoteleigen" angesehen.

Übernachten

Am langen Sandstrand östlich von Réthimnon reihen sich zahlreiche, teils neu erbaute Hotelanlagen, darunter die Großhotels **Creta Palace**, **Rithymna Beach** und **El Greco**. Diese drei Häuser der "Grecotel"-Kette gehören zu den besten und populärsten Hotels auf Kreta und bieten für griechische Verhältnisse sehr hohen Standard.

Creta Palace, Lux-Kat., 4 km von Réthimnon, das neueste und anspruchsvollste der drei Grecotels, mehrflügeliges Haupthaus und ein- bis zweistöckige, pastellfarbene Bungalows im kretischen Stil, großer Pool und Hallenbad, Rasen bis zum Strand. Sehr edel eingerichtet, verschiedenfarbiger Marmor, schwere Ledergarnituren und glänzendes Messing. In allen Zimmern Satelliten-TV und Klimaanlage, in den Bungalows Wandsafes, 2 x tägl. Reinigung. Kinderbetreuung, mehrere Tennisplätze (mit Unterricht), Squashhalle, Wassersportzentrum am Strand, Animation usw. Frühstücks- und Abendbuffet entspricht internationalen Standards. Halbpension im DZ kostet bei individueller Buchung pro Pers. je nach Saison 140-260 DM. Tel. 0831/55181, 54085, Fax.

Rithymna Beach, A-Kat., 7 km von Réthimnon, großer, L-förmiger Kasten und zahlreiche Bungalows in üppig grüner Umgebung. Schon etwas ältere Anlage, jedoch ausgesprochen gemütliche Atmosphäre durch Teppiche und viel Holz. Swimmingpool mit Liegeplätzen unter Bäumen, schönes Hallenbad, Zimmer mit Kühlschrank und Klimaanlage, Wassersportzentrum. Prädestiniert für Familien mit Kindern, Kinderbetreuung im weitläufigen Grecoland-Kinderparadies, Spielmöglichkeiten für jede Altersgrupe, selbst für die Kleinsten. Weiterhin großes Sportangebot, Animation usw. Halbpension im DZ bei individueller Buchung pro Pers. je nach Saison 110-200 DM. Tel. 0831/71002, Fax 71668.

El Greco, A-Kat., 9 km von Réthimnon, weitläufige Anlage um einen Pool gruppiert. Bungalows in raffinierter Terrassenbauweise bis unmittelbar an den Strand, auf den Dächern ausgedehnte Rasenflächen, die den oberen Bewohnern als Liegewiesen und Vorgärten dienen, Zimmer allerdings schon etwas älter. Rahmenprogramm wie im Creta Palace (Kinderbetreuung, Sportangebot, Animation usw.). Halbpension im DZ bei individueller Buchung pro Pers. je nach Saison 75-170 DM. Tel. 0831/71102, Fax 71215.

● *Weitere Häuser:* **Adele Beach**, B-Kat., 6 km östlich von Réthimnon, doppelstöckige Bungalows mit dicht überwachsenen Hausfronten, schöner Garten, Taverne mit einheimischem Essen, Meerwasserpool, DZ je nach Saison ca. 90-130 DM. Leserbrief: Betten oft getrennt gemauert. Tel. 0831/71081, Fax 71737. Tipp ist das "Café Greco" gegenüber mit dem sympathischen Chef Dimitri und oft guter Stimmung.

Adele Mare, A-Kat., 8 km östlich von Réthimnon, neue, durchgestylte Bungalowanlage mit gut eingerichteten Zimmern (Telefon, Radio, Balkon). Restaurant, Cafeteria, Meerwasserpool, Tennis. DZ je nach Saison ca. 80-110 DM, Bungalows 95-130 DM. Pauschal über ISTS. Tel. 0831/71803, Fax 71806.

Creta Panorama & Mare, B-Kat., riesige neue Anlage oberhalb vom Geropotamós Beach, allein auf weiter Flur und fast eine Stadt für sich. Großes Haupthaus und Bungalows im weitläufig-grünen Gelände, vier Meerwasserpools, Kinderbecken, beheiztes Hallenbad für kühlere Tage, Sauna, zahlreiche Sportmöglichkeiten, Disco, Kinderanimation, Spielplatz usw. Zimmer komfortabel mit Teppichboden und TV. Busstopp nach Réthimnon vor der Tür. DZ mit Frühstück je nach Saison ca. 240-340 DM. Pauschal z. B. über Jahn und Neckermann. Tel. 0834/51502, 51512, Fax 51151.

Réthimnon ganz sportlich: Radfahren, Tauchen, Wasserspaß

Bereits seit Ende der Achtziger verleiht das deutsch geführte Unternehmen **Hellas Bike Travel** im Raum Réthimnon Mountainbikes und bietet geführte Tagestouren verschiedener Schwierigkeitsgrade. Egal ob blutiger Anfänger oder Fortgeschrittener, für jeden ist etwas dabei: mit am schönsten sicher die "Bergab"-Tour vom Psilorítis, dem höchsten Gebirge Kretas. Eine geführte Tour mittleren Schwierigkeitsgrades kostet ca. 80-90 DM. Man kann aber auch einfach nur ein Mountainbike mieten und auf eigene Faust losradeln (pro Tag ca. 22-25 DM). Adresse: Hellas Bike Travel, Grecotel Rithymna Beach, 74100 Réthimnon, Tel. 0831/71002, Fax 71668, Internet: www.hellasbike.com; Hauptstation gegenüber vom Hotel Rithymna Beach (tägl. 8-12.30, 16.30-20 h), andere Großhotels im Umkreis werden täglich durch mobile Stationen bedient (pauschal buchen kann man bei Alps Mountain Bike Tours, Gotthelfstr. 34, D-80939 München, Tel. 089/3231659, außerdem über Attika Reisen und TUI).

Eine Alternative bietet Knut Woerner mit seinem Unternehmen **Bike Adventure Crete**. Hier kann man individuelle Touren im Raum Réthimnon buchen, die auch in abgelegene Winkel führen. Adresse: Bike Adventure Crete, Adelianos Campos 12 (etwa 800 m westlich vom Hotel Rithymna Beach), P.O. Box 222, GR-74100 Réthimnon, Tel./Fax 0831/72398, E-Mail: adventure@grecian.net; Internet: www.adventure.gr

Wer sich fürs Tauchen interessiert, findet das **Diving-Center Atlantis** im Hotel Rithymna Beach. Es wird von Giorgios geleitet, der lange in Deutschland gelebt hat und gut Deutsch spricht. Geboten sind Anfänger- und Weiterbildungskurse nach den Richtlinien von CMAS und PADI, Halbtages- und Ganztagesausflüge, "Schnuppertauchen" im Hotelpool. Tel. 0831/71002-29491, Fax 71668.

Das deutsche Unternehmen **Overschmidt** schließlich betreibt in den Hotels Creta Palace, Rithymna Beach und El Greco je eine gut ausgerüstete Wassersport-Station. Angeboten werden Windsurfen, Katamaran-Segeln, Parasailing und Wasserski, außerdem stehen Wet-Bikes, Banana-Boat, Ringo, Paddel- und Tretboote zur Verfügung, Bootstrips und Motorboote mit Fahrer können ebenfalls gebucht werden.

Die zwei kleinen Badeorte Pánormo und Balí liegen zwischen dem Ostende der Strandebene von Réthimnon und Iráklion (→ S. 68ff.).

Hinterland von Réthimnon

Das Hinterland ist zum großen Teil geprägt vom mächtigen Ída-Massiv, das die Region zwischen Réthimnon und Iráklion beherrscht.

In seinen Ausläufern liegen einige interessante Ziele für Tagesausflüge, allen voran das berühmte *Kloster Arkádi*, das zum Symbol des Widerstands gegen die jahrhundertelange türkische Besetzung geworden ist. An die Südküste mit dem schönen Badeort *Plakiás* (→ S. 239) und dem *Kloster Préveli* (→ S. 248) gelangt man auf der Straße über Arméni.

▶ **Minoische Nekropole von Arméni**: riesiger, umzäunter Friedhof aus spätminoischer Zeit (etwa 1400 v. Chr.), etwa 9 km landeinwärts von Réthimnon, in einem Eichenhain direkt an der Straße nach Agía Galíni (beschildert).

Die mittelalterliche Kirche des Klosters Agía Iríni soll in den nächsten Jahren restauriert werden

Vor einigen Jahrzehnten wurde die Nekropole per Zufall entdeckt, und immer noch werden neue Gräber gefunden. Bisher sind es schon mehr als 200, alles Familiengräber. Die Grabkammern sind alle in den Stein gehauen, ihre Eingänge sind nach Osten gerichtet und konnten mit einer Steinplatte versperrt werden. Zu jedem Grab führt eine Art Korridor (*dromos*). Das größte Grab am Südende des Geländes wurde vor zwölf Jahren entdeckt – ein 16 m langer Dromos führt hinunter in die quadratische Kammer mit 5 m Seitenlänge. In der Mitte steht ein massiver Pfeiler, rundum läuft eine Steinbank.

Öffnungszeiten/Preise: Di-So 8.30-14.30 h, Mo geschl., Eintritt frei.

▶ **Kloster Agía Iríni**: Das äußerlich fast festungsartige Kloster thront auf einem Felsvorsprung über dem gleichnamigen Örtchen im Hinterland von Réthimnon, direkt an der Straße nach Roussospíti. Von der Terrasse genießt man einen weiten Blick ins Umland. Die Ursprünge des Klosters gehen bis ins frühe Mittelalter zurück, doch wurde es mehrfach zerstört. Seit den siebziger Jahren wurde der lange Zeit leer stehende Bau auf Initiative einiger Nonnen und des damaligen Bischofs von Réthimnon, Theodóros Tzedákis, umfassend und geschmackvoll restauriert. Seit 1989 leben und arbeiten hier wieder fünf Nonnen.

Öffnungszeiten: tägl. 9-13, 16 h bis Sonnenuntergang, Eintritt frei. Zum Schluss der Führung kann man von den Nonnen gefertigte Stickereien betrachten und gegebenenfalls auch erwerben.

Wanderung durchs "Tal der Mühlen" (Farángi Mílou)

Reizvolle Wanderung von *Míli* (oder bereits weiter oben ab Chromonastíri) das wasserreiche und schattige Tal des Milonianós-Bachs zur New Road östlich von Réthimnon hinunter, Höhenunterschied ca. 290 m. Das Besondere sind neben der herrlichen Vegetation die zahlreichen verlassenen *Wassermühlen*, die im Talgrund stehen und einst Réthimnon mit Brot versorgten.

• *Dauer*: ca. 2,5-3 Std.

• *Wegbeschreibung*: Der Einstieg in **Míli** (neue Siedlung) liegt direkt an der Straße nach Chromonastíri, durch ein Holzschild **"Farángi Mílou"** (Mühlental) und einen Aussichtspunkt mit Sitzecke leicht zu finden. Von hier aus sieht man auf der anderen Talseite Teile der verlassenen Siedlung **Páno Míli** (= Obermühlbach). Vom Aussichtspunkt aus steigt man auf einem mit üppigem Grün überwucherten Saumtierpfad in 15 Min. hinunter zum bereits von der Straße aus sichtbaren Restaurant von **Vangelis** (Ausbau mit Übernachtungsmöglichkeit geplant, Tel. 0831/75005).

Der weitere Weg ist mit roten Pfeilen auf Holzpfählen gekennzeichnet, z. T. ist er durch Quellwasser sehr feucht, wuchernde Brombeerranken zeigen an, dass er nur selten benutzt wird. Des öfteren muss der Kopf eingezogen oder über umgestürzte Bäume geklettert werden. Unterhalb des Restaurants liegt die Ruine eines größeren Gehöfts. Der Weg führt nun an der rechten Ufer flussabwärts an der **Kirche Ágii Pénte Párthenes** mit Friedhof und Quelle vorbei. Unterhalb der Kirche stehen zwei besonders gut erhaltenen **Mühlenruinen**. Der schattige Weg überquert mehrfach den Bach, man springt über im Wasser liegende Steine. Wir bleiben im Tal, und etwa eine Stunde nach dem Abmarsch erreichen wir die **Kirche Agía Paraskeví** in der Siedlung **Káto Míli** (= Untermühlbach), aber zuvor wird der Bach neben den Resten einer Holzbrücke überquert. 10 Min. später kommen wir an den Resten von zwei Wohnhöhlen vorbei. Nach weiteren 10 Min. trifft der Fußweg auf einen betonierten **Fahrweg**. Zwei Lastseilbahnen überqueren das Tal, in dem hier Orangen, Zitronen und Obstbäume kultiviert werden. Wir befinden uns jetzt 50 Höhenmeter ü. M. Hier hat man den schönsten Teil des Tals hinter sich, und ein Ausstieg nach **Agía Pelagía** am linken Westufer des Tals (Holzpfeil) oder nach **Xeró Chorió** am Ostufer ist möglich.

Weiter geht es am rechten Flussufer. Der Weg folgt einem Wasserkanal und führt geradewegs durch ein bewohntes **Gehöft** hindurch. Ab jetzt gibt es keinen eindeutigen Weg mehr. Man geht zwischen den Obstplantagen erst ein Stück am linken Ufer weiter, dann im bambusüberwucherten Trockental des Bachs. Eine halbe Stunde nach dem Gehöft unterqueren wir die erste Brücke, 5 Min. später eine weitere Brücke. Nochmals 5 Min. und eine betonierte Furt kreuzt das Bachbett. Man geht ein Stück auf einem Fahrweg links vom Bachbett, dann aber wieder im Bachbett bis zu einer dritten Brücke aus Beton. Auf der rechten Seite ein **Zementwerk**. Hinweis: Hier mündet das Trockental des Bachs in die Schlucht des Wasser führenden Flusses **Prassanó**, die ebenfalls eine Wanderung wert ist (Beschreibung im Folgenden, S. 94).

Im grünen Tal der Mühlen

Einstieg in die Prassanó-Schlucht

Die Straße am rechten Ufer ist jetzt staubig, und 20 Min. nach der dritten Brücke laufen wir unter der Brücke der **New Road** durch, nach zehn weiteren Minuten überqueren wir die **Old Road**. Direkt am Strand können wir uns jetzt in der Snack-Bar "The Riverʂ erfrischen und – genügend Energie vorausgesetzt – am Strand entlang in 45 Min. nach **Réthimnon** laufen. Andernfalls nimmt man von hier den Bus.

Wanderung durch die Prassanó-Schlucht

Einfache Wanderung in einem schmalen, durchweg grünen Flusstal bis zum Vorort *Missíria* östlich von Réthimnon. Etwa 255 Höhenmeter müssen dabei überwunden werden. Achtung: Diese Wanderung ist nur in den Monaten Juni bis September möglich, sonst führt der Fluss zuviel Wasser.

● *Dauer*: etwa 3,5-4 Std.

● *Wegbeschreibung*: Von Réthimnon nimmt man zunächst die Old Road nach Osten und biegt in **Perivólia** landeinwärts in Richtung Prassiés, Fourfourás, Agía Galíni ein (diese Straße ist nur schlecht beschildert, notfalls durchfragen).

Etwa 1,5 km südlich der Ortschaft **Prassiés** zweigt kurz hinter der Gabelung nach **Mírthios** linker Hand ein **Fahrweg** zum östlich der Straße sichtbaren **Schluchteinschnitt** ab. Gewaltig und eindrucksvoll wirkt der Eingang zur **Prassanó-Schlucht** von hier aus. Auf dem anfangs betonierten Weg folgt nach 300 m ein **Viehgatter**, danach rechts ein **Schafstall**. Hinter dem Schafstall sieht man eine kleine, baumbewachsene **Seitenschlucht**, die nach Osten zum linken Flussufer führt. Durch Farnwiesen geht man auf sie zu und erreicht das Flussbett etwa 20 Minuten nach dem Start. Der zwischen schattigen Platanen liegende Fluss bildet im Sommer nur einige Wasserlöcher und versiegt später.

Nach etwa einer Stunde Wanderung müssen einige **mannshohe Stufen** bergab überwunden werden, man rutscht dabei über Felsbuckel im trockenen Bachbett. Nach 2 Std. weitet sich das Tal, 30 Min. später versperrt ein **Viehzaun** den Weg, Tür an der linken Talseite. Im Folgenden sieht man an der wenige Meter höher gelegenen linken (westlichen) Talseite Ölbäume und bewirtschaftete Flächen. Wir laufen nun nicht mehr im Tal, sondern an der Kante an den Olivenbäumen entlang. Hinweis: Wer lieber im Tal weiter wandern möchte, schlägt sich wie in der vorherigen **"Mühlenwanderung"** beschrieben, zum Strand durch. Beide Flüsse vereinigen sich beim **Zementwerk**. Nach wenig mehr als drei Stunden erreichen wir einen **Fahrweg**. Die hier sichtba-

ren "Bunker" sind fest installierte **Kohlenmeiler**, eine aus Kalksteinen gemauerte **Bogenbrücke** überspannt das Tal. Den Müllablagerungen am Weg folgen, und nach 3,5 Std. erreicht man die Old Road in **Missíria**.

Wanderung durch die Schlucht des Ágios António

Die wilde und felsige Schlucht des Flüsschens Tsiríta liegt inmitten üppig grüner Baumvegetation beim Dorf *Patsós*. Sie ist ein empfehlenswertes Ziel für eine kleine Wanderung mit anschließender Einkehr in einer nahen Taverne. Gesamtdauer des Fußwegs: je nach individueller Geschwindigkeit ca. 1-1,5 Std. Zunächst erreicht man einen *Picknickplatz*, wo unter turmhohen Platanen eine eingefasste Quelle munter sprudelt. In den Fels gehauen, steht hier die kleine Kapelle des *Ágios António*. Zwischen senkrecht nach oben ragenden Schluchtwänden gehen wir rechts des Baches weiter und passieren bald den Aufstieg zu einem *Aussichtspunkt* mit überdachtem Rondell und herrlichem Rundblick über die Schlucht. Der Hauptweg unten folgt weiter dem Flusslauf, bis er steil zum Schluchtgrund hinuntersteigt und an einer hölzernen Brücke endet.

• *Anfahrt*: Zunächst wie oben unter "Wanderung durch die Prassanó-Schlucht" beschrieben. Hinter **Prassiés** fahren wir weiter und biegen nach einer weiten Senke mit großem Zementwerk kurz hinter einer Tankstelle rechts nach **Patsós** ab. Es geht durch den Ort hindurch, einige hundert Meter da-

nach zweigt rechts eine Asphaltstraße in die Schlucht ab (beschildert: Farángi Agíou Antoníou). Die Straße endet an einem **Parkplatz** vor einer Gartentaverne. Hier beginnt linker Hand der gut ausgebaute **Fußweg** in die steilwandige Schlucht.

Kloster Arkádi

Fast schon eine Art Heiligtum oder Pilgerstätte. Für die Kreter das wichtigste Bauwerk der Insel – eine ständige Mahnung und Erinnerung an die furchtbare Zeit der Türkenherrschaft und den Heldenmut der Vorfahren.

In dem äußerlich unscheinbaren Kloster hat sich eine der grausigsten Tragödien des kretisch-griechischen Freiheitskampfs abgespielt. Am 9. November 1866 begingen hier Hunderte von Männern, Frauen und Kindern gemeinsam Selbstmord, um nicht den anstürmenden türkischen Truppen in die Hände zu fallen. Obwohl die Nachricht von dem schrecklichen Ereignis viele Menschen in aller Welt aufrüttelte, dauerte es noch über dreißig Jahre, bis die Insel endlich mit Hilfe der Großmächte vom türkischen Joch befreit wurde. Vom 7.-9. November wird hier alljährlich der Nationalfeiertag Kretas gefeiert und eine große Prozession zieht zum Kloster hinauf.

Das Kloster, äußerlich ein unverputzter Vierecksbau aus roh behauenen Steinen, ist einer Festung nicht unähnlich. Die heutige Anlage stammt aus dem 16./17. Jh., aber wahrscheinlich stand hier bereits viel früher eine Kirche oder ein Kloster. Wunderschön ist die Lage auf einer kleinen Hochfläche inmitten einsamer Bergrücken, Schluchten und Klippen.

Öffnungszeiten: tägl. 8.30 h bis Sonnenuntergang, ca. 3,50 DM, für EU-Stud. die Hälfte.

● *Anfahrt*: Kloster Arkádi steht 23 km südöstlich von Réthimnon auf einer kleinen Ebene 500 m über dem Meer. Die beschilderte Straße zweigt in **Platanés**, ein Stück östlich von Réthimnon, ins Inselinnere ab. In vielen Kurven geht es durch Olivenhaine und kleine Dörfer über **Loútra** hinauf in die Berge bis **Kiriána**, ein kleines, malerisches Dorf, dessen Häuser den Hang hinaufdrängen. Dann herrliche Fahrt in die bewaldete Felslandschaft – die Straße schraubt sich in Kurven immer höher ein Flusstal hinauf, weite Ausblicke über tiefe Schluchten und Steilwände, hinter **Amnátos** herrlicher Rückblick. Das letzte Stück der Straße folgt einer gewundenen Schlucht.

● *Verbindungen*: etwa 3-4 **Busse** tägl. ab Réthimnon und zurück, kostet einfach ca. 3 DM.

Kloster Arkádi: eindringliches Symbol des kretischen Freiheitswillens

Wir schreiben das Jahr 1866. Ganz Kreta befindet sich im Aufruhr gegen die Türken. Zentrum des Widerstands ist das Kloster Arkádi unter **Abt Gavriíl** (Gabriel), in dem sich die Revolutionäre immer wieder versammeln. Als Anfang November zahlreiche Bewohner aus Réthimnon und Umgebung zwischen die Klostermauern geflüchtet sind, marschieren 15.000 Türken vor den Toren auf! Die 964 Eingeschlossenen, davon nur 325 Männer, der Rest Frauen und Kinder, wissen, dass der Kampf aussichtslos ist. Trotzdem verteidigen sie sich verzweifelt. Die Türken rennen wieder und wieder an, sie beschießen die alten Gemäuer mit schweren Geschützen, versuchen, die Mauern zu besteigen. Im Innern der Festung kämpfen Frauen und Kinder Seite an Seite mit den Männern, sie laden die Waffen und pflegen die Verwundeten. Am Abend ist noch keine Entscheidung gefallen. Der Platz um das Kloster ist von den Leichen der Türken übersät, aber auch die Verteidiger haben schwere Verluste. In diesem Moment wird der Gedanke geboren, das Pulvermagazin des Klosters in die Luft zu sprengen und gemeinsam den Tod zu suchen. Abt Gabriel und die meisten der Anwesenden, auch die Frauen und Kinder, stimmen zu. Am Morgen des 9. Novembers beginnt die entscheidende Schlacht. Die zahlenmäßig weit unterlegenen Kreter verteidigen sich verbissen, aber es ist nur noch eine Frage der Zeit, bis die Türken die Oberhand gewinnen. Abt Gabriel gibt die letzte Parole aus: "Alle ins Pulvermagazin, es ist Zeit!". Diesen Moment nutzen die Türken und dringen durch das Westtor ins Kloster ein. Die paar hundert überlebenden Kreter haben sich währenddessen im Arsenal um die Pulverfässer versammelt. Mit einer der letzten Patronen lädt **Kóstas Giampoudákis**, der Bürgermeister des Örtchens Ádele, seine Pistole. Er hört die Türken vor dem verschlossenen Tor des Arsenals brüllen, sie dringen ein – und im selben Moment schießt er mitten zwischen die Fässer. In einer ungeheuren Stichflamme fliegt das Arsenal in die Luft und reißt die verzweifelte Schar der Verteidiger in den Tod, mit ihnen Dutzende von Türken. Aber die Schlacht ist noch nicht beendet. 36 junge Kreter haben sich ohne Munition im Refektorium verschanzt – die Türken brechen die Tür auf und metzeln sie nieder. Am Abend des Tages sind 750 Kreter tot, unter ihnen auch Abt Gabriel und Kóstas Giampoudákis, der "Sprengmeister von Arkádi". Nur 114 Kreter bleiben am Leben und werden von den Türken gefangen genommen. Die Türken haben doppelt so hohe Verluste – 1500 Tote liegen im und um das Kloster.

Die Verteidiger von Arkádi haben ein Zeichen gesetzt, denn trotz ständiger Überflutung mit Schreckensmeldungen horcht die Weltöffentlichkeit auf. Man wird auf das Leid der Kreter unter der türkischen Gewaltherrschaft aufmerksam, Gelder werden für den kretischen Freiheitskampf gesammelt, eine Welle der Empörung geht durch Europa. Die Regierungen haben allerdings eigene Sorgen, der deutsch-österreichische Krieg findet gerade statt, vier Jahre später marschieren die Preußen in Frankreich ein. Erst viele Jahre später, nach wiederholten Aufständen, greifen Russland, Italien, Frankreich und Großbritannien ein, und die Türken müssen sich aus Kreta zurückziehen.

▶ **Rundgang**: Ein ganzes Stück vor dem Haupteingang dient eine ehemalige Windmühle als makabres Beinhaus. Die Schädel einiger Dutzend Gefallener werden hier säuberlich aufgereiht in einer halbrunden Vitrine aufbewahrt, man sieht noch die Einschusslöcher und Schwerteinstiche.

Durch den 1866 völlig zerstörten, aber 1870 wieder aufgebauten Torbogen des Haupteingangs, die *Pórta Rethimniótiki*, kommt man ins Innere des festungsartigen Baus. Geradeaus erblickt man die hübsche, verspielt anmutende Fassade der *Klosterkirche* aus dem 16. Jh. Mit ihrer reichhaltigen Mischung aus Renaissance- und Barockelementen ist sie die wohl gelungenste Fassade im kretisch-venezianischen Stil, die auf Kreta erhalten ist. Im zweischiffigen Inneren eine schöne *Ikonostase* (Altarwand) aus Zypressenholz, die aber erst nach 1866 eingesetzt wurde, da die alte zerstört war.

Links vor der Fassade stehen einige hochgewachsene Zypressen – angeblich hat sich beim Sturm der Türken ein Kreter in den Zweigen versteckt und überlebt.

Die filigrane Fassade der Klosterkirche von Arkádi

An der linken Längsfront des Klosters, etwa in der Mitte des Flügels, liegt der Eingang zum *Refektorium*, zum Speisesaal also. Durch einen Vorhof gelangt man hinein, im Inneren stehen lange, rohe Tische und Bänke, die deutlich tiefe Hieb- und Schnittspuren zeigen. Angeblich stammen sie noch von dem Gemetzel, bei dem die Türken hier 36 Aufständische töteten. Gleich daneben die düstere *Küche*.

Durch einen mit Weinlaub überrankten Gang kommt man ins berühmte *Pulvermagazin* im hinteren Eck des Flügels. Das Gewölbe wurde bei der gewaltigen Explosion völlig zerfetzt, noch heute gähnt der lang gestreckte Raum ohne Decke in den freien Himmel. Eine kleine Gedenktafel besagt auf Griechisch: *"Die Flammen, die in dieser Krypta entzündet wurden und welche mit ihrem Feuerschein das ganze glorreiche Kreta erleuchteten, waren die Flammen Gottes, in denen die Kreter für ihre Freiheit starben."*

Daneben die *Pórta Kastríni*, ein weiterer Klostereingang. An der Rückseite und an der rechten Seite des Klosters einige Mönchszellen, die noch heute bewohnt werden. Das kleine *Museum* liegt im ersten Stock des rechten Flügels.

Hier findet man vieles, was den Türkensturm überdauert hat oder daran erinnert, u. a. das von Gewehrkugeln zerfetzte Freiheitsbanner der Aufständischen und die von Schwerthieben durchlöcherte Tür des Refektoriums.

Archéa Eléftherna

Vom Kloster Arkádi führt eine asphaltierte Straße zu den Überresten der dorisch-römischen Stadt Eléftherna, die auf einem Kalksteinkamm am Ortsrand des heutigen Dorfes Archéa Eléftherna liegt. Im Tal östlich davon wurden weitere römische Siedlungsreste ausgegraben, im Westen ein minoischer Friedhof.

Zugang zur Ausgrabung von Archéa Eléftherna

▶ **Dorisch-römische Siedlung**: Man orientiert sich am besten im Ortskern am Hinweisschild "Taverna Acropolis", die kurz vor den ersten Gebäuderesten auf dem Felsengrat liegt (reiner Familienbetrieb, gute Küche und wunderbares Panorama). Das Gelände ist nicht eingezäunt, Eintritt immer möglich.

Eine aus dem Fels gehauene, teilweise gepflasterte *Straße* beginnt kurz nach der Taverne und führt zum *Pírgos*, dem turmartigen Rest der ehemaligen Maueranlage aus römischer Zeit. Auf der glatten Fläche vor dem Pírgos erkennt man eigenartige rechtwinklige *Einkerbungen*. Die tief eingegrabene antike Straße zieht sich links vom Turm leicht den Hang hinunter. Nach wenigen Metern führen *rechter Hand* mit Holz befestigte Stufen auf das Plateau hinauf und auf der anderen Seite wieder hinunter zu einem langen, mannshohen *Gang*, in dessen Boden eine Steinrinne gehauen ist. Er endet an einem kleinen Loch in Kopfhöhe, vielleicht der Wasserzulauf zu einer der Zisternen unter der Stadt. Wenn man die antike Straße weiterläuft, kommt man zu einem Abzweig nach links (→ nächster Abschnitt). Geht man hier geradeaus weiter,

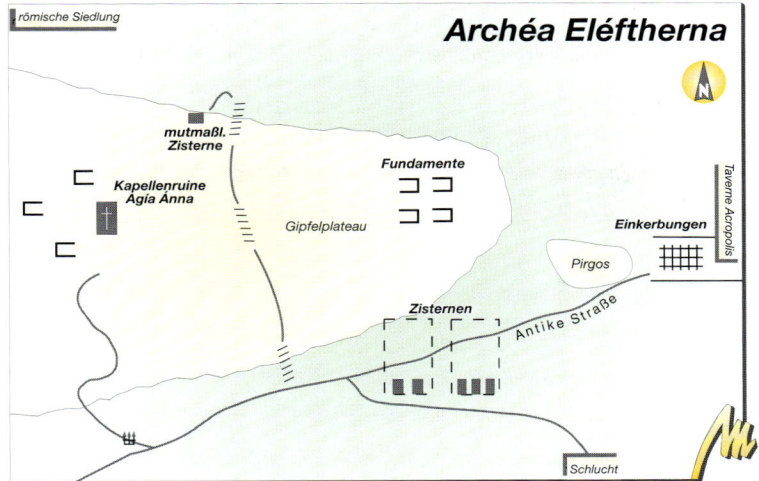

trifft man bald auf einen Pfad, der rechts auf das mit Phrygana überzogene *Gipfelplateau* hinaufführt. Dabei passiert man das meist offen stehende Gatter eines Ziegenhirten. Am höchsten Punkt steht die kleine, dachlose Kapelle *Agía Ánna* mit einem antiken Säulenstumpf als Altar.

Fantastischer Höhepunkt der Besichtigung sind jedoch die beiden gigantischen *Zisternen* am Weg zum Schluchtgrund! Man erreicht sie, wenn man am oben erwähnten Abzweig nach links geht. Die Römer hatten sie im Westhang unterhalb der Stadt aus dem weichen Kalkstein gehauen und mit unterirdischen Quellen auf der anderen Hügelseite verbunden. Durch zwei Einlassöffnungen gelangt man ein paar Meter hinunter in den ersten Saal. Er ist ca. 20 m breit und 40 m lang, zwei Reihen unglaublich massiver Pfeiler tragen das Gewölbe. Die zweite Kammer wirkt noch gewaltiger, die Pfeiler haben hier bis zu 5 m Durchmesser. Wenn man den Weg ins Tal weiter hinuntergeht, kommt man zu der Ausgrabung eines *minoischen Friedhofs*. Der Archäologe Stamboulidis meint, aus Knochenfunden die Verbrennung eines Kriegsgefangenen oder Sklaven auf einem Scheiterhaufen nachgewiesen zu haben – Indiz für die Theorie, dass im minoischen Kreta Menschenopfer stattfanden.

▸ **Römische Siedlung**: Am Ortsausgang Richtung Margarítes führt linker Hand eine beschilderte Piste zu den eingezäunten Ausgrabungen einer römischen Siedlung mit Resten von Fußbodenheizungen, Mauerbögen, Wasserröhren, Kanalisation und wunderschönen Mosaiken.

Öffnungszeiten: tägl. 9 h bis Sonnenuntergang.

Tipp: Über Kinigianá kann man auf asphaltierter Straße ins Töpferdorf Margarítes weiterfahren (→ nächster Abschnitt). Natürlich kann man auf diesem Weg auch nach Archéa Eléftherna hinauffahren und z. B. eine Rundtour Margarítes – Archéa Eléftherna – Kloster Arkádi machen.

Von Réthimnon nach Axós

Abwechslungsreiche Fahrt durch baumreiche Regionen in die Ausläufer des Ída-Gebirge. Der Beruf des Köhlers ist hier noch nicht ausgestorben. Beliebte Ziele auf dieser Tour sind das Töpferdorf Margarítes, die Melidóni-Höhle bei Pérama und die Tropfsteinhöhle von Sentóni bei Zonianá.

Mit dem eigenen Fahrzeug von Réthimnon die New Road nach Osten nehmen. Beim *Kloster Arseníou* (→ S. 89) auf die Old Road ins Landesinnere nach Pérama abbiegen. Zwischen *Viranepiskopí* und *Cháni Alexándrou* durchschlängelt die schmale Straße ein riesiges Terrain, auf dem fast nur Johannisbrotbäume wachsen. Um Cháni Alexándrou dann viele Orangen, Wein und Oliven. 2 km vor Pérama führt die Asphaltstraße nach Margarítes hinauf, ca. 4 km.

▶ **Margarítes:** Das Töpferdorf liegt hoch über der Uferebene inmitten ausgedehnter Olivenhaine. Verwinkelte Gassen mit lichtblauen Wänden, weiß gekalkte Häuschen, Treppenwege und üppiger Blumenschmuck animieren zum Bummeln. Vor Jahren waren hier noch zahlreiche Töpfer aus Tradition am Werk. In riesigen Brennöfen aus roh zusammengeschichteten Steinbrocken wurden hauptsächlich die riesigen *Tonpithoi* gebrannt, die schon die Minoer benutzt hatten. Doch Margarítes präsentiert sich heute im Umbruch: Viele Einwohner sind abgewandert, die wenigen übrig gebliebenen Töpfer produzieren außer den Pithoi vor allem einfache Gebrauchskeramik. Da inzwischen aber immer mehr Ausflugsbusse das Dorf ansteuern, stellt man sich auch auf touristische Wünsche ein. Der Zuzug von jungen Geschäftsleuten und Töpfern hat ebenfalls neue Impulse gebracht, und so werden zusehends zierliche Vasen, Teller und Gefäße angeboten, die sich als Mitbringsel eignen. Jedoch Achtung: Vieles davon ist nicht selber hergestellt, gegebenenfalls auf die Signatur achten.

● *Anfahrt/Verbindungen*: mit **eigenem Fahrzeug** problemlos über Cháni Alexándrou oder vom Kloster Arkádi über Archéa Eléftherna (→ oben).
Die **Busfahrt** entpuppt sich dagegen als halbe Weltreise. Nur ein Bus fährt täglich mittags von der Platia Iroon in Réthimnon nach **Pérama**, dem städtischen Zentrum der Region. Dort muss man in einen Bus umsteigen, der die Schüler von der Schule in Pérama zurück in ihre Dörfer bringt. Gegen 14 Uhr gelangt man schließlich nach Margarítes. Achtung, derselbe Bus fährt gleich wieder zurück, keine weitere Verbin-

dung mehr! Einzige Möglichkeit: mit dem Taxi zurück nach Pérama, von dort spätnachmittags ein Bus nach Réthimnon.
● *Übernachten/Essen*: am Ortseingang links kleine **Taverne**, deren Wirtin zwei Zimmer vermietet.
Weitere **Rooms** direkt an der Hauptstraße, wenn man aus Pérama kommt, auf der linken Seite. Zimmer im Erdgeschoss, d. h. keine besondere Aussicht, Atmosphäre etwas kühl, DZ mit Du/WC ca. 35 DM.
Sehr schön sitzt man im oberen Ortsteil in einem **Kafenion** an der Hauptstraße unter Maulbeerbäumen, weiter Blick bis zur Küste.

▶ **Melidóni-Höhle:** beim gleichnamigen Ort, 7 km nordöstlich der Kleinstadt Pérama (beschildert). Beeindruckende und gut ausgeleuchtete Tropfsteinhöhle, die sich steil nach unten zieht. Seit kurzem ist sie mit Stufen und Geländer gut ausgebaut, die erste Höhlenkammer kann besichtigt werden. Am Eingang sitzt der freundliche, ältere Marcos Kyrmiszakis, der es sich zur Lebensaufgabe gemacht hat, die Höhle Besuchern zugänglich zu machen. Er spricht ausgezeichnet Englisch, Besucher erhalten ein Informationsblatt und einen Grundriss der Höhle.

Ein steinerner *Schrein* am tiefsten Punkt erinnert an das grausige Massaker, das hier während der Freiheitskriege gegen die Türken stattfand: 1824 hatten sich 370 Kreter im Inneren der Höhle versteckt. Als die Türken die Höhle nicht erobern konnten, warfen sie brennende Kleider und Buschwerk hinein und zündeten Sträucher vor dem Höhleneingang an, so dass die Eingeschlossenen elend erstickten. Im Schrein sind Menschenknochen gelagert – bitte nicht öffnen!

Öffnungszeiten: April bis September tägl. 9-19 h, ca. 3,50 DM.

Webteppiche besonders guter Qualität gibt es bei Herrn und Frau Patelaros

▶ **Axós**: Hübsches Dorf am Berghang. Bekannt für die Produktion von Schafswolleteppichen und -decken, mittlerweile auch beliebter Anlaufpunkt für Bustouren à la "Kretische Nächte" usw. Die Geschäfte gruppieren sich hauptsächlich um den schönen Dorfplatz mit seiner gewaltigen Platane und einem venezianischen Löwenbrunnen. Wer etwas kaufen will, sollte bei Herrn und Frau *Patelaros* vorbeischauen, an der Durchgangsstraße etwas unterhalb vom Platz. Die beiden sind ausnehmend freundlich und bieten handgewebte Teppiche mit sehr interessanten byzantinischen Mustern.

Seit 535 war Axós Bischofssitz, es besitzt mehrere byzantinische Kirchen, teils verfallen, teils restauriert. Das Kreuzkuppelkirchlein *Agía Iríni* steht neben der Hauptkirche an der Durchgangsstraße in Richtung oberer Ortsausgang. Es stammt aus dem 14. Jh. und ist ein hübscher Bruchsteinbau mit bemerkenswerten Arkaden um die Kuppel. Im einschiffigen Innenraum sind einige fast völlig zerstörte Fresken erhalten. *Ágios Ioánnis* ist die Friedhofskirche oberhalb vom Ort und besitzt einige Fresken aus dem 14./15. Jh. (nach den Schlüsseln in den Kafenia fragen).

● *Anfahrt/Verbindungen*: zwei Busse täglich von Réthimnon über Axós nach Anógia.

● *Übernachten/Essen*: **Dafermos**, Privatzimmer gegenüber der Agía-Iríni-Kirche, Nähe Ortsausgang Richtung Anógia. Herrlicher Blick ins Tal Richtung Westen. Lesertipp: "Lassen Sie sich in Axós beim Frisör **Iannis**

Dafermos die Haare schneiden. Wenn man Glück hat, spielt Iannis ein paar Lieder auf der Lyra, bevor er zur Schere greift."

Axos Place, große, neue Taverne am Ortsausgang Richtung Anógia, ebenfalls herrlicher Blick ins Tal.

▶ **Tropfsteinhöhle von Sentóni** (auch: Sfendónia oder Sfendóni): 3 km oberhalb von Axós, kurz vor *Zonianá* (beschildert). Die 3000 qm große Höhle gilt als eine der schönsten ihrer Art auf Kreta. Vor einigen Jahren hat man damit begonnen, sie zur Schauhöhle auszubauen und ein System von Laufstegen eingerichtet. Für ca. 6,50 DM (Kind ca. 4,50 DM) wird man 20 Min. lang etwa 300 m weit durch die Höhle geführt (Führungen nur auf Englisch) und kann dabei Tropfsteininformationen mit teils fantasievollen Namen betrachten: "Schiefer Turm von Pisa", "Niagara-Fälle", "Pantheon", "Bestie", "Musikspiel" usw.

Argiroúpolis

Südwestlich von Réthimnon, eine der wasserreichsten Stellen Kretas. Im Tal von Argiroúpolis entspringen unter turmhohen Platanen einige kräftige Quellen, die zum großen Teil die Wasserversorgung von Réthimnon gewährleisten.

Argiroúpolis selber ist ein hübscher, alter Ort mit zwei Flüssen und einigen Herrenhäusern aus venezianischer Zeit. In seinen Ursprüngen geht er zurück auf die antike Siedlung Lappa, in der in römischer Zeit angeblich mehr als 10.000 Einwohner lebten. Im alten Ortskern gibt es ein römisches Mosaik und Torbögen mit Inschriften. Da man auch Schiffsankerplätze gefunden hat, wird vermutet, dass Lappa einst über Flussläufe mit dem Meer verbunden war.
Vor dem eigentlichen Ort führt eine Straße schräg rechts den Berg hinunter. Nach 800 m kommt man zur eigentlichen Sehenswürdigkeit, den Kaskaden von Argiroúpolis. Eine wasserreiche Oase breitet sich hier aus. Alte, steinerne Kanäle und schwere Rohre leiten das unermüdlich strömende Wasser aus der Felswand (und weiter bis Réthimnon), man entdeckt Ruinen von alten Aquädukten und mehrere alte Wassermühlen. Riesige Platanen und üppige Grünpflanzen gedeihen überall. Das Wasser hat beste Qualität, man kann es bedenkenlos trinken.

● *Anfahrt*: ab **Réthimnon** mehrere Möglichkeiten, z. B. über das hübsche Dörfchen **Atsipópoulo** (6 km von Réthimnon), wo man auf jeden Fall schon mal, beispielsweise auf der blumengeschmückten Terrasse der Taverne Kompou. Auch vom Badeort **Georgioúpolis** kann man die Fahrt leicht unternehmen.

● *Übernachten*: Privatzimmer kosten etwa 30-50 DM.

Morfeas, modernes Haus am oberen Ortsrand, ruhige Lage, herrlicher Blick über das Gebirge zum Meer. Fünf große Zimmer mit Balkon, kleiner Salon, Küche, alles blitzsauber und aufmerksam geführt. Mit preiswerter Taverne. Tel. 0831/81015.

Lappa, Apartments in einem 400 Jahre alten, geschmackvoll restaurierten Bauernhaus. Der Besitzer, Herr Douris, spricht sehr gut Englisch. Tel. 0831/81204.

Réthimnon und Umgebung

Zografakis, empfehlenswerte Taverne (→ Essen), die nette und saubere Zimmer vermietet, Tochter Joanna spricht gut Englisch. Tel. 0831/81269.

• *Essen*: An der Straße bei den Kaskaden und unterhalb davon laden mehrere Tavernen und Cafés zum Rasten ein, auf großen Terrassen sitzt man schattig und erfrischend kühl.

I Prasini Limni, große Taverne mit glasklarem See, auf dem Enten schwimmen. Wenige Schritte weiter ist ein Lokal in einer alten Wassermühle direkt an der Straße untergebracht, eine weitere Taverne gibt es in einer Wassermühle unterhalb der Straße.

Zografakis, Taverne mit guter und preiswerter traditioneller Küche, familiäre Atmosphäre.

Westlich von Réthimnon

Die New Road führt immer am Meer entlang, schöne Fahrt halbhoch über dem Meer, ab und zu sind kleine Badestrände in die ausgeprägte Fels- und Klippenküste eingelagert.

Kurz vor dem Abzweig nach *Episkopí* geht es über das tief eingeschnitte Tal des Flusses Pétris hinunter in die Ebene – von hier bis Georgioúpolis ununterbrochener Sand- und Kiesstrand, ca. 9 km! Die Straße führt direkt am Strand entlang, ab und zu sind Einfahrten mit Parkplätzen angelegt, wo hier und dort eine Taverne mit Zimmervermietung steht.

• *Anfahrt/Verbindungen*: auf der **New Road** sehr häufige Busverbindungen zwischen Réthimnon und Chaniá (jede halbe Stunde, ca. 26 x tägl.). Die **Old Road** wird nur von wenigen Bussen befahren (ca. 2 x tägl.), die Fahrt dauert zudem wesentlich länger.

▶ **Kávros**: kein Ort, sondern mehrere recht hübsche Strandhotels zwischen New Road und Strand. Hauptsächlich Pauschaltouristen kommen hier unter. Besonderer Pluspunkt: die üppigen Gartenanlagen sowie jeweils Pool und Taverne hinter dem Strand.

• *Übernachten*: **Akti Manos** (Manos Beach), C-Kat., 1979 erbaut und somit das erste der Hotels von Kávros. Viele Stammgäste schätzen die hübsche und familiär geführte Anlage, die aufmerksame Wirtin Sofia Kouratorakis spricht gut Deutsch. Man wohnt in Reihenbungalows im üppigen Garten, den Wasserreichtum verrät ein Springbrunnen, Pool und Taverne am Strand. DZ ca. 60-90 DM, im Sommer nur Halbpension. Pauschal über Jahn. Tel. 0825/61221.

Happy Days Beach, C-Kat., lang gestrecktes Gelände Richtung Meer, rustikal eingerichtetes Hauptgebäude, einfache Zimmer in kleinen Bungalows, die ringsum fast zugewachsen sind, riesige Bananenstauden und Efeu, sehr schattig und ruhig. Am Strand unten schöner Pool und Taverne. Kann abends kühl werden, deshalb jeweils Heizgerät im Zimmer. DZ ca. 80-130 DM, im Sommer nur Halbpension. Pauschal z. B. über TUI oder Kreutzer. Tel. 0825/61201, Fax 61203.

Sofia, C-Kat., schönes, durchdacht konzipiertes Haus, etwa 700 m vom Meer. Bungalowartig angelegte Gebäude mit ansprechenden Zimmern und Apartments, Süßwasserpool mit Kinderbecken. Laut Leserzuschrift sehr familiäre Atmosphäre, netter Wirt Josef Siledakis, abwechslungsreiches Essen (dank Koch Iannis), viele Stammgäste. Pauschal über Kreutzer. Tel. 0825/61060, Fax 61560.

Kournas Village, A-Kat., 2 km in Richtung Georgioúpolis, neue, geschmackvolle Großanlage mit schöner, bunter Architektur. Am Strand großer Pool mit Kinderbecken. Zimmer mit Aircondition (nur stundenweise im Hochsommer). DZ ca. 100-140 DM. Pauschal z. B. über ISTS und Jahn Reisen. Tel./Fax 0825/61416-18.

Nikos, Taverne mit Privatzimmern, auf der New Road aus Réthimnon kommend bei der BP-Tankstelle einbiegen, dann 50 m links.

Mitten in Georgioúpolis mündet ein glasklarer Fluss

Georgioúpolis

Das kleine, ländlich wirkende Örtchen liegt fast versteckt unter himmelhohen Eukalyptusbäumen. Links steigen die schroffen Felshänge der Halbinsel Drápanos auf, rechts erstreckt sich ein schier endloser Sandstrand, im Hintergrund prunkt das großartige Panorama der Weißen Berge.

Was Georgioúpolis aber vor allem reizvoll macht, ist der glasklare, eiskalte Fluss Almirós, der hier in mehreren Ausläufern im Meer mündet. Auf dem breitesten Arm schaukelt eine Flotte bunter Fischerboote im Wasser – eine kleine Idylle. Die Sumpf- und Feuchtgebiete der Umgebung mit ihren großen Schilfrohrzonen sind ein Rückzugsgebiet für Vögel und Schildkröten. Dass diese Reize nicht verborgen bleiben konnten, liegt auf der Hand. In den wenigen Gassen um den großen, rechteckigen Dorfplatz übersteigt die Zahl der Häuser mit "Rooms to Rent" bei weitem diejenigen, die noch nicht auf das Geschäft mit den Touristen setzen. Waren es bis Ende der Achtziger fast ausschließlich Rucksacktouristen, die das Örtchen entdeckt hatten, sind es jetzt immer mehr Pauschalreisende, die die Cafébars am Platz bevölkern und in den neuen Großhotels am Strand außerhalb vom Ort unterkommen. Der Rummel geht mittlerweile mit einigem Lärm einher – abends plärren die Musikbars teils unerträglich laut die neuesten Charts über den Platz. Im Winter kehrt dagegen die große Ruhe ein, außer den beiden alten Kafenia am Hauptplatz macht alles dicht.

Tipp: Wer empfindlich auf Mückenstiche reagiert, sollte sich unbedingt entsprechend ausrüsten – Mittel zum Einreiben, Öllämpchen und/oder Moskitonetz! Gibt es auch im Supermarkt am Dorfplatz zu kaufen.

*A*nfahrt/*V*erbindungen

● *Busse*: Zwischen Réthimnon und Chaniá pendeln KTEL-Busse halbstündig. Sie halten an der **New Road**, eine kleine Stichstraße führt in den Ort, ca. 200 m. An der Bushaltestelle ein Kiosk, wo man Busfahrscheine und Tickets nach Omalós zur Durchquerung der Samariá-Schlucht kaufen kann (knapp 20 DM hin/rück).

Die wenigen Busse über die **Old Road** halten direkt am Dorfplatz. 1 x tägl. gegen Mittag fährt ein Bus nach **Kournás** (unterwegs kann man in der Nähe des Kournás-See aussteigen), von dort kommt ein Bus um 6 h morgens nach Georgioúpolis (→ unten).

● *Taxi*: am Dorfplatz, Tel. 0825/61477.

Touristische Rundfahrt: Der "Talos-Express", eine Sightseeing-Bahn auf Autoreifen, fährt verschiedene Ziele im Kreis Apokóronas an: Kournás, Argiroúpolis, Vámos, Gavalochóri (Volkskunstmuseum), Kefalás, Kalíves u. a. Infos im Hotel "Korissia" oder unter Tel. 0825/61334.

*A*dressen (siehe *K*arte *S*. 107)

● *Ärztliche Versorgung*: **Georgioupolis Medical Center (25)**, an der Stichstraße von der New Road zum Dorfplatz. Bereitschaftsdienst rund um die Uhr, es wird auch Deutsch gesprochen. Tel. 0825/61600.

● *Apotheke*: gegenüber Café Risko an der Nordwestecke vom Dorfplatz.

● *Auto-/Motorradverleih*: **Ethon (11)**, am oberen Ende des Platzes, Leserempfehlung für den freundlichen Stavros. Tel./Fax 0825/61269.

● *Mountainbikes*: ideal, um zum Kournas-See zu radeln.

Petros Bikes (23) (Hellas Bike Travel), an der Stichstraße zum Dorfplatz, Peter ist Deutscher und vermietet gut gewartete Räder. Er hat einige Touren im Hinterland ausgearbeitet und begleitet sie z. T. auch. Tel. 0825/61141.

Außerdem bei **Ethon (11)** (→ oben).

● *Internationale Zeitungen/Zeitschriften*: am Dorfplatz rechts, neben Sunlight-Bar.

● *Kino*: Freilichtkino in der Nähe vom Platz, nur in der Hochsaison geöffnet.

● *Shopping*: u. a. mehrere Supermärkte, zwei Ledergeschäfte (gleiche Preise wie in

Chaniá) und diverse Souvenirshops.

Bäckerei, von der New Road kommend, am Kiosk links, nach einigen Metern unscheinbares Haus auf der rechten Seite. Bekannt für ihr ausgezeichnetes Brot.

Cava-Pan (12), seitlich vom Dorfplatz, gut sortierter Laden einer alteingesessenen Weinbauernfamilie. Antonis Braothakis bietet Fassweine aus eigenem Anbau (rot, weiß, rosé), dazu eine große Auswahl an Flaschenweinen, Kräuter, Gewürze, Olivenöl, Honig usw. Tel. 0825/61551.

Cretan Cottage Industries, handgemachte Stickereien und Klöppelarbeiten aus ganz Griechenland, Echtheitszertifikat wird ausgestellt. Tel. 0825/61566.

Kiosk (16), eine Institution am Dorfplatz – ob Kaugummi, Kekse oder Cola, für wenig Geld gibt's hier alles. Daneben breiten die Fischer von Georgioúpolis oft ihren Fang aus, auch Obst wird verkauft.

Souvenirs, an der Straße, die vom Dorfplatz zum Fluss hinunterführt, gegenüber vom Supermarkt Anna. Mecki aus Deutschland und Stelios verlaufen mundgeblasene Glasartikel und Keramikwaren. Außerdem gibt es hier einen **Internetzugang**.

Übernachten (siehe Karte S. 107)

Obwohl es im Ort fast kein mehr Haus gibt, in dem keine Zimmer vermietet werden, und obwohl jährlich Neubauten hochgezogen werden, ist Georgioúpolis im August völlig ausgebucht. Ein Zimmer zu finden ist dann reine Glückssache.

Drosia (13), C-Kat., beim Hauptplatz links ab, nach ca. 50 m rechter Hand. Ordentliche Pension, gute Qualität und sehr sauber, im Umkreis schattige Bäume, z. T. schöner Blick auf den Fluss. In den Zimmern Kühlschrank, Safe, Telefon und Heißwasserkocher. Laut Leserbericht freundliche Leute. DZ ca. 40-60 DM. Tel. 0825/61326, Fax 61636.

Nicolas (22), E-Kat., am Ortseingang von Georgioúpolis, an der Straße zum See von Kournás. Angenehmes, kleineres Haus mit Natursteinfassade, Terrasse und gemütlichem Aufenthaltsraum mit Hausbar. Rustikal eingerichtet, unten ganz in hellem Holz gehalten, Zimmer alle mit eigener Du/WC und (z. T. sehr kleinen) Balkons, alles blitzsauber. Die nette Wirtin Maria spricht etwas Deutsch. DZ ca. 40-70 DM. Kann über Neckermann auch pauschal gebucht werden. Tel. 0825/61375.

Zorbas (18), E-Kat., rechts unterhalb vom Dorfplatz (Straße beim Hotel Penelope hinein), modernes Hotel in schattiger Lage unter hohen Eukalyptusbäumen, Anbau mit schräg versetzten Zimmern. DZ etwa 50-80 DM. Tel. 0825/61381.

• *Privatzimmer*: **Markakis Villa (17)**, zentrale Lage, vor der Sunset-Bar am Dorfplatz geht es rechts ab Richtung Strand, das nächste Haus auf der linken Seite ist es. Kostas und seine Frau sind beide sehr nett, hier ist noch etwas von der typisch griechischen Gastfreundschaft zu spüren. DZ und Dreibettzimmer mit Du/WC und Balkon, z. T. mit Kochnische, ca. 40-60 DM.

Stelios Kokolakis (9), am Ende des Dorfplatzes rechts, nach 50 m links abbiegen, das erste Haus links und das Haus gegenüber. Mit rosafarbenen Bougainvilleas wunderschön überrankte Vorderfront, 15 nette Zimmer und Studios für ca. 35-60 DM, großteils mit Balkon oder Terrasse. Tägliche Reinigung (außer sonntags), sehr sauber. Frau Vroni Kokolakis und ihr Mann Stelios haben fünf Jahre in Deutschland gewohnt und sprechen gut Deutsch. Gegenüber vom Haus liegt die kleine dazugehörige Taverne, wo man frühstückt und Stelios reichhaltige Salate zaubert. Tel. 0825/61308.

The Egeon (5), 15 Zimmer und Studios unter hohen, Schatten spendenden Eukalyptusbäumen direkt am kleinen Hafen an der Ostseite des Flusses, in unmittelbarer Nähe zum Badestrand. Ansprechende, funktional eingerichtete 2- und Dreibettzimmer, gute Betten, große Balkone (zusätzliche Moskitoschutz-Türen), Kochecke, Du/WC. Tel. 0825/61161, Fax 61171.

Sifis (6), nördlich vom Dorfplatz, direkt hinter der Taverne Valentino (→ Essen), schöne Zimmer, teilweise mit Blick aufs Meer und die Weißen Berge. Vermieterin Voula verlangt realistische Preise. Tel. 0825/61348.

Paradise (15), gegenüber dem Hotel Drosia (→ oben), Pension mit guter Taverne, große Terrasse neben dem Haus. Schattige Lage unter Eukalyptusbäumen, ordentlich eingerichtete Zimmer, Pflanzen in den Gängen, kleine Balkons. Zimmerreinigung in der Regel täglich. Haus allerdings etwas hellhörig. DZ ca. 40-60 DM, mit Kochgelegenheit etwas teurer. Tel. 0825/61313.

Anna (7), größeres Haus an der Westseite vom Fluss, schöne Lage, ruhig. Zimmer mit ebenerdigen Terrassen oder großen Balkons, teilweise Meeresblick. DZ mit Du/WC ca. 35-55 DM. Tel. 0825/61279.

Kalivaki (2), sehr ruhig gelegene Anlage direkt am Strand westlich vom Fluss (→ Baden). 20 Studios (Wohn-/Schlafzimmer/Kochecke/Bad/Terrasse) in fünf Gebäuden, umgeben von vielen Blumen, Taverne und Kinderspielplatz benachbart, ein Flussarm mündet neben dem Grundstück. Ins Zentrum läuft man 10 Min.

Nikos, von Lesern empfohlen, in der Nähe vom Dorfplatz, 150 m vom Hafen. Besitzer haben lange in Kanada gelebt, familiäre Atmosphäre.

• *Außerhalb*: **Pilot Beach**, A-Kat., komfortable Großanlage, 15 Fußminuten östlich vom Ort, direkt am Strand, herrliches Panorama. Reines Bungalowhotel, Wohneinheiten verteilen sich auf acht einstöckige Häuser, dazwischen gepflegte Rasenflächen, Zimmer hübsch eingerichtet mit Terrasse/Holzbalkon und jeweils Kühlschrank. Sehr schön ist der große Pool. Am Strand Taverne, Kinder

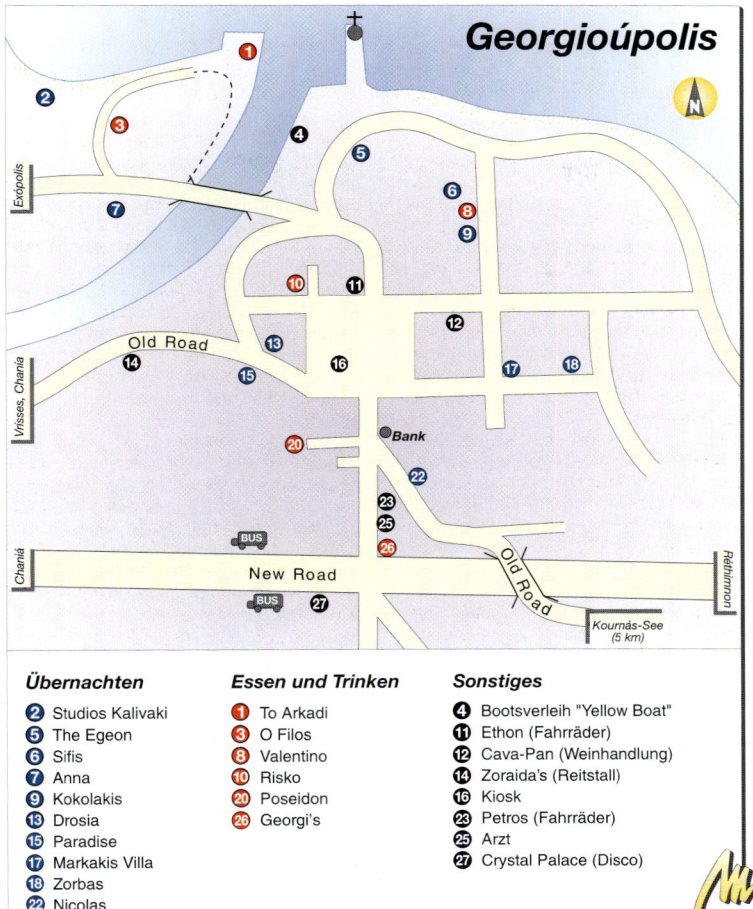

Georgioúpolis

Réthimnon und Umgebung

Übernachten

2 Studios Kalivaki
5 The Egeon
6 Sifis
7 Anna
9 Kokolakis
13 Drosia
15 Paradise
17 Markakis Villa
18 Zorbas
22 Nicolas

Essen und Trinken

1 To Arkadi
3 O Filos
8 Valentino
10 Risko
20 Poseidon
26 Georgi's

Sonstiges

4 Bootsverleih "Yellow Boat"
11 Ethon (Fahrräder)
12 Cava-Pan (Weinhandlung)
14 Zoraida's (Reitstall)
16 Kiosk
23 Petros (Fahrräder)
25 Arzt
27 Crystal Palace (Disco)

spielgeräte und deutsch geführtes Wasser-sportzentrum, Station von Hellas Bike Travel vor der Tür. Wird von diversen Reiseveran-staltern pauschal angeboten. DZ mit Früh-stück je nach Saison ca.190-240 DM. Tel. 0825/61002, Fax 61397.

Vantaris Beach, A-Kat., ähnlich wie Pilot Beach, etwas günstiger, großer Pluspunkt hier die ungewöhnlich schöne Gartenanla-ge, auch bei zahlreichen Reiseveranstaltern unter Vertrag. Tel. 0825/61231, Fax 61006.

Villa Kapasa, Tipp für Individualisten, sehr ruhige Wohnlage im Hügeldorf Mathés, ca. 3 km landeinwärts. Andreas Kapasakis hat das alte Haus der Familie sehr schön und stilecht renoviert. Zehn Zimmer mit herr-lichem Blick in die Natur, im Hof gemütliche Taverne unter Schilfdach, ausgezeichnetes, nicht ganz billiges Essen, freundliche Leute. Tel. 0825/61050.

Essen/Nachtleben (siehe Karte S. 107)

Zahlreiche Tavernen bieten ihre Dienste um den Dorfplatz an, in den meisten wird der lokale Rosé-Wein vom Fass serviert. Auch am langen Sandstrand östlich vom Ort entstehen immer mehr Lokale. Nachts erschallt fast überall laute Discomusik.

Georgi's Taverne (26), "der" Treff in Georgioupolis. Sympathische Taverne mit netter, ausschließlich männlicher Crew direkt an der New Road, bei der Bushaltestelle. Abends sitzt man gemütlich unterm Schilfdach vor dem Haus, viele Gerichte vom Backofen im Garten, auch leckere Gemüsegerichte. Mehrere Sorten Fasswein, darunter würziger Retsina und schwerer Hausrotwein.

Valentino (8), große Taverne hinter dem Dorfplatz in Richtung Strand, sehr schöne Sitzplätze zwischen vielen Pflanzen, freundliche Bedienung und günstige Preise, dementsprechend jeden Abend voll.

Poseidon (20), gemütliche Fischtaverne, kurz vor dem Platz links einen kleinen Weg hinein.

Paradise (15) in der gleichnamigen Pension (→ Übernachten), die Frau des Hauses kümmert sich aufmerksam um die Qualität des Gebotenen.

To Arkadi (1), exponierte Lage auf der Landzunge direkt am Meer, toller Blick. Die Wirtsleute und Sohn Iannis sprechen sehr gut Deutsch, Leser früherer Auflagen waren mit der Küche zufrieden.

O Filos (3), kleine Fischtaverne hinter dem halbrunden Sandstrand westlich vom Ort, ein wenig abseits (über die Brücke und nach 100 m Weg hinein). Der Wirt kümmert sich nett um seine Gäste, etwas Zeit muss man allerdings mitbringen. Der Schwiegersohn spielt gelegentlich auf seiner Lyra.

Sirtaki, Leserempfehlung für diese Taverne/ Ouzerí in der Nähe des Hafens (Mückenschutz!): "Man sitzt idyllisch, Preisniveau zwar etwas höher, dafür große Portionen und sehr lecker. Besondere Spezialität: Vorspeisenplatte!"

● *Außerhalb*: **Relax**, die New Road auf der Brücke überqueren und 15 Min. in Richtung Kournás gehen. Leserbrief: "Echt kretische Taverne, freitags häufig Hausmusik mit griechischen Tänzen, Liedern und Späßen, man sitzt unter Einheimischen und feiert mit. Gutes und preiswertes Essen."

Typisch essen kann man außerdem in den Orten **Kournás** und **Exópolis/Argiromoúri** (→ unten).

● *Cafés/Bars*: um den Dorfplatz etliche Café- und Cocktailbars.

Risko (10), Nordwestecke vom Platz, geführt von Andrea und Stelios. Reichhaltige Speisekarte mit Müsli, Kuchen, Cornflakes und diversen Omeletts. Schöner Platz zum Frühstücken, deutsche Zeitungen/Zeitschriften, Leihbücherei, am Samstag abend ruhige Gitarrenmusik live.

Perastikos River Bar, idyllisches Plätzchen östlich vom Ort, etwas zurück vom Strand, direkt am gleichnamigen Flussausläufer, kleine Snacks, 1-2 x wöch. abends Bouzoukimusik live.

● *Diskotheken*: **Time**, 1 km außerhalb Richtung Exópolis, geöffnet Mi-So Ende Mai bis Mitte September, ab 22.30 h, regelmäßiger Pendelbus-Service. Tel. 0825/ 61166. Weitere Discos sind **Nembo** direkt am Dorfplatz und **Crystal Palace (27)** hinter der Busstation.

Sport (siehe Karte S. 107)

Am Strand werden Surfbretter verliehen, ansonsten umfassendes Wassersportangebot in den Großhotels östlich vom Ort. Der Fluss Almirós wird poetisch "Hidden Turtle River" genannt, etwa 3 km kann man ihn mit Tret- und Paddelbooten befahren. Allerdings ist er Lebensraum für zahlreiche Tiere – und diesen tut der Ausflugsverkehr überhaupt nicht gut! Empfehlung jedoch für den örtlichen Reitstall.

Am Strand vor dem Hotel **Pilot Beach** gibt es ein deutsch geführtes Sport-Center: Windsurfen, Wasserski, Parasailing, Tretboote, Kanus, Motorboote.

Yellow Boat (4), Bootsverleih an der Flussmündung. Buchen kann man auch Fahrten mit "Glass Bottom Boat" und "Jet Ski".

Zoraida's (14), Reitstall in der schattigen Eukalyptusallee, nur 200 m vom Zentrum, geführt von der Belgierin Kristel mit ihrem griechischen Mann, die sehr auf die Sicherheit ihrer Kunden bedacht sind. Geboten werden Reitstunden und schöne Reitausflüge in die Umgebung, z. B. zum Kournás-See. Bei Bedarf Abholung vom Hotel per Auto. Tel. 0825/61778, mobil: 093-2844167.

In der Badebucht Kaliváki

▶ **Georgioúpolis/Baden**: Westlich vom Fluss Almirós liegt die fast geometrisch geformte, halbrunde Badebucht *Kaliváki* mit schönen Sanddünen. Am Westende der Bucht mündet das Flüsschen Gría Vlicháda, gleich dahinter steigen die karg bewachsenen Felshänge des Kap Drápanos empor. Unmittelbar *unterhalb vom Ort* liegt rechts neben dem Fluss eine karge Gras- und Sandfläche. Ein schmaler, künstlich aufgeschütteter Damm führt zu einer Kapelle auf einer Felsklippe.

Richtung Réthimnon zieht sich ein kilometerlanger Sandstrand. Je weiter man läuft, desto einsamer, jedoch haben sich mehrere große Hotelkomplexe angesiedelt. Auch hier münden kleine Flüsschen, die man durchwaten muss.

Georgioúpolis/Umgebung

Das steilwandige Kap Drápanos kontrastiert eindrucksvoll zum kilometerlangen Sandstrand der Ebene, im Hinterland lockt der einzige Süßwassersee Kretas.

▶ **Exópolis & Argiromoúri**: zwei kleine, fast verlassene Bergdörfer oberhalb von Georgioúpolis, am Beginn der Halbinsel Drápanos. Zu Fuß ist man in einer knappen Stunde oben. In Argiromoúri (unterhalb von Exópolis) liegt eine Reihe von Tavernen mit tollem Blick auf Georgioúpolis und die Weißen Berge, besonders schön sitzt man bei Georgia im "Panorama" und bei Kostas und Maria im "Astrofegia".

Weitere Hinweise zur **Halbinsel Drápanos** unter "Chaniá und Umgebung", S. 147.

Réthimnon und Umgebung

Rundwanderung Georgioúpolis – Exópolis – Likotinaría – Selía – Exópolis – Georgioúpolis

Einfache Wanderung auf gut markierten Wegen, z. T. auf Asphaltstraße, insgesamt etwa 9 km.

● *Dauer*: ca. 4,5 Std. (Georgioúpolis – Argiromoúri ca. 45 Min., Argiromoúri – Likotinaría 1,5 Std., Likotinaría – Seliá – Argiromoúri ca. 1,5 Std., Argiromoúri – Georgioúpolis ca. 45 Min.).

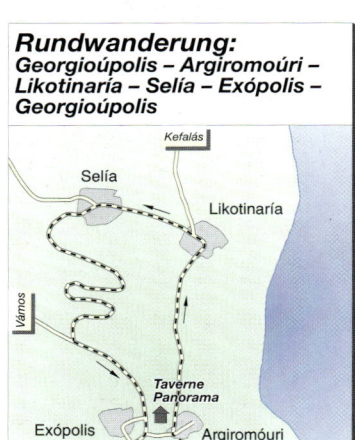

Rundwanderung:
Georgioúpolis – Argiromoúri – Likotinaría – Selía – Exópolis – Georgioúpolis

Kefalás
Selía
Likotinaría
Vámos
Taverne Panorama
Exópolis
Argiromoúri
Disco "Time"
Georgioúpolis
1 km

● *Wegbeschreibung*: vom Hafen in **Georgioúpolis** die Straße über die Brücke nach Exópolis nehmen, nach ca. 1 km rechts ab zwischen Olivenhainen zur **Disco Time**. Unterhalb des Parkplatzes der Disco schmalen Weg nach links, mit vereinzelten blauen und roten Punkten durch Gattertore aufwärts nach **Argiromoúri**.

Wenn man auf die Straße kommt, an der Kirche vorbei bis zur **Taverne Panorama** von Georgia. Rechts neben der Taverne führt ein Weg (beschildert mit "Likotinaría") durch die Gärten zu einem neu gebauten Haus hinauf, rechts daran vorbei weisen Steinmäuerchen und vereinzelte blaue bzw. rote Markierungen den Weg auf den Berg. Oben dem Hauptweg folgen, nach einiger Zeit führt rechts ein Fußpfad ins 3 km entfernte **Likotinaría**. Das kleine Dorf liegt hoch über dem Meer mit herrlichem Ausblick auf den Golf in Richtung Réthimnon.

Eine wenig befahrene Straße führt nach Westen ins 1 km entfernte **Seliá**. Am Ortsende geht links eine neue **Asphaltstraße** in Kurven hinunter zur Hauptstraße von Georgioúpolis nach Vámos. Ihr folgt man nach links bis Exópolis und **Argiromoúri**. Dort kann man sich stärken, bevor man den Rückweg nach Georgioúpolis antritt.

See von Kournás

Knapp 5 km südöstlich von Georgioúpolis fühlt man sich fast in die Alpen versetzt – tiefblaues Wasser am Fuß steiler Berghänge, drum herum Phrygana- und Dornengestrüpp, vereinzelt ein paar Bäume. Die Szenerie wirkt ganz und gar unkretisch.

Der See von Kournás ist der einzige Süßwassersee Kretas – nicht groß, aber glasklar und zumindest in der Nebensaison voll beschaulicher Ruhe. Er wird hauptsächlich zur Bewässerung der umliegenden Felder genutzt. Sein Durchmesser beträgt etwa 1,5 km, bis zu 45 m ist er tief. Gespeist wird er von Quellen, deren Wasser mit hohem Druck an den tiefsten Stellen des Sees aus dem Boden schießt. Der Strand ist sauber, aber in Ufernähe sehr steinig und etwas matschig, da Lehmboden. Zeitweise werden auch Algenteppiche gesichtet. Erschlossen ist der See von Kournás nur an der langen Nordostseite, hier führt die Straße vorbei, und hier stehen auch zwei Tavernen, die bisher einzigen Häuser am Seeufer.

Stimmungsvoll: der See von Kournás

• *Anfahrt/Verbindungen*: Mit dem **eigenen Fahrzeug** ist der See von Georgioúpolis und der New Road aus in wenigen Minuten zu erreichen. Eine gute Asphaltstraße führt am Hotel Nicolas vorbei direkt zum See (beschildert). Dabei aber nicht den Abzweig zum See verpassen, der Ort "Kournás" liegt noch ein ganzes Stück weiter (→ unten). Reizvoller ist es sicherlich, die Strecke **zu Fuß** zurückzulegen, umso erfrischender ist dann das Bad.

Bus, 1 x täglich gegen 6 h morgens fährt ein Bus vom Dorf Kournás, etwas oberhalb vom See, über Georgioúpolis nach Chaniá, Rückkehr mittags.

• *Essen*: Zwei große Tavernen mit großen Terrassen und Kinderspielgeräten liegen hübsch am Seeufer und sind ganz auf Besuchermassen eingestellt. Spezialität sind die *mizithrápittes*, Blätterteigtaschen mit lockerer Frischkäsefüllung und Honig. Zu beiden Tavernen führen Zufahrten hinunter. Von Georgioupolis kommend, trifft man auf das Schild zur Taverne **Korissia**, zu der eine Piste hinunterkurvt. Hier sitzt man schön unter schattigen Maulbeerbäumen. Am See entlang kann man in wenigen Minuten auf breiter Piste zur zweiten Taverne, **I Omorfi Limni**, fahren (auch asphaltierte Zufahrt ab Straße nach Kournás).

An der Durchgangsstraße oben steht die Taverne **Limni** mit guter Küche.

• *Übernachten*: Alle drei Tavernen vermieten Zimmer – **Korissia**, Tel. 0825/96367, **I Omorfi Limni**, Tel. 0825/96221, und **Limni**, Tel. 0825/96368.

• *Wassersport*: Bei beiden Tavernen kann man **Kajaks** für ca. 7 DM und **Tretboote** für 10 DM pro Std. ausleihen.

Tipp: Bei niedrigem Wasser ist eine Seeumrundung bedingt möglich. Sie dauert etwa 50 Min., ist allerdings etwas mühselig, da der Boden teilweise sumpfig ist und man über Gatter und Wehre klettern muss.

▶ **Kournás und Umgebung:** Das noch recht ursprünglich wirkende Dorf liegt auf einem Hügel, 3 km südlich oberhalb vom See. Im Zentrum gibt es eine Reihe gemütlicher Tavernen, wo sich tagsüber immer viele Mietwagenfahrer treffen. Die kleine Kirche *Agía Iríni* besitzt Fresken aus dem 14. Jh. (Schlüssel in der Taverne "Kanarinia"), sehenswert ist auch *Ágios Geórgios* am östlichen Ortsausgang (Schlüssel in der benachbarten Taverne "To Neon").

An der Straße vom See nach Kournás passiert man die Taverne "I Oreía Théa" (Der schöne Blick). In der Nähe liegt eine *Tropfsteinhöhle*, die man mit der Hilfe des Tavernenwirts Elia besichtigen kann.

Von Georgioúpolis nach Chaniá

Die *New Road* umgeht die Halbinsel Drápanos (→ S. 147) landeinwärts und erreicht erst wieder an der fast fjordartig eingeschnittenen Bucht von Soúda das Meer. Ein prächtiges Waldgebiet wird durchquert, eins der wenigen auf Kreta, im Hintergrund immer das Panorama der Weißen Berge.

Wer auf der *Old Road* fährt, kann einige interessante Abstecher ins ländliche Hinterland einschieben.

▶ **Vríses:** Etwas abseits der New Road, hier zweigt die Straße nach Chóra Sfakíon an der Südküste ab. Die mächtigen alten Platanen am meist ausgetrockneten Dorfbach bilden einen idealen Rastplatz mit viel Schatten. Kein Wunder, dass sich zu beiden Seiten der Brücke diverse Tavernen etabliert haben, um von den häufig hier haltenden Touristenbussen zu profitieren. Örtliche Spezialitäten sind Hammelfleisch vom Holzkohlengrill und milder Schafsjoghurt mit Honig. Leider gehören die Geschäftspraktiken nicht gerade zu den vorbildlichsten, denn überzogene Preise und oft mittelmäßige Qualität des Gebotenen kommen vor.

● *Anfahrt/Verbindungen*: häufige Busse nach **Chaniá** und **Réthimnon**, Bushaltestelle etwas westlich der Brücke über den Bachlauf. Außerdem Zwischen- und Umsteigestation für die Busse von Chaniá und Réthimnon nach **Chóra Sfakíon**. Hier beginnt eine der schönsten Bergstraßen hinüber zur Südküste, die mit etwa 40 km auch gleichzeitig die kürzeste Nord-Südverbindung im Westen Kretas ist.

Erlebnis Natur: Von Vríses nach Chóra Sfakion

Die Fahrt an die Südküste Kretas ist von **Vríses** aus nur 40 km lang, bietet aber herrliche Landschaftserlebnisse. Nach dem üppigen Grün um Vríses zieht sich eine neue, breit angelegte Asphaltstraße in die karstigen Berghänge der Lefká Óri hinauf. Für Interessierte lohnt vielleicht vorher der kurze Abstecher zur kleinen Panagía-Kirche von **Alíkambos** aus dem 10. Jh. Die verschlossene Kapelle steht vor dem Ort links unterhalb der Straße auf einem Friedhof. Wer die Fresken von Ioánnis Pagoménos (14. Jh.) sehen will, muss versuchen, im Ort den Priester aufzutreiben.

Nach der **Katré-Schlucht**, die mehrmals Schauplatz der Vernichtung türkischer Truppen durch kretische Widerstandskämpfer war, gelangt man bald über einen Pass in die fruchtbare **Askífou-Ebene**. Die Häuser liegen zwischen üppigen Weinreben, links der Straße erhebt sich bei **Karés** am nördlichen Rand der Ebene die Ruine eines türkischen Kastells auf einem markanten Doppelhügel.

Über einen weiteren Pass gelangt man nach **Ímbros**, wo die steilwandige **Ímbros-Schlucht** mit prächtigen Zypressen beginnt, die sich schließlich hoch über der Küste zum Libyschen Meer öffnet (Schluchtwanderung → Chóra Sfakíon).

In unglaublichen Haarnadelkurven geht es abschließend die kahl gefegten Hänge zur karstigen Südküste bei **Chóra Sfakíon** hinunter. Viele Panoramablicke – fast bis Plakiás kann man die Küste überblicken. Details zu Chóra Sfakíon und Umgebung → S. 220 ff.

▶ **Pemónia**: Wenn man in Ágii Pándes von der Old Road nach Pemónia abbiegt, passiert man kurz vor dem Ort links an der Straße die *Tischlerwerkstatt* von Jórgos Nikiforákis, der hier die typischen kretischen "Kafenion"-Stühle fertigt. Am Ortsende hinter der Kirche arbeitet der *Korbmacher* Michális Koukourákis, der letzte seiner Zunft hier.

▶ **Néo Chorió**: schöner Dorfplatz mit Platane und Brunnen. Rechts oberhalb vom Ortsausgang in Richtung Arméni die Ruine einer türkischen Festung.

▶ **Arméni**: kleines, wasserreiches Dorf im Grünen, unter hohen Platanen an der Old Road. Am Ortsausgang in Richtung Kalíves liegt die Werkstatt des über 80-jährigen *Glockenmachers* Charálambos Parakoudákis. Er gießt die Glocken nicht, sondern bearbeitet sie wie ein Schmied – aus Eisenblech hämmert er kleine und große Glocken für Schafe und Ziegen.

● *Essen*: **Platanos**, eine der beliebtesten Tavernen im Umkreis (Chaniá ist 19 km entfernt, Kalíves 3 km), Garten mit uralten Platanen, rundum sprudeln kräftige Quellen. Traditionelle Küche, zahlreiche, üppige Vorspeisenteller, guter Fasswein, auch Quellwasser wird zu den Speisen serviert. Gelegentlich "Kretische Abende" mit Tanz, Showeinlagen usw. Tel. 0825/41655.

Die Stuhlmacherei, ein Handwerk alter kretischer Tradition

Im Hafen von Chaniá: Panoramablick auf die Weißen Berge

Chaniá und Umgebung

Chaniá war lange Zeit Hauptstadt Kretas und kann auf eine bewegte Geschichte zurückblicken. Relikte aus allen Epochen, von der Antike bis zum Klassizismus, prägen das Zentrum. Dazu kommt das vielseitige und reizvolle Hinterland, das vom zweithöchsten Bergmassiv Kretas beherrscht wird.

Chaniá ist ein optimaler Ausgangspunkt für die Durchquerung der grandiosen *Samariá-Schlucht*, für Ausflüge in die majestätischen *Lefká Óri* (Weiße Berge), zu den Klöstern auf der einsamen Halbinsel *Akrotíri* und nach Osten auf die Halbinsel *Drápanos*. Wer vom Stadtleben genug hat, kann außerdem schnell an einen der vielen Strände westlich der Stadt hinausfahren. In wenigen Stunden ist man auch an der dünn besiedelten und wilden *Südküste*, wo lange, weitgehend einsame Strände und Wanderungen durch tiefe Schluchten und entlang des Meeres locken.

Chaniá

Kretas zweitgrößte Stadt – und nach Meinung vieler die schönste. Wer das erste Mal anreist, könnte allerdings in Versuchung kommen, gleich wieder Reißaus zu nehmen. Lange Autoschlangen hupen sich ihren Weg durch viel zu enge Straßenzüge, Busse quälen sich in Zentimeterarbeit um die Ecken – die Stadt erstickt förmlich im Verkehr.

Doch bereits wenige Meter von den benzingeschwängerten Durchgangsstraßen taucht man in die autofreien Gassen der Altstadt ein und kann die unvergleichliche Atmosphäre rund um den *venezianischen Hafen* genießen. Auf Schritt und Tritt trifft man hier auf Geschichte: An der runden Hafenmole drängen sich historische Hausfassaden, gleich dahinter klettern verwinkelte Treppenwege mit Torbögen hinauf, teilweise sind die Häuser übereinandergeschachtelt auf antike Gemäuer gebaut, Stücke der venezianischen Stadtmauer sind ebenso einbezogen wie türkische Minarette, Reste der alten Hafenbefestigungen und die mächtigen Arsenale. Klar, dass Tourismus in Reinkultur vorherrscht. Rund ums stimmungsvolle Hafenbecken drängen sich zahllose Bars, in den jahrhundertealten venezianischen Palazzi haben sich stilvolle Pensionen etabliert, jedes Jahr entstehen neue, aufwändig konzipierte Restaurants. Trotzdem findet man noch immer ruhige, versteckte Winkel, wenn man nur ein paar Schritte von den gängigen Touristenpfaden abweicht.

*A*nfahrt/*V*erbindungen

- *Flug*: Der moderne Flughafen **Stérnes** liegt auf der Halbinsel Akrotíri, ca. 16 km östlich vom Stadtzentrum. Auch er wird inzwischen von Mitteleuropa direkt angeflogen, ausländische **Chartermaschinen** landen und starten hier aber bisher noch seltener als in Iráklion. Athenflüge bieten mehrmals täglich **Olympic Airways** sowie die Privatlinien **Air Greece** und **Cronus Airlines**. Achtung: derzeit keine Linienbusverbindung zw. Flughafen und Chaniá, man muss ein **Taxi** nehmen (ca. 15 DM). **Zubringerbusse** für Olympic Airways starten 1,5 Std. vor Abflug vom Stadtbüro der Olympic Airways, Tzanakaki Str. 88, gegenüber vom Stadtpark.
- *Schiff*: Der Hafen von Chaniá ist **Soúda** in der großen gleichnamigen Bucht östlich von Chaniá (→ oben, S. 139). Täglich um 20 h fährt eine Fähre der **ANEK** nach Piräus, Tickets im Stadtbüro (→ Adressen). **Stadtbusse** pendeln ständig zwischen Chaniá/Markthalle und Soúda/Hafen.
- *Überlandbusse*: Der große **Busbahnhof** liegt im neueren Teil des Zentrums auf einem großen Platz zwischen Kidonias und Smirnis Str., Nähe Platia 1866 (→ Stadt-

plan). Häufige Busverbindungen nach **Réthimnon** (stündlich), **Iráklion** (stündlich), **Kolimbári** (halbstündlich), **Kíssamos** (stündlich), **Stavrós/Akrotíri-Halbinsel** (5 x tägl.), **Omalós/Samariá-Schlucht** (4 x tägl.), **Paleochóra** (3-5 x tägl.), **Chóra Sfakíon** (3 x tägl.), **Falassarná** (3 x tägl.), **Soúgia** (2 x tägl.), **Mesklá** (2 x tägl.), **Thérissos** (2 x tägl.), **Kloster Chrissoskalitíssa/ Elafonísi** (1 x tägl.) u. a.
- *Stadtbusse*: fahren ab Ecke **Platia 1866/ Kidonias Str.** zu den westl. Vororten und Stränden – EOT-Beach, Ágii Apóstoli (Campingplatz), Káto Galatás, Agía Marína u. a. Gegenüber der **Markthalle** liegt eine weitere wichtige Haltestelle für Stadtbusse, dort Fahrten in die Außenviertel, nach Soúda, hinauf zum Venizélos-Grabmal u. a.
- *Taxi*: Hauptstandplatz an der **Platia 1866/** Ecke Chatzimichali/Gianari Str., außerdem an der **Platia Sofoukli Venizelou** (schräg gegenüber der Markthalle) und beim **Busbahnhof**. Tel. 0821/98700-1.
- *Kutschenrundfahrten*: Standplatz an der Platia Eleftheriou Venizelou am Hafen, ca. 15-20 DM pro Fahrt.

*I*nformation/*A*dressen

- *Information*: **EOT**, kleines Büro der Griechischen Zentrale für Fremdenverkehr in der Kriari Str. 40, außerhalb der Altstadt, neben Platia 1866, Erdgeschoss links. Prospektmaterial, Hinweise/ Öffnungszeiten für Museen, Tipps zu Samariá- und Agía-Iríni-Schlucht. Tel./ Fax 0821/ 92624.
- *Ärztliche Versorgung*: **Dr. Kerstin Grigorakis**, Sfakion Str. 2 (3. Stock), Nähe Stadtpark. Deutsche Allgemeinärztin. Tel. 0821/ 52706, priv. 96708.

Dr. Yiannis Bitzakis, Michali Giannari Str. 33, wenige Meter von der Platia 1866. Netter Zahnarzt, der in Deutschland studiert hat, spricht sehr gut Deutsch. Tel. 0821/ 93316.
- *Ausflüge*: Von allen großen Hotels und dem Campingplatz bei Chaniá kann man mit der Linienbusgesellschaft **KTEL** preiswerte Tagesausflüge zur Samariá-Schlucht unternehmen. Preis ca. 12-20 DM, je nach Entfernung (Boot muss extra bezahlt werden) und damit viel günstiger als über Reisebüros.

● *Auto-/Zweiradverleih*: vor allem um die Platía Eleftheríou Venizélou am venezianischen Hafen. Besser bedient ist man aber oft bei den Verleihern, die etwas ab vom Schuss liegen.

Summertime ST Motorent, Daskalojannis Str. 7, schräg gegenüber der Pension Ekali, modern, gepflegte Fahrzeuge, ehrliche Leute. Tel. 0821/46442, Fax 457797.

Kydon, Anapafseos Str. 2, in der Neustadt, südöstlich vom Busbhf., moderate Preise, es wird Deutsch und Englisch gesprochen. Filialen am Flughafen und in Paleochóra. Tel. 0821/ 93776, Fax 73433.

● *Botschaften*: Das **Deutsche Konsulat** in der Daskalojannis Str. 62 (Tel. 0821/27114) wurde 1999 wegen des plötzliches Todes des Konsuls bis auf weiteres geschlossen.

● *Gepäckaufbewahrung*: im **Busbahnhof** (6-21 h, ca. 2,50 DM).

● *Internet*: Zugang zum Internet im **T-Shirt Shop** von Mike, Petra und Ilona, Ecke Zambeliou/Kondilaki Str.

● *Post*: Hauptstelle in der leicht ansteigenden Geschäftsstraße von der Markthalle zum Stadtpark, Tzanakaki Str. 3. Mo-Fr 7.30-20 h.

● *Sport*: **Wasserpark Limnoupolis**, Spaßbad mit Riesenrutschen bei Varípetro, 7 km südwestlich von Chaniá. In den Sommermonaten tägl. 10-19 h, Restaurant bis 24 h. Bus ab Platia 1866. Tel. 0821/33202, Fax 33246.

Trekking Plan, Karaoli & Dimitriou Str. 15, Nähe venez. Hafen. Fahrradverleih und geführte Touren. Tel./Fax 0821/60861, E-Mail: sales@cycling.gr; Internet: www.cycling.gr (→ S. 31).

● *Sprachferien*: Frau **Efi Anthopoulou** gibt Sprachkurse für Anfänger und Fortgeschrittene, Dauer: 2 Wochen und länger (jeweils 15 Wochenstunden). Der Kurs kann zusammen mit Unterkunft in einer Altstadtpension gebucht werden. Prospekt schicken lassen. Adresse: Parodos Kanevaro 30, GR-73132 Chaniá/Kreta, Tel./Fax 0821/44310, E-Mail: efiant@otenet.gr

● *Toiletten*: neben der Markthalle und unter der Platia 1866.

● *Wäscherei*: eine ganze Reihe in den Gassen hinter dem Hafen – **Oscar** am Beginn der Kanevaro Str. (Platia El. Venizelou); **Laundry Express** in der Kanevaro 38; **Fidias** im gleichnamigen Hotel hinter der Kathedrale, Kallinikou Sarpaki Str. 8.

Übernachten (siehe Karte Umschlagklappe vorne)

Zahllose Möglichkeiten vom Hotel der A-Kat. bis zum Privatzimmer direkt am Busbahnhof. Die "Traditional Hotels" im Umkreis des **venezianischen Hafens** gehören zu den schönsten der Insel – liebevoll restaurierte venezianisch/türkische Häuser in toller Lage und mit sagenhaftem Blick, die zwar in der Regel nicht direkt angefahren werden können, doch gelangt man mit dem Auto relativ nah heran, wenn man westlich der Stadtmauer bis zum Meer hinunterfährt.

● *Ober-/Mittelklasse*: **Samaria (14)**, B-Kat., Kidonias Str., komfortables Stadthotel unmittelbar neben dem Busbahnhof, 1992 vollständig renoviert. Die getönten Scheiben lassen die Hitze draußen, außerdem Aircondition. Gediegener Kaffee-Salon, schöner Dachgarten. Alle Zimmer mit Balkon. DZ mit Frühstücksbuffet je nach Saison ca. 130-180 DM. Tel. 0821/71271, Fax 71270.

Pandora (18), A-Kat., Lithinon Str. 29, östlich oberhalb vom Hafen, historisches Gebäude aus dem 19. Jh., 14 Suiten mit alten Holzdecken, Antiquitäten, TV und Klimaanlage. Kleiner, begrünter Innenhof, Veranda mit schönem Hafenblick. Mit Frühstück je nach Saison 180-300 DM. Tel. 0821/43588, Fax 27375.

Casa Delfino (21), B-Kat., Theofanous Str. 9, Schmuckstück hinter dem venezianischen Hafen. Komplett renovierter und edel ausgestatteter Palazzo aus dem 17. Jh., im eleganten Innenhof ein Kieselsteinmosaik und Korbstühle, im Haus alles mit Marmor ausgelegt. Unterschiedlich große Studios (1-2 Pers.) und Maisonettes (2-4 Pers.) im raffiniert-schlichten Stil mit pastellfarbenem Mobiliar und marmorgefliesten Bädern, Betten auf einer Galerie. Jeweils Kühlschrank, Spüle und Herd (im Wandschrank verborgen). Die zwölf Suiten haben keine Balkons, aber es gibt eine kleine Dachterrasse mit Blick über ganz Chaniá. Leckeres Frühstück mit selbst gemachter Marmelade und Orangensaft. Freundlicher Besitzer. Studio/Apartment kostet je nach Saison und Größe 150-270 DM. Pauschal über Attika. Tel. 0821/93098, Fax 96500.

Amfora (19), A-Kat., Parodos Theotokopoulou 20, historisches Haus aus dem 14. Jh. am venezianischen Hafen, z. T. herrlicher Blick auf Hafen und Meer, z. T. auf den Innenhof. Sehr gepflegt, schöne Holzböden und ausgesuchtes Mobiliar, alle Zimmer unterschiedlich gestaltet, eines sogar mit Himmelbett. Nette Leute, vor allem die freundliche Anna an der Rezeption vermittelt gleich das Gefühl, zu Hause zu sein. Terrasse mit herrlichem Hafenblick. Kann nachts allerdings relativ laut werden – Bummelpromenade, Tavernen und Disco-Bars liegen gleich darunter. DZ je nach Saison, Blick und Größe mit Frühstück ca. 120-170 DM (wahlweise Bad oder Du/WC), auch Dreibettzimmer. Gutes eigenes Restaurant vorhanden. Tel. 0821/93224, Fax 93226.

Porto del Colombo (20), A-Kat., nur ein paar Schritt vom Contessa. Gepflegter historischer Bau mit hohen Räumen und schön eingelassenen Holzböden und -decken, etwas schummrig, aber sorgfältig restauriert. Von einigen Zimmern Blick auf den Hafen. DZ mit Frühstück etwa 75-110 DM. Tel. 0821/70945.

Casa Leone (17), C-Kat., Koundouriotou Str. 45, 1998 westlich vom venezianischen Hafen eröffnet. Leserempfehlung: "Ein venezianischer Palazzo, der alle Höhen und Tiefen der kretischen Geschichte miterlebt hat – zeitweise diente er sogar als Ziegenstall. Die Familien Maravelakis und Papadakis unter der tatkräftigen Führung des jungen Nikos Maravelakis haben die beiden Obergeschosse mit großer Liebe zum Detail restauriert. Nikos zeigt gerne und mit berechtigtem Stolz die Bilder der jüngsten Baugeschichte. Es gibt fünf große Zimmer, die mit Stilmöbeln prachtvoll ausgestattet sind, z. T. hat man einen wunderbaren Blick auf den Hafen." Preis ca. 100-180 DM, ohne Hafenblick günstiger. Nikos' Vater spricht gut Deutsch. Tel. 0821/56372, Fax 76762.

Palazzo (16), A-Kat., Theotokopoulou Str. 54, gemütliches, kleines Hotel, eingerichtet mit traditionellem kretischem Mobiliar, elf Zimmer mit Kühlschrank und Klimaanlage. DZ inkl. Frühstück ca. 90-120 DM. Tel. 0821/93227, Fax 0821/93229.

Erato (22), Lithinon Str. 17, östlich oberhalb vom Hafen. Kleiner Familienbetrieb mit Studios und Rooms auf zwei Etagen, freundlich eingerichtet und sauber. Von der großen Terrasse herrlicher Hafenblick. Preis ca. 60-110 DM. Tel. 0821/45511.

Lucia (24), C-Kat., größeres Hotel an der Mitte der Hafenfront, solide, ohne Extras, aber sauber und geräumig, deshalb auch in der Hochsaison meist noch Platz. DZ mit Bad und kleinem Balkon ca. 80 DM. Tel. 0821/91843.

● *Preiswert*: Am schönsten sind die "Traditional Hotels" im **Topanas-** und **Evraiki-Viertel** um den venezianischen Hafen (→ Stadtplan). Meist gibt es nur fünf oder sechs Zimmer im Haus, die oft mit Antiquitäten eingerichtet sind.

Fidias (13), E-Kat., Kallinikou Sarpaki Str. 8, hinter der Kathedrale (nicht weit vom venezianischen Hafen). Größere Herberge mit 20 Zimmern, beliebter Anlaufpunkt für Rucksacktouristen, geführt von zwei "alternativen" Kretern, lockere Atmosphäre, allerdings laute Lage (Fußgängerzone in Vorbereitung). Alle Zimmer mit Balkon, Etagendusche. Günstige Preise, DZ etwa 30-50 DM, auch Mehrbettzimmer. Tel. 0821/ 52494.

Vranas (12), genau vis-à-vis der Kathedrale, schön restauriertes, ockerfarbenes Haus, zwölf geräumige Studios mit Kochgelegenheit, Kühlschrank, Spüle und Arbeitsplatte. Modern und sehr geschmackvoll eingerichtet, top gepflegt, Klimaanlage, getönte Schallschutzfenster, teils Blick auf die Kathedrale, sonnig. Sehr freundliche Leute, ca. 50-90 DM, zu empfehlen. Tel. 0821/ 58618.

Domenico (25), Zambeliou Str. 71, mitten im Herz der Altstadt, fünf Zimmer in zweistöckigem Haus. Stilecht mit Antiquitäten eingerichtet, im ersten Stock zwei Zimmer mit Balkonen und Blick auf den Hafen, der gleiche Blick von der Frühstücksveranda. Geführt von der netten, jungen Anna Tataraki und ihrem Mann, beide sehr zuvorkommend. DZ ca. 40-60 DM. Tel. 0821/75647 oder 88518.

Lena (15), Theotokopoulou Str. 60 (Nordende der Straße, Nähe Fort Firkas). Die freundliche und hilfsbereite Wirtin Lena-Ute Konstantinidis ist Deutsche und vermietet insgesamt 13 Räume in zwei alten Häusern, eins davon ein großer Bau aus türkischer Zeit. Zimmer alle unterschiedlich, teils einfach, teils mit kretischem Mobiliar hübsch eingerichtet, z. T. eigene Du/WC und Kühlschrank. Im Eingangsbereich Sitzecke, außerdem Dachterrasse (allerdings nur mit Blick auf die Wäsche der Besucher). Lena betreibt an der Ecke auch ein kleines, gemütliches Nachbarschaftscafé. DZ ca. 30-45 DM, Dreibettzimmer 50 DM, Apartment für 4 Pers. 50-70 DM. Anfahrt: über die Pireos Str. zum Fort Firkas, die Pension liegt am Anfang der Theotokopolou Str. (Fußgängerzone) links. Tel./Fax 0821/86860, mobil: 093-2829788.

Artemis, Kondilaki Str. 13, John Gouverakis vermietet neben seinem Juwelierladen fünf vor kurzem renovierte und neu ausgestattete Zimmer mit Teppichboden, TV, Kühlschrank und Telefon. DZ ca. 60-80 DM. Tel. 0821/91196.

Kasteli (6), Kanevarou Str. 39, zentral gelegene Rooms, acht DZ (teilweise mit Bad) gruppieren sich um einen Hof mit Bananenstauden, ca. 40-60 DM mit eigenem Bad, ohne etwas preiswerter. Vorne im Haus eine Bar für die Gäste. In einem separaten Anwesen schräg gegenüber werden sehr hübsche Apartments im traditionellen Stil vermietet, gut geeignet für Familien, ca. 70 DM. Alekos, der junge Besitzer, kennt sich bestens in Chaniá aus und hilft gerne weiter. Nachts ist es auf der Straße recht laut. Tel. 0821/45314.

Ekali (11), Daskalojannis Str. 28, nordöstlich der Markthalle. Einfache, nette, kleine Pension unter deutscher Leitung. Das alte, schmale Haus besitzt eine steile Holztreppe, um die sich sechs Zimmer mit Holzböden/-decken und Nasszellen gruppieren, z. T. neu gestrichen und renoviert. Auf dem Flur Kühlschrank u. Kaffemaschine. Hinten kleiner Innenhof. DZ ca. 35-50 DM, keine Frühstücksmöglichkeit. Tel. 0821/ 50396.

Port (5), Sifaka Str. 73 (zweite Straße parallel zum Fischer- und Jachthafen), ruhig und sauber, angenehme Besitzer, ca. 40-60 DM. Kein Frühstück. Tel. 0821/59484.

Nikos (7), Daskalojannis Str. 58-63, geräumige und saubere Zwei- und Dreibettzimmer mit Kochnische, Du/WC und Balkon, z. T. Meeresblick, Fahrstuhl vorhanden. Tel. 0821/54783.

Lato, C-Kat., Ionias Str. 8, parallel zur Smirnis und Kidonias Str, nah beim Busbahnhof. Vorteil: Für die Verhältnisse von Chaniá relativ wenig befahrene Straße, zudem ist man in kürzester Zeit beim Bus. Saubere Zimmer, durchschnittliche Möblierung, Balkon zur Straßenseite. DZ ca. 40-60 DM. Tel. 0821/94745.

• *Außerhalb vom Zentrum*: **Theofilos**, Papanastassiou Str. 76, Rooms etwas östlich außerhalb vom Zentrum, jedes Zimmer mit Du/WC, auf Wunsch Frühstück auf der Dachterrasse, netter Besitzer, DZ ca. 35-60 DM. Leser A. Buch und O. Spindler schreiben: "Wenn man die Samariá-Schlucht von Chaniá aus angehen will, spielt der Besitzer morgens den Wecker und fährt die Gäste zum Busbahnhof". Tel. 0821/56288, Fax 53294.

Pelagia-Frini, Akti Papanikoli 30, ruhige Lage am Westende des Stadtstrands von Chaniá, Hotel mit geräumiger Taverne im Untergeschoss, kinderfreundlich. Familie Koukouvitaki hat 17 Jahre in Deutschland gelebt. Geräumiges Haus mit gut möblierten Zimmern, auch 3-Bettzimmer, vorne raus Meeresblick. DZ mit Bad ca. 65-70 DM. Tel. 0821/96047, Fax 76498.

• *Camping*: **Chania**, der einzige Platz in Stadtnähe, etwa 4 km westlich vom Zentrum, Bus ab Platia 1866/Kidonias Str. nach Agía Marína nehmen oder den häufigeren Bus nach Kolimbári und am EOT-Strand aussteigen (zweite Zufahrt). Der Platz ist beschildert und liegt etwa 5 Fußminuten von der Badebucht Ágii Apóstoli entfernt. Flaches Gelände mit schattigen Olivenbäumen, Taverne/Bar, Minimarket, Waschmaschine und Swimmingpool. Sanitäranlagen sauber, immer warmes Wasser. April bis Oktober. Tel. 0821/33125.

Essen (siehe Karte Umschlagklappe vorne)

Die früher zahlreichen Speiselokale am **venezianischen Hafen** sind in den letzten Jahren zusehends durch Bars und Cafés abgelöst worden. In den romantisch engen Gassen **hinter dem Hafenrund** machen dagegen jährlich neue interessante Tavernen auf. Erfreulicher Nebeneffekt dabei: Ein verfallener Palazzo nach dem anderen wird aufwändig restauriert. Die Atmosphäre ist allerdings mittlerweile sehr "touristisch" und das Preisniveau entsprechend hoch, wobei die Qualität des Gebotenen leider nicht immer mithalten kann. Alternative: Ebenso stimmungsvoll und meist ohne lästige Anmache sitzt man in den alteingesessenen Fischlokalen im benachbarten **Fischer- und Jachthafen**, die nach wie vor als Treffpunkte der Fischer und Anwohner dienen.

• *Fischer-/Jachthafen und Umgebung*: **To Karnagio (3)**, Platia Katechaki 8, ehemaliger "Insider"-Tipp an der Promenade zwischen venezianischem Hafen und Fischerhafen, in einer Außenecke der alten Stadtmauer, beim ehemaligen Zollhaus. Die

---

Die Gassen von Chaniá sind wie geschaffen zum Bummeln

etwas versteckte Lage hat das Lokal nicht vor der Entdeckung bewahrt – in den Sommermonaten sind binnen Minuten sämtliche Plätze besetzt. Sehr gute Küche, nette Bedienung, nicht billig. Leserempfehlung für das Pfeffersteak mit hervorragender Sauce, ebenfalls sehr gut die gemischte Fischplatte. Als Vorspeise: grüne Bohnen und Okra sowie Brot in Olivenöl mit Tomaten.

Matios, **Apostolis**, **Dinos**, **Faka (2)** u. a., die Tavernen am Fischerhafen gehören zu den ältesten der Stadt. Stimmungsvolles, authentisches Ambiente, direkt vor den Tischen sind die Boote angemacht. Fisch vom Grill, gebratener Oktopus und offener Wein. Im Faka ist der Hühnchenspieß beliebt.

• _Hinter dem venezianischen Hafen_: **Ekstra (28)**, auch "Café-Eateria", am Beginn der Zambeliou Straße, geführt von der deutschen Lin. Im schönen, alten Gewölbe mit Natursteinbögen mit kleinem Innenhof kann man in ruhiger Atmosphäre Kaffee trinken, frühstücken (mehr als zehn Kombinationen), essen (deutsch und griechisch) oder auch einfach nur Weißbier oder Wein trinken. Großes Lob für die stets frischen Speisen. Neu im Ekstra: Die schwarze Stiege, Atelier- und Galeriebetrieb des österreichischen Künstlers K. A. Hauenschild.

Tsikoudadiko (27), Zambeliou Str. 31, stilvolles Freilichtrestaurant im mit Efeu und Bildern geschmückten Innenhof des venezianischen Palazzo mit der berühmten lateinischen Inschrift an der Fassade (→ Sehenswertes). Ruhige Atmosphäre mit Kerzen auf den Tischen, Speisen alle frisch zubereitet, preislich bisher im Rahmen.

Tamam (26), Zambeliou Str. 49, seit Jahren ein Tipp, ganzjährig geöffnet und sehr beliebt bei der studentischen Jugend, mittlerweile auch bei Touristen. Markos und Eva servieren im stimmungsvollen Gewölbe des ehemaligen türkischen Bades hervorragende Hausmannskost, teils vegetarisch, auch gehaltvolle Suppen. Geräuschpegel allerdings relativ hoch. So geschl.

To Chani (30), großes Straßenlokal im ruhigen, baumbestandenen Parodos Kondilaki (Seitengasse der Kondilaki Str.), direkt vor der ehemaligen jüdischen Synagoge. Romantisch, ganz nach touristischem Geschmack aufgemacht, oft Gitarrenspieler und griechische Volksmusik live, immer gut besetzt, etwas teurer.

Semiramis (29), Skoufon Str. (zweigt von der Zambeliou Str. ab), klein angefangen, mittlerweile zur Großtaverne mutiert, die ei-

nen ganzen Gassenabschnitt samt benachbartem Hof belegt. Einrichtung teilweise orientalisch angehaucht. Bezüglich der Küche gemischte Leserreaktionen. Kerzen auf den Tischen, gelegentlich stimmungsvolle Live-Musik (Gitarre und Akkordeon).

Sultana's (23), Moschon Str. 2, versteckt im Gassengewirr hinter dem Hafen, malerisch aufgemachte Weintaverne mit einer Palme im Innenhof des Palazzo der venezianischen Familie Renier, der später lange im Besitz eines hohen türkischen Würdenträgers war (Name). Vorspeisenteller, Wein und Oúzo.

To Paradodiako, Theotokopoulou 25, obwohl mitten im touristischen Zentrum gelegen, hat sich diese Taverne etwas Ursprüngliches erhalten. Überwiegend griechisches Publikum, gute Küche.

• _Chalidon Str. und Umfeld_: Die Chalidon Str. führt von der Platia 1866 zum Hafen hinunter.

Moutouraki (31), Portou Str. 60, etwas versteckt in einem Seitengässchen der Chalidon Str., hübsche Ecke im Schatten der Schiavo-Bastion. Selbst wenn die Tavernen um den Hafen überfüllt sind, bekommt man hier meist noch ein ruhiges Plätzchen. Leserkomentar: "Kretische Küche, einfallsreiche Vor- und Hauptspeisen, aufmerksame Bedienung und dezente Beschallung mit kretischer Volksmusik. Beim Bezahlen wurde uns ein Dessert gereicht."

Tholos (10), Agion Deka 36, originelle und auffällige Szenerie in und auf den Trümmern eines venezianischen Palazzo, wirkt ziemlich touristisch. Die Kellner sind geschult und sprechen mehrere Sprachen, wirken aber auch manchmal sehr gestresst. Die Küche ist international und wird gelobt, Tipp ist das Cordon Bleu.

• _Splantzia-Viertel_: **To Pigadi tou Tourkou (9)** (The well of the turk), Platia Rouga/Kallinikou Sarpaki Str. 1-3, ungewöhnliche Taverne am zentralen Platz des ehemaligen Türkenviertels, vis-à-vis der unterirdischen Kirche Agía Iríni (→ Sehenswertes). Türkisch inspirierte Küche, griechische und französische Weine. Man kann auf der Gasse sitzen oder im Innengewölbe mit einem alten Marmorbrunnen (Name). Di geschl.

Anaplous (8), Sifaka Str. 34/Melchisedek Str. Ein altes Ruinenhaus ohne Dach wurde in ein malerisches Restaurant verwandelt, viel Platz auf mehreren Ebenen, mit indirektem Licht romantisch beleuchtet. Zu empfehlen sind z. B. _stifádo_ und _arní sfakianó_ (Hammel nach Art der Sfakiá). Als besondere Hausspezialität gibt es (allerdings nur auf Vorbestellung einen Tag vorher) *petrés* – Magen vom Lamm, gefüllt mit Fleisch und zwischen Steinen gekocht.

Plaka, Sifaka Str. 6, ursprünglich gebliebene, preiswerte Taverne, geführt von einer deutschsprachigen Wirtin mit ihrem Sohn. Einfache griechische Küche, besonders empfehlenswert der Tomatensalat mit in Zitrone eingelegten Oliven.

● *Markthalle*: Hier isst man sozusagen an der Quelle und kann sicher sein, Fleisch und Fisch stets frisch zu bekommen. Kein Wunder, dass fast ein Dutzend kleiner Ta-

vernen Kundschaft findet. Sehr guten Ruf genießt z. B. das **Bonne Petite** in der Fischabteilung, wo es täglich exzellente Fischsuppe gibt.

● *Stadtstrand*: im Stadtteil Nea Chora, knapp 10 Min. westlich der Altstadt. Die Strandpromenade bietet lange nicht soviel Touristenrummel wie der venezianische Hafen, so dass die Atmosphäre immer noch ein wenig ursprünglich ist.

Katofli, Akti Papanikoli, schräg gegenüber vom Fischerhafen neben einem kleinen Minimarkt. Bekannt als eine der besten Tavernen Chaniás. Zu empfehlen: gefüllter Tintenfisch und kretischer Salat.

Cafés/Nachtleben/Feste (siehe Karte Umschlagklappe vorne)

Herzstück des Nachtlebens ist die zentrale Hafenplatia **Eleftheriou Venizelou** mit ihren zahllosen, trotzdem bis auf den letzten Platz gefüllten Cafés und die sich beiderseits anschließenden Uferpromenaden. Abends trifft sich hier alles, man flaniert auf und ab, Touristen wie Chanioten gleichermaßen – die "Volta" am venezianischen Hafen ist sicher die ausgeprägteste der Insel. Ein weiterer Schwerpunkt der einheimischen Jugend ist die **Sarpidon Str.** am Ende des Fischer- und Jachthafens, wo eine Bar neben der anderen liegt. Geht man von dort weiter am Wasser entlang nach Osten, gelangt man zum **Akti Miaouli**, der Promenade des ehemals türkischen Stadtviertels **Koumkapi**. Neue Bars und Caféhäuser sind hier in jüngster Zeit wie Pilze aus dem Boden geschossen. Junges griechisches Publikum, viel Trubel.

● *Kafenia/Cafés*: Die schönsten Cafés sind in den Gassen des ehemaligen jüdischen Viertels Evraiki hinter dem venezianischen Hafen. **1900**, Kondilaki Str. 6, gediegenes, mit Liebe eingerichtetes Café im alten Zentrum – der richtige Platz, um mal ganz unter Griechen sein Bier zu trinken.

Synagoge, Parodos Kondilaki, ein Ruinenhof, der früher zur Synagoge Chaniás gehörte (→ Sehenswertes), wurde nach modernsten Kriterien in ein geschmackvolles Café aus Stein und Holz umgebaut.

Meltemi, gemütliches und immer gut besuchtes Tages- und Abendcafé am Nordende vom venezianischen Hafen, neben dem Nautischen Museum.

Tzedakis, Tsouderon Str. 9, Nähe Markthalle. Konditorei mit Café mitteleuropäischen Zuschnitts, Riesenauswahl an Torten und Teilchen (dazu wird ein Glas Wasser gereicht), viele Kaffeezubereitungen, allein zehn Sorten Espresso.

Kipos, traditionelles Caféhaus im Park, ausgedehnte Stuhl- und Tischreihen laden im Freien zum Sitzen ein. Vor allem abends ein beliebter Treff für die Einwohner von Chaniá, im Wintergarten spielen ältere Männer Távli oder Karten. Spiele kann man ausleihen. Täglich 6-23 h.

Kafe Vafe, Platia Vafe, im Herzen Nea Choras, westlich vom Zentrum. Gemütliches Kafenion abseits vom Touristenrummel, wo sich Chaniá von seiner ursprünglichen Seite zeigt. Geführt von Jill, Debra und Margret. Ideal auch für alleinreisende Frauen.

Proxenio, großes, restauriertes Archontenhaus am Eingang des Stadtviertels Chalepa. Edles Szenecafé mit wechselnden Ausstellungen, im Sommer gelegentlich Live-Musik im gemütlichen Garten.

● *Livemusik*: **Kafe Kriti (4)**, Kalergon Str. 22, Straße parallel zum Fischer- und Jachthafen. Täglich griechische Livemusik (Bouzouki und Lyra, Eintritt frei). In der Mitte Platz für Tanzfläche, an den Wänden Landkarten. Es geht hoch her.

● *Bars*: **Point Music Bar**, im ersten Stock an der Platia Eleftheriou Venizelou, hoch über den Massen, schöner Blick vom Balkon, Rock- und Jazzmusik.

Anekdoto, Zambeliou Str. (kurz vor Restaurant Tamam), kleiner "In"-Treff, heiße Musik.

Aoton, direkt neben Kafe Kriti. Neue Szenekneipe, am Wochenende oft Live-Musik, manchmal auch Theater.

Fagotto, Angelou Str.16, kleines Gässchen am Ende der Hafenpromenade. Beliebte Jazzkneipe, gelegentlich Piano-Musik live.

Chaniá und Umgebung

"X", Michail Gianari Str. 23, gegenüber von Goody's. Edle Musikkneipe, oft mit griechischer Live-Musik am Wochenende.

Konstantinopolo, Ep. Dorotheou Str. Gemütliche Kneipe mit überwiegend orientalischer Musik. Es können Wasserpfeifen gemietet werden (während der türkischen Besatzungszeit waren sie auch bei Kretern sehr beliebt). Schön sitzt man draußen in der kürzlich renovierten Fußgängerzone.

Four Seasons (1) (Tesseris Epoches), große, beliebte Bar am Fischerhafen. Schön zum Draußensitzen, abends viel Rummel, tagsüber dafür ruhig und bis spätnachmittags reichlich Schatten. Drinnen Tanzfläche.

● *Disco-Bars/Diskotheken*: Die Szene wird nicht nur durch die Einheimischen, sondern auch durch NATO-Soldaten verschiedener Nationalitäten geprägt, darunter viele amerikanische GIs.

Ein ganzes Bündel brüllend lauter Disco-Bars liegt am Nordwestende vom venezianischen Hafen, kurz vor dem Nautischen Museum. Renner der letzten Jahre war die **Kirki-Bar**, die mit ihrer aufwendigen Lichtanlage zum Tanzen animiert. Alternativen sind z. B. der "Underground"-Club **Street** und das benachbarte **Mythos**.

Klick, an der Hafenfront, unweit der Moschee, freundliche Leute, internationale Musik.

Notabene, Kondilaki Str. 8, hinter der Hafenfront. Bunte Kneipe mit lauter Rockmusik, etwas düster, fest in der Hand von kurzgeschorenen Jungmilitärs.

● *Kinos*: Im Sommer gibt es zwei Open-Air-Kinos, nämlich **Kipos** im Stadtpark und **Attikon**, El. Venizelou Str. 118. Gespielt werden internationale Filme im O-Ton mit griechischen Untertiteln.

Shopping (siehe Karte Umschlagklappe vorne)

Ein Einkaufsbummel in Chaniá macht dank der vielen liebevoll eingerichteten und eleganten Geschäfte viel Spaß, besonderer Wert wird auf Tradition gelegt. Webteppiche, Keramik und gediegenes Kunsthandwerk findet man vor allem in den Vierteln **Evraiki** und **Topanas**, hinter dem venezianischen Hafen. Traditionell ist Chaniá für seine **Lederwaren** bekannt, da hier Rohstoffe dank ausgeprägter Schafzucht in den Weißen Bergen immer genügend vorhanden waren. Einen ganzen "Leder-Basar" findet man in der Skridlof-Straße.

● *Bücher/Zeitungen/Zeitschriften*: **Xenos typos**, liebenswert unaufgeräumte Buchhandlung an der Hafenplatia Eleftheriou Venizelou, umfassende Auswahl deutschsprachiger Literatur über Kreta.

● *Ikonen*: **Mount Athos**, Kondilaki Str. 12, traditionsgetreu angefertigte Ikonen, dazu handgemachter Schmuck aus Ioanínna (Nordgriechenland).

● *Kunsthandwerk*: Diverse Werkstätten und Läden liegen verstreut in den engen Gassen des Viertels **Topanas** hinter der Hafenpromenade – Zambeliou, Theotokopoulou Str. und Seitengassen.

Chantra, Zambeliou/Theofanoustr. 1, mundgeblasene Glas- und Kristallgegenstände, handgeschmiedeter Silberschmuck, Kopien von Museumsexponaten.

Mat, Potie Str. 5. origineller Laden mit nettem Besitzer, dessen Frau hervorragend Deutsch spricht. Schach- und Tavlispiele aller Art, dazu die verschiedensten Figuren aus Messing, Ton und Holz, z. T. mythologische Figuren.

Metamorphosis, Theotokopoulou Str. 50, handgearbeitete Silberschmuckunikate aus ganz Griechenland.

Lithos, Sarpaki Str. 49 (Splantzia-Viertel), Bildhauerwerkstatt mit Laden, hergestellt werden originale Steinskulpturen.

● *Leder*: Die **Skridlof-Str.** ist die "Ledergasse" von Chaniá. Dutzende von Läden liegen hier dicht an dicht. Riesenauswahl an Stiefeln (ab ca. 50 DM), großen Taschen (ab ca. 60 DM), Sandalen, Brustbeuteln, Handschuhen usw. Vor allem in der Nachsaison gute Preise, wenn die Lager geräumt werden. Die Skridlof-Str. zweigt von der Chalidon-Str. rechts ab, wenn man zum Hafen hinuntergeht.

● *Markt*: Die große, kreuzförmige **Markthalle** von Chaniá ist nach dem berühmten Marseiller Vorbild entworfen. Sie liegt im Zentrum der lärmenden Neustadt, Platia Sofoukli Venizelou (→ Sehenswertes).

● *Messerschmiede*: Messer waren früher sehr wichtig für die Kreter, man trug sie als Statussymbol und um die eigene Wehrhaftigkeit zu zeigen. Einige authentische Läden der **Macherádes** (Messerschmiede), die noch nicht um Touristengunst buhlen, findet man in der Sifaka Str. 13 und 14.

● *Second Hand*: **To Basari**, Daskalojannis Str., an der Ecke zur Platia 1821. Es gibt

nichts, was es hier nicht gibt, z. B. auch eine Auswahl deutschsprachiger Bücher.
Monastiraki, Kissamos Str. 125. Bücher, Geschirr, Bilder u. v. m., manchmal sind auch alte kretische Möbel erhältlich.

● *Teppiche/Webwaren*: **Top Hanas**, Angelou Str. 3, beim Nautischen Museum die Gasse hoch. Sehr schöner Laden mit authentischen handgewebten Teppichen, Decken und Kelims, darunter auch wertvolle historische Stücke.

Roka, Zambeliou Str. 61 (gegenüber Pension Nostos), ebenfalls sehr schön aufge-

macht, seit vielen Jahren sitzt hier der aufgeschlossene Michalis Manousakis am Webstuhl. So geschl.

Penelope House, A. Ritsou Str. 3 (Topanas-Viertel), kleiner, sehr ansprechender Webladen mit engagiert gefertigten Stücken. Sofia Achmetoglou gelingt es auf wohltuend dezente Art, den Betrachter für ihren Stil zu gewinnen. Mitten im Laden ein älterer Webstuhl.

Saita, Sarpaki Str., neben Pension Fidias. Traditionelle Teppiche und Wandbehänge, alles handgewebt, preiswert.

Im venezianischen Hafen von Chaniá

Chaniá und Umgebung

Sehenswertes

Chaniá ist reich an Historie. Vor allem die alten Viertel um den venezianischen Hafen laden zum ziellosen Umherstreifen ein.

Neustadt

Sie umschließt das historische Zentrum um den Hafen und beherbergt die meisten öffentlichen Einrichtungen wie Post, Banken, Telefonzentrale, Flug- und Schiffsagenturen, Reisebüros usw.

Platia Sofoukli Venizelou: zentraler Verkehrsknotenpunkt der Stadt. Hier steht die kreuzförmige *Markthalle*, die ihresgleichen in Griechenland sucht. 1911-1913 wurde sie nach dem Vorbild der Marseiller Markthallen errichtet, für ihren Bau riss man den zentralen Turm der Stadtmauer ab. Nicht nur die

Architektur ist zu bestaunen, auch der Markt an sich ist sehenswert. Die Atmosphäre ist geschäftig, teilweise laut, aber nicht hektisch. Hervorzuheben sind die Stände der Fisch- und Fleischhändler und die winzigen Tavernen, wo man sehr lecker und preiswert essen kann.

Öffnungszeiten: **Markthalle**, Mo-Sa 8-13.30 h, 17-20 h, Mo, Mi und Sa am Nachmittag geschlossen.

Stadtpark: schattige Oase im Verkehrslärm, viele Bänke, ein großes Kafenion (→ Cafés), ein Freilichtkino und ein kleiner Zoo. In den Käfigen tummelt sich allerlei Federvieh. Auch Affen und sogar einige kretische Wildziegen *(Agrimiá)* mit ihren prächtig geschwungenen Hörnern sind untergebracht und schauen traurig durch den "Maschendrahtzaun".

Platia 1866: westlich der Platia Sofoukli Venizelou, neben dem Busbahnhof. Schöner Fußgängerplatz, der kürzlich umfassend restauriert wurde. Auffallend hier das üppige Grün, die Büsten einiger wehrhafter Kreter und ein sprudelnder venezianischer Brunnen mit acht Wasserhähnen zum Erfrischen.

Altstadt

Das historische Zentrum gruppiert sich um den venezianischen Hafen, der aus zwei nebeneinanderliegenden Becken besteht. Umgeben war es einst von einer Stadtmauer, die im Westen und Osten noch erhalten ist. Im Süden verläuft an ihrer Stelle die breite *Chatzimichali Gianari Str.*, die die Trennungslinie zur Neustadt bildet.

Chalidon Str.: führt von der Platia 1866 hinunter zum Hafen – viele Souvenirshops, Schmuck, Keramik und Rummel. Links zweigt nach wenigen Metern das Gässchen Emmanuel Baladinou zur großen *Schiavo-Bastion* ab, zu der ein Weg hinaufführt. Oben hat man einen herrlichen Blick auf die alten Schindeldächer um den Hafen, das hüglige Kastelli-Viertel und die Weißen Berge im Süden. Rechts zweigt von der Chalidon Str. die *Skridlof-Str.* ab, wo man alles bekommt, was aus Leder ist (→ Shopping).

Ein Stück die Straße hinunter, am Platz mit der großen *Kathedrale*, liegt auf der westlichen Straßenseite der leicht zu übersehende Eingang in einen Hof, in dem die *römisch-katholische Kirche* der Stadt steht. Im Hof führen Stufen zu einem kleinen privaten *Volkskunstmuseum* hinauf (Mo-Fr 9-13, 18-21, Sa 9-14 h, ca. 2 DM).

Die Chalidon Str. wenige Schritte weiter trifft man auf die äußerlich unauffällige Fassade der früheren venezianischen San-Francesco-Kirche, die heute das *Archäologische Museum* Chaniás beherbergt (→ Museen). Schräg gegenüber erkennt man die Kuppeln eines ehemaligen türkischen *Badehauses*, in dem heute u. a. ein Messingschmied seine Werkstatt hat.

Venezianischer Hafen: Das große Hafenbecken ist von pastellfarbenen venezianischen Häusern umgeben, deren Untergeschosse fast vollständig von Tavernen und Bars in Beschlag genommen sind. Auffallendstes Gebäude ist rechter Hand die markante ehemalige *Hassan-Pascha-Moschee*, nach den osmanischen Elitetruppen auch *Janitscharen-Moschee* genannt. Am Nordwestende der Hafenpromenade ist das sehenswerte *Nautische Museum* (→ Museen) im Hafenkastell *Fort Firkas* untergebracht. Die Befestigung mit hoher

Zinnenmauer und Rundturm wurde anfangs als Kaserne, dann lange als Gefängnis verwendet.

Hinter der westlichen Hafenfront findet man die zwei malerischsten Viertel der Stadt: Evraiki und Topanas. Die restaurierten Palazzi in den engen Gassen beherbergen heute kleine Hotels und Pensionen und sind oft richtige Schmuckstücke, vieles liegt jedoch seit langem in Trümmern.

Evraiki-Viertel: Die *Zambeliou Str.* bildet die Hauptachse des Viertels. Verstreut findet man historische Kostbarkeiten, so etwa unter Nr. 45 die einst stolze Fassade eines herrschaftlichen Hauses, über dessen Portal der edle Spruch prangt: *Nulli parvus est census, cui magnus est animus* ("Keiner wird gering geschätzt, der einen großen Geist besitzt").

Palazzo mit lateinischer Inschrift

Im Gebiet um die *Kondilaki Str.* wurden seit venezianischer Zeit die Juden gezwungen, zusammen zu leben. Die deutsche Wehrmacht deportierte 1944 fast alle jüdischen Chanioten in die Vernichtungslager Mitteleuropas. Mittlerweile haben hauptsächlich Tavernenwirte und Hoteliers den Reiz der alten Gassen entdeckt – das Viertel ist heute zum Ausgehen eine der schönsten Ecken der Stadt. Die *Synagoge* befindet sich im Haus Nr. 20 (Hausnummer übermalt) der Straße Parodos Kondilaki, einer von der Kondilaki Str. abgehenden Sackgasse. Lange Zeit verrottet und verriegelt, ist sie in den letzten Jahren restauriert worden und wurde im Oktober 1999 feierlich wiedereröffnet, Gottesdienste finden allerdings keine statt (tägl. 9-13, 17-19.30 h).

Topanas-Viertel: An ihrem Westende steigt die Zambeliou Str. mit Stufen ins Topanas-Viertel um die *Theotokopoulou Str.* hinauf. Benannt ist der Stadtteil wegen des nahen Hafenkastells Firkas nach dem türkischen Wort *top* (= Kanone). Der nördlichste Teil der Altstadt besteht aus malerischen, kleinen Gassen mit schiefen Fassaden, versteckten Durchgängen, verwinkelten Treppen und schmiedeeisernen Balkonen. Vor den Eingängen stehen üppige Topfpflanzen, überall spielen Kinder, Autos passen nicht hindurch. Das ganze Viertel wirkt stellenweise fast dörflich, es gibt zahlreiche hübsche Pensionen und Kunsthandwerksläden.

Kurz vor Beginn der Theotokopoulou Str. zweigt rechts ein schmales Gässchen ab (beschildert: Ag. Nikolaos), das durch einen Torbogen zum *Palazzo der venezianischen Familie Renier* in der Moschon-Gasse führt. Über dem Bogen sind noch das Baudatum 1608 und eine Inschrift erhalten: *Multa tulit fecitus et*

Malerwinkel im Topanas-Viertel

studavit dulces pater, sudavit et alsit semper requies serenat ("Vieles studierte und vollbrachte der liebe Vater, er schwitzte und litt, möge er in Frieden ruhen"). Gleich hinter dem Torbogen steht heruntergekommen *Agios Nikolaos*, die winzige Privatkapelle der Reniers. Auch die angrenzende Taverne Sultana's gehört zu dem Anwesen (→ Essen).

Fischer- und Jachthafen: der ursprünglichste Teil des Hafens, touristisch kaum "aufbereitet". Hier stehen noch sieben von einst 17 mächtigen *Arsenalen*. In venezianischer Zeit waren sie mit dem Meer verbunden und dienten als "Garagen" und Reparaturbetriebe für Frachtschiffe. Heute nutzen sie die Fischer als Trockendocks und Lagerhallen, auch eine Bootswerft ist am Ostende des Hafens darin untergebracht. Eins der Arsenal wird als städtischer Ausstellungsraum verwendet. Schöner Spaziergang auf die lange *Hafenmole* mit den Ruinen eines Forts und dem Leuchtturm an der Spitze.

Topkapi-Viertel: Wenn man am Ostende des Fischerhafens – dort, wo die lange Mole beginnt – am Wasser entlang weiter nach Osten geht, kommt man zu einem Durchbruch durch die ehemalige *Stadtmauer* mit mächtigen Bastionen und klobigen Mauerstücken. Davor lag einst das türkische Viertel *Topkapi*, heute breitet sich hier eine weite Bucht mit befestigtem Uferkai und schönem Blick auf die östlichen Vorbezirke von Chaniá aus. In den letzten Jahren wurden hier zahlreiche Nachtbars und Cafés eröffnet, so dass die Vorstadtidylle immer mehr in den Sog des touristischen Zentrums gerät.

Kastelli-Viertel: Östlich vom venezianischen Hafen, auf dem Hügel über dem heutigen Fischerhafen, standen der *Rektorenpalast* – der Amtssitz des venezianischen Statthalters – und andere wichtige Repräsentationsbauten. Dieser wichtige Hügel war sogar von einer eigenen Mauer umgeben. Heute wirkt hier alles kunterbunt durcheinandergewürfelt. Auf die Ruinen der Befestigungen sind Häuser und Pensionen gebaut, zwischen venezianischen Torbögen und altrömischen Hausruinen liegen viele Trümmergrundstücke und die leeren Hüllen von historischen Palazzi. In der Lithinon Str. 45 befindet sich ein ehemaliges *venezianisches Archiv* mit einer lateinischen Inschrift. Der

Rektorenpalast ist verschwunden, an seiner Stelle hat sich die Technische Fakultät von Chaniá etabliert.

An der Kanevaro Str./Ecke Kandanoleon Str. hat man bereits Mitte der sechziger Jahre begonnen, die Grundmauern von vier *minoischen Villen* auszugraben, die vielleicht Teil eines minoischen Palastes waren. Sie liegen hinter einem Drahtzaun direkt an der Straße. Die reichhaltigen Funde sind heute im Archäologischen Museum zu bewundern (→ unten).

Am Ostende der Kanevaro Str. kann man zu den Arsenalen, dem Zollhaus und anderen historischen Ruinen am Hafen hinuntersteigen.

Splantzia-Viertel: Das ehemalige Türkenviertel liegt vom Fischerhafen ein Stück landeinwärts. An der Platia 1821 steht die große *San-Nicolao-Kirche* aus venezianischer Zeit, deren rechter Glockenturm ein Minarett ist. Die Kirche wurde während der türkischen Besetzung als Moschee benutzt. An der Ecke zur Daskalojannis Str. entdeckt man die kleine Kirche *San Rocco*, laut Inschrift von 1630 (renovierungsbedürftig, nicht zu besichtigen).

Von der Daskalojannis Str. östlich und der Sifaka Str. nördlich eingerahmt, findet man ein wunderschönes, kleines *Wohnviertel*, das vom Tourismus noch gänzlich unberührt ist. Kleine Sackgassen, verfallene und teils wiederhergerichtete Häuser, Topfpflanzen und ruhige Gärtchen geben dem Viertel den Charakter einer ursprünglichen Oase in der Großstadt.

An der Platia Rouga (Verbreiterung der Kallinikou Sarpaki Str.) hat man erst vor wenigen Jahren die "Untergrundkirche" *Agia Irini* entdeckt. Ein paar Stufen steigt man hinunter in das baufällige Gewölbe mit zahllosen Heiligenbildern, das so vor den türkischen Besatzern verborgen blieb.

In der Chatzimichali Daliani Str. steht noch das gut erhaltene türkische *Minarett* der ehemaligen Achmed-Aga-Moschee.

Museen (Auswahl)

Archäologisches Museum: in der venezianischen San-Francesco-Kirche an der Chalidon Str., gegenüber vom Platz mit der Kathedrale. Die unscheinbare Fassade ist nahtlos in die Häuserzeile eingefügt, von außen fast zu übersehen. Umso lohnender ist dafür der weitläufig überwölbte Innenraum der hübschen Pfeilerbasilika – ein würdiger Rahmen für die Sammlung. Hauptsächlich Funde aus Westkreta sind ausgestellt, vom Neolithikum über Minoer und griechisch-hellenistische Antike bis zur römischen Besetzung.

Zunächst fallen die vielen gut erhaltenen *Sarkophage* aus spätminoischer Zeit auf. Sie stammen hauptsächlich aus der Nekropole Arméni bei Réthimnon. Im rückwärtigen Teil des Raumes sieht man eine Reihe von griechisch-hellenistischen Skulpturen und Grabstelen. Zwei schöne *Fußbodenmosaike* aus dem 3. Jh. n. Chr. zeigen Dionysos und Ariadne auf Náxos, Dinoysos und den Hirtengott Pan sowie den Meeresgott Poseidon mit seiner Gespielin Amymone. In den zahlreichen Vitrinen sind hauptsächlich Kleinfunde ausgestellt. Die teils sehr gut erhaltene *minoische Keramik* stammt zum großen Teil von Ausgrabungen, die in den sechziger und siebziger Jahren in Chaniá selber durchgeführt wurden. Weiterhin gibt es aus spätminoischer Zeit eine umfangreiche Sammlung von *Siegeln* und *Täfelchen* mit Linear-A-Schrift. Besonders eindrucksvoll ist ein Tonstempel, der eine hoch gewachsene Person darstellt, die auf dem Dach eines großen, mehrstöckigen Gebäudes, vielleicht eines minoischen Palastes, steht. Auch die Schrifttäfelchen weisen inhaltlich auf die Existenz eines minoischen Palastes in Chaniá hin. Dazu kommen rot- und schwarzfigurige Vasen aus griechischer Zeit, Salbölgefäße aus farbigem Glas, Öllämpchen, Schmuck, Münzen und vieles mehr. Im Museumsgarten bildet ein elegantes, zylinderförmig zulaufendes türkisches *Brunnenhaus* den Blickfang.

Öffnungszeiten/Preise: Di-So 8.30-15 h, Mo geschl., ca. 3,50 DM, EU-Stud./Schül. frei.

Nautisches Museum: am Nordwestende der Hafenpromenade, zu erkennen an dem großen, schwarz angestrichenen Anker am Eingang. Soúda, der Hafen von Chaniá, hatte immer eine große strategische Bedeutung, auch heute ist die Halbinsel Akrotíri noch geprägt von militärischer Präsenz.

Gleich im Eingang lehrt ein 7 m langer Torpedo den Besucher das Fürchten, es folgen historische Gemälde, Landkarten und Stadtplän sowie Modelle und Fotos von Kriegsschiffen, Torpedobooten und U-Booten. Die alten Navigationsinstrumente stammen teilweise noch aus der Zeit vor dem Ersten Weltkrieg. Man findet den Steuerplatz eines Kriegsschiffs rekonstruiert, uralte MGs, Kompasse, Teleskope, eine Schiffsschraube ... Interessant sind das Modell der Stadt Chaniá und ein Modell der Hafenarsenale, in denen eine Reparaturwerft untergebracht war. Ein Raum ist auch historischen Seeschlachten gewidmet, u. a. ist die berühmte Schlacht von Salamis zwischen Griechen und Persern (480 v. Chr.) mit kleinen Modellschiffen rekonstruiert. Nach all diesem säbelrasselnden Kriegszierat bildet der letzte Raum mit einer Sammlung von Muscheln, Korallen, Seesternen und konservierten Seetierskeletten einen willkommenen Kontrast. Der ersten Stock ist dem Kampf um Kreta im Zweiten Weltkrieg gewidmet. Anhand zahlreicher Fotos werden der Angriff der deutschen Truppen und die folgende Besatzerwillkür dokumentiert sowie Partisanenwiderstand und Leid der Zivilbevölkerung.

Öffnungszeiten/Preise: Mo-Sa 10-16 h, So geschl., ca. 3,50 DM, Stud./Schül. ermäßigt.

Historisches Museum und Archiv: untergebracht in einer klassizistischen Villa in der Neustadt, Sfakianaki Str. 20 (nicht weit vom eleganten Platz mit dem großen Gerichtsgebäude). Die ruhmreiche jüngere Vergangenheit Kretas lebt hier wieder auf. Martialische Gemälde, Waffen, zerbombte Fahnen und vieles mehr zeugen vom Freiheitskampf der Kreter gegen die Türken bis zur "Battle of Crete" im Zweiten Weltkrieg. Im Erdgeschoss ist das Historische Archiv Kretas untergebracht. In hohen Regalen lagert eine riesige Sammlung von verstaubten Akten und Dokumenten, u. a. werden hier die Dokumente des kretischen Befreiungskampfes im 19. Jh. verwahrt.

Öffnungszeiten/Preise: Mo-Fr 9-13 h, Sa/So geschl., Eintritt frei.

▶ **Chaniá/Baden:** Der etwa 400 m lange *Stadtstrand* liegt 10 Min. westlich vom venezianischen Hafen im Stadtteil Nea Chora. Man geht die Uferpromenade immer am Wasser entlang, kommt an einem großen Schwimmbad vorbei und gelangt zum neuen Fischer- und Jachthafen. Benachbart liegt der Strand, dahinter einige Hotels, Bars und das übliche touristische Zubehör. Zu mieten sind Surfbretter, Kanus und Tretboote, Sonnenschirme und Liegestühle. Weitere Strände westlich von Chaniá.

> **Tipp**: Insbesondere am Wochenende, wenn der Strand von Nea Chora proppenvoll ist, lohnt sich ein Ausflug per Tretboot oder Kanu zur vorgelagerten Insel Lazarétto.

Westlich von Chaniá

Richtung Westen durchweg flach und über weite Strecken unattraktiv. Jeder Quadratzentimeter wird allmählich für touristische Zwecke genutzt, ein wahrer Wildwuchs von Apartments, Tavernen, Autoverleihern, Snackbars und Tourist-Shops prägt die Szenerie.

Mehrere Sandstrände liegen nur wenige Kilometer außerhalb. Natürlich sind sie wegen der unmittelbaren Stadtnähe meist sehr voll, bieten aber ideale Möglichkeiten, rasch dem lauten Stadtleben zu entfliehen.

> **Tipp**: Wenn Sie die Straße nach Kíssamos fahren, entdecken Sie etwa 1 km außerhalb der Stadtgrenze von Chaniá linker Hand (gegenüber BP-Tankstelle) einen grimmigen Bergadler aus Stein, der pfeilschnell auf sein Opfer niederstößt. Es handelt sich dabei um ein nationalsozialistisches Kriegerdenkmal, das 1941 von deutschen Fallschirmjägern errichtet wurde. Erschreckend ist vor allem die Texttafel: "Euch Toten gebührt der Dank, die ihr fern der Heimat getreu eurem Fahneneid das Leben gabet unserem Großdeutschland". Dass die Kreter dieses Machwerk dulden, ist erstaunlich.

▶ **Agía Marína:** Besteht auf den ersten Blick nur aus Ferienhäusern, Hotels und den üblichen touristischen Einrichtungen. Doch der eigentliche Ortskern liegt landeinwärts der unruhigen Straße auf einem Hügel, dort haben sich einige nette Tavernen etabliert. Der Strand ist kilometerlang und schön, gegenüber liegt die kleine Felseninsel *Ágii Theódori* mit Resten von venezianischen Festungsbauten (Ausflug kostet je nach Saison ca. 25-35 DM, Kinder frei).

• *Anfahrt/Verbindungen*: ab **Busbahnhof** in Chaniá Bus nach Kolimbári nehmen (etwa alle halbe Stunde), letzter Bus um 21.30 h.

• *Übernachten*: zahlreiche, neu erbaute Unterkünfte.

Haris, B-Kat., am westlichen Ortsende direkt am Strand, modern und gepflegt, Süßwasserpool. DZ ca. 70-120 DM, pauschal über Neckermann und Alltours. Tel. 0821/60173, Fax 68393.

Manias, C-Kat., sehr gut ausgestattete Studios und Apartments, von Lesern empfohlen, ca. 70-120 DM. Tel. 0821/60288, Fax 68838.

Amalthia Bungalows, B-Kat., gepflegte Studioanlage zwischen Straße und Strand, mehrere zweistöckige Bungalowhäuser, alle Studios mit Bad, Kochecke und Balkon, schattige Restaurantterrasse am Strand.

Studio ca. 80-120 DM. In der Hochsaison durch Reiseveranstalter belegt. Tel. 0821/68542, Fax 68004.

Ta Thodorou, C-Kat., Hotel gleich neben den Amalthia-Bungalows. Kleiner, überschaubarer und persönlicher, sogar mit etwas Rasen und einigen schattigen Bäumen. DZ etwa 50-80 DM. Tel. 0821/68510.

• *Essen*: Am Dorfplatz von Agía Marína, ein Stück landeinwärts von der Durchgangsstraße, liegen einige gute Tavernen, wo man preiswerter isst als in Chaniá, z. B. **The Falcon** und **Manolis**. Leserempfehlung außerdem für **Aletri**, ebenfalls bei der Tankstelle hinauf, nach 50 m rechts.

• *Sport*: **Trekking Plan**, Fahrradverleih und geführte Touren. Tel./Fax 0821/60861, E-Mail: sales@cycling.gr; Internet: www.cycling.gr

Chaniá und Umgebung

▶ **Plataniás:** Der Ort hat sich voll dem Tourismus geöffnet. Unterkünfte aller Couleur sind aus dem Boden geschossen, und mit dem östlich benachbarten Agía Marína ist es schon fast zusammengewachsen. Der feine, graue Sand-/Kiesstrand ist durch Stichstraßen zu erreichen. Während Plataniás am Meer teilweise noch ländlich geprägt ist und auch einen Fischerhafen besitzt, ist der neue Ort an der Durchgangsstraße voll dem Verkehr ausgesetzt. Idyllisch wirkt dagegen *Páno Plataniás*, der alte Ortskern von Plataniás auf dem steilen Hügelkamm über der Straße.

> **Tipp:** Eine Bimmelbahn kutschiert Urlauber in der Saison alle habe Stunde durch den Ort und Umgebung. Abfahrt am zentralen Platz an der Durchgangsstraße.

● *Anfahrt/Verbindungen:* Die häufigen Busse von und nach **Chaniá**, **Kíssamos** und **Kolimbári** halten in Plataniás.

● *Übernachten:* **Creta Paradise Beach**, A-Kat., 2 km westlich, komfortable Anlage im kretischen Dorfstil direkt am Strand unterhalb des Örtchens Geráni, schön aufgemacht, ruhige und ländliche Umgebung. Sand-/Kiesstrand, Süßwasserpool mit Kinderbecken, Animation, Kinderclub. Pauschal z. B. über Attika und TUI. Tel. 0821/61315, Fax 61134.

Geraniotis Beach, B-Kat., große, geschmackvolle Hotelanlage am westlichen Ortsausgang, direkt am Strand, moderne Zimmer mit dunklen Holzmöbeln und Meerblick, großer Garten, Pool mit Kinderbecken. Gut für Kinder geeignet. Pauschal z. B. über Kreutzer oder Alltours. DZ ca. 110-150 DM. Tel. 0821/68681-2, Fax 68683.

Filoxenia, C-Kat., im Zentrum, direkt an der Straße. Speiseraum mit freundlicher Holztäfelung, Fotos zufriedener Gäste als Zierde, Zimmer mit Balkon, schattig. DZ ca. 50-80 DM. Tel. 0821/68502, Fax 60708.

Canada's Montreal, Bungalowanlage im östlichen Ortsbereich, unterhalb der Durchgangsstraße, ca. 100 m vom Strand, ca. 60 DM. Tel. 0821/68821.

Agrimia, Apartments im oberen Ortsteil, sehr ruhige Lage, mit Pool.

● *Essen:* Besonders schön isst man am Hügel oben, z. B. in der kleinen Taverne **Old Village Nest**. Leserempfehlung außerdem für das Lokal **Charoupia** an der Auffahrt zum alten Ortskern, mehrere kleine Etagen mit herrlichem Blick, normale Preise.

Pirgos, am östlichen Ortsausgang, beliebtes Lokal in einem restaurierten venezianischen Wohnturm, umgeben von Palmen. Mehrmals wöchentlich Bouzouki live.

To Kantari, schönes Gartenlokal an der Durchgangsstraße.

Milos, am westlichen Ortsausgang. Eine ehemalige Wassermühle wurde zu diesem stimmungsvollen Restaurant umgebaut. Der große, schattige und angenehm kühle Terrassengarten liegt neben dem alten Mühlenbach, im Wasser tummeln sich Enten und Gänse. Große Auswahl.

Gregory's, Pool Bar mit Restaurant am Meer.

● *Nachtleben:* **Portokali**, an der Zufahrtsstraße zur National Road, eine der größten und beliebtesten Discos der Insel.

Milos Club, reizvolle Disco in einer umgebauten Wassermühle von 1830 (nur Juni bis September).

● *Kino:* Während der Sommermonate ist ein **Freilichtkino** geöffnet, von der Durchgangsstraße beim Restaurant To Kantari den Weg Richtung Strand einschlagen.

▶ **Máleme:** Weit unterhalb der Durchgangsstraße langer, schattenloser Strand aus feinem Kies, dahinter einige hübsche Apartmentanlagen mit viel Grün. Aber auch ein Treibstofflager, Kaserne und Militärflughafen prägen das Bild. Das Gebiet um Máleme war bei der Landung der deutschen Fallschirmjäger und Lastensegler im Mai 1941 eine erbittert umkämpfte Stellung. Auf der damaligen Höhe 107 liegt heute der deutsche Soldatenfriedhof von Kreta.

● *Übernachten:* Am Strand unten wohnt man schöner und viel ruhiger als an der Durchgangsstraße.

Louis Creta Princess, A-Kat., etwas älterer Riesenkomplex mit allen Einrichtungen direkt am Strand. Großer Swimmingpool, gepflegte Rasenflächen, Tennis, Basket- und Volleyball, Disco, griechische Abende, Animationsprogramm. DZ mit Frühstück ca. 180-320 DM, im Sommer nur Halbpension. Pauschal über TUI. Tel. 0821/62221, Fax 62406.

Flisvos, C-Kat., Apartmentanlage in ruhiger Lage an der Straße zum Strand, 1990 eröffnet. Apartments z. T. über zwei Etagen. Studios 55-90 DM, Apartments (max. 2 Erw., 2 Kinder) 80-130 DM. Tel. 0821/ 62188.

Mike, schöne, große, helle Apartments von Mike und Eleni direkt am Meer, daneben "Mike's Pool Bar", aber kein Barlärm.

Catrin Beach, moderne Apartments, sehr ruhig und etwas zurück vom Strand.

● *Essen*: **Vakchos**, an der Durchgangsstraße, aus Richtung Chaniá kommend kurz hinter dem Ortseingang. Lokale Spezialitäten zu fairen Preisen, sehr sauber, nette Atmosphäre. Herr Koukouvitakis serviert und kassiert, seine Frau, die sehr gut Deutsch spricht, kocht.

Am Strand unten findet man einige hübsche Tavernen und Bars, z. B. die Taverne **Maleme**.

● *Sonstiges*: **Mike's Pool-Bar**, schön gestaltete Bar mit Schwimmbad, direkt am Meer.

Derés, Reitstall 9 km landeinwärts (beschildert). Reitunterricht und geführte Ausritte. Tel. 0824/31339, Fax 31900.

Deutscher Soldatenfriedhof auf Kreta

Die leicht ansteigende Anlage liegt inmitten ausgedehnter Weinplantagen auf einer Anhöhe hinter Máleme. Gegenüber vom großen Klotz des Louis-Maleme-Beach-Hotels geht der beschilderte Weg von der Durchgangsstraße ab. 4465 deutsche Soldaten aus den Kriegsjahren 1941-45 ruhen in langen Reihen auf diesem Friedhof. Auf den schlichten Grabplatten sind Namen und Lebensdaten von jeweils zwei Gefallenen eingraviert. Die Gräber sind in vier Komplexen angeordnet – die Hauptkampfzonen Chaniá, Máleme, Réthimnon und Iráklion sollen damit deutlich gemacht werden. Auf dem Gedenkplatz in der Mitte sind die Namen von 400 Gefallenen verzeichnet, die auf See gefallen sind und nicht geborgen werden konnten. Am Eingang kann man das Namensbuch der durchweg 20- bis 25-Jährigen einsehen.

▶ **Tavronítis:** Ländlich-ruhiges Dorf zwischen Gemüsefeldern und Schilf. Touristen sieht man nur am Busstopp, denn hier zweigt die Straße zur Südküste nach Paleochóra ab. 1941 war die Brücke über den östlich vom Ort ins Meer mündenden Fluss mindestens so heftig umkämpft wie das benachbarte Máleme. Den kilometerlangen Strand erreicht man auf einer Stichstraße, er besteht allerdings ausschließlich aus großen Kieselsteinen und ist zudem nicht besonders sauber.

● *Anfahrt/Verbindungen*: Die Busse von Chaniá nach Kíssamos halten hier, etwa 13 x täglich in beiden Richtungen. 5 x täglich geht der Bus von Chaniá nach **Paleochóra**. Etwa 30-45 Min. später ist der Bus in Tavronítis. **Bushaltestelle** bei den Obstständen.

● *Übernachten*: An der Stichstraße zum Meer gibt es eine Reihe von sympathischen Unterkünften.

Irini, die Stichstraße zum Meer etwa 750 m entlang, rechte Seite. Pension mit ordentlichen Zimmern und familiärer Atmosphäre. Herr Kokolakis spricht gut Deutsch, hat lange in Stuttgart gearbeitet.

Lykasti, C-Kat., Apartmentanlage schräg gegenüber von Irini, relativ neu und gepflegt, mit Pool, ca. 80-140 DM. Tel. 0824/ 22822, Fax 22358.

▶ **Kolimbári:** Kleiner Fischer- und Badeort am Fuß der einsamen Halbinsel Rodópou, die Häuser kleben auf der schmalen Fläche zwischen Meer und den Felshängen, der Fischerhafen ist durch eine große Mole geschützt. Vor der betonierten Uferpromenade beginnt ein Kiesstrand, der sich kilometerweit nach Osten zieht. Dort herrscht erhebliche Bautätigkeit – Studios, Suiten,

Chaniá und Umgebung

Der Fischerhafen Kolimbári am Fuß der Halbinsel Rodópou

Apartments, Villen, durchweg in Entfernung von 100-200 m zum Meer. Ausländische Urlauber verirren sich trotzdem eher selten hierher, denn der grobsteinige Strand ist wenig ansprechend.

● *Anfahrt/Verbindungen*: Die Busse Chaniá-Kíssamos halten an einem Platz an der Durchgangsstraße, von hier sind es etwa 500 m eine schattige Baumallee entlang in den Ortskern. Die Busse Chaniá-Kolimbári fahren in den Ort hinein.

● *Übernachten*: **Kolimbari Beach**, C-Kat., östlich außerhalb, moderne Anlage mit schönem Garten. Tennis, Spielplatz, Pool. DZ und Apartments. Tel. 0824/22725.

Kastalia Suites, Apartmentanlage unterhalb von Kamisianá (östlich von Kolimbári), direkt an der Straße, die Wohnungen in Richtung Strand sind aber ruhig. Die geräumigen Apartments besitzen Wohn- und Schlafraum, Kochnische, Kühlschrank, Du/WC. Mit Pool, Strand ist 5 Gehmin. entfernt. Tel. 0824/22268.

Weitere neu erbaute Unterkünfte liegen ebenfalls in Strandnähe, z. B. **Irini Beach Studios**.

Dimitra, E-Kat., ruhig gelegen, das letzte Haus im Ort. Gleich dahinter beginnt der felsige Steilhang, nur ein paar Schritt sind es noch zum Kloster Goniá. Weiß getünchtes Haus, schlichte Zimmer. Freundliche Besitzer, Wirtin spricht Deutsch. DZ mit Du/

WC ca. 35-50 DM, gutes und preiswertes Frühstück. Tel. 0824/22244.

Ordentliche Zimmer mit nettem Wirt gibt's über dem Lokal **Lefka** am rundum laufenden Balkon.

● *Essen*: **Lefka**, vom Platz, wo die Busse an der Durchgangsstraße halten, ein paar Schritte die Straße hinunter. Gutes und freundlich geführtes Fischlokal mit schattigen Lauben, auch Einheimische kommen gerne hierher.

Diktyna, in der Ortsmitte, gegenüber der Bäckerei, schöne Terrasse zum Meer. Leserkommentar: "Hier haben wir herrlichen Tzatziki gegessen, aber auch alles andere, was wir in zwei Tagen kosten konnten, war hervorragend. Besonders erwähnt seien die frittierten Zucchini und der preiswerte Hauswein."

Gemütlich mit Meeresblick sitzt man auch in den anderen Fischtavernen auf der Betonmole am langen Kiesstrand: **Argentina**, **Kyma**, **Edem** u. a.

Mylos tou Tserani, stilvolles Café in einer umgebauten Mühle Nähe Fischerhafen. Exponierte Lage am Meer, ausgesprochen nette Bedienung.

Tipp: Im Sommer macht ein Kaiki Fahrten zur Badebucht Ménies am äußersten Ende der Rodópou-Halbinsel. Am Südrand der Bucht stehen die Ruinen eines Tempels, der der Nymphe Díktina geweiht war. Auch die Ruinen des ehemaligen Kloster Ágios Geórgios findet man dort in der Nähe.

Kloster Goniá

Eins der meistbesuchten und bekanntesten Klöster Kretas, hinter Kolimbári unmittelbar an der niedrigen Klippenküste. Sehenswert ist vor allem die große Ikonensammlung im Museum.

Die Ursprünge des Klosters gehen bis ins 9. Jh. zurück. Damals gründeten Eremiten an der Spitze der Halbinsel Rodópou das kleine Kloster Ágios Geórgios, seine Ruinen stehen noch heute (→ oben). Wegen der andauernden Piratenüberfälle verlegte man das Kloster schließlich an die Stelle, wo es heute steht. Im Folgenden war Goniá eins der wichtigsten Zentren im Kampf gegen die türkische Fremdherrschaft und wurde Ende des 19. Jh. als eins der ersten Klöster von der griechischen Armee befreit. Auch im Zweiten Weltkrieg fungierte das Kloster Goniá als Zentrum des Widerstands, wurde 1941 von den deutschen Truppen besetzt und als Lazarett genutzt.

Von außen ist Kloster Goniá ein schmuckloser, quadratischer Bau mit wehrhaften Mauern. Man betritt zunächst den gepflasterten *Innenhof* mit Weinstöcken, Zitronenbäumen und Araukarien. In der Mitte steht die hübsche Kirche mit byzantinischer Kuppel, Glockenturm und einer dreigeteilten Apsis (Dreikonchenkirche). Im weihrauchduftenden Inneren prangt eine prächtige *Ikonostásis* (Altarwand), deren Bildwerke hauptsächlich vom berühmten Mönch und Ikonenmaler Parthenios (17. Jh.) stammen. Weitere Ikonen hängen an den Längswänden. Am beeindruckendsten ist wohl das farbenprächtige Gemälde an der linken Wand, das das "Jüngste Gericht" darstellt. Seitlich der Kirche liegt das *Klostermuseum* mit liturgischen Schriften, Priestergewändern, vor allem aber einer großen Anzahl wertvoller nachbyzantinischer Ikonen. Die meisten stammen von Konstantinos Paleokapas und dem Mönch Parthenios (beide 17. Jh.), es sind aber auch einige wesentlich ältere dabei. Bemerkenswert das vielfigurige Menschengewimmel der "Geschichte des Josef", außerdem "Christi Kreuzigung", "Die immerblühende Rose", "Der heilige Nikolaos", "Johannes der Eremit" u. v. a. Hinter der Kirche fällt eine Stützmauer steil zum Meer ab. Dort steckt seit dem 14. Juni 1867 die Kanonenkugel eines türkischen Kriegsschiffs, weitere sind auf dem Geländer der Brüstung platziert.

Wichtigster Feiertag des Klosters ist der 15. August, an dem die *Theotókos-Odigítria* (Gottesmutter-Führerin) verehrt wird, der das Kloster geweiht ist.

● *Öffnungszeiten/Preise*: Mo-Fr 7-12.30 h, 16.30-19 h, Sa 16-19 h. Kein Einlass mit Shorts. Ein deutschsprachiger **Prospekt** liegt am Eingang der Kirche aus, eine kleine Spende wird erwartet. Das Museum kostet etwa 2 DM Eintritt.

▶ **Orthodoxe Akademie**: Die moderne, mit Mitteln der Kirche und der EU erbaute Akademie liegt ein Stückchen nördlich vom Kloster. Sie wurde 1965 von dem heute über 90-jährigen Bischof *Irinäos*, dem Metropoliten des Bezirks

Kíssamos, gegründet. Hier finden internationale ökumenische Kongresse statt, außerdem werden Weiterbildungskurse für die Bevölkerung angeboten. Ein Anliegen der Akademie ist es aber auch, Urlaubern die Möglichkeit zu geben, ihre Kenntnisse über Kreta zu vertiefen, deswegen gibt es auch Sprachkurse sowie Freizeitaktivitäten wie Töpfern, Seidenmalerei und Weben.

Öffnungszeiten/Preise: Informationsbüro Mo-Fr 9-13, 16.30-20 h, Tel. 0824/22245, Fax 22060.

▶ **Episkopí:** Von Kolimbári zweigt eine Straße Richtung Süden ins 9 km entfernte Dorf Episkopí ab. Außerhalb des früheren Bischofssitzes steht in einem vegetationsreichen Tal die auch für Laien interessante Kirche *Micháil Archángelos* (Erzengel Michael). Sie stammt wahrscheinlich aus dem 10. Jh., besitzt eine auf Kreta einzigartige Kuppel mit fünf treppenartigen Abstufungen (Rotunde) und steht auf den Fundamenten einer frühchristlichen Basilika. Angefügt sind Klosterbauten aus venezianischer Zeit.

Öffnungszeiten/Preise: tägl. 9-17 h, ca. 3,50 DM.

Östlich von Chaniá

In erster Linie lohnt ein Ausflug auf die Halbinsel *Akrotíri*, die sich nordöstlich von Chaniá erstreckt. An der Südseite der Bucht von Soúda liegen außerdem der britische Soldatenfriedhof, die Ruinen der dorischen Stadt *Áptera*, das Küstendorf *Kalíves* und die reizvolle, ländliche Halbinsel *Drápanos*.

▶ **Kloster Chrissopigí:** von Chaniá in Richtung Soúda fahren und nach ca. 3 km rechts in die Straße nach Maláxa einbiegen (beschildert). Das ummauerte Kloster erreicht man über eine Alleestraße mit Eukalyptusbäumen. Die Anlage gruppiert sich um eine reich ausgestattete Kirche, besitzt einen schönen, großen Hof und wird von einem guten Dutzend Nonnen bewirtschaftet. Es gilt heute als eins der wichtigsten spirituellen Zentren Kretas. Eine Besonderheit ist die inselweit bekannte *Ikonen-Werkstatt* des Klosters. Hier stellen die Nonnen im Auftrag von Kirchen und Klöstern Ikonen her, einige wenige sind auch frei verkäuflich.

Öffnungszeiten: tägl. 8-12, 15.30-18 h. Eine Besichtigung der Werkstatt ist nur mit spezieller Erlaubnis möglich.

Akrotíri-Halbinsel

Flaches, leicht welliges Plateau nordöstlich von Chaniá, im äußersten Norden von einer steilen, ungeheuer eindrucksvollen Bergwand abgeschirmt.

Der rostrote Boden ist nur spärlich bewachsen, Olivenbaumpflanzungen, Weinplantagen, eine Handvoll Bäume und viel dornige Phrygana bilden die karge Vegetation. Dementsprechend dünn besiedelt ist die Halbinsel. Früher war sie wohl ein idealer Zufluchtsort für Mönche, denn gleich vier Klöster stehen in der Einsamkeit. Seit Anfang der siebziger Jahre leider auch Raketen: Trotz heftiger Proteste der Bevölkerung hat die NATO im Osten der Halbinsel eine wichtige Abschussbasis für Cruise Missiles errichtet ("Namfi-

Base"). An den kleinen Stränden nahe der Basis sonnen sich nicht wenige deutsche Bundeswehrsoldaten. Trotzdem wirkt Akrotíri ursprünglich wie eh und je, wenn man sich vom Flugplatz und den militärischen Anlagen fernhält. Zusehends bauen sich die Einwohner von Chaniá allerdings Ferienhäuser und Apartments an die wenigen Strände der Westküste.

Im winzigen Örtchen Stavrós an der äußersten Nordwestspitze sind große Teile des Films *Aléxis Zórbas* gedreht worden. Aber auch ohne diese "Attraktion" lohnt sich ein Tagesausflug. Interessante Ziele sind das Kloster *Agía Triáda*, mitten in der Bergeinsamkeit die Ruinen des ehemaligen Klosters *Katholikó* und darüber das neuere Kloster *Gouvernéto*.

> **Hinweis**: Wegen der massiven Militärpräsenz ist Tieffluglärm über Akrotíri obligatorisch!

• *Anfahrt*: Von Chaniá nach **Stavrós** nimmt man von der Markthalle in Chaniá die breite Eleftheriou Venizelou Str. nach Osten. Den Schildern nach geht es durchs ehemalige Diplomatenviertel **Chalépa**, danach den Berg hinauf, dort kommt bald die Abzweigung zum Grabmal von Eleftherios Venizélos in Sicht. Kurz danach muss man die Straße nach **Kounoupidianá** nehmen, die links von der Hauptstraße abzweigt (die Hauptstraße führt weiter zum Flughafen, zur Nato-Base und nach Stérnes). In Kounoupidianá gabelt sich die Straße, dort rechts halten. Gleich nach dem Ortsausgang kommt die Abzweigung nach Stavrós, 7 km.

• *Verbindungen*: **Busse** fahren ab Busbahnhof in Chaniá etwa 4 x täglich nach Stavrós und zum Kloster Agía Triáda.

> **Tipp**: Oberhalb Chalépas liegt links der Straße nach Akrotíri "Paramythopoli", eine Spielburg, wo sich Kinder von 4-10 Jahren amüsieren können. Es gibt dort viele Springburgen, Rutschen usw. Der Besuch kostet ca. 10 DM.

▶ **Grabstätte von Elefthérios und Sófoklis Venizélos**: Eine geeignetere Stelle für die Gräber des bedeutendsten Politikers Kretas und seines Sohnes hätte man wohl kaum finden können. Die weitläufige Anlage aus weißem Alabaster thront unter buschigen Aleppokiefern hoch über der ehemaligen Hauptstadt Chaniá wunderschön am Berghang. *Elefthérios Venizélos* (1864-1936) aus Mourniés bei Chaniá wird in Kreta fast wie ein Heiliger verehrt, denn unter seiner maßgeblichen Beteiligung wurde 1913 nach Türkenherrschaft und Protektorat der Großmächte der ersehnte Anschluss an Griechenland vollzogen. Sein Sohn *Sófoklis* war nach dem Zweiten Weltkrieg griechischer Ministerpräsident und starb 1964.

▶ **Kaláthas**: Ort, der nur aus Apartments, Ferienvillen und Bungalows zu bestehen scheint. Annehmbarer Sandstrand, ca. 200 m lang, aber ohne Schatten. Es geht ganz flach ins Wasser, gut geeignet für Familien mit kleinen Kindern.

▶ **Tersanás**: kleine, malerische Bucht unterhalb des Dorfes *Chorafákia*, etwas ruhiger als die Strände von Kaláthas und Stavrós. Ebenfalls flacher Zugang zum Wasser, Beachvolley, Wasserski.

• *Essen*: Fisch und Gegrilltes gibt es in der stimmungsvollen Taverne **Rose**.

• *Sport*: **Reitstall** mit Taverne, Pool-Bar und Studios. Angeboten werden Ausritte in die nähere Umgebung.

Chaniá und Umgebung

▸ **Stavrós**: Wer kennt ihn nicht, den Film "Aléxis Zórbas" mit Anthony Quinn in der Hauptrolle. Unnachahmlich verkörpert er die Romanfigur – für viele ist er <u>der</u> Aléxis Zórbas. Hier, in dem unscheinbaren Örtchen Stavrós, steht er, der Berg, an dessen Hang Aléxis die Transportseilbahn gebaut hat, um die wertvollen Baumstämme hinunterzutransportieren! Doch die Bahn bricht wie ein Kartenhaus zusammen, und alles ist verloren – die grandiose Schlussszene des 1964 gedrehten Films, in der Aléxis am Fuß des Bergs den Sirtáki tanzt, hat sicher jeder Filmfan noch in Erinnerung. Stavrós hat aber noch mehr zu bieten: eine wunderschöne, fast kreisrunde Badebucht, die durch eine kleine Halbinsel fast völlig vom Meer abgeschlossen ist. "Badewannenatmosphäre" am Fuß vom Zórbas-Berg, quellgrünes Wasser, feiner Sand – ideal für Kinder, allerdings keinerlei Schatten. Leider ist Stavrós mittlerweile ziemlich überlaufen. Überall auf den niedrigen Hügeln und Dünen entstehen Apartments und Ferienwohnungen.

● *Anfahrt/Verbindungen*: 4 x täglich **Busse** von und nach Chania/Busbahnhof.

● *Übernachten*: Diverse Apartmenthäuser stehen zur Vermietung.

Zorbas, große, geschmackvolle Bungalowanlage an niedriger Klippenküste, nächster Sandstrand 200 m entfernt. Schön gestalteter Garten, Kinderspielplatz, Tennis, Pool, Kinderbecken, Privatstrand. Studios und Apartments meist mit Meerblick.

Kavos Beach, vor dem Ort Abzweig zum "Blue Beach" nehmen und auf Beschilderung achten, ebenfalls direkt an der steinigen Klippenküste. Kein Strand, nur einige Meter Sandstreifen zwischen den Klippen, dafür Swimmingpool. Der nette Besitzer Vassilis verlangt für ein Apartment mit Du/WC und Kochnische ca. 50-90 DM. Morgens preiswertes und reichhaltiges Frühstück in separatem Pavillon. Tel. 0821/28629.

Roza, ansprechende Studios auf zwei Etagen, mit Küche, Bad und Meerblick, etwa 400 m vom Strand entfernt. Vom Minimarkt Stavros die Straße zum Strand nehmen. An der Bushaltestelle bei einer kleinen Kirche rechts abbiegen und nach 50 m wieder rechts. Preis ca. 55-90 DM. Tel. 0821/55970.

● *Essen*: **Zorbas**, große Taverne mit gutem Fisch, gelegentlich "Kretische Abende" mit Musik und Tanz.

Kloster Agía Triáda

Große, harmonische Anlage in Quadratform. Im 17. Jh. im venezianischen Renaissancestil erbaut, schmiegt sich Agía Triáda an die ersten Erhebungen des dahinter ansteigenden Bergmassivs. Die Klosterszenen des Films "Aléxis Zórbas" wurden hier gedreht.

Hinter der monumentalen *Außenfassade* mit ihrem Renaissanceportal verbirgt sich ein schmucker Innenhof mit hübschen Treppen und Brüstungen. Linker Hand vom Eingang ist ein kleines *Museum* eingerichtet, in dem Ikonen, liturgische Gewänder, Kreuze und kultisches Gerät ausgestellt sind, herausragend sind die drei Ikonen von Emanuel Skordális (17. Jh.). Über eine Treppe kann man zum *Glockenturm* über dem Eingang hinaufklettern, wunderschöner Blick über das flache Plateau der Akrotíri-Halbinsel. Der Hof wird dominiert von der eindrucksvollen, vielkuppligen *Klosterkirche* mit ihrer prächtigen, rötlich-gelben Kalksteinfassade im antikisierenden Stil (Halbsäulen und viele Verzierungen). Links und rechts vom Eingang sind Schrifttafeln eingelassen. Ihr Text bezieht sich auf die beiden venezianischen Brüder Jeremias und Laurentzios Tzangarólo, die Anfang des 17. Jh. zum orthodoxen

Glauben übertraten und das bereits bestehende Kloster völlig erneuerten und vergrößerten. Der Innenraum beherbergt eine reich verzierte Altarwand mit rußschwarzen Ikonen und altem Chorgestühl.

Rechts vor der Kirchenfront (mit Blick auf die Fassade) wächst das botanische Wunder des Klosters, ein gepfropfter *Orangenbaum*, der viererlei verschiedene Früchte und Blätter trägt – Orangen, Zitronen, Mandarinen und Limonen.

● *Anfahrt/Verbindungen*: Von **Chaniá** bequem auf asphaltierter Straße zu erreichen – bei der Abzweigung hinter **Kounoupidianá** rechts halten. Von Stavrós muss man bis **Chorafákia** zurückfahren und dort die neue Asphaltstraße hinüber zum Kloster nehmen. Vorsicht: Auf manchen Karten heißt das Kloster nach den Gründern "Moní Tzangarólou". Das letzte Stück wunderschöne Fahrt durch eine schattige Zypressenallee. 1 x tägl. geht ein **Bus** von Chaniá zum Kloster.

● *Öffnungszeiten/Eintritt*: tägl. 7.30-14 und 17-19 h, ca. 2,50 DM. Es gibt eine englisch-/deutschsprachige Broschüre über das Kloster zu kaufen (5 DM). Das Kloster wird heute von fünf Mönchen bewohnt, die Besucher gelegentlich mit einem Rakí bewirten.

Im Innenhof des Klosters Agía Triáda

Von Agía Triáda zum Kloster Gouvernéto führt eine fast durchgehend asphaltierte Straße in die Berge. Sie schraubt sich durch eine immer enger werdende Schlucht, deren Hänge links und rechts steil ansteigen, auf eine kleine Ebene, auf der das Kloster steht. Sehr schöne Fahrt, zu Fuß ca. 1 Std.

Kloster Gouvernéto

Mit seinen wehrhaften Mauern liegt Kloster Gouvernéto mitten in steiniger Einöde und gleißender Sonne. Hier ist eigentlich die Welt fast schon zu Ende, denn nur noch wenige Kilometer trennen das festungsartig gebaute Kloster vom schroffen Felsrand der Halbinsel.

Erbaut wurde Gouvernéto von Mönchen des in der Schlucht unterhalb liegenden Klosters Katholikó (→ unten), die dort unter ständigen Piratenüberfälle zu leiden hatten. So errichteten sie ihr neues Kloster als Festung auf einer Ebene mit freiem Blick in alle Richtungen.

Innerhalb der massiven Mauern ist Kloster Gouvernéto eine Insel für sich. Faszinierend wirkt die Fassade der *Klosterkirche* in der Mitte des Hofs. Sie ist mit Monsterköpfen, Halbsäulen und Ornamenten eigentümlich fremdartig verziert. Zu den *Mönchszellen* führen Treppen an allen Seiten des Hofes hinauf. Beim großen Klosterfest am 7. Oktober zum Gedenken an den Eremiten Johannes kann man vielleicht einen Blick hineinwerfen. Sie sind erstaunlich gemütlich eingerichtet, teilweise sogar mit Holztäfelung.

Das kleine *Klostermuseum* beherbergt u. a. einige Jahrhunderte alte Ikonen, unter ihnen auch die Ikone der Gottesmutter Glikofiloússa ("süß küssend"), der Schutzpatronin des Klosters. Leider ist es derzeit geschlossen, weil zwei Mönche das Kloster verlassen haben.

Öffnungszeiten: tägl. 9-12.30 und 16.30-19.30 h, ca. 3,50 DM.

Wildromantische Lage: das Kloster Katholikó

▶ **Bärenhöhle, Eremitenhöhle des Johannes und Kloster Katholikó:** Ein mit Natursteinen gepflasterter Treppenweg windet sich von Kloster Gouvernéto in Richtung Meer eine tiefe Schlucht hinunter, in der die Höhle des heiligen Johannes und die Ruinen des alten Klosters Katholikó liegen. Man läuft etwa 30 Minuten. Unterwegs trifft man auf die *Arkoudiótissa-Höhle* (= Bärenhöhle), eine dunkle Tropfsteingrotte, die schon fast schwarz ist vom Kerzenruß. Am Eingang ist eine kleine Kapelle aus dem 16. Jh. in den Fels gehauen, in der Mitte steht ein unförmiger Stalagmit, in dem man mit etwas Fantasie die Gestalt eines Bären erkennen kann. In der Antike war die Höhle der Göttin Artemis geweiht, die angeblich die markante Bärenskulptur geformt haben soll. In christlicher Zeit verehrte man dann hier die Panagía (Maria). Sie soll der Legende nach auf eindringliche Gebete der Bewohner hin einen riesigen Bären in Stein verwandelt haben.

Etwa 20 Min. später nähert man sich dem Schluchtgrund mit den Ruinen des *Klosters Katholikó*. Ein schöner Platz: Links und rechts ragen die fast senkrechten Felswände empor, die Sonne dringt hier kaum noch hinein, dementsprechend ist es meist angenehm kühl. Kurz bevor man unten ist, liegt links am Weg die tief in den Berg vorstoßende *Höhle des Eremiten Johannes*. Hier lebte während des 10. Jh. der Einsiedler Johannes und ist auch dort gestorben, erschossen von einem Bauern, der ihn für ein wildes Tier hielt (→ Azogirés, Paleochóra/Umgebung). Die Höhle ist etwa 150 m lang und bis zu 20 m hoch, zahlreiche schwere Stalaktiten hängen von der Decke. Im hintersten Raum soll der Einsiedler seinen Schusswunden erlegen sein, dort auch ein kleiner, natürlicher Altar aus Tropfstein. Die unterhalb liegenden Klostergebäude in schöner, gotisch anmutender Architektur sind halb in den Fels hineingetrieben und überspannen mit einer Steinbrücke die Schlucht, ein großer, freier Platz animiert zum Rasten. Wer Baden möchte: Eine steinige Bucht liegt am Schluchtausgang und ist in etwa 15 Min. zu erreichen.

Soúda-Bucht

Die lang gezogene Bucht, die die Halbinsel Akrotíri vom kretischen "Festland" trennt, bildet für Chaniá einen idealen Naturhafen, bietet aber auch landschaftlich ein reizvolles Bild.

▶ **Soúda**: Der Hafen von Chaniá, Industrie- und Passagierumladeplatz in einem, gleich neben den Kais ragt eine turmhohe Zementfabrik empor, zudem Standort einer großen Marinekaserne. Mitten auf dem Hafenplatz steht das Denkmal *Prinz Georgs*, der hier am 21. Dezember 1898 erstmals seinen Fuß auf kretischen Boden setzte und die Autonomie der Insel (allerdings unter dem Protektorat der Großmächte) proklamierte.

• *Anfahrt/Verbindungen*: **Schiff**, nach Piräus geht täglich um 20 h eine Autofähre der ANEK. Die abendliche Fähre von Piräus kommt morgens gegen 7 h an, die sporadische Morgenfähre um etwa 19 h. Jeweils Bustransfer nach Chaniá.

Bus, etwa alle 20 Min. fahren Stadtbusse vom Hafenplatz nach Chaniá und zurück (Abfahrt und Ankunft in Chaniá vor der großen Markthalle), ca. 1,50 DM. Die Durchgangsbusse Chaniá – Réthimnon fahren nur zum Teil über Soúda.

Soúda Bay Cemetery: Englischer Soldatenfriedhof auf Kreta

Gegenüber vom Hafen von Soúda erstreckt sich der Weltkriegsfriedhof am Scheitel der Bucht direkt am Wasser, umgeben von mächtigen Eukalyptusbäumen. Über 1500 Opfer der deutschen Invasion liegen hier unter langen Reihen von aufrecht stehenden Grabsteinen – 862 Engländer, 197 Australier, 496 Neuseeländer, neun Südafrikaner, fünf Kanadier, ein Inder, ein Pole, ein Jugoslawe ... Hunderte von ihnen konnten nicht identifiziert werden. Die Anlage strahlt völlige Ruhe und Würde aus. Wenn man die Reihen entlangschlendert und die eingemeißelten Sprüche auf den Steinen der teils kaum zwanzigjährigen Gefallenen liest, wird man sich tieferer Eindrücke wohl kaum erwehren können. In der Eingangshalle kann man die Geschichte des deutschen Angriffs auf Kreta aus englischer Sicht nachlesen.

Blick über die türkische Festung von Áptera auf die Akrotíri-Halbinsel

Áptera

Die weit verstreuten Ruinen der antiken Stadt Áptera liegen hoch über der Soúda-Bucht auf einer Bergkuppe. Sie wurde im 7. Jh. v. Chr. von mykenischen Eroberern gegründet, von den Dorern ausgebaut und bis in byzantinische Zeit als Siedlung genutzt. Auch wegen des umfassenden Blicks lohnt sich der Weg hinauf.

Die Ruinen stammen aus den verschiedensten Epochen und liegen weit verstreut. Bei der Weggabelung auf dem Plateau hält man sich rechts und kommt zum *Kloster des heiligen Johannes von Patmos (3)*. Links davor erkennt man am Weg eine große römische *Zisterne (1)*, rechts liegen die Grundmauern eines doppelräumigen Demeter-Tempels (2) aus hellenistischer Zeit. Das Kloster selber stammt aus christlich-byzantinischer Zeit. Von den ehemaligen Gebäuden stehen nur noch eine Kapelle, die hohen Außenmauern und einige Hausruinen. Sehr eindrucksvoll ist unterhalb vom Kloster die monumentale dreischiffige *Zisterne (4)* aus römischer Zeit. Weit im Osten liegt ein weiterer kleiner *Tempel (5)*, der aus dem 1. Jh. v. Chr. stammt. Im Süden der Anlage ist ein Theater (6) erhalten, das einzige auf Kreta aus vorrömischer Zeit. Anschließend kehrt man zur Weggabelung zurück und geht hinüber zur türkischen *Festung (7)* vom Anfang des 19. Jh. Der massive Rechteckbau besitzt einen prächtig erhaltenen Zinnenkranz, runde Ecktürme und einen halbkreisförmigen Vorbau. Am Osthang des Plateaus ist außerdem noch ein Stück der antiken *Stadtmauer* erhalten.

• *Anfahrt*: Wenige Kilometer westlich von Fort Izzedin führt eine kurvige Straße von der New Road hinauf. Am Ende des kleinen Orts **Megála Choráfia** zweigt die beschilderte Straße links ab, noch ca. 2 km.

• *Öffnungszeiten/Preise*: Di-So 8-14.30 h, Mo geschl., beim letzten Check noch keine Eintrittsgebühr.

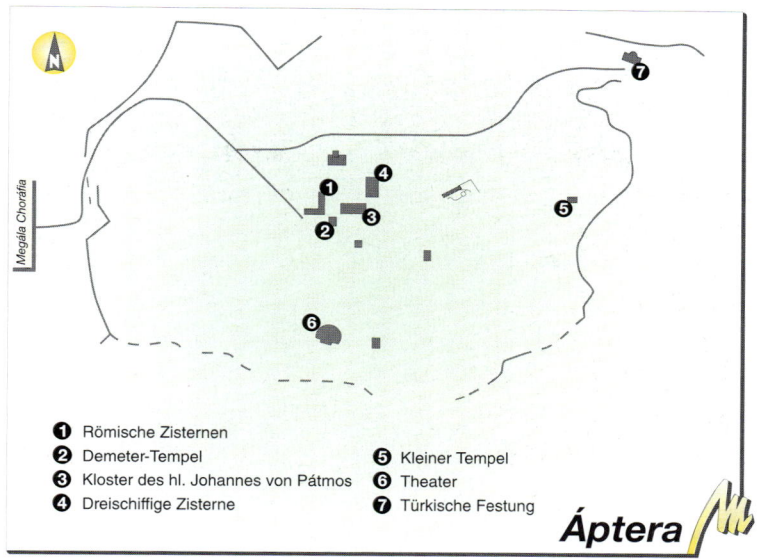

(Map of Áptera)

Megála Chorafia

❶ Römische Zisternen
❷ Demeter-Tempel
❸ Kloster des hl. Johannes von Pátmos
❹ Dreischiffige Zisterne
❺ Kleiner Tempel
❻ Theater
❼ Türkische Festung

Áptera

Chaniá und Umgebung

▶ **Kalámi**: winziges Nest am Westende der Bucht von Kalíves, am Hang zwischen New und Old Road. Vom kleinen Kafenion am Ortseingang hat man einen wunderschönen Ausblick. Hier an der engsten Stelle der eigentümlichen Soúda-Bucht schirmen die drei kleinen "Weißen Inseln" die Einfahrt ab – so benannt nach ihren weißen Steilhängen. Kein Wunder, dass die Türken das mächtige *Fort Izzedin* an diese strategisch äußerst wichtige Stelle gesetzt haben. Heute ist eine Kaserne darin untergebracht.

Kalíves

Lang gestrecktes Bauerndorf am Ausgang der Soúda-Bucht, eingebettet zwischen Weinplantagen und Olivenpflanzungen. Davor ein kilometerlanger Sandstrand, der auch im August nicht überfüllt ist.

Kalíves besteht eigentlich nur aus der langen Hauptstraße und den vielen weiß gekalkten Seitengässchen, die sich mit ein paar Stufen den dahinter ansteigenden Hang hinaufziehen. Hier sitzen die Frauen vor den Türen, während sich die Männer unter der dicken Platane am gemütlichen Dorfplatz treffen und neugierig jeden Ankömmling mustern. Vor allem abends ist die kleine Platia voller Leben. Ein kleines Flüsschen, das direkt im Ortszentrum ins Meer mündet, schafft zusätzlich Atmosphäre, hier schwimmen Forellen und tummeln sich Enten. Eine touristische Infrastruktur ist vorhanden, hält sich bisher aber noch wohltuend im Rahmen. Allerdings kann man Unterkünfte bereits über Reiseveranstalter buchen, die obligatorischen Souvenirläden werden langsam mehr, und der Fluss ist abends für die Gäste stimmungsvoll illuminiert. An Wochenenden wird es voll, da dann viele Einwohner aus der nahen Stadt Chaniá zum Baden kommen.

Verbindungen/Adressen

- *Anfahrt/Verbindungen*: Die Busse Chaniá – Réthimnon und umgekehrt halten an der New Road, zu Fuß ins Zentrum knapp 2 km.
- *Adressen*: **Josch's Auto-, Roller- und Fahrradvermietung** an der Straße zum Haus Karoline, östlicher Ortsbereich. Josch und Isolde Kraus-Feiler aus Deutschland haben sich einen Traum verwirklicht und sich hier niedergelassen. Ihr schmuckes Häuschen ist ebenso gut gepflegt wie ihre Maschinen. Zu haben sind Autos, Roller und Mountainbikes, mit Vorreservierung kann man sie bereits am Flughafen in Empfang nehmen. Tel./Fax 0825/31086.

Kalives Health Center, neues medizinisches Zentrum an der Hauptstrasse 499. Tel. 0825/31885, mobil 972/207585.

Kalives Travel, Reisebüro an der Hauptstraße, gegenüber dem Dorfplatz: internationale Zeitungen/Zeitschriften, Fahrzeugvermietung, Geldwechsel. Tel. 0825/31473.

Euroland-Crete, Reise- und Immobilienbüro direkt am Fluss, gegenüber von Kalives Beach Hotel gelegen, geführt von Claudia Marenbach und Joy Davies. Vermietung von Zimmern, Apartments, traditionellen Landhäusern und Villen (Buchung auch von Deutschland aus möglich). Darüber hinaus werden Wandertouren, diverse Workshops und Sprachkurse vermittelt. Tel. 0825/32557, Fax 32558, E-Mail: euroland@grecian.net

Post, an der Hauptstraße in Richtung Westen, Mo-Fr 7.30-14 h.

Übernachten

Kalives Beach Hotel, C-Kat., 1991 eröffnetes Hotel mit Klimaanlage, direkt am Strand und an der Mündung des Flüsschens. Guter Standard, freundliches Personal, Restaurantterrasse am Fluss, schwimmende Bar auf einem traditionellen Fischerboot. Hauptsächlich von Reiseveranstaltern gebucht. Laut Leserzuschrift häufige Musikbeschallung. DZ ca. 90-140 DM. Tel. 0825/31285, Fax 31134.

Haus Karoline, im östlichen Ortsbereich am Hang, mit blauen Hinweistafeln deutlich beschildert. Frau Gisela Xirakis aus Deutschland und ihr griechischer Mann haben ihr schönes Haus in den achtziger Jahren erbaut. Geboten werden vier Studios für ca. 50-80 DM (ausgestattet mit Spüle, Kühlschrank und Kaffeemaschine) und fünf Apartments (Schlaf-, Wohnzimmer, kleine Küche) für 70-120 DM – alles mit modernen Sanitäranlagen, ansprechender Möblierung, Balkon/Terrasse und traumhaftem Blick aufs Meer. Die Zimmer besitzen Heizung und werden täglich gereinigt. Hervorragende Betreuung durch Frau Xirakis. Ostern bis September/Oktober. Tel. 0825/31703, Fax 32300.

Studios Thamirakis, im Ortszentrum direkt am Strand, trotzdem bis auf das stündliche Läuten der Kirchenglocken ruhig. Sauber und freundlich eingerichtet, zur Meerseite 65 DM, Hofseite 55 DM. Der sehr engagierte Besitzer, Herr Stelios Vlachakis, ist meist in den ebenfalls zu empfehlenden **Thamiris Suites** zu erreichen – schöne Lage am Strand und neben dem Flüsschen, Studios und Apartments, rustikal und gepflegt, tägliche Zimmerreinigung. Beide auch pauschal über Attika. Tel. 0825/31637.

Flisvos, Haus mit 18 Studios/Apartments direkt am Meer, schöner Blick in Richtung Fischerhafen und Strand. Tel. 0825/31337.

Maria, von Chaniá kommend die erste Abfahrt nach Kalíves nehmen. Noch bevor man den Ortskern erreicht, liegt rechts eine Supermarkt und genau gegenüber die Unterkunft. Schöne Zimmer mit kleiner Küche, hinter dem Haus eine Wiese, daran anschließend der Strand. Maria Katsanikakis spricht zwar nur wenig Englisch, ist aber sehr hilfsbereit. Tel. 0825/31748.

Kastro Kera, hübsches Gemäuer in burgartiger Architektur, 2 km außerhalb, unterhalb der Straße nach Almiría, sehr ruhig. Neun geräumige Studios, sieben davon mit herrlichem Meeresblick, sauber und nett eingerichtet, draußen schilfgedeckte Terrasse. Die Besitzer Vassilis und Andreana Androulakis sind sehr engagiert und hilfsbereit. 5 Fußminuten zu einem wenig besuchten Strand. Für 2 Pers. etwa 50-70 DM. Tel. 0825/31918.

Beliebtes Ziel für Indiviualurlauber: Kalíves am Ausgang der Soúda-Bucht

Essen/Nachtleben

• *Essen*: **Alexis Zorbas**, am Dorfplatz vis-à-vis der Kirche, preiswert und dank der Hausherrin immer gute Küche. Jeden Tag wird man mit einer Spezialität überrascht und zuvorkommend bedient.

Koumandros, die Taverne von Stelios liegt im östlichen Ortsbereich, dort wo die Stichstraße von der New Road auf die Hauptstraße von Kalíves mündet. Man sitzt in einer Art Wintergarten direkt am kleinen Fluss. Spezialisiert auf Fisch, oft guter Tintenfisch, manchmal Hai.

Akrogiali, unmittelbar am Dorfplatz gelegen, mit Garten zum Strand hinaus. Obwohl recht touristisch, gutes Essen, im Garten kleiner Kinderspielplatz.

Medusa, an der Promenade im östlichen Strandbereich, hier waltet die Österreicherin Brigitte ihres Amtes, ordentliche, hausgemachte Küche, gastfreundliche Aufnahme.

Il Furno, neue Pizzeria neben Medusa, bisher leckeres Essen.

Mistrali, ebenfalls am Strand, von Lesern empfohlen, schöne Lage, freundliche Kellner, preiswert, jeden Abend ein günstiges "special offer".

Peperia, etwa 300 m hinter dem westlichen Ortsausgang. Traditionelles Ambiente, schöne Terrasse zum Meer hinaus. Spezialität des Hauses ist mit verschiedenen Käsesorten und Garnelen gefüllte Paprika.

Strandtaverne, etwa 1 km westlich von Kalíves, wo ebenfalls ein kräftiger Bach ins Meer mündet. Bei den Einwohnern von Chaniá als sonntägliches Ausflugsziel sehr beliebt, dann immer viel Trubel.

Das Dörfchen Arméni mit der beliebten Gartentaverne **Platanos** ist etwa 3 km entfernt (→ S. 113).

• *Kafenia/Cafés*: **Potamos**, hübsche Lage bei der Brücke direkt am Flussufer. Man sitzt in einer Art Garten unter Weinreben, Wirt ist ein freundlicher, junger Mann.

Die zwei **Kafenia** am Dorfplatz sind der allgemeine Treffpunkt der Männerwelt. Schräg gegenüber, zwischen Straße und Promenade, eine Bar mit angebautem **Minigolfplatz**.

• *Nachtleben*: **Scorpio Bar**, ein paar Meter östlich der Platia, an der Durchgangsstraße. 15 verschiedene Weinsorten und internationale Musik bis in die frühen Morgenstunden.

Disco Playa, im westlichen Ortsbereich, unten am Strand. Gut gemischtes Publikum von Griechen und Touristen.

● *Shopping*: **Kräuter-Eck**, bei Josch's Vermietung im Haus, Isolde verkauft Kräuter und Tee und berät kostenlos über die Heilkräfte verschiedener Pflanzen.
Olivenöl, aus eigener Ernte, hochwertig und kalt gepresst. Zu beziehen über Jorgos Fountoulakis und Claudia Marenbach (→ Euroland-Crete).
Rodamos, zwischen Dorfplatz und Brücke, Keramik, Silberschmuck und ausgesuchte Webarbeiten.
To Krasi tou Varela (Wein vom Fass), der junge sympathische Küfer Stavros Chatzidimitríou verkauft zusammen mit seinem Vater Dimitri an der Hauptstraße gehaltvolle weiße und rote Weine aus selbst gezimmerten Fässern. Tel. 0825/31039.

● *Wandern*: Wer sich Kreta abseits vom Massentourismus erwandern will, für den sind vielleicht die 6-tägigen Wandertouren von **Eva Zetzsche** aus Deutschland interessant, die sich vor einigen Jahren in Kalíves niedergelassen hat. Termine jeweils im Frühjahr und Herbst. Adresse: Eva Zetzsche, Apokoronou 254, GR-73003 Kalíves, Kreta. Tel./Fax 0825/31957.
Während der Sommermonate bieten auch **Bob** und **Anne Scott** aus England jeden Donnerstag eine geführte Wanderung ins Hinterland von Kalíves. Tel. 0825/32363.

Rundwanderung Kalíves – Tsivarás – Douliáná – Kalíves

Einfache Wanderung durch das wunderschöne Hinterland von Kalíves. Der Weg führt vorbei an Olivenhainen und hohen Zypressen. Zwischenstopp im Kafenion von Douliáná, zum Ende der Wanderung schöne Bademöglichkeit.

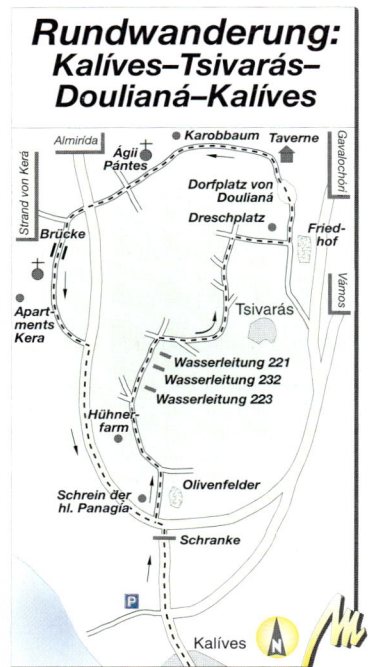

● *Dauer*: ca. 2,5-3 Std.

● *Wegbeschreibung*: Ausgangspunkt ist das **Ende der Sackgasse**, die am östlichen Ende von Kalíves steil den Berg hinaufführt (auf Schilder zum Haus Karoline achten). Sie endet mit einer Absperrung für Autos und trifft auf die **Hauptstraße nach Almirída**. Wir überqueren die Hauptstraße und biegen rechts in einen **Feldweg** ein. Nach einigen Metern befindet sich linker Hand ein Schrein für die **Panagía**. Ein paar Schritte weiter eröffnet sich ein toller Blick auf Kalíves und die Soúda-Bucht. Der Weg ist gesäumt von üppigen Olivenbaumfeldern. Kurz nach der **Wasserleitung 213** trifft der Pfad auf einen breiten landwirtschaftlichen Weg. Hier links halten und dann immer geradeaus. Es geht bergauf, vorbei an einer **Hühnerfarm** bis zu einer Kreuzung. Weiter geradeaus gehen, vorbei an den Wasserleitungen 223 und 222. Bei der **Leitung 221** befindet sich eine weitere Kreuzung, hier rechts halten, bis sich der Weg nach einigen Metern gabelt und es links weitergeht.
Nach etwa 100 m ist die Hauptstraße Kalíves-Vámos erreicht. Kurz vorher geht bei dem **Haus Nr. 753** links ein Weg ab, der eine Weile parallel zur Hauptstraße verläuft. Nach etwa 5 Min. gabelt sich der Weg erneut. Wieder links halten und den Berg hinunterlaufen. Nach der Talsohle weiter geradeaus (dem ersten Abzweig nach links kei-

ne Beachtung schenken) bis zur nächsten Weggabelung wandern und dann dort rechts gehen. Oben auf der Anhöhe kommt erneut eine Kreuzung. Eine **Wasserleitung ohne Nummer** befindet sich auf der linken Seite, dort rechts abbiegen und den Hügel wieder hinunterwandern (bis hierher etwa 1 Std.).

Immer weiter geradeaus gehend, erblickt man am Ende des Pfads einen kleinen **Friedhof** und trifft auf die Dorfstraße von **Doulianá**. Links den Weg Richtung Dorf einschlagen. Unterwegs ist linker Hand ein gut erhaltener Dreschplatz zu sehen. Nach einigen Metern sind schließlich die **Platia** und das **Kafenion** von Doulianá erreicht. Bei einem Denkmal geht links ein kleiner Pfad ab, der an Häusern vorbeiführt und schließlich auf einen größeren Weg trifft. Dort rechts halten. Es geht wieder den Berg hinunter, vorbei an der vorzüglichen **Taverne** von Doulianá. Von hier aus öffnet sich ein wunderbarer Blick aufs Meer, auf Akrotíri und die Weißen Berge. Im Tal weiter geradeaus wandern bis zu einer Weggabelung an einem großen Karrobbaum. Den steilen

Weg zur Kapelle **Ágii Pántes** einschlagen, die sich, einer Blumenoase gleich, nach etwa 100 m auf der linken Seite befindet.

Von hier aus geht es weiter geradeaus, bergauf und bergab. Bei **Wasserleitung 202A** rechts gehen und bei der nächsten Kreuzung links halten, bis die Hauptstraße Kalíves-Almirída erreicht ist. Die Straße überqueren und den breiten Weg zu den **Apartments Kera** hinuntergehen. Wer nun baden will, hält sich unten angekommen rechts. Nach etwa 100 m erreicht man das Wasser und den schönen, kaum besuchten **Sandstrand von Kerá**. Ansonsten den Schildern zu den Apartments folgen und links über eine Brücke gehen. Auf dem Weg bleiben, vorbei an einer Kapelle und der Apartmentanlage, bis er einen scharfen Linksknick macht und bei der Wasserleitung 216 schließlich wieder auf die **Hauptstraße Kalíves-Almirída** trifft. Hier geht es rechts nochmal ein Stück den Berg hoch, bis man sich nach einigen Metern wieder am Ausgangspunkt befindet.

▶ **Almirída:** östlich von Kalíves, kleiner Badeort an einer verzweigten Kies- und Sandbucht, eingerahmt von weißen Kalkfelsen. Der Sandstrand ist einige hundert Meter lang, in den wenigen Tavernen und Cafés sitzt man gemütlich am Wasser und kann den Blick auf die Halbinsel Akrotíri genießen. Eine französische Surf- und Segelschule bietet sportliche Betätigung, es gibt mehrere Hotels und Apartmenthäuser. Am westlichen Ortsrand direkt neben der Straße hat man die Grundmauern einer *Basilika* aus dem 11. Jh. ausgegraben.

• *Übernachten*: **Dimitra**, A-Kat., modernes Hotel, 1995 erbaut, 30 m vom Meer entfernt. Zimmer mit Balkon, breites Sportangebot. Tel. 0825/32062, Fax 32063.
Nikolas, an der Strandpromenade, unweit vom Supermarkt. Acht einfach ausgestattete Studios für 2, 3 bzw. 4 Pers., ca. 45-60 DM. Tel. 0825/31961.
Mara-Estel, unweit der Brücke, an der Straße nach Pláka. Zwei freundlich ausgestattete Maisonette-Studios für 2-3 Pers. Vom Balkon schöner Blick aufs Meer u. Umgebung. Studios ca. 50-100 DM. Tel. 0825/ 31283.
• *Essen*: **Dimitri**, gemütliche Taverne an der

Durchgangsstraße, direkt am Wasser gelegen. Ist über die Ortsgrenzen hinaus bekannt für seine frische und gute Küche.
Enchanted Owl, unweit von Dimitri. Griechische, aber auch europäische und indische Küche, gut zum Frühstücken.
Psaros, ausgezeichnete Fischtaverne am Ostende der Promenade, auch im Winter geöffnet.
• *Cafés/Bars*: **Petros**, etwa in der Mitte der Uferstraße. Beginnt mit Frühstück am Morgen und endet mit Cocktails und Disco am Abend. Zu Vollmond "Full Moon-Party".

▶ **Pláka:** Die Straße klettert von Almirída den Berg hinauf nach Pláka, das bereits ein ganzes Stück über dem Meer liegt. Es besteht fast völlig aus neu gebauten Häusern, denn in den sechziger Jahren zog ein verheerender Wirbelsturm eine Schneise der Zerstörung durch das Dorf.

• *Übernachten*: **Koukouros**, vom Dorfplatz nach rechts, Privatzimmer bei Evangelia,

das Besondere ist der grüne, fast dschungelartig üppige Garten.

Chaniá und Umgebung

● *Essen*: **Ocharopokos**, Taverne am zentralen Dorfplatz, gute Küche, nette Atmosphäre. **Mezedes**, kleine, neue Taverne, ebenfalls an der Platia. Von der Terrasse toller Blick auf die Bucht von Almirída.

Antónios o Santorínios:
Griechisches Inselleben, präsentiert in Hinterglasmalerei

Der deutsche Maler Antónios lebt bereits seit vielen Jahren mit seiner englischen Frau Jill (Archäologin, Autorin, Übersetzerin) in Griechenland, zuerst

auf Santoríni – wo er seinen Künstlernamen bekam – und jetzt auf Kreta im *"House of the Olives"* in der kleinen Ortschaft Kambiá. Bekannt ist er besonders für seine farbenprächtigen Hinterglasbilder, die das dörfliche Leben auf den griechischen Inseln zeigen. Mit dieser Maltechnik hat er eine wunderschöne alte griechische Kunstform wiederbelebt, die praktisch ausgestorben war. Interessierte Besucher können gern bei ihm hineinschauen und die Bilder ansehen (10-14, 17-20 h). Antónios gibt auch Malkurse in seinem Studio (Aquarelle, Hinterglasmalerei, Radierungen).

Anfahrt: Man fährt über Kalíves nach Almirída, dann nach Pláka und folgt der Straße hinauf nach Kókkino Chorió. Auf dem Weg passiert man die winzige Ortschaft Kambiá – das "House of the Olives" liegt direkt gegenüber vom Ortsschild.

Adresse: Antonios o Santorinios, House of the Olives, GR-73008 Kambiá Apokorónou, Chaniá/Kreta, Griechenland. Tel. 0825/ 32178, Fax 32068, E-Mail: jpitt@cha.forthnet.gr, Internet: http://i-marketingservices.com/jpitt

Pittoreske Inselszenen, gemalt auf Glas

▶ **Kókkino Chorió**: Das winzige Dörfchen liegt hoch oben, direkt am Fuß des steilen Tafelbergs, und hat Filmgeschichte gemacht, denn 1964 wurden hier die Dorfszenen des weltberühmten Films *Aléxis Zórbas* gedreht, die in der Steinigung der jungen Witwe vor der Ortskirche nach ihrer Liebesnacht mit dem englischen Schriftsteller Basil gipfelten. In dem ruhigen Bergort ist noch viel traditionelle Architektur erhalten, in den steilen Gässchen zwischen weiß gekalkten Mauern und blumenüberrankten Innenhöfen kann man in Ruhe bummeln. Von der Aussichtsterrasse beim Kirchlein grandioser Blick auf die Weißen Berge und die Soúda-Bucht.

Tipp: Am Ortseingang hat sich die große Glasbläserei von Andréas Tsombanákis niedergelassen, für die mundgeblasenen Vasen, Schalen und Lampen wird hier ausschließlich Recycling-Glas verwendet. Den Glasbläsern zusehen kann man von 8-15 h, Verkaufsraum tägl. 8-20 h. Tel. 0825/31194.

Halbinsel Drápanos

Das Kerngebiet des Bezirks Apokóronas präsentiert sich nach außen als großer Felsklotz mit zum Meer hin teils senkrecht abfallenden Wänden. Im Inneren erstrecken sich dagegen üppig grüne Zypressen- und Ölbaumlandschaften. Die kleinen Dörfer sind oft halb verfallen, besitzen aber noch viele Reste venezianischer Architektur.

Die Jugend ist z. T. in die Städte abgewandert, doch die Daheimgebliebenen versuchen engagiert, alte Traditionen wiederzubeleben: Seidenraupenzucht, Spitzenklöppelei und anderes Handwerk. Nicht wenige Ausländer auf der Suche nach Ruhe und Ursprünglichkeit haben sich hier niedergelassen, darunter etliche Deutsche, die oft kreativ oder künstlerisch tätig sind. Eine asphaltierte Straße führt von *Kalíves* über *Vámos* durch das zentrale Hügelland der Halbinsel in den Badeort *Georgioúpolis* (→ S. 104). Etwas abseits dieser Route liegt *Gavalochóri* mit einem hübschen Volkskunstmuseum.

Eins der alten Dörfer von Drápanos

▶ **Vámos**: Hauptstadt des Bezirks Apokóronas, inmitten von viel Grün malerisch am Hang gelegen. Kafenia und Läden findet man an der zentralen Kreuzung, im alten Ortskern ist noch ein schöner, steingepflasterter Weg erhalten. Südwestlich außerhalb stehen die Ruinen des *Klosters Karídi*, das dem Kloster Agía Triáda auf Akrotíri unterstand. Erhalten sind die Kirche aus dem 12. Jh., Mönchszellen und eine Ölmühle mit 17 eleganten Kuppelbögen.

• *Übernachten*: **The Old Girl's School**, B-Kat., in einem großen Pinienhain im Zentrum steht eine ehemalige Mädchenschule aus dem 19. Jh., die zu einem hübschen Dorfhotel mit acht Zimmern umgebaut wurde. Ganzjährig geöffnet, Zentralheizung. Tel. 0825/22931, Fax 22266.
Vamos Palace, exzellente, neue Unterkunft am Ortsausgang in Richtung Chaniá. Familie Limantzaki bietet hier individuell geschnittene Apartments mit Swimmingpool und tiefgrünem Rasen sowie netter, familiärer Betreuung. Das alles vor der landschaftlich eindrucksvollen Kulisse der Weißen Berge. DZ ca. 90-110 DM. Tel. 0825/23331.

• *Essen*: **I Sterna tou Blumosifis**, hübsches Mezedopólion unter einer alten Platane. In der ehemaligen Zisterne werden typische kretische Speisen serviert, z. B. Schnecken, Artischocken mit dicken Bohnen, Kichererbsen und Fleischgerichte aus dem Holzofen.
• *Cafés*: **Techni**, in einer der engen Gassen von Vámos, stilvolles Ambiente, ruhig, wunderschöne Sicht auf Vámos und Umgebung.
• *Shopping*: **Myrovolon**, örtliche Produkte wie Käse, Honig, Kräuer, Olivenöl, kandierte Früchte, hausgemachte Marmeladen, Wein und Tsikoudiá (Rakí).

Chaniá und Umgebung

▶ **Gavalochóri:** Hier sind noch besonders viele architektonische Relikte aus venezianischer und türkischer Zeit erhalten. Vom gemütlichen Dorfplatz aus ist
der Weg zum historischen *Volkskunstmuseum* beschildert, das in einem ehemaligen venezianisch-türkischen Wohnhaus untergebracht ist. Vom Innenhof gelangt man in die einzelnen Räume, deren größter die Küche mit Natursteinbögen ist. Ausgestellt sind traditionelle Seiden- und Klöppelarbeiten sowie Keramik und Steinmetzarbeiten, im Obergeschoss religiöse Holzschnitzereien,
alte Waffen, Gemälde, Fotos und historische Münzen (tägl. 9-20 h, ca. 2 DM).

- *Übernachten*: Der **Kulturverein** vermietet Zimmer, Studios für 2-4 Pers. und Häuser für 5-8 Pers. (z. T. historisch). Auskunft unter Tel. 0825/22038.
- *Essen*: **Aposperitis**, im schattigen Gastgarten der Brüder Salevouraki isst man durchschnittlich gut, einfallsreiche Küche.
- *Shopping*: **Women Agrotouristic Cooperative**, Laden der örtlichen Frauenkooperative am Dorfplatz – schöne Klöppel-, Häkel- und Webarbeiten sowie Stickereien aus Seidenkokons. Tel. 0825/22038.

▶ **Litsardá:** Zwischen Vámos und Kefalás geht eine Straße in das Dorf ab, in der
Taverne werden große, hervorragende Pizzen serviert.

▶ **Kalamítsi-Amigdáli:** kleines Örtchen an der Straße nach Georgioúpolis. Die
Frauen widmen sich der Seidenraupenzucht und Weiterverarbeitung der
Seide, von Mitte Juni bis Anfang Juli kann man dabei im alten Schulgebäude
hinter der Kirche zusehen. In einem Laden an der Hauptstraße stehen zwei
Webstühle, gelegentlich wird dort auch geklöppelt und gehäkelt. Im Kafenion
"Emeis ke emeis" (We and us) bizarre Wandcollagen.

Chaniá/Hinterland

**Dominierend ist das allgegenwärtige Panorama der Lefká Óri, der Wei-
ßen Berge. Doch das unmittelbare Hinterland von Chaniá ist flach,
grün und fruchtbar. Das größte Orangenanbaugebiet der Insel breitet
sich hier aus. In der Battle of Crete war diese Region hart umkämpft,
Kriegsdenkmäler und der Soldatenfriedhof von Máleme (→ S. 131)
deuten darauf hin.**

Abgesehen von der grandiosen *Samariá-Schlucht*, dem wohl populärsten Ausflugsziel von Chaniá (→ S. 202), bietet die malerische *Díktamos-Schlucht* zwischen Katochóri und Stílos eine weitere reizvolle Wandermöglichkeit. Ansonsten kann man *Mesklá* und *Thérissos* besuchen, zwei hübsche Orte in den allmählich ansteigenden Hängen der Weißen Berge. Thérissos war 1905 Aus-
gangsort des Putsches gegen Prinz Georg, der Kreta im Auftrag der Großmächte regierte, Anführer der Revolutionäre war Elefthérios Venizélos.

> **Tipp**: Wer die Dörfer Mesklá und Thérissos mit dem Fahrzeug in einer Rund-
> tour verbinden möchte, muss dazu die nur teilweise asphaltierte Piste über
> Zoúrva benutzen (→ Zoúrva). Wer das nicht will, muss beide Orte getrennt
> anfahren. Man kann den Besuch mit einer schönen Wanderung verknüpfen.

Tiefhängende Wolken in den Weißen Bergen

Von Chaniá nach Mesklá

Vom Zentrum nimmt man die Ausfallstraße nach Kíssamos und biegt bei dem im Sommer ausgetrockneten Fluss nach Omalós und zur Samariá-Schlucht ab (beschildert). An der Kreuzung nach Alikianós steht ein *Denkmal* für die 118 am 1. August 1941 von den Deutschen erschossenen Widerstandskämpfer aus den umliegenden Gemeinden. Im Unterbau werden die Schädel und Knochen der Getöteten verwahrt.

▶ **Alikianós**: 1 km abseits der Route nach Omalós. Im Ort steht die mit Wandmalereien ausgeschmückte Kirche *Ágios Geórgios* aus dem 13. Jh. Etwa 1 km außerhalb an der Straße nach Koufós findet man rechter Hand die schöne Kreuzkuppelkirche *Ágios Ioánnis*.

▶ **Fournés**: hübsches Örtchen zwischen Orangenbäumen, die Dächer verschwinden in einem Meer von Grün, malerisch gelegene Kirche. Hier gabelt sich die Straße – geradeaus geht es weiter zur Omalós-Hochebene (→ S. 204), links ein 6 km langes Flusstal hinauf bis Mesklá.

▶ **Mesklá**: Im dicht bewachsenen, hügligen Flusstal eine grüne Oase mit Orangenbäumen und viel Wasser. Am oberen Ortsende sprudelt der Bach an mehreren Stellen von den Hängen herunter und wird mittels Kanälen die Hauptstraße entlang geleitet. Gleich am Ortseingang steht links oberhalb der Straße die Kapelle *Sotíros Christoú* mit fast bis zur Unkenntlichkeit verwitterten Fresken des 15. Jh. Am Ende des Dorfes thront der Kuppelpalast der Panagía-Kirche.

Lohnend ist der 1,5- bis 2-stündige Aufstieg ins nahe *Lákki* (→ unten), auch per Motorrad oder Mountainbike ist die Tour möglich. Der Wander-/ Fahrweg zweigt etwa 300 m unterhalb der Hauptkirche ab. In Lákki gute Übernachtungsmöglichkeiten (→ S. 204).

• *Anfahrt/Verbindungen*: **Busse** nach Mesklá fahren ab Chaniá und zurück 2 x tägl.
• *Übernachten*: **Ta Lefka Ori**, an der Hauptstraße, Kafenion und Gemischtwarenhandlung, vermietet einige, beim letzten Check ungepflegte Zimmer.

▶ **Zoúrva**: die allerletzte Siedlung vor den Bergen, von Mesklá aus auf Asphalt zu erreichen. Im *Rízovouni* (übersetzt etwa "Wurzel der Berge") bekommt man bei Emilia einfache Gerichte wie Omelett, Reis oder Kartoffeln, dazu Tomaten aus dem Garten und Tee aus Bergkräutern. Herrlicher Blick in die Lefká Óri und hinüber nach Lákki. Auf einer schlechten Schotterpiste (mit Pkw möglich, aber nicht angenehm!) kann man nach Thérissos und von dort auf Asphalt zurück Richtung Chaniá gelangen.

Von Chaniá nach Thérissos

Mit eigenem Fahrzeug in Chaniá die Ausfallstraße nach Kíssamos nehmen, aber schon vor der Abzweigung nach Omalós Richtung *Perivólia* abfahren. Von Perivólia bis Thérissos schöne Strecke durch eine kurvige Schlucht mit fast senkrechten Wänden und viel Baumbestand um das Bachbett. 1821 tobten hier heftige Kämpfe zwischen den Türken und kretischen Freiheitskämpfern.

▶ **Thérissos**: ruhiges Bauerndorf mit viel Grün, kaum Autoverkehr, dafür meckernde Ziegen. In Thérissos hatte Elefthérios Venizélos 1905 sein *Hauptquartier* im Putsch gegen Prinz Georg aufgeschlagen. Das Haus steht kurz vor dem Ortsausgang linker Hand, etwas zurück von der Straße, vormittags kann es besichtigt werden (ca. 2 DM). Kurz danach findet man eine malerische zweischiffige Kapelle, hingeduckt unter einer riesigen Platane.
Eine Piste führt nach *Zoúrva*, von dort eine Asphaltstraße nach Mesklá.

• *Anfahrt/Verbindungen*: **Busse** nach Thérissos 2 x tägl. ab Chaniá und zurück.
• *Essen*: **O Andartis**, die Taverne von Manolis liegt links der Straße, hier wird die typisch ländliche Küche Kretas serviert, z.

B. geräuchertes Schweinefleisch.
O Madares, Kafenion beim Venizélos-Haus, hübsche Terrasse unter Maulbeerbäumen am Bach.

Wanderung von Thérissos über Mesklá nach Lákki

Schöne und abwechslungsreiche, dabei nicht sonderlich schwierige Wanderung. Herrliche Ausblicke auf das Hinterland von Chaniá und die Lefká Óri.

• *Route*: (Chaniá) – Thérissos – Zoúrva – Mesklá – Lákki.
• *Anfahrt*: nach Thérissos 6.30 h Frühbus ab Busbahnhof in Chaniá oder Taxi für ca. 20 DM.
• *Dauer*: ab Thérissos ca. 5 Std. (2 Std. Thérissos – Zoúrva; 1 Std. Zoúrva – Mesklá; 2 Std. Mesklá – Lákki).
• *Wegbeschreibung*: In Thérissos folgt man zunächst der **Straße** Richtung Zoúrva.

Schon kurz hinter dem Ortsausgang zweigt aber links ein **Fußweg** in das lauschige Flusstal ab. Nachdem man ihm eine Viertelstunde gefolgt ist, gelangt man wieder zurück auf die Straße, die hier nach wenigen Metern den Fluss in östliche Richtung überquert. Man geht aber nicht über die Brücke, sondern nimmt den kleinen **Fußweg** geradeaus, der weiter dem Flusstal folgt. Nach einer weiteren Viertelstunde öffnet sich das

Einer von vielen Wanderwegen im Westen Kretas

Tal, und man steht direkt vor der Nordflanke der Lefká Óri. Der Weg scheint sich immer neu zu verzweigen. Hier schlägt man sich rechts in Zickzacklinien auf Ziegenpfaden den Hang hinauf. Welchen Weg man auch nimmt, man landet unweigerlich auf einem breiten **Fahrweg**, der oben auf dem Grat entlangführt. An einer nahe gelegenen Gabelung biegt man nach Westen ab und erreicht nach 100 m eine kleine Passhöhe mit herrlichem Blick auf Zoúrva und das am Hang gegenüberliegende Lákki. Vorne rechts blickt man in eine sich verengende Schlucht, an deren Ausgang man die ersten Häuser von Mesklá erkennt. Wer möchte, kann nach etwa 10 Min. den rechts abzweigenden und von oben gut zu erkennenden, breiten Weg einschlagen, der durch die Schlucht direkt hinunter nach Mesklá führt (Zeitersparnis ca. 1 Std.). Schöner ist es aber, zunächst geradeaus weiter in das verschlafene Bergdorf **Zoúrva** zu laufen, dort bei Emilia in aller Ruhe ein Omelett zu verspeisen und erst dann den gut einstündigen Abstieg nach **Mesklá** in Angriff zu nehmen. Mit herrlichen Ausblicken läuft man weitgehend auf der asphaltierten Straße in langen Serpentinen ins Tal. In Mesklá gibt es nur die seit Jahren ungeputzten Zimmer im "Ta Lefka Ori" (→ Mesklá), deshalb sollte man mit dem Bus nach Chaniá zurückkehren oder noch den 1,5- bis 2-stündigen problemlosen Aufstieg nach **Lákki** anfügen: Der kaum benutzte **Fahrweg** zweigt etwa 300 m unterhalb der Hauptkirche von der Asphaltstraße ab und überquert zunächst ein kleines Flusstal. Infos zu Lákki (→ Samariá-Schlucht/ Anfahrt).

Wanderung durch die Díktamos-Schlucht

Mittelschwere Schluchtwanderung von Katochóri nach Stílos, südöstlich von Chaniá. In der Schlucht teilweise nasse und glatte Steine, im Frühjahr und Herbst nach Regenfällen unpassierbar. Durchgängig rote Markierungen. Genügend Wasser mitnehmen, unterwegs gibt es keine Quelle.

● *Route*: (Chaniá) – Katochóri – Stílos – (Chaniá).

● *Anfahrt*: nach Katochóri Frühbus ab Chaniá Richtung Kámbi (Abfahrt 6 h). Aussteigen in **Katochóri** an der Haltestelle bei der Brücke, Kafenion Dimitris Koutrouvakis. Bus ab **Stílos** zurück nach Chaniá: ca. 16 u. 18 h.

● *Dauer*: ca. 3,5-4 Std. reine Gehzeit.

● *Wegbeschreibung*: von der Bushaltestelle 400 m zurückgehen über die Asphaltstraße bis zur ersten Kurve nach links. Dort geradeaus wandern, dem weißen Schild **"Díktamos-gorge"** und einer betonierten Piste folgen. Bei der Abzweigung rechts halten, etwas weiter an einer kleinen weißen **Kirche** vorbeigehen. Nach 300 m wieder der Richtung eines gelben Schilds folgen, hier liegen links eine zweite Kirche und rechts eine Taverne und ein Wasserpumpenhaus. Dann einem schmalen Landweg folgen (250 m) bis zu einem **Bachbett**, 50 m nach links gehen (beim letzten gelben Schild) und dann das Bachbett diagonal überqueren. Auf dem rechten Ufer jetzt dem Pfad folgen. Hier fängt die **rote Markierung** an. Auf den verrosteten, großmaschigen Weidezaun achten, dann durch eine Tür einen Draht-zaun passieren (wieder schließen!), der Markierung folgen und das Bachbett entlang – mal quer durch, dann hoch und runter ins Bachbett gelangt man in die Schlucht. Unter hohen Platanen wandert man am Schluchtgrund gut 2,5 Std. entlang. Wo die Schlucht endet – letzte Bergwand an der rechten Seite –, 10 Min. im Bachbett weiterlaufen, dann sieht man an der rechten Seite ein **Wasserleitungsrohr.** Dort das Bachbett verlassen und auf dem rechten Ufer einem Landweg folgen. Bei einer Gabelung nach links und das Bachbett überqueren. Sofort rechts hoch, blauer Markierung folgen, und nach 80 m trifft man links auf wenige Häuser. Zwischen zwei Häusern durch erreicht man eine Betonpiste. Hier nach rechts bis zu einer Asphaltstraße. Dort wieder rechts und nach 1 km erreicht man **Stílos**. Nördlich von Stílos steht die ehemalige Klosterkirche **Panagía Serwiótissa** aus dem 11. Jh., eine der schönsten ihrer Art in Kreta.

Von Chaniá nach Soúgia

Panoramastraße an der Flanke der Lefká Óri. Bis zur Kreuzung kurz vor Alikianós dieselbe Strecke wie oben beschrieben (→ S. 149). Dann Abzweig über *Alikianós* und die kurvenreiche Straße über das wasserreiche Dorf *Skinés* in die Berge. Bei der asphaltierten Abzweigung zur Omalós-Ebene höchster Punkt der Strecke und einer der herrlichsten Rundblicke in diesem Teil Kretas. In den Tälern an der Straße fallen im Folgenden überall die mächtigen Kastanienbäume auf. Bei *Agía Iríni* Einstieg in die gleichnamige Schlucht, eine besonders reizvolle Wanderung (→ S. 191). Bei *Epanochóri* sieht man bereits das Libysche Meer. Zum Schluss noch die schöne Abfahrt das weite Tal über *Rodováni* mit Resten einer antiken Stadt und *Moní* zum Meer hinunter (→ S. 183 f).

Ländliche Idylle: der Golf von Kíssamos

Kíssamos und Umgebung

Der äußerste Nordwesten Kretas ist ruhig und ländlich geblieben. Man lebt von der Landwirtschaft, Tourismus spielt noch nicht die Hauptrolle. Traumhaft ist die Lage des Golfs von Kíssamos zwischen den beiden langen Fingern der Halbinseln Rodópou und Gramvoúsa. Der Strand im Golf ist allerdings eine recht durchwachsene Mischung aus Sand und Kies. Dafür ist er kilometerlang und auch in der Hochsaison weitgehend einsam.

Das Städtchen Kíssamos bietet sich als Standort für Ausflüge und Wanderungen auf die beiden Halbinseln sowie an die unberührte Westküste an. Der lagunenartige Strand von *Bálos* am Nordende der gleichnamigen Halbinsel Gramvoúsa kann auf einer staubigen Piste erreicht werden, ist aber leider stark teerverschmutzt. Der Dünenstrand von *Falássarna* ist bei Individualreisenden besonders beliebt, während der Antike lag hier eine Hafenstadt. Die ehemalige Dorerstadt *Polirrinía* besitzt eine exponierte Lage auf einer Bergspitze, 6 km landeinwärts von Kíssamos. *Elafonísi*, der "Südseestrand" Kretas, liegt weit abseits, an der Südwestspitze der Insel. Einst Geheimtipp für lagunenblaues Wasservergnügen fernab aller Touristenpfade, ist er mittlerweile auf breiter Asphaltstraße zu erreichen und eins der begehrtesten Ziele für Mietwagenfahrer geworden.

Interessant für Camper: Wenige Kilometer östlich von Kíssamos liegen zwei Zeltplätze, die zu den besten Anlaufpunkten an der Nordküste Kretas gehören.

Kíssamos

Kleine Provinzstadt, überschaubar, wenig Rummel. Zu sehen gibt es nicht viel, aber die Stadt hat sich ihren kretischen Charakter bewahrt.

Quer durchs Zentrum verläuft die Hauptgeschäftsstraße mit Läden, Reisebüros, Banken und diversen kleinen Tavernen und Kafenia. Von einem großen, freien Platz mit weißer Kapelle und abends bunt beleuchtetem Springbrunnen führt eine Stichstraße zum langen Kiesstrand hinunter, der durch eine neue, großzügig angelegte Uferpromenade bereichert wurde. Der eigentliche Badestrand von Kíssamos ist aber die halbrund geschwungene Sandbucht *Mávro Mólos* (Schwarzer Kai) im westlichen Ortsbereich.

Übernachten
- ❶ Galini Beach
- ❷ Mandy
- ❸ Argo
- ❹ Bikakis
- ❺ Kali Thea
- ❼ Camping Kissamos
- ❽ Maria Beach
- ❾ Romeiko

Essen und Trinken
- ❻ O Makedonas
- ❾ Romeiko

Mavro Molos Beach

Falássarná, Hotel Elena Beach, Apartments Dimitris Chryssany

New Road

Kíssamos (Kastélli)

Sehenswertes im herkömmlichen Sinn gibt es nur wenig, nur an der Stichstraße vom Hauptplatz zum Wasser hinunter und neben Camping Kissamos sieht man Reste der ehemaligen *venezianischen Stadtmauer*. In der Kambougi Str., die östlich vom zentralen Platz parallel unterhalb der Hauptstraße verläuft, steht außerdem ein *venezianischer Brunnen* von 1520. Der bildhübsche *Fischerhafen* liegt einige Kilometer westlich vom Ort, noch 2 km weiter der Fähr- und Handelshafen, wo einmal wöchentlich Passagierschiffe vom Peloponnes landen.

*A*nfahrt/*V*erbindungen

- *Schiff*: Von Mai bis September fahren "Golden Ferries" 1 x wöch. von und nach Gýthion am **Peloponnes**. Fahrkarten bei **Choreftakis Tours (15)** an der Hauptstraße, Skalidi Str. 41, Tel. 0822/23250, Fax 22264.
- *Bus*: Busstation mit Kartenverkauf an der Durchgangsstraße oberhalb vom Zentrum. Etwa 15 x täglich nach **Chaniá**, 6 x nach **Paleochóra** (mit Umsteigen und Wartezeit in Tavronítis), 3 x nach **Plátanos**, 2 x nach

Falássarna, **Sfinári**, **Kámbos** (Westküste), **Polirrinía** und **Omalós**, außerdem 1 x zum **Kloster Chrisoskalítissa** und zum Strand von **Elafonísi**.
In der Hauptsaison bei genügend Nachfrage Bootsausflüge zur "Piratenbucht" auf der Halbinsel **Gramvoúsa**, ca. 30 DM. Tel. 0822/23650, Fax 24344.
- *Taxi*: am **Hauptplatz** bei der Kapelle, Tel. 0822/22069.

*A*dressen

- *Auto-/Zweiradverleih*: **Hermes Rent a Car**, Skalidi Str., Tel. 0822/23678.
Motor Fun Bikes, am Hauptplatz, unterhalb der Kapelle, vermietet auch Fahrräder. Tel. 0822/23440.

- *Geldwechsel*: **Emporiki Trapeza**, mit Geldautomat, neben Reisebüro Choreftakis, an der Hauptstraße im Zentrum.
- *Post*: an der Durchgangsstraße, die Kíssamos oberhalb vom Zentrum durchquert.

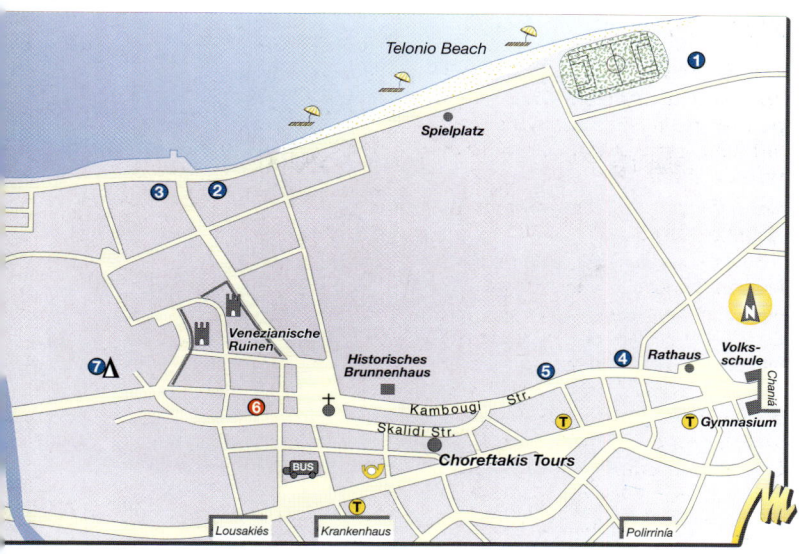

Telonio Beach

❶

Spielplatz

❸ **❷**

Venezianische Ruinen

Historisches Brunnenhaus

❼ Δ

❻

Kambougi   Str.

Skalidi Str.

❺   **❹** Rathaus

Volks-schule

Choreftakis Tours

T

T Gymnasium

Chaniá

BUS

T

Lousakiés   Krankenhaus

Polirrínia

● *Shopping*: An der Straße westlich der Platia gibt es in einem Laden Schnitzereien aus **Olivenholz**, darunter auch schöne Tische und -stühle zu günstigen Preisen (werden auch nach Deutschland verschickt). Sehr netter Familienbetrieb.

Übernachten (siehe Karte S. 154/155)

Mandy (2), D-Kat., vom Hauptplatz Stichstraße zum Meer hinunter und gleich rechts. Modernes Apartment-Haus, gepflegt und stilvoll, für kretische Verhältnisse allererste Qualität. Die geräumigen Zweizimmer-Wohnungen sind mit rustikalem Mobiliar ausgestattet, besitzen Küchenzeile mit Kühlschrank und Herd, dazu gut instand gehaltene Bäder. Aufmerksam geführt von Soula Varouchakis mit Familie. Leider nachts erheblicher Geräuschpegel durch die Bars an der Uferstraße vor dem Haus. Apartment mit Wohn-/Schlafzimmer, Balkon und Bad je nach Saison etwa 50-100 DM. Tel. 0822/22825, Fax 22315.

Argo (3), das ansprechende Haus von Familie Papadakis liegt am unteren Ende der Stichstraße gleich links, vis-à-vis vom Restaurant Papadakis. Saubere, helle und gut ausgestattete Räume mit Du/WC, Balkon und vorne raus wunderschönem Meeresblick. Hervorzuheben der gemütliche Frühstücksraum. DZ je nach Saison ca. 40-70 DM. Tel. 0822/23563.

Galini Beach (1), Pension etwas östlich vom Ort, direkt am langen Kies-/Sandstrand. Sehr ruhige Lage, geräumig, auch in der Hochsaison noch Kapazitäten frei. Freundlich eingerichtete Zimmer mit Fliesenböden, Du/WC und Balkon. Geführt von den freundlichen Brüder Manolis und Jacobos. DZ ca. 35-55 DM. Anfahrt von der New Road möglich (beschildert), vom Zentrum ca. 15 Min. zu Fuß – Stichstraße zum Wasser hinunter, dann rechts die Uferpromenade entlang bis zum Sportplatz. Tel. 0822/23288, Fax 23388.

Bikakis (4), vom Hauptplatz die Kambougi Str. 300 m nach Osten. Nette, kleine Stadtpension, von außen eher unscheinbar, jedoch helle und geschmackvoll eingerichtete Zimmer mit Bad, z. T. mit schönem Blick auf die von den beiden Landzungen eingegrenzte Bucht. Ruhige Lage, freundliche Familie, der Sohn spricht gut Englisch. DZ ca. 40-60 DM. Tel./Fax 0822/22105.

Kali Thea (5), weitere familiär geführte Pension an der Kambougi Str, östlich vom

Im Fischerhafen von Kíssamos

Hauptplatz. Anna und Antonis Verdiou bieten helle Zimmer mit Meeresblick, Frühstück unter einem Maulbeerbaum und hausgemachten Wein. DZ ca. 30-50 DM. Tel. 0822/22927

Maria Beach (8), Rooms von Maria Kastanaki in schöner Lage direkt am Sandstrand im westlichen Ortsbereich, familiäre Atmosphäre, Zwei- und Mehrbettzimmer, teils mit eigenem Bad, teils Etagendusche, große Frühstücksterrasse zum Strand hin. Vom Hauptplatz ca. 10 Min. zu Fuß. DZ ca.40-60 DM.

Romeiko (9), Taverne mit Zimmervermietung, ebenfalls direkt am Sandstrand, geführt von der freundlichen Familie Skordilis. Tel. 0822/24309, Fax 22358 (→ Essen).

• *Etwas außerhalb*: **Dimitris Chryssany**, C-Kat., ruhige Apartmentanlage, ca. 3 km westlich von Kíssamos, oberhalb der wenig befahrenen Straße zum Hafen. Weiter Blick über den Golf, sauber, gute Qualität der Einrichtung. Frühstück kann auf einer Gemeinschaftsterrasse unter Palmen eingenommen werden. Hervorzuheben die Gastlichkeit des Eigentümers Manolis Xyrouchakis mit Familie. Um zu einer Kiesbucht zu kommen, muss man die Straße überqueren. Apartment je nach Saison, Größe und Ausstattung ca. 60-110 DM. Pauschal über Attika. Tel. 0822/23390, Fax 23464.

Elena Beach, B-Kat., 1,5 km westlich von Kastelli, größeres, aber gemütliches Hotel mit 40 Zimmern, ruhige Lage am Westende des geschwungenen Sandstrandes, viele Zimmer mit Meeresblick. Restaurant, "Beach Bar", am Strand Liegestühle/ Sonnenschirme, 100 m entfernt gibt es Surfbretter, Tretboote und Kanus zu leihen. DZ mit Frühstück ca. 60-90 DM, pauschal über Attika. Tel. 0822/23300.

• *Camping*: **Kissamos (7)**, kleiner Platz mitten in der Stadt, nicht sonderlich malerisch gelegen, Öltanks für Kraftwerk benachbart, aber nur 5 Min. zum Sandstrand. Insgesamt hübsch gestaltet: Rasenplatz mit niedrigen Bäumen und leuchtend bunten Blumen, Swimmingpool vorhanden, Bar, Taverne. Mit Zimmervermietung. Tel. 0822/23444, Fax 23464.

Zwei weitere Campingplätze liegen wenige Kilometer östlich direkt am Strand. Details siehe Kíssamos/Umgebung.

Essen (siehe Karte S. 154/155)

O Makedonas (6), Peridou Str., unten am Hauptplatz die Gasse nach Westen hinein

(bei Iris Rent a Car). Kleine Taverne von Nikos, der aus Nordgriechenland stammt, seine Frau Sultana kocht. Gut und preiswert, offener Wein.

Romeiko (9), direkt am Sandstrand westlich vom Ort, von mehreren Lesern empfohlen: "Der junge Alexis, der das Restaurant zusammen mit seiner Mutter führt, spricht perfekt Deutsch und weiß so ziemlich alles über Kreta. Wunderbare Atmosphäre auf der Terrasse, hervorragendes Essen."

Weitere Leserempfehlung für Taverne **Kissamos**, am Meer in Richtung Fischerhafen, 20 m nach Hotel Peli: "Herzliche Atmosphäre, gute typische Gerichte."

Zwei weitere schlichte und sehr preiswerte Fischtavernen liegen direkt im kleinen **Fischerhafen**. Man kann draußen sitzen, abends sehr stimmungsvoll, wenn die Fischerboote zurückkommen.

Nachtleben/Feste

• *Nachtleben*: An der neu angelegten Promenade unterhalb vom Ortskern hat sich eine Reihe moderner **Nachtbars** mit fetzig-lauter Musik etabliert. Die Anwohner der dortigen Unterkünfte bekommen das hautnah zu spüren.

• *Feste*: großes **Weinfest** an den zwei ersten Tagen im August, zur selben Zeit wird die Vertreibung der Türken aus dem **Kastell Gramvoúsa** im Jahr 1825 gefeiert.

Kíssamos/Umgebung

Ein Spaziergang am Meer vermittelt die Ländlichkeit der Region. Das Panorama ist wundervoll: Eingebettet zwischen die beiden langen Halbinseln liegt das tiefblaue Meer, im Hinterland winken markante Bergzacken. Die antike Stadt *Mithímna* ist an der Straßenkreuzung bei Nopígia/Koléni beschildert, Ausgrabungen gab es allerdings noch nicht.

▸ **Drapaniás**: wenige Kilometer östlich von Kíssamos. An der Durchgangsstraße einige Kafenia, dahinter der alte Ort mit seinen engen Gassen. 1,5 km unterhalb liegt Camping Mithimna direkt am Strand.

• *Übernachten*: **Camping Mithimna**, ca. 6 km östlich von Kíssamos, tolle Lage zwischen den beiden Halbinseln und nette, persönliche Atmosphäre. Der aufgeschlossene Manoussos aus Zoúrva hat die Leitung zusammen mit Michalis. Dichte Rasenflächen mit schattigen Stellplätzen unter hohen, weit ausladenden Tamarisken, ein eigener Platzteil ist für Gruppen reserviert. Abends trifft sich alles unter dem Schilfdach der Taverne. Kleiner Laden vorhanden. Einige Duschen liefern 24 Stunden lang warmes Wasser, der Rest wird solar betrieben. Der Strand vor dem Platz ist z. T.

Venezianischer Brunnen im Zentrum von Kíssamos

sandig, allerdings weitgehend schattenlos (einige Bäume wurden gepflanzt), eine Dusche ist installiert. April bis Oktober. Tel. 0822/31444, Fax 31000.

▸ **Nopígia**: fast verlassenes Dörfchen direkt am Strand. Nur eine Handvoll Häuser sind ständig bewohnt, es gibt zwei kleine Fischtavernen und einen Obst- und Gemüseladen.

● *Übernachten*: **Camping Nopigia**, 7 km östlich von Kíssamos am Strand bei Nopígia, geführt von Giorgos, sehr ruhig. Leicht abfallendes Gelände mit reichlich Schatten durch Eukalyptus und Tamarisken. Sanitäranlagen okay, heiße Duschen, günstige Taverne (Familienbetrieb), gut eingerichtete Bar, Laden. Der Strand ist ziemlich steinig (geplant ist, Sand anzufahren), dafür hat der Platz einen schönen und geräumigen Swimmingpool (12 x 25 m). Etwas preiswerter als o. g. Platz. Tel. 0822/31111.

Wanderung von Kíssamos nach Ravdoúcha

Reizvolle Wanderung entlang der bizarren Küstenlinie an der Westseite der Halbinsel Rodópou ins Dorf Ravdoúcha. Man kann meist auf Sicht wandern. Festes Schuhwerk ist Voraussetzung, und auch lange Hosen sind zu empfehlen, denn teilweise geht es durch dornige Phrygana.

● *Route*: Kíssamos – Nopígia – Ravdoúcha – Kalidoniá – Kíssamos.

● *Dauer*: 3,5 Std. bis Ravdoúcha bzw. 4,5 Std. bis Kalidoniá (Kíssamos – Abzweig Camping Mithimna 1,5 Std., Camping Mithimna – Ravdoúcha 2 Std., Ravdoúcha – Kalidoniá 1 Std.).

● *Wegbeschreibung*: Von Kíssamos geht man am Strand entlang in Richtung Osten, bis man eine still gelegte **Fabrik** erreicht. Hier läuft man ein kurzes Stück rechts die Straße entlang, um nach ca. 5 Min. links über eine Brücke den Fluss zu überqueren. Jetzt geht es immer geradeaus durch Weinfelder, nach knapp 1,5 Std. zweigt ein Weg zum Camping Mithimna ab. Es geht jedoch weiter geradeaus, bis nach weiteren 15 Min. das Dorf **Nopígia** erreicht wird. Am Kiesstrand entlang geht es nun den breiten Weg weiter, vorbei am **Camping Nopigia**.
Vor uns liegen jetzt zwei Kaps, dazwischen eine Kiesbucht, an der wir später vorbeikommen werden. Nach 10 Min. passiert man eine **Quelle** mit Sitzecke und Platane, von der Straße erkennbar ist eine Stützmauer. Nach der Quelle folgen ein weißes Haus und eine weiß getünchte **Kapelle**. Ein Schild auf griechisch weist darauf hin, doch bitte die Türe zu schließen, um Tiere auszusperren. Unmittelbar nach der Kapelle folgt man einem **Ziegenpfad** durch ein kleines Wäldchen den Berghang auf eine baumlose Ebene hinauf (15 m ü.M.). Der Weg folgt der Abbruchkante. Wir durchqueren drei kleine Schluchten, die Kiesbucht wird sichtbar, wir bleiben aber oben. Nach mehreren

Unterwegs nach Ravdoúcha

weiteren Taleinschnitten führt ein mit roten Pfeilen und Steinmännchen markierter Weg zu der steinigen **Bucht** am Meer. Im Zickzack geht es bergab zum Meer durch Mastixsträucher und Gebüsch. 10 Min. später gelangen wir an eine **Dreschtenne** (von Steinen umsäumter, runder Platz). Wir überqueren zwei Steinmauern mit Zaunresten und kommen an einem zweigeteilten **Johannisbrotbaum** vorbei. Es folgt eine **Kirchenruine** mit Ikone, in einer Mauernische liegen Schädeldecken. Etwa 200 m führt der Weg am Meer entlang. Dann liegt 10 m von der Wasserkante entfernt ein aus Steinen gelegter **Pfeil** auf dem Boden, der in Richtung Hang durch den Oleander weist. Wir überqueren ein Wasserrinnsal und gehen auf der rechten Talseite (in Fließrichtung gesehen) bergauf. Der Weg ist stellenweise mit roten Punkten und Pfeilen markiert. Nach zwei weiteren Tälern hat man einen Blick auf die Hafenmole von Ravdoúcha, die Ölberge und die weißen Häuser des Dorfes. Wir überqueren einen niedergetretenen **Weidezaun**, 10 Min. später ist die **Asphaltstraße** erreicht, die den kleinen Hafen und einsamen Strand von Ravdoúcha (weiter nördlich) mit dem Dorf verbindet. Nach einer Viertelstunde auf Asphalt sind wir in **Ravdoúcha**.

Jetzt gibt es zwei Möglichkeiten, wieder nach Kíssamos zu gelangen. Entweder man kehrt einfach um und macht vielleicht noch einen Abstecher zum Strand, an dem auch eine Taverne steht. Oder man läuft auf der Straße über **Kamára** nach **Kalidoniá** und fährt von dort mit dem Bus zurück. Für letztere Variante muss man oben im Dorf Ravdoúcha links abbiegen. Die Straße führt zunächst nach Norden um einen Bergrücken herum, bevor sie sich nach Süden wendet. Von Ravdoúcha nach Kalidoniá ist es noch ca. 1 Std. Fußmarsch auf Asphalt – dafür kann man dort bequem in einem der drei Kafenia an der Haltestelle auf den Bus warten.

▶ **Ravdoúcha**: kleines Dorf, etwa 100 m über dem Meer. Von der Küste kommend, liegt am Ortseingang gegenüber der neuen Kirche der Friedhof mit Beinhaus. Ein Kafenion mit naiven Gemälden zur deutschen Invasion von 1941 findet man gegenüber der alten Kirche im Dorf.

● *Übernachten/Essen*: Zwei Tavernen an der Straße zu Hafen und Strand, **Wrachos sto kyma** (waves to the rocks) an der Abzweigung unten links vermietet Zimmer mit Kühlschrank und Kochplatten, ruhig, nette Wirtsleute, Bademöglichkeit vorm Haus.

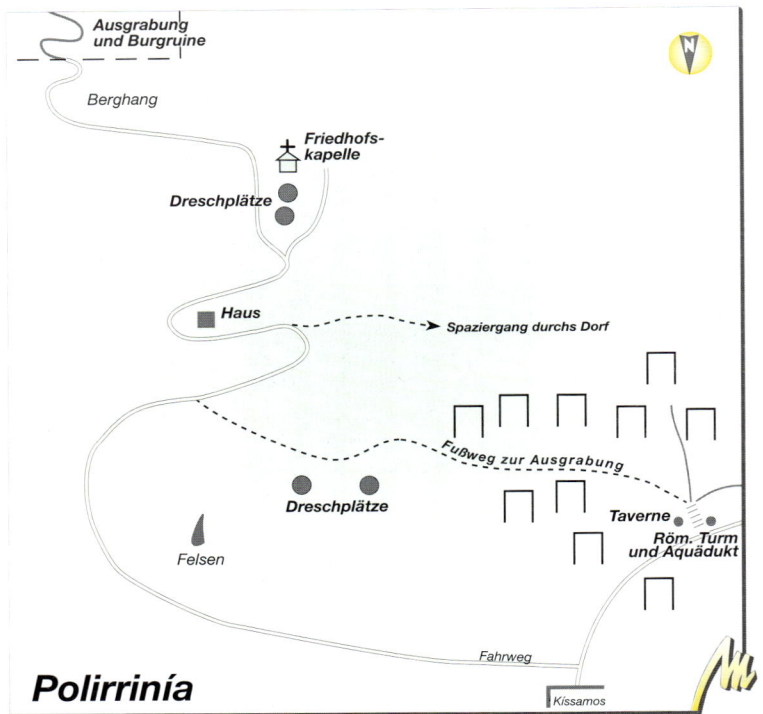

Polirrinía

> **Polirrinía**: Die Dorer hatten 6 km landeinwärts von Kíssamos auf einer 320 m hohen Bergspitze oberhalb der heutigen Ortschaft Polirrinía eine größere Stadt errichtet. Kíssamos war der Hafen dieser Siedlung. Viel ist heute allerdings nicht mehr auszumachen, die Ruinen liegen weit verstreut: Reste einer Zyklopenmauer, von Tempeln und Grabkammern sowie die Mauern eines späteren venezianischen Kastells. Der Abstecher lohnt wegen des herrlichen Blicks von der exponierten Ausgrabungsstelle auf den gesamten Golf, aber auch wegen des kleinen Spaziergangs durch das heutige verwinkelte Dorf. Die Häuser – oft in allen Stadien des Verfalls – sind nicht selten mit Steinen antiker Bauten errichtet. Gegenüber der Taverne am Ortseingang sieht man z. B. die Ruinen eines römischen Turms und einen Aquädukt.

● *Anfahrt/Verbindungen*: **Busse** nach Polirrinía fahren von Kíssamos etwa 2 x täglich. Wegbeschreibung zur Ausgrabung siehe Skizze.

● *Essen*: **Akropolis**, neue Taverne in der Nähe der Friedhofskirche, betrieben von einer jungen Familie, Tochter spricht Englisch, gute Qualität der Speisen.

Halbinsel Rodópou

Bergig, schroff und abweisend – so wirkt die Halbinsel von außen. Doch im Inneren breitet sich ein Meer von Olivenbäumen aus, der Hauptort Rodopós lebt von seinen üppigen Weinfeldern.

Die wenigen kleinen Orte liegen ausschließlich im Südteil der Halbinsel. Eine Asphaltstraße führt von Kolimbári über *Afráta* und *Astrátigos* bis zum Hauptort *Rodopós*, der auch auf einer Stichstraße ab Old und New Road zu erreichen ist. Eine weitere Asphaltstraße führt nach *Ravdoúcha* hoch über der Westküste (→ Wanderung von Kíssamos nach Ravdoúcha, S. 158). Der Rest der Halbinsel ist nur durch Pfade und Schotterwege erschlossen, reizvolles Wanderziel ist die Kirche Ágios Ioánnis (→ unten).

▸ **Afráta:** Ein Stopp lohnt im Kafenion am Dorfplatz, dessen Interieur sich seit der Eröffnung vor Dekaden von Jahren kaum verändert hat. Herrlicher Blick aufs Meer.

▸ **Rodopós:** hübsches Örtchen, flach zwischen die Hänge gebettet, an der großen Platia findet man mehrere Kafenia und Tavernen.

Der Tod Johannes des Täufers

Am 29. August findet auf der Halbinsel Rodópou das größte religiöse Fest der Diözese statt. In einer einen Tag und eine Nacht während Askese wird der Enthauptung Johannes des Täufers gedacht. Dieser Heilige, der als Eremit am Jordan lebte, gilt in der griechisch-orthodoxen Kirche als erster Mönch und ist Vorbild für alle Gläubigen. Tausende brechen jedes Jahr am Morgen des 29. August von Rodopós zu dem beschwerlichen, fast dreistündigen Fußmarsch zur Kapelle **Ágios Ioánnis** in der Nordhälfte der Halbinsel auf, die dem Täufer geweiht ist. Für die Nacht werden Decken mitgenommen, zurück geht es erst wieder am nächsten Tag.

Wanderung von Rodopós zur Kirche Ágios Ioánnis

Schöne Strecke mit herrlichen Ausblicken über die Halbinsel Rodópou. Am 29. August findet bei der Kirche eins der größten religiösen Feste Westkretas statt (→ Kasten).

• *Dauer*: ca. 4,5-5 Std.

• *Wegbeschreibung*: Vom Dorfplatz in **Rodopós** geht man in nördlicher Richtung auf der Asphaltstraße an einer blau-weiß gestrichenen Kirche vorbei bis zum Ortsende. In einer Linkskurve (hier endet der Asphalt) geht es einen Abkürzungspfad rechts aufwärts zur **Schotterpiste**, der man jetzt leicht aufwärts folgt. Nach ca. 45 Min. führt die Piste zwischen zwei Betonpfeilern hindurch, von denen der rechte umgestürzt ist. Immer dem Hauptweg folgend, passiert man nach weiteren 30 Min. etwa 10 m links neben der Straße eine **Zisterne**, nach weiteren 15 Min. erreicht man erneut eine **Zisterne** mit zwei Deckeln und einem Wegweiser "Prós Ágios Ioánnis". Hier biegt man nach links auf einen Schotterweg ab, der, vorbei an einem Stall, nach ca. 10 Min. zu einem Pass führt. Bei einem hellblauen **Gebetsstock** auf einer Mauer hat man einen schönen Blick auf die Kirche Ágios Ioánnis, die Bucht von Kíssamos und zur Halbinsel Gramvoúsa. Von hier beginnt der **Abstieg** auf einem schmalen, gut sichtbaren Pfad zur Kirche.

Man verlässt die Kirche auf dem **Schotterweg**, an einem Schafspferch vorbei, in südlicher Richtung. Hinter der Schlucht mit der weit unterhalb des Fahrwegs liegenden Kirche **Ágios Pávlos** endet der Weg nach einer scharfen Spitzkehre. Im Scheitelpunkt – mit großem Steinmann markiert – beginnt ein schmaler **Pfad**, der oberhalb der Westküste der Halbinsel leicht ansteigend nach Süden verläuft. Markierung: rote Punkte und Steinmännchen. Später verändert der Pfad seine Richtung landeinwärts, und

nach Erreichen des Passes trifft man etwas unterhalb auf eine **Schotterstraße**. Bei einer Gabelung umgeht man einen Weinberg und sieht bald darauf die ersten Häuser von **Rodopós**. Oberhalb vom Sportplatz geht rechts ein Pfad abwärts bis zu einem Fahrweg, der direkt ins Dorf führt.

Die Lagune von Bálos

Halbinsel Gramvoúsa

Unbewohnter, felsiger Sporn, der sich weit nach Norden ins Meer schiebt. Nahe der Nordwestspitze am Kap Tigáni liegt der fantastische Lagunenstrand Bálos, dessen seichtes Wasser in allen Türkistönen schimmert. Wie die gesamte Westküste leidet die Bucht allerdings unter starken Ablagerungen von Teerschlamm, die durch die stetigen Westwinde angeschwemmt werden.

In der Vergangenheit war die Halbinsel belebter als jetzt. Bereits die *Dorer* setzten ein Heiligtum an die äußerste Spitze der Halbinsel. Und auf der nordwestlich vorgelagerten Insel *Gramvoúsa* stehen die Ruinen eines großen Kastells der Venezianer, das später von Piraten als Stützpunkt benutzt wurde. Bis vor kurzem traf man nur vereinzelte Wanderer und Badegäste in dieser einsamen Ecke. Doch inzwischen verkehren ab Kíssamos Badeboote, außerdem wurde an der Ostseite der Halbinsel eine Fahrpiste immer weiter nach Norden vorangetrieben. Obwohl der etwa 11 km Fahrweg sehr schlecht ist, testen ihn jede Menge risikofreudiger Fahrer. Unterwegs passiert man eine Kapelle, kurz darauf eine Quelle.

Tigáni bedeutet übrigens "Bratpfanne", was auf die Rundform des Kaps anspielt. "Stiel" der Pfanne ist der schmale, sandige Isthmus, der das Kap mit dem Festland verbindet.

● *Anfahrt/Verbindungen*: **Bus** nach Plátanos nehmen, dieser hält 1 km vor Kalivianí an einer Straßenkreuzung. Hier beginnt die Piste nach Bálos.
In der Saison gibt es bei genügend Nachfrage **Bootsausflüge** ab Kíssamos zum Strand. Dabei wird auch die Insel Gramvoúsa mit der venezianischen Festung angelaufen. Kostenpunkt ca. 30 DM.

● *Übernachten/Essen*: **Kalivianí**, Taverne und "Rooms to let" im gleichnamigen Ort am Beginn der Halbinsel, geführt von den netten Gastgebern Eftichia Diktaki, ihrem Mann und den beiden erwachsenen Kindern Tula und Jannis. Leserempfehlung: "Eingerichtet mit sehr viel Liebe zum Detail, verbindet die Familie alte griechische Tradition mit modernem Stil. Großzügig gestaltetes Haus mit ausgedehnter Terrasse und schönem Meerblick, große, behaglich ausgestattete Gästezimmer, täglicher Zimmerservice." DZ ca. 40-60 DM. Tel. 0822/23204.

▶ **Bucht von Bálos**: seichte Lagune mit weißen Dünen und puderfeinem Muschel-, Schnecken- und Korallensand, abgeschlossen durch das Kap Tigáni. Weit davor im Meer die markant vorgelagerten Inseln *Gramvoúsa* und *Ágria Gramvoúsa*. Leider stören meist starke Teerablagerungen die Idylle.
Am Südende der Bucht stehen einige kleine Häuschen, die im Sommer als improvisierte Tavernen dienen. Von dort lässt sich das vorgelagerte *Kap Tigáni* mit einer Kapelle erreichen. Die Verbindung besteht aus spitzem Lavagestein mit vielen Wasserlöchern. Wo die Durchlässe zu breit sind, liegen Holzbohlen, so dass man trockenen Fußes hinüberkommt. Schöner ist es natürlich, durch die Lagune zu waten oder zu schwimmen.

▶ **Insel Gramvoúsa**: Die große Insel liegt etwa 1 km vor der Piratenbucht und ist nur per Boot zu erreichen (Ausflugsboote von Kíssamos). Die weitflächigen Ruinen einer fünfeckigen venezianischen Festung bedecken das Inselplateau, 140 m über dem Meer. Diese Inselfestung schützte den Seeweg von Venedig ins östliche Mittelmeer und war dank ihrer exponierten Lage fast uneinnehmbar. Die Venezianer konnten sie wesentlich länger als die

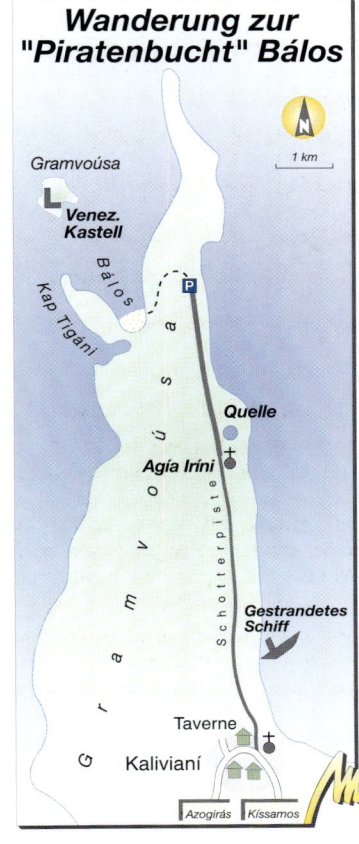

Wanderung zur "Piratenbucht" Bálos

Kíssamos und Umgebung

Verteidigungsstellungen am kretischen "Festland" halten. Auf einem schmalen Pfad kann man hinaufklettern, die Hänge fallen ringsum fast senkrecht zum Meer ab. Lange Mauerreste ziehen sich oben entlang, man erkennt Ruinen von Häusern und Zisternen. Relativ gut erhalten sind eine *Kapelle* und eine türkische *Moschee*.

Von Kíssamos zum Strand von Elafonísi

Die 44 km lange Inlandroute von Kíssamos in den Südwesten Kretas führt durch die vielleicht baumreichste Region ganz Kretas. Das kräftige Grün der Kastanienwälder wirkt vor allem im Hochsommer herrlich kühl und erfrischend.

Vorschlag für einen Tagesausflug: von Kíssamos morgens durchs Inland zum Strand von Elafonísi, spätnachmittags an der Westküste zurück – dann versinkt die rote Sonne wunderschön im Meer. Besucher ohne eigenes Fahrzeug können den täglichen Bus von Kíssamos zum Strand von Elafonísi nehmen und auf demselben Weg zurückfahren oder mit dem ebenfalls täglich verkehrenden Badeboot weiter nach Paleochóra.

▶ **Routenbeschreibung**: Bei *Kaloudianá*, wenige Kilometer östlich von Kíssamos, liegt die Abzweigung von der küstennahen Straße, die zuerst nach *Potamída* führt. Etwa auf Höhe der Kirche erkennt man dort links der Straße bizarr aufgeworfene Erosionshügel. Ab *Voulgáro* schraubt sich die Straße höher in die Berge. Immer wieder hat man herrliche Ausblicke auf die üppig grünen Talhänge mit Oliven, Zypressen und verschiedenen Laubbäumen. *Topólia* liegt mit seiner schmalen, kurvigen Hauptstraße zwischen prächtigen, hochgewachsenen Bäumen wunderschön am Hang. Kurz danach durchquert man eine Schlucht mit ähnlich hohen Steilwänden wie die berühmte Samariá-Schlucht. Die Straße verläuft am Westhang, ein kleiner Tunnel wird durchquert (einer der beiden einzigen Straßentunnels Kretas, der andere in Ostkreta). Etwa 300 m nach dem Tunnelausgang rechts eine Treppe zur Tropfsteinhöhle *Agía Sofía* (ca. 5 Min.). Der ruhige Ort *Élos* besitzt mehr Kastanienbäume als Menschen. In den Kafenia im Zentrum kann man schön sitzen, auch Zimmer werden vermietet. Am dritten Sonntag im Oktober wird ein großes "Kastanienfest" gefeiert. Von hier sind es noch etwa 5 km bis zur Abzweigung zum Kloster Chrissoskalítissa an der Küste. Wenn Sie an der Abzweigung sind, lesen Sie bitte weiter auf S. 169.

Was haben Sie entdeckt?

Haben Sie *den* ultimativen Strand gefunden, eine freundliche Taverne weitab vom Trubel, ein nettes Hotel mit Atmosphäre, einen schönen Wanderweg? Wenn Sie Ergänzungen, Verbesserungen oder neue Tipps zum Buch haben, lassen Sie es uns wissen!

Eberhard Fohrer
Stichwort "Kreta – Der Westen"
c/o Michael Müller Verlag GmbH
Gerberei 19
91054 Erlangen
E-Mail: e.fohrer@michael-mueller-verlag.de

Blick auf den Strand von Falássarna

Westküste

Bis auf den äußersten Norden und Süden touristisch unberührt. Kaum ein Ort liegt direkt am Meer. Einzige Anlaufpunkte sind im Norden die Strandebene von Falássarna und der Strand von Elafonísi im Süden.

Eine asphaltierte Panoramastraße führt hoch über der Küste entlang und wendet sich südlich von Keramotí wieder landeinwärts – interessante Rundtour ab Kíssamos möglich, aber auch Weiterfahrt nach Paleochóra (über Élos und Strófles). Am schönsten ist die Küstentour abends, wenn die Sonne im Meer versinkt. Der Ort *Plátanos* hat eigentlich nur als Busumsteigestation für Falássarna und die Westküste Bedeutung. Hier gibt es einen Lebensmittelladen, Selbstversorger sollten sich eindecken, bevor sie nach Falássarna hinunterfahren.

Falássarna

Große, weit geschwungene Bucht am Fuß der Halbinsel Gramvoúsa. Von Klippen unterbrochen, erstreckt sich ein Strand mit herrlich weißem, weichem Sand. Es geht ganz flach ins Meer hinein, weicher Sandboden und herrlich klares Wasser. Wegen des häufigen Westwindes allerdings gelegentlich starke Brandung und Teeranschwemmungen. Und auch für archäologisch Interessierte ist etwas geboten: Am Nordende der Bucht liegt die antike Hafenstadt Falássarna.

Grandios ist der Panoramablick, wenn man die gewundene Asphaltstraße hinunterfährt. Von den Einwohnern wird die weiträumige Ebene intensiv für den

Treibhausanbau von Tomaten, Gurken, sogar Bananen genutzt – unübersehbar sind die grünen Planen, auf die die Sonne Tag für Tag herunterprallt. Wegen seiner Abgelegenheit im äußersten Westen Kretas ist Falássarna bisher noch nicht überlaufen, Unterkünfte und Tavernen sind reichlich vorhanden. Vor allem Wohnmobilfahrer kommen gerne hierher, und auch Zelte sieht man meist einige am Strand stehen. Kinder finden viel Betätigungsmöglichkeiten, denn durch Felsen im Meer sind richtige Planschbecken entstanden, in denen das Wasser auch bei hohem Wellengang ruhig bleibt.

Falássarna: antike Hafenstadt an der Westküste

Die eigenartigen Felswände, die unmittelbar hinter dem Strand ansteigen, gelten als sichtbarer Beweis dafür, dass sich die Insel Kreta im Westen gehoben hat, während sie im Osten mehrere Meter im Meer versank. Der obere

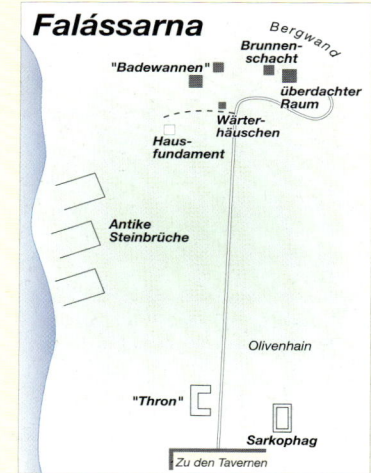

Rand der Felsen bildete früher die Küste, während der jetzige Sandstrand im Lauf der Jahrhunderte durch Ablagerung neu entstand. Die Überreste der antiken Hafenstadt Falássarna liegen heute am Nordrand der Bucht, 6 m über dem Meeresspiegel. Die Stadt wurde erst von den Minoern gegründet und war auch noch in hellenistischer und römischer Zeit bewohnt.

Vom Ende der Asphaltstraße fährt man die Piste nach Norden weiter, Falássarna liegt am Fuß der Felswand (→ Skizze). Noch vor der eigentlichen Ausgrabung kommt man an einem klobigen "Thron" vorbei, der unmittelbar am Wegesrand steht. Seine Funktion ist ungeklärt, vielleicht war er dem Meeresgott Poseidon geweiht. Im Olivenhain auf der anderen Seite des Wegs liegt ein Sarkophag. Ein Stück weiter wendet sich die Piste landeinwärts, dort parken. Malerisch zwischen riesigen, lilafarbenen Disteln verstreut, findet man zahlreiche, gut erhaltene Fundamente. Markantester Blickfang ist linker Hand der Piste die Ruine eines Rundturms, der einen Durchmesser von etwa 10 m hatte (Weg neben leerem Wärterhäuschen nehmen). Daneben hat man das Fundament eines größeren Hauses ausgegraben. Von hier aus in Richtung Wasser kann man ein wenig über die Felsen klettern und kommt zu einigen annähernd rechteckigen Ausschachtungen im Fels. Die Deutungen darüber gehen auseinander: Wurden sie lange Zeit als Hafenbecken der antiken Stadt interpretiert, erkennt man heute eher Steinbrüche darin. Das tatsächliche Hafenbecken soll näher am Berghang liegen (nördlich vom Turm) und durch einen Kanal mit dem Meer verbunden gewesen sein. Weitere Ruinen findet man am Berghang, vor allem im Bereich der Kapelle.

Die distelüberwucherten Ruinen von Falássarna

• *Anfahrt/Verbindungen*: Zwei Busse fahren tägl. von **Kíssamos** direkt nach **Falássarna** und nach der Ankunft gleich wieder zurück.

• *Übernachten/Essen*: Auch in Falássarna entstehen immer mehr Zimmer, Apartments und Tavernen. Populärste Anlaufpunkte für Neuankömmlinge sind meist die beiden Tavernen, die sich am Ende der Asphaltstraße oberhalb vom Klippenrand gegenüberliegen: **Sun Set**, die Taverne, die näher am Strand liegt. Hier kann man unter dem Feigenbaum auf der Terrasse herrliche Sonnenuntergänge über dem Meer genießen, es gibt einfache Mahlzeiten zu relativ hohen Preisen. Unterhalb des Hauses ist eine winzige, weiß gekalkte Kapelle in den Fels getrieben, daneben entspringt eine Quelle, Wasserhähne und Dusche für Hausgäste. Im obersten Stock einfache DZ mit Du/WC für rund 40 DM. Ebenfalls zur Taverne gehören die in der Nachbarschaft neu erbauten Studios. Tel. 0822/ 41204.

Falassarna, die obere Taverne serviert vorzugsweise Fisch. Das gleichnamige Hotel daneben ist laut Leserberichten nicht sonderlich gepflegt. DZ etwa 40-50 DM, auch Apartments. Tel. 0822/41434.

Plakures, ca. 300 m vom Strand, geschmackvoll eingerichtetes Haus mit Pool (integriertes Kinderbecken), schöner Sonnenterrasse und Taverne, geführt von Beate aus Deutschland mit ihrem Mann Georgios Vagionakis. Vermietet werden 18 moderne Zimmer und 5 Apartments mit hellen Marmorböden, Minibar, Safe, Telefon und Radio. Hervorzuheben ist die ausgezeichnete Küche mit Zutaten aus Eigenanbau und hausgemachtem Wein. Morgens gutes Buffet. Tel. 0822/41581, Fax 41781, E-Mail: plakures@otenet.gr Kontakt in Deutschland: Familie Kramer, Tel. 09332/8744, Fax 3873, E-Mail: info@plakures.de

Panorama, Taverne mit Zimmervermietung oberhalb vom Hauptstrand, preiswertes und gutes Essen, nette Leute, zu erreichen auf beschilderter Zufahrtspiste.

Golden Sun, oberhalb der Straße, empfohlen von Leser J. Nitschmann, preiswerte Zimmer und Apartments, der freundliche Besitzer Antonis Triantafillakis spricht gut Deutsch. Tel. 0822/41485.

Kalami, unterhalb der Straße, Lesertipp, schöne Zimmer mit Du/WC, auf der Terrasse mit herrlichem Blick wird abends gutes und preiswertes Essen serviert, freundliche Besitzer. DZ ca. 30-35 DM.

Aqua Marine, oberhalb der Hauptstraße, mit großem Schild ausgeschildert, warm empfohlen von Leser H. Bögemann: "Zimmer sind hell und sauber mit Innentoilette und Dusche. Die Möblierung zeigt Liebe zum Detail und strahlt Gemütlichkeit aus. Der Besitzer, Herr Michalis Perathorakis, ist ein zuvorkommender Mensch, der die Geselligkeit mit seinen Gästen schätzt". Tel. 0822/41414 oder 22003.

Romantica, ca. 100 m oberhalb vom Aqua Marine. 4 Apartments mit herrlichem Meeresblick, freundliche Besitzerin, tägliche Reinigung. Tel./Fax (Sommer) 0822/41098, Tel./Fax (Winter) 0821/93849.

Von Plátanos nach Elafonísi

Die gut ausgebaute Asphaltstraße windet sich in Serpentinen über die Berge, die Aussicht ist überwältigend. Etwa 1-2 x täglich fährt auch ein Bus von Kíssamos über Plátanos.

▶ **Sfinári:** Der Ort liegt inmitten von Olivenbäumen, etwa 1,5 km vom Meer entfernt. Unterhalb erstreckt sich ein kaum besuchter Kiesstrand, der durch eindrucksvolle Felsen geschützt wird. Man lebt von der Landwirtschaft, denn Touristen verirren sich nur wenige hierher. Am Strand unten gibt es drei Tavernen, die alle freies Campen anbieten.

▶ **Kámbos:** verstreut liegendes Dorf in einem tief eingekerbten Tal mit üppiger Vegetation aus Kastanien und Oliven. Übernachten und essen kann man in der freundlich geführten Taverne Lefteris (Tel. 0822/41445).

▶ **Kefáli:** letzter Ort vor der Abzweigung nach Chrissoskalítissa/Elafonísi. Hier gibt es einige Lokale, die u. a. leckeren Joghurt und selbst gemachten Honig anbieten – beliebter Fleck zum Rasten.

Beliebter Rastplatz: die Tavernen von Kefáli

Kíssamos und Umgebung

Tipp: Von Kefáli kann man über Élos nach Paleochóra fahren. Dazu 5 km nördlich von Élos die Asphaltstraße über Stróvles nehmen, problemlose Fahrt bis zur Asphaltstraße nach Paleochóra, auf die man in Plemenianá trifft. Der Umweg über Voutás ist ebenfalls asphaltiert.

Kloster Chrissoskalítissa und Strand von Elafonísi

Schon lange kein Geheimtipp mehr, aber noch immer eine besonders schöne Ecke. Früher fast menschenleer, gibt es mittlerweile sogar tägliche Busverbindungen von Kíssamos und Chaniá. Aber vor allem Mietwagenfahrer finden zuhauf herunter, denn eine gut ausgebaute Asphaltstraße führt bis zum Kloster Chrissoskalítissa und seit kurzem auch weiter bis zum Strand.

Anfahrt/Verbindungen

● *Eigenes Fahrzeug*: Von der Nordküste fährt man am kürzesten von **Kaloudianá** an der Straße Kíssamos-Kolimbári über Topólia und Élos quer durchs Inland (→ S. 164). Alternative dazu ist die Fahrt an der **Westküste** entlang, die ebenfalls vollständig asphaltiert ist (→ vorheriger Abschnitt). Bei **Kefáli** beginnt ein 11 km langes Tal über **Váthi** hinunter zum Kloster Chrissoskalítissa.

● *Bus*: Von etwa Mai bis Ende September kommt mindestens 1 x tägl. ein Bus aus **Chaniá** und einer von **Kíssamos**. Ab Kíssamos ca. 1,5 Std. Fahrtzeit, ca. 13 DM einfach. Die Busse halten kurz beim Kloster und fahren dann noch die 5 km zum Strand von Elafonísi. Auf Anfrage Stopp bei den neu erbauten Pensionen und Apartments ca. 500 m vor dem Strand.

Allein auf weiter Flur: Kloster Chrissoskalítissa an der Westküste

▶ **Kloster Chrissoskalítissa**: verschachtelter Bau mit leuchtend hellblauem Dach auf einem Felsen über dem Meer. "Goldene Treppe" lautet etwa die Übersetzung von Chrissoskalítissa: Die Klostertreppe hat nämlich eine Stufe, die aus reinem Gold bestehen soll. Wer ohne Sünde ist, kann sie sehen. Heute leben und arbeiten hier nur noch ein einziger Mönch namens Nektários und die mit ihm verwandte Nonne Theodóti – wegen Mangels an männlichem Nachwuchs musste man zu dieser "unorthodoxen" Lösung greifen. Das Kloster betrachten sie gewissermaßen als ihr Kind. Seit vor einigen Jahren Gegenstände von Touristen gestohlen wurden, sind die beiden zurückhaltender geworden. Das kleine *Museum* kann deshalb nicht immer besichtigt werden. Außerdem kann man die *Kirche* mit ihrem markanten Tonnengewölbe besuchen.

• *Öffnungszeiten*: tägl. 9-12, 15-17 h.

• *Übernachten/Essen*: **Monastiri Village**, Taverne mit vier DZ-Bungalows nach hinten raus. Leser P. Oehler & P. Elling: "Die freundlichen Wirtsleute haben längere Zeit in Kanada und USA gelebt und sprechen sehr gut Englisch. Tel. 0822/61429.

Golden Step, fünf einfache und saubere DZ, jeweils mit Du/WC. Leser F. Milla: "Elefteria und George Tekakis sind einfache, ehrliche Gastgeber und sehr nett. Vom Frühstückstisch herrliche Sicht auf das gegenüberliegende Kloster." Tel. 0822/61110.

▶ **Strand von Elafonísi**: Kretas Südseestrand. Hier kam man früher leicht ins Schwärmen: Lagunenatmosphäre zwischen verzweigter Küstenlinie und vorgelagerten Inselchen, flache, lichtblaue Wasserbecken, weicher, weißer, z. T. rötlich schimmernder Sandstrand, schattige Wacholderbäume. Noch in den achtziger Jahren verhinderten die abgeschiedene Lage weitab der gängigen Routen und die katastrophal schlechte Zufahrt jeglichen Tourismus in größerem Maßstab. Mittlerweile hat sich die Situation drastisch verändert: Schon im Frühjahr und noch im Spätherbst finden täglich viele Dutzende Mietwagenfahrer herunter, Wohnmobile sowieso. Auch die Busse von Kíssamos und Chaniá sind immer gut gefüllt, und von Paleochóra kommt täglich mindestens ein Badeboot.

Der Strand wird derzeit regelmäßig vom Unrat der Besucher gesäubert. Noch vor einigen Jahren war dies nicht so: Mit Plastikmüll und Glasscherben übersät, von Teerbatzen und Fäkalien garniert, stank die einzigartige Naturlandschaft gen Himmel. Doch da die wenigen Toiletten Gebühr kosten, wird jeder Strauch vollge... Auch der Meeresgrund in der Bucht ist nach wie vor übervoll mit Zivilisationsmüll.

Am Strand werden Liegestühle und Sonnenschirme verliehen, man kann Tretboot fahren, es gibt einige einfache Strandtavernen, und im Hinterland sind erste Privatunterkünfte entstanden. Problemlos kann man zu einer gegenüberliegenden *Insel* hinüberwaten, das Wasser ist höchstens brusttief.

> **Tipp**: Eine schöne Wanderung führt um die Südwestspitze Kretas nach Paleochóra (→ S. 183).

● *Anfahrt/Verbindungen*: Abgesehen von den Bussen aus **Kíssamos** und **Chaniá** (→ oben) kommt im Hochsommer bis zu 3 x tägl. ein **Badeboot** aus Paleochóra, Mai/Juni und September/Oktober 1-2 x tägl. (Achtung: Bei mangelnder Nachfrage fallen die Fahrten aus!). Einfache Fahrt ca. 8 DM.

● *Übernachten*: Leser B. Lautenschläger empfiehlt die Taverne **Elafonisi** (die zweite oberhalb vom Strand), die kleine Häuschen mit teilweise herrlichem Blick auf den Strand vermietet. Tel. 0822/61123. Freies Zelten wird bisher toleriert.

Elafonísi: Sand, so weit das Auge reicht

Kíssamos und Umgebung

Paradies für Wanderer: der Südwesten Kretas

Der Südwesten

Im äußersten Südwesten Kretas stürzen die gewaltigen Steilhänge der Lefká Óri (Weiße Berge) steil ins Libysche Meer. Von Paleochóra bis Chóra Sfakíon prägen sie das Bild der Küste.

Charakteristisch sind die tiefen Schluchten (*farángi*), die sich durch die Weißen Berge ziehen und am Meer münden. Die *Samariá-Schlucht* ist die bekannteste und größte, aber es gibt noch viele mehr: *Arádena, Eligiás, Ímbros, Agía Iríni, Tripití* u. a. Die versteckten Badeorte und Buchten an den Schluchtausgängen sind vor allem bei Rucksacktouristen beliebt. Aber auch zwischen den Orten drängen sich überall schöne Sand- und Kiesstrände in die Nischen, die oft nur zu Fuß zu erreichen sind. Die Anfahrt von der Nordküste ist unproblematisch, jedoch langwierig – kurvige Stichstraßen schlängeln sich hoch durch die Berge zu einigen der kleinen Badeorte. *Loutró* und *Agía Rouméli* sind jedoch nur per Boot oder zu Fuß zu erreichen. Die Hunderte von Metern tiefen Schluchten sind dafür verantwortlich, daß es in diesem Teil der Küste keine durchgehende Uferstraße gibt. Die Verbindung wird von April bis Oktober durch eine Autofähre und kleine Passagierdampfer aufrecht erhalten.

Neben den guten Bademöglichkeiten hat die Region vor allem Wanderern enorm viel zu bieten – reizvolle Küstenpfade führen vom Kloster Chrissoskalítissa an der Südwestspitze Kretas durchgehend bis Chóra Sfakíon, etwa 60 km weiter östlich. Erfreulicherweise wurde der gesamte Weg entlang der Küste vor wenigen Jahren mit gelb-schwarzen "E 4"-Schildern deutlich markiert.

Schließlich kann man zur vorgelagerten Insel *Gávdos* übersetzen, wo man sich – auf halbem Weg nach Afrika – am südlichsten Fleck Europas befindet.

Von Chaniá nach Paleochóra

Großartige, aber anstrengende Bergfahrt mit endlosen Serpentinen. Unterwegs immer wieder herrliche Panoramen der Lefká Óri.

Mit dem Bus ab Chaniá ist man gut 2,5 Std. unterwegs (etwa 5 x täglich, ca. 9 DM). In *Tavronítis* biegt man von der Küstenstraße Chaniá-Kíssamos nach Süden ab. Die Straße führt anfangs durch fruchtbare Baum- und Obstplantagen. Erst hinter *Voukouliés* steigt sie allmählich an und schraubt sich durch ein Meer von Olivenbäumen in die zerklüftete Felslandschaft des Bezirks *Sélinos*, der während der Besetzung durch die deutsche Wehrmacht im Zweiten Weltkrieg ein bevorzugtes Aktionsgebiet kretischer Partisanen war.

▸ **Floriá**: Man glaubt seinen Augen nicht zu trauen, denn an der linken Straßenseite steht ein erst 1990 originalgetreu restauriertes Nazi-Denkmal. Auf einem steinernen Halbrelief sind Handgranaten schwingende Landser abgebildet, die kühnen Blicks durch Feindesland robben, dazu die Aufschrift "gefallen für Großdeutschland".

▸ **Kándanos**: Hauptort des Bezirks Sélinos, inmitten großer Olivenhaine mit uralten, knorrigen Bäumen. Hier beginnen die bewaldeten Südhänge der Lefká Óri zum Libyschen Meer hinunter. Der Ort hat in Kreta traurige Berühmtheit erlangt, weil ihn deutsche Truppen als Vergeltung für einen Partisanenangriff, dem 39 Soldaten zum Opfer gefallen waren, am 3. Juni 1941 bis auf die Grundmauern zerstörten. Bei dem Hinterhalt hatten Frauen, Kinder und sogar der Pfarrer von Kándanos mitgewirkt – ein Beispiel von vielen, wie tief der Widerstandswille gegen die Naziherrschaft in der Bevölkerung verankert war. Am großen *Dorfplatz* an der Durchgangsstraße weisen Gedenktafeln in griechisch und deutsch auf die Tragödie des Ortes hin. Es handelt sich dabei um exakte Kopien der Originaltafeln, die die deutschen Besatzer damals von einheimischen Steinmetzen als "Warnung" für die Kreter anfertigen ließen. 1963 hat Aktion Sühnezeichen am nördlichen Ortsausgang von Kándanos ein *Wasserwerk* errichtet. Es steht unmittelbar an der Straße, ebenfalls mit einer Gedenktafel in griechisch und deutsch.

Paleochóra

Paleochóra liegt auf einer fast völlig von Wasser umgebenen Halbinsel mit prächtigen Ausblicken nach allen Seiten. Gleich dahinter stürzen die schroffen Felshänge der Sfakiá steil hinunter. Ein Wald von silbriggrünen Olivenbäumen rundet das Bild ab.

Die Lage Paleochóras kann man wirklich schön nennen. Und schön ist auch der kilometerlange Sandstrand an der Westseite der Halbinsel. Kein Wunder also, dass Paleochóra *das Touristenzentrum* der westlichen Südküste ist! Was früher ein Dorado für Rucksackreisende war, hat sich zusehends zu einem Urlaubsort entwickelt, in dem sich von "pauschal" bis "alternativ" alles tummelt,

Der Südwesten

Abendstimmung über Paleochóra

was sich Westkreta als Ziel auserkoren hat. Dank des langen Sandstrandes sind auch junge Familien mit Kindern häufige Gäste. Vielleicht der reizvollste Fleck ist das niedrige Plateau an der Südspitze der Halbinsel. Vom dortigen ehemaligen Kastell ist zwar nur noch wenig zu sehen, aber alles steht voller duftender Kräuter, und man kann Ort, Strand und die weite Küstenlinie nach Westen in aller Ruhe aus der Vogelperspektive überblicken.

*A*nfahrt/*V*erbindungen *(siehe* *K*arte *S. 177)*

● *Bus*: Haltestelle an der Hauptstraße etwa in Höhe der Tankstelle. Von und nach **Chaniá** je nach Saison 3-5 x tägl. auf der direkten Strecke über Kándanos und Tavronítis. Ein weiterer Bus fährt 2-3 x wöch. die Strecke über **Azogirés**, Teménia und Rodováni nach Chaniá. Etwa 2-3 x wöch. geht außerdem morgens um 6 h ein Bus zum Einstieg in die **Samariá-Schlucht**.

● *Schiff*: Eine Fähre mit Autotransport und ein Passagierboot pendeln zwischen den Küstenorten an der Südküste der Lefká Óri. Die Autofähre fährt April bis Oktober jeden Morgen (ca. 8.30 h) von **Paleochóra** über **Soúgia** nach **Agía Rouméli** am Ausgang der Samariá-Schlucht und weiter nach **Chóra Sfakíon**. Preis von Paleochóra nach Soúgia ca. 6,50 DM, nach Agía Rouméli 13 DM, Auto mit 2 Pers. bis Chóra Sfakíon kostet ca. 75 DM. Tipp: Die Mitnahme eines

Autos nach Chóra Sfákion per Schiff spart einen ganz erheblichen Umweg!

> Alle Fahrpläne sind saison- und wetterabhängig, bei hohem Seegang können Fahrten auch ausfallen. Vor Ort erkundigen!

Zum **Strand von Elafonísi**, westl. von Paleochóra, fährt ein Badeboot im Hochsommer bis zu 3 x tägl., Mai/Juni und September/Oktober 1-2 x tägl. (ca. 8 DM einfach).
Paleochóra ist zudem wichtigster Hafen für Ausflüge zur vorgelagerten Insel **Gávdos**. 2-3 x wöch. (meist Mo, Di und Do) um 8.30 h fährt ein Schiff über **Soúgia** und **Agía Rouméli** zum südlichsten Punkt Europas, Kostenpunkt etwa 20-23 DM, Dauer ca. 3-4 Std. (je nach eingesetztem Schiff).

Zurück geht es am selben Tag um 14.30 h. Näheres unter "Insel Gávdos" (→ S.194). Für alle Fahrten gibt es die Tickets in den Reisebüros am Hafen **(7)** und direkt an Bord.

• *Taxi*: Standplatz und Büro etwas oberhalb der zentralen Kreuzung (→ Stadtplan). Tel./ Fax 0823/41128 (Office), 41061 (Wohnung), mobil (24 Std.) 0932326028.

Adressen (siehe Karte S. 177)

• *Ärzte*: **Sanitätsstation** Tel. 0823/41211; **Praktischer Arzt** (am Ortseingang), Tel. 0823/41380; **Zahnarzt** Tel. 0823/41229.

• *Auto-/Zweiradverleih*: **Kydon**, Tel. 0823/ 41531.

• *Apotheken*: zwei im Ort (→ Stadtplan).

• *Fahrräder*: **Sabine Travel** und **Notos Bikes** gegenüber vom Rathaus, Notos Bikes auch am Sandstrand unten.

• *Geldwechsel*: Mehrere **Banken (14)** liegen an der Hauptstraße, die "Ethniki Tapeza" neben der Taverne Dionyssos besitzt einen Geldautomat.

• *Information*: im **Rathaus** an der Hauptstraße, zu erkennen an dem Denkmal des kretischen Partisanen. Es gibt einfaches Kartenmaterial von Paleochóra und dem Sélinos-Bezirk. Mi-Mo 10-13, 18-21 h, Di geschl.

• *Internet*: **PC-Corner (2)**, beim Taxistand, deutsch geführt.

• *Kinder*: **Spielplatz (18)** am Sandstrand (→ Stadtplan).

• *Post*: unten an der Strandstraße, schräg gegenüber Elman Apartments. Mo-Sa 7.30-14 h, Geldwechsel möglich.

• *Reisebüros*: **Reiseladen (8)**, österreichisch geführtes Reisebüro an der Stichstraße zum Sandstrand.
E-Motion (6), deutsch geführte Reisebüro am Hafen.

• *Tankstelle*: an der Haupt- und an der Strandstraße.

• *Wäscherei*: in einer Parallelgasse zur Hauptstraße (→ Stadtplan).

Übernachten (siehe Karte S. 177)

Riesenangebot an Hotels und Privatzimmern. Auch in der Hauptsaison findet man meist noch genügend Auswahl.

• *Stichstraße zum Strand*: führt in Hafenhöhe von der Hauptstraße rechts hinunter. Kann unter Umständen etwas lauter werden.
Polydoros (9), C-Kat., modernes, ansprechend aufgemachtes Hotel mit schönem Innenhof (Frühstück!), gemütliche Bar, auf allen Zimmern Telefon. Nachts wird es wegen der zentralen Lage etwas lauter. DZ je nach Saison etwa 50-80 DM. Tel. 0823/41150, Fax 41578.
Dictamos (10), C-Kat., einfaches und sauberes Haus an der Straße zum Strand, kurz nach Hotel Polydoros. Geführt von einer freundlichen älteren Dame, die im Haus gegenüber wohnt. Unten großer Frühstücksraum, hinten Innenhof. DZ mit Du/WC je nach Saison ca. 40-65 DM. Tel. 0823/ 41569, Fax 41581.
Kalypso (11), Pension gegenüber Dictamos, etwas eng, hat aber Flair. Fassade mit wildem Wein bewachsen, roter Keramikboden, liebevoll eingerichtet mit Muscheln am Rand des Treppenabsatzes, ordentliches Mobiliar, nette Studios mit kleinen Treppen und Küche ca. 40-65 DM, DZ 35-45 DM. Tel. 0823/41429.

• *An der Strandstraße*: So gut wie jede Taverne vermietet Rooms mit schönem Meer- und Küstenblick, direkt am Strand stehen aber nur wenige Häuser.
Castello (3), Rooms in halber Höhe am Hang zum Kastell, hübscher Platz und netter Besitzer Giorgios, schöne Terrasse.
Neapolis (17), an der Strandstraße, zwölf saubere DZ und drei Apartments. Pro Etage ein Kühlschrank und Kaltwasserspender. Zum Baden nur über die Straße, zwei Duschen im Freien.
Zafiri, von Lesern empfohlen, ruhige Lage in einer Seitengasse der Strandstraße. Apartmentanlage mit schönem Garten (großes Boot zum Spielen für Kinder), alle Räume mit Teppichboden, tägl. Reinigung, alle vier Tage Wäschewechsel. Preis ca. 50-120 DM. Tel. 0823/41028, Fax 41367.
Elman (20), B-Kat., direkt am langen Sandstrand. Geräumige, komfortabel eingerichtete Apartments (Schlafz./Wohnz./Küche/ Bad) für ca. 60-80 DM, in der Küche leider nur Spüle und Frigo-Bar. Hervorzuheben das reichhaltige Frühstücksbuffet, täglicher Roomservice, ruhige Lage. Gut geeignet für Familien mit Kindern. Apartment mit Frühstück ca. 70-150 DM, im Winter 50-90 DM. Tel. 0823/41414, Fax 41412.

Der Südwesten

• *Im alten Ortskern*: unterhalb des Kastells, südlich der Bootsanlegestelle, wo sich hauptsächlich ehemalige Bewohner der Insel Gávdos niedergelasssen haben. Hier kann man besonders schön und ruhig wohnen, z. T. mit Meeresblick.

Spamandos (4), ordentliche Rooms, geführt vom freundlichen Ehepaar Lougiakis. Früher direkt am Meer, seit kurzem durch eine neu aufgeschüttete Erdpiste vom Wasser getrennt. Kleine, saubere Zimmer, teils eigene Du/WC, teils Etagendusche, preisgünstig. Tel. 0823/41197.

On the Rocks (1), C-Kat., ähnliche Lage wie Spamandos, nette Zimmer mit kleinen Balkons, herrlicher Blick, gutes, vielseitiges Frühstück. DZ ca. 80-120 DM. Tel. 0823/41713, Fax 41735.

Aris, C-Kat., gut geführtes Haus in ruhiger Lage am südlichen Ortsende, 25 Zimmer in zwei Gebäuden, sonnige Frühstücksterrasse, 5 Min. ins Zentrum. DZ mit Frühstück ca. 70-90 DM. Pauschal über Attika. Tel. 0823/41502, Fax 41546.

Margarita, Rooms unterhalb vom Kastell, von Lesern empfohlen.

• *Verstreut im Ort*: **Rea (15)**, C-Kat., Ant. Peraki Str., rechts von der Zufahrtsstraße, wenn man in den Ort kommt. Sehr hübsches Haus, üppiger Garten und überrankte Balkone, schöne, schattige Frühstücksterrasse, Zimmer nicht sehr groß, aber gepflegt, mit Bad und teilweise Balkon, sehr freundliche Wirtsleute. DZ mit Balkon je nach Saison etwa 55-100 DM, im Souterrain (ohne Balkon) etwas günstiger. Pauschal über Attika. Tel. 0823/41307, Fax 41605.

Glaros (16), C-Kat., benachbart zum Rea, ebenfalls angenehmes und begrüntes Haus, schöne Frühstücksterrasse. DZ ca. 45-80 DM. Tel. 0823/41613, Fax 41298.

Aghas, C-Kat., Leserempfehlung für dieses Haus in der Ortsmitte: "Ruhig, freundlich, gutes Frühstück, täglicher Zimmerservice." DZ ca. 60-90 DM. Tel. 0823/41155, Fax 41503.

Anonymous Homestay, die freundliche Sofia Klironomakis vermietet Zimmer mit Küchenbenutzung. Zwei Zimmer liegen an der Straße (mit je drei Betten) und sind durch eine gemeinsame Küche und Du/WC verbunden. Hinter dem Haus ein Garten, dort gibt es ebenfalls Zimmer und eine separate Küche und Bad. DZ ca. 40-60 DM. Tel. 0823/42098.

Oriental Bay (19), ruhige Lage an der östlichen Seite der Halbinsel am Weg zum Campingplatz. Allerdings könnte die Disco vom Camping zu hören sein. Alle Zimmer haben Balkon, im schattigen Vorgarten hauseigene Taverne, gleich davor liegt ein Kiesstrand. Zimmer ohne eigenes Bad für ca. 40-60 DM. Tel. 0823/41322.

• *Außerhalb*: **Bungalows Loupasis**, schöne Lage beim Campingplatz oberhalb vom Kiesstrand. Ordentlich eingerichtete Bungalows mit jeweils zwei Schlafzimmern, Wohnraum mit Einbauküche und Terrasse für ca. 65-85 DM. Allerdings Disco benachbart. In den Ortskern und zum Strand läuft man 20 Min. Auskunft in der Rezeption vom Campingplatz. Tel. 0823/41255.

Pavlos, kurz nach dem Campingplatz vermietet Pavlos Vardoulakis mehrere gut eingerichtete Bungalows in einem Olivenhain. Besonders hübsch: Schlafzimmer unter Holzgiebeldach, von der Terrasse Blick über die Bäume bis zum Meer. Tel. 0823/41086.

• *Camping*: **Paleochora**, etwa 20 Min. vom Zentrum. Einfaches Gelände, nur durch eine wenig befahrene Straße vom langen Kiesstrand getrennt. Schatten durch niedrige, aber breite Olivenbäume, für Fahrzeuge separater Platzteil. Seit mehr als zwanzig Jahren sitzt hier "Camping-Peter" an der Rezeption. Sanitäre Anlagen in Ordnung, Wassertemperatur allerdings je nach Tageszeit verschieden. Kleines Restaurant/ Bar mit schönem Blick auf die Halbinsel von Paleochóra. Minimarket (nur Hochsaison) und Kinderspielgeräte vorhanden. Günstige Preise. Vom Ort auf einer Asphaltstraße zu erreichen, indem man an der östlichen Längsseite der Halbinsel nach Norden geht (vom Zentrum beschildert). Achtung: Ruhebedürftigen ist der Platz eher abzuraten, die platzeigene Freiluftdisco schallt bis mindestens 3 Uhr früh, ist aber gleichzeitig eine der schönsten auf Kreta. Platz ist offen von April bis Ende Oktober. Tel. 0823/41220.

Essen/Nachtleben (siehe Karte S. 177)

• *Essen*: Kulinarische Höhepunkte findet man in Paleochóra kaum. Doch abends gewinnt der Ort spürbar an Charme:
Captain Jim, am Hafen, beim Café Port.

Gute, typisch griechische Küche, darunter wechselnde Backofengerichte und Spezialitäten vom Holzkohlengrill: Fisch, Fleisch und Hähnchen.

Übernachten

1 On the Rocks
3 Castello
4 Spamandos
9 Polydoros
10 Dictamos
11 Kalypso
15 Rea
16 Glaros
17 Neapolis
19 Oriental Bay
20 Elman

Essen und Trinken

5 The third Eye
13 I Anesis

Sonstiges

2 PC-Corner
6 E-Motion (Reisebüro)
7 Bootstickets
8 Reiseladen
14 Bank
18 Kinderspielplatz

Paleochóra

Der Südwesten

I Anesis (13), in ruhiger Gasse abseits der Hauptstraße. Die Taverne von Dimitris und Karin wurde geschickt in ein teilweise dachloses Ruinenhaus integriert, unter einem weit ausladenden Feigenbaum kann man den Duft der Feigen genießen. Essen und Hauswein in Ordnung, Preise angemessen. Tipp für Familien: Kinderspielgeräte!

The Third Eye (5), etwas versteckt seitlich der Stichstraße zum Strand (auf kleines Schild achten). Fantasievolle Küche mit täglichen Variationen, viel Vegetarisches, preiswert. Besitzer Efstikis hat von seinen Asienreisen viele Anregungen mitgebracht. Dazu Musik von indischer Sitar über Jazz und New Age bis Jimi Hendrix.

Günstig und gut isst man am Nordende der Promenade, z. B. bei **Manolis** (von mehreren Lesern empfohlen) oder im **Oriental Bay (19)**, wo man auch sehr schön sitzt.

● *Nachtleben*: Nach einem Cocktail im Ort lohnt der Weg zum Campingplatz mit einer der schönsten Freiluft-Diskotheken Kretas.

Jetée, am Strand, neben Elman Apartments. Gemütliche Cocktailbar, im Garten mit tief hängenden Tamariskenzweigen schaffen bunte Leuchten eine anheimelnde Atmosphäre. Ab 21.30 h.

Paleochora Club, hübsche Disco auf dem Campingplatz, Freiluftgelände mit dekorativer Palme, Mond und Blick aufs Meer, gelegentlich spielen Bands.

Blick auf den langen Sandstrand von Paleochóra

Nostos, am Hafen, schöne Disco mit nettem Ambiente in Stein und Holz und Klimaanlage. Gemischte Musik, auch griechischer Pop.

Attikon, Freiluftkino hinter dem Strand, von der Strandstraße Gässchen bei der Schule hinein (beschildert mit "Cinema").

▶ **Paleochóra/Baden:** Der lange *Sandstrand* an der Westseite der Halbinsel gehört zu den schönsten der Südküste. Wegen seiner Länge ist er eigentlich nie richtig überlaufen. Es werden Liegestühle, Sonnenschirme, Kanus und Surfbretter verliehen.

An der Ostseite der Halbinsel kommt man in Richtung Campingplatz zunächst zu einem *Kiesstrand*, der wegen seiner geschützten Lage vor allem bei starken Westwinden gut besucht ist. Zu den zwei beliebten Stränden von *Ánidri* am Kap Dialiskári geht man zu Fuß eine knappe Stunde. Seit wenigen Jahren führt aber auch eine breite Fahrpiste dorthin (→ Wandern "Von Paleochóra nach Soúgia"). Der erste Strand von Ánidri ist ca. 200 m lang und besteht aus Kies mit teils recht großen Brocken. Eine urige Kneipe bietet Getränke und einfache Gerichte, es gibt auch Sonnenschirme und eine Dusche. Der östlich benachbarte Sandstrand ist genauso lang und besitzt mit Sträuchern bewachsene Dünen. Dort wird hauptsächlich FKK betrieben, und nicht wenige Besucher hausen in Zelten oder anderen Unterschlüpfen.

Tipp: Tägliche Badeboote fahren ab Hafen zum schönen Strand von Elafonísi an der äußersten Südwestspitze Kretas (→ S. 170).

Paleochóra/Umgebung

Paleochóras zentrale Lage an der bergigen Südwestecke Kretas bietet vor allem Wanderern ideale Möglichkeiten. Kulturinteressierte finden außerdem im Umkreis zahlreiche, mit Wandmalereien geschmückte byzantinische Kirchen.

Sehr schön sind die Küstenwanderungen von Paleochóra zum Strand von *Elafonísi* und *Kloster Chrissoskalítissa* (nach Westen) und von Paleochóra über die *Strände von Ánidri* und die Ausgrabungsstätte *Lissós* in das kleine Küstenörtchen *Soúgia* (nach Osten). Weitere Ziele sind *Ánidri* mit einem beliebten Terrassenlokal und *Azogirés* nordöstlich von Paleochóra mit den Wohnhöhlen von 99 Eremitenmönchen und einem Museum.

Im Kirchlein Ágios Geórgios von Ánidri

▶ **Ánidri**: eine Handvoll Häuser mit üppigen Gärtchen, 5 km östlich von Paleochóra (vom Campingplatz auf einer Asphaltstraße zu erreichen). Nur noch wenige Menschen wohnen heute hier. Am Friedhof steht das sehenswerte Doppelkirchlein *Ágios Geórgios*, das Ioannis Pagomenos im 14. Jh. vollständig mit Fresken ausgemalt hat.

Tipp: Vor einigen Jahren hat Christos Vardoulakis mit Simone aus Deutschland in der ehemaligen Volksschule des Örtchens das Café "To Scholeío" eröffnet. Täglich von 10 bis 19 h gibt es hier leckere griechische Gerichte, Kuchen und Kaffee, auch Fasswein und selbst produzierten Honig. Von der idyllischen Terrasse des Hinterhofs hat man einen herrlichen Blick das bewaldete Tal entlang.

Der Südwesten

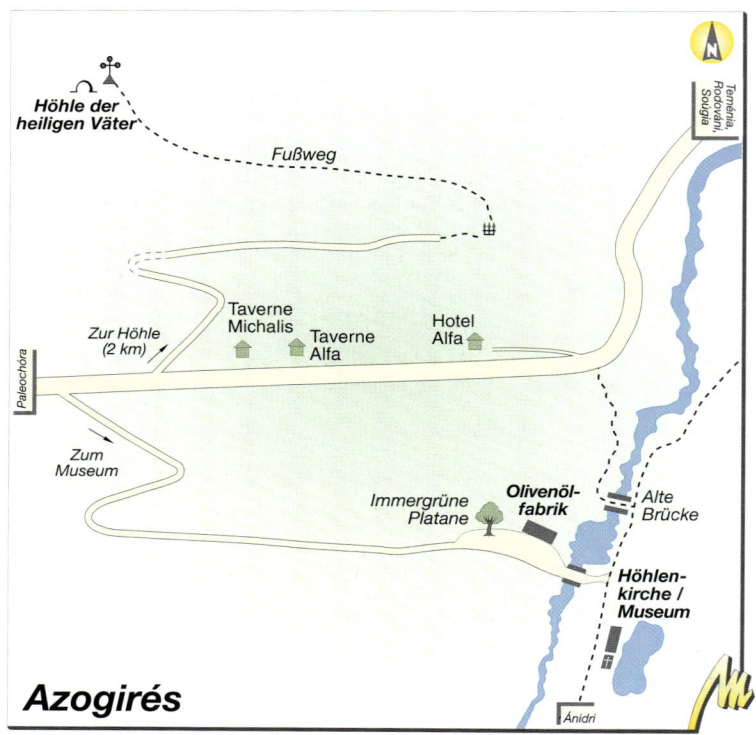

Höhle der heiligen Väter

Fußweg

Teménia, Rodováni, Soúgia

Zur Höhle (2 km)

Taverne Michalis

Taverne Alfa

Hotel Alfa

Paleochóra

Zum Museum

Immergrüne Platane

Olivenöl-fabrik

Alte Brücke

Höhlen-kirche / Museum

Azogirés

Ánidri

Entlang einer etwas beschwerlichen Felsenschlucht kann man in ca. 50 Min. zum *Strand von Ánidri* hinunterlaufen (→ Paleochóra/Baden), und auch ins oberhalb gelegene Bergdorf *Azogirés* kann man hinaufwandern (→ Azogirés).

▸ **Azogirés:** Das stille Bergdorf liegt nordöstlich von Paleochóra hoch in den wasserreichen Bergen zwischen üppig grünen Olivenbäumen, Zypressen und Pinien. 2 km oberhalb im Fels findet man die tiefen Wohnhöhlen der 99 "Heiligen Väter" (*Ágii Patéres*), die im 12. Jh. in Kleinasien missioniert hatten, hier den Rest ihres Lebens verbrachten und schließlich auf rätselhafte Weise starben. Ihr Führer war der heilige Johannes, der auf der Halbinsel Akrotíri als Eremit hauste und dort auch starb (→ Akrotíri/Kloster Gouvernéto). Unterhalb des Orts gibt es eine *Höhlenkirche* und ein kleines historisches *Museum* (wegen Besichtigung im Ort fragen). Am hinteren Ortsausgang unter schattigen Platanen ein Bach mit Teichen und Wasserfällen, an denen man sich herrlich erfrischen kann.

• *Anfahrt/Verbindungen*: von Paleochóra etwa 3 km die Straße in Richtung Nordküste zurück, dann rechts eine beschilderte Asphaltstraße nach Azogirés hinauf. Von Azogirés geht die Straße über **Teménia** und **Rodováni** zur Straße von Chaniá nach Soúgia.

Von Paleochóra fährt 2 x wöch. frühmorgens ein **Bus** über Azogirés, Teménia und Rodováni nach Chaniá.
• *Essen*: am Ortseingang zwei schlichte, nicht sonderlich gepflegte Tavernen.

Eindrucksvolles Erlebnis: Die Höhle der Heiligen Väter

Die 99 Väter kamen unter der Führung des heiligen Johannes aus Ägypten, Zypern und der Türkei nach Azogirés. Johannes beschloss eines Tages, auf die einsame Halbinsel Akrotíri bei Chaniá zu gehen und dort als Eremit zu leben. Die heiligen Väter ließen sich in der Höhle nieder, in der ihr Führer genächtigt hatte. Bevor Johannes ging, schworen sie sich, sobald einer von ihnen sterbe, wollten alle anderen auch sterben. Johannes ernährte sich auf Akrotíri von Früchten und Gemüsen aus verschiedenen Gärten. Zum Schutz vor der Kälte hängte er sich dabei ein Fell um. Einer der Bauern dachte, er sei ein wildes Tier, und schoss mit Pfeil und Bogen auf ihn. Johannes schleppte sich, schwer verwundet, zurück in seine Höhle. Am nächsten Tag folgte der Farmer den Blutspuren. Er sah Johannes sterbend am Boden liegen und erkannte, dass er einen heiligen Mann getroffen hatte. Er bat Johannes, ihm zu vergeben. Johannes tat dies, jedoch nur unter der Bedingung, dass der Bauer nach Azogirés gehe und seinen 99 Brüdern mitteile, dass er im Sterben liege und sie mit ihm sterben sollten. Der Mann tat dies auch – doch als er nach Azogirés kam, waren die 99 heiligen Väter bereits alle zusammen an einem Tag gestorben.

Unmittelbar am Ortseingang von Azogirés führt links ein Fahrweg hinauf, beschildert mit "Spilio/Cave". Die ersten Meter sind zwar sehr steil, der Rest ist aber mit dem Fahrzeug problemlos zu machen. Nach etwa 2 km endet der Weg am Fuß einer Felswand. 50 m weiter steht ein Schild mit Pfeil, das den Weg zur Höhle zeigt. Den Pfad entlang gelangt man zu einem Felsspalt und steigt hinunter zu einer Art Plattform zwischen den hohen Felswänden. Rechter Hand gähnt der Eingang zur Höhle – ein riesiger Spalt zwischen zwei Wänden, die sich oben berühren und nach unten einen Hohlraum bilden. Über drei steile und wacklige Leitern kann man hinuntersteigen, äußerste Vorsicht! Auf dem ersten Sockel steht ein schlichter Altar, der weitere Abstieg ist ohne Taschenlampe nicht zu machen.

Wanderung von Azogirés über Ánidri nach Paleochóra

Von der Höhlenkirche unterhalb von Azogirés auf schmalem, stellenweise mit dornigem Gestrüpp eingewachsenem Pfad durch reizvolle Wald-, Phrygana- und Felslandschaft hinunter nach Ánidri. Weiter durch eine felsige Schlucht zum Strand von Ánidri und auf einer Fahrpiste am Meer entlang nach Paleochóra. In der Schlucht liegen große Felsblöcke, die teilweise mittels leichter Kletterpassagen umgangen werden müssen – für ältere Menschen und Kinder ist dieser Streckenabschnitt nicht geeignet.

● *Route*: Azogirés – Ánidri – Strand von Ánidri – Paleochóra.

● *Dauer*: 3,5 Std. (Azogirés – Ánidri 1,5 Std., Ánidri – Strand 50 Min., Strand – Paleochóra 1 Std.)

● *Wegbeschreibung*: Nach den wenigen Häusern von Azogirés beginnt in einer **Linkskurve** der Durchgangsstraße (Skizze) ein **Fußpfad** zur Höhlenkirche. An der Straße steht ein **Strommast** mit blauer Markierung und dem Hinweis "Church". Unter schattigen Zypressen und Platanen kommt man in 5 Minuten zu einer alten **Bogenbrücke**, überquert den Bach, der auch im Hochsommer etwas Wasser führt, und erreicht die **Höhlenkirche**.

Hinter der Kirche (am Südende der Anlage) geht man am Toilettenhäuschen vorbei und links hinauf zu **zwei Ruinen**. Bei der zweiten Ruine durchquert man ein offenes **Gatter**, hält sich bei der folgenden Gabelung rechts und folgt dem von Büschen flankierten, halbschattigen Weg leicht bergab. Der Weg führt anfangs auf der linken Hangseite immer auf einer Höhe entlang. Nach 15 Min. passieren wir Reste eines **Wasserbeckens**,

Der Südwesten

das laut einer verwitterten Inschrift von 1877 stammt. Hier geht es links weiter. Der schmale, verwachsene Pfad führt über Ölbaum- und Johannisbrotbaum-Terrassen. Wir treffen wieder auf eine **Ruine**, kurz danach folgt eine **Gabelung**, wir gehen rechts

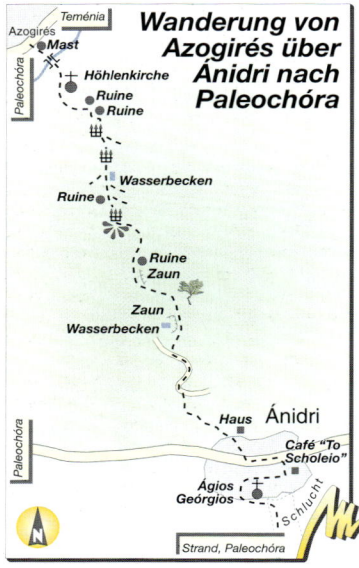

Wanderung von Azogirés über Ánidri nach Paleochóra

Teménia
Azogirés
Mast
Höhlenkirche
Ruine
Ruine
Wasserbecken
Ruine
Ruine
Zaun
Zaun
Wasserbecken
Haus   Ánidri
Café "To Scholeio"
Ágios Geórgios
Schlucht
Paleochóra
Strand, Paleochóra

und kommen durch ein **Gatter**. Die Landschaft wird jetzt steiniger, wir steigen durch helle Kalkfelsen um einen **Bergkamm** herum. Etwa 45 Min. nach der Höhlenkirche sehen wir zum ersten Mal das Meer. Durch dornige Phrygana geht es weiter, eine knappe Stunde ab der Höhlenkirche passieren wir eine weitere **Ruine**. Nun erreichen wir einen Zaun und kurz darauf eine **Erdpiste**, die zu einem exponierten, auf einer Kuppe stehenden **Olivenbaum** führt.

Am Baum wenden wir uns rechts, kommen an einem Zaun und **Wasserbecken** entlang und stoßen auf einen **Fahrweg** (rote Markierungen). Wir folgen dem Fahrweg einige Kurven weit und verlassen ihn in einer **Linkskurve** (nach dem Ende eines Zauns) nach **rechts unten**. Auf steinigschmalem Pfad steigen wir abwärts, bis wir auf das ersten Haus von **Ánidri** stoßen. Wir gehen direkt am Haus rechts entlang und auf der betonierten Zufahrt zur Hauptstraße von Ánidri. Ein kurzes Stück weiter treffen wir auf das schöne **Café** von Christos Vardoulakis im ehemaligen Schulgebäude – der Rastplatz schlechthin bei dieser Wanderung (→ Ánidri, S. 179).

Nach einer ausgiebigen Stärkung geht es weiter zur Küste, **rechts vom Kafenion** (mit Blick auf die Küste) hinunter und das nächste Gässchen rechts. Nach wenigen Schritten erreichen wir den Friedhof mit dem sehenswerten Kirchlein **Ágios Geórgios** (→ Ánidri, S. 179). 100 m weiter kommen wir zu einer **Gabelung**, hier gehen wir links den betonierten Weg hinab, der uns direkt zum Beginn der **Schlucht** führt, die sich bis zur Küste zieht. Wir folgen dem gewundenen Kiesbett, in dem meterhohe Felsblöcke liegen. Nach 15 Min. ab Schluchteinstieg kommen wir zur ersten **Kletterstelle**, die wir rechts umgehen. Weitere leichte Kletterpassagen folgen, die Umgehungen sind mit Steinmännchen markiert. 50 Min. nach Ánidri erreichen wir die zwei **Strände von Ánidri** mit einer Kneipe, die kalte Getränke und kleine Gerichte anbietet (→ Paleochóra/Baden, S. 178).

Nach einem erfrischenden Bad geht es auf einer vor wenigen Jahren angelegten **Fahrpiste** in etwa 1 Std. nach **Paleochóra**. Dieses Streckenstück ist leider recht monton und ohne Schatten. Beim Campingplatz erreichen wir Paleochóra, von dort sind es noch 15 Min. ins Zentrum.

Von Paleochóra zum Strand von Elafonísi

▶ **Mit eigenem Fahrzeug**: bis _Plemenianá_ die Straße Richtung Chaniá zurückfahren, dort links ab auf Asphalt über _Drís_, _Psarianá_ und _Aligí_ nach _Stróvles_ in einem grünen Tal inmitten von Kastanienbäumen. 3 km weiter trifft man auf die Hauptverbindung von _Kíssamos_ nach _Elafonísi_, über _Élos_ zur Abzweigung bei _Kefáli_ fahren, von dort noch elf asphaltierte Kilometer hinunter zum Kloster _Chrissoskalítissa_ und auf einer Holperpiste weiter zum Strand von _Elafonísi_

(Details zu der Strecke ab Élos → S. 164). Alternative ist die ebenfalls fast vollständig asphaltierte, aber deutlich längere Route über *Voutás* bis Stróvles.

▶ **Mit dem Schiff**: Von Paleochóra Mai bis Oktober je nach Bedarf 1-3 x tägl. Badeboot. Achtung: Bei hohem Wellengang fallen die Fahrten aus!

Wanderung von Paleochóra zum Strand von Elafonísi

Mittelschwere Wanderung mit schönem Ziel, unterwegs einsame Sandbuchten, die zum Baden einladen. Weitertransport per Bus nach Kíssamos/Chaniá oder mit dem Badeboot zurück nach Paleochóra (Achtung: Fahrten können ausfallen!). Der Weg ist mit gelb-schwarzen "E 4"-Schildern gut markiert.

• *Route*: Paleochóra – Koundourá – Kapelle Ágios Ioánnis – Strand von Elafonísi – Kloster Chrissoskalitíssa.

• *Dauer*: ab Koundourá (7 km westlich von Paleochóra) bis zum Strand von Elafonísi ca. 3,5 Std., zum Kloster Chrissoskalitíssa eine gute weitere Stunde.

• *Wegbeschreibung*: Ausgangspunkt ist die Streusiedlung **Koundourá**, 7 km westlich von Paleochóra. Eine Asphaltstraße führt hin, und man sollte versuchen, per Autostopp oder Taxi dorthin zu kommen. In Koundourá hält man sich zuerst in 200-300 m Entfernung vom Wasser und geht auf einer Schotterpiste an den zahlreichen Gewächshäusern vorbei. Man nähert sich erst dem Wasser, wenn ein Kiesstrand in Sicht ist, und läuft ihn entlang. Der **markierte Weg** nach Elafonísi beginnt kurz dahinter am Ende einer kleinen Bucht, die sich an den Strand anschließt. Der Weg steigt zunächst 45 Min. steil an, bis man auf einem Sattel endlich den Schweiß abtrocknen darf. Wenn man zurückblickt, hat man eine prächtige Aussicht auf die Gewächshäuser und das in weiter Ferne liegende Paleochóra. Kurz nach der Anhöhe geht es bergab zu einer dicht mit Wacholdermacchia bewachsenen **Bucht**. Unten angekommen, läuft man an ausgehöhlten Felsbrocken entlang, bis der Weg wieder zu einer Anhöhe aufsteigt. Nun hat man bereits die Bucht von Elafonísi vor Augen. Weiter führt der markierte Weg in der Höhe hinter dem bergigen **Kap Kriós** entlang zur bereits gut sichtbaren Kapelle **Ágios Ioánnis**, die man ca. 1,5-2 Std. ab Koundourá erreicht. Etwa 100 m südöstlich befindet sich eine Wasserstelle zwischen Bäumen im Tal.

Der Pfad verläuft im Weiteren halbhoch über der Küste, wird aber teils etwas unwegsam. Elafonísi ist immer in Sicht. An einer Stelle muss ein größerer **Geröllhang** umgangen werden, der einen Strand umschließt. Etwa 3 Std. ab Beginn der Wanderung steigt man zum Wasser hinunter. Die letzte halbe Stunde läuft man zwischen Zedern und riesigen Felsbrocken einen weichen **Sandstrand** entlang und erreicht die **Anlegestelle** der Badeboote von Paleochóra. Von dort sind es noch 5 Min. zum Elafonísi-Strand. Wer weiterlaufen will, benötigt bis zum Kloster Chrissoskalitíssa noch etwa 1 Std.

Rückkehr: Vom Strand in der Saison Badeboot nach Paleochóra, vom Strand und vom Kloster 1 x täglich Busverbindung nach Kíssamos und Chaniá an der Nordküste.

Infos zum **Strand von Elafonísi** und **Kloster Chrissoskalitíssa** → S. 169 ff.

Von Paleochóra nach Soúgia

▶ **Mit dem eigenen Fahrzeug**: Es gibt keine direkte Küstenstraße in diesem Teil der Südküste. Von Paleochóra können Sie nach Soúgia die Straße über *Azogirés* (→ S. 180) und Teménia nehmen, die beim letzten Check bereits zum größten Teil asphaltiert war. *Teménia* liegt in einer fruchtbaren Senke, besitzt

Der Südwesten

eine Limonadenfabrik und, etwa 1,5 km außerhalb (am Ortseingang beschildert), die architektonisch reizvolle Kirche *Sotíros Christoú* aus dem 13. Jh., im Inneren Fresken aus dem 16./17. Jh. In *Rodováni* trifft man auf die Straße, die von der Nordküste nach Soúgia führt (→ Chaniá/Hinterland, S. 152). Hier hat man einen herrlichen Blick auf das lange, teils üppig grüne Tal Richtung Soúgia. Auf dem Hügel Kefála am südlichen Ortsausgang liegen die eingezäunten Ruinen der dorischen Stadt *Éliros*, deren Hafen die Küstensiedlung Syia war (→ Soúgia).

Oder man fährt die paar Kilometer bis *Kándanos* hinauf und nimmt dort die Asphaltstraße über Anisaráki und Teménia (ca. 27 km, beschilderter Abzweig ab Durchgangsstraße, Nähe Wasserwerk). Zuerst führt die Straße in Serpentinen hoch hinauf. In den Olivenhainen um *Anisaráki* liegen mehrere Kapellen aus dem 14./15. Jh. mit wertvollen Fresken aus derselben Zeit: *Agía Ánna, Ágios Geórgios, Panagía* und *Agía Paraskeví*.

▶ **Mit dem Schiff**: großartige Fahrt an den fast senkrecht abfallenden Felswänden entlang. An dem dunklen Streifen oberhalb der Wasserlinie erkennt man deutlich, dass der Meeresspiegel früher mindestens 5-6 m höher lag. Ein Indiz dafür, dass sich der Westen Kretas (wahrscheinlich auf Grund heftiger Erdbeben) im 6. Jh. n. Chr. gehoben hat.

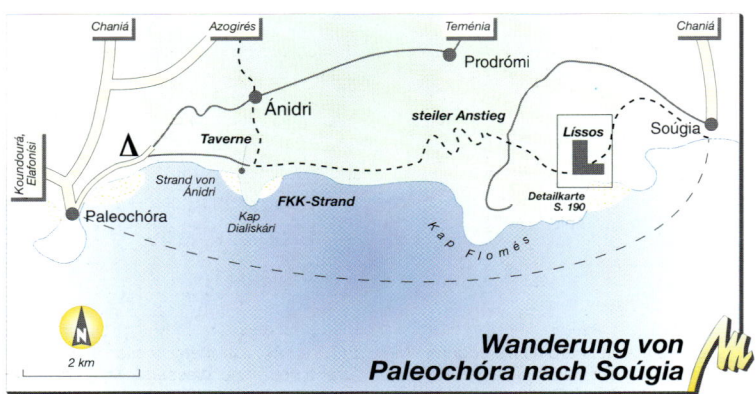

Wanderung von Paleochóra nach Soúgia

Diese Wanderung ist bis auf den anstrengenden Aufstieg aufs *Kap Flomés* nicht allzu schwer und führt durch abwechslungsreiche Gegenden. Die Strecke ist bis Kap Flomés gut mit gelb-schwarzen "E 4"-Schildern markiert, der weitere Weg ist ebenfalls nicht zu verfehlen. In *Lissós* hat man eine antike Hafensiedlung ausgegraben, die ein *Asklepios-Heiligtum* besaß (→ S. 189).

- *Route*: Paleochóra – Kap Flomés – Lissós – Soúgia.
- *Dauer*: ohne Gepäck insgesamt knapp 4,5 Std. (Paleochóra – Lissós 3 Std., Lissós – Soúgia 1,5 Std.).

Strandtaverne am Ánidri Beach

• *Wegbeschreibung*: Vom Zentrum in Paleochóra geht man zunächst an der Ostseite der Halbinsel entlang auf der Asphaltstraße in 15 Min. zum **Campingplatz**. Kurz nach dem Platz verlässt man an einer Kurve die Teerstraße und biegt auf einen breiten, staubigen **Fahrweg** ab, der dicht an der Küste entlang in etwa 45 Min. zu den beiden **Stränden von Ánidri** am Kap Dialiskári führt. Am ersten Strand steht eine Kneipe, der zweite ist ein schöner Sandstrand mit buschbewachsenen Dünen. Ab hier führt der Weg als leicht zu erkennender **Fußpfad** weiter (weithin sichtbare "E 4"-Stangen und schwarz-gelb-rote Farbmarkierungen). Wir gehen entlang der wilden, felsigen Küstenlinie, in der nächsten Bucht steigt der Weg halbhoch übers Meer an. Etwa 2 Std. ab Paleochóra erreichen wir das steile **Kap Flomés**, das senkrecht ins Wasser abfällt. Kurz vorher passieren wir eine winzige **Kiesbucht**.

Der Weg steigt jetzt in Serpentinen steil an, und nach etwa 30 anstrengenden Minuten sind wir auf dem **Plateau** von Kap Flomés angelangt – schöner Blick auf die Lefká Óri und zurück auf die vom Meer umspülte Halbinsel von Paleochóra. Der Weg wird nun zum **Fahrweg** und trifft nach wenigen Minuten auf eine **Querpiste**. Hier gehen wir querfeldein **geradeaus weiter** (zwei aus

Steinen zusammengesetzte Pfeile zeigen in diese Richtung). In der folgenden Ebene mit roter Erde und spitzem Felsgestein sind die Markierungen zwar etwas spärlich gesät (auf Steinmännchen und Farbkleckse achten), doch wenn man sich einfach geradeaus hält, trifft man bald auf einen **Geröllpfad**, der in einer halben Stunde in die Bucht von **Lissós** hinunterführt. Der Weg endet im Mittelteil der Bucht bei einigen verstreuten Häusern und ehemals bebauten Terrassen. Vorbei an einer runden **Dreschtenne** kommt man zu einem Bachlauf und überquert ihn auf einer kleinen Brücke. Wenige Meter weiter in Richtung Strand liegt eine **Wasserstelle**, gegenüber das **Haus des Wärters** der archäologischen Ausgrabung. An der Westseite des Bachs führt ein Weg in wenigen Minuten zum **Strand**, der allerdings stark verschmutzt ist.

Der Weg nach Soúgia verläuft nicht am Wasser weiter, sondern im Hintergrund der Bucht. Von der Wasserstelle geht man bachaufwärts zu einer byzantinischen **Kapelle** und von dort in nordöstlicher Richtung bis zum eingezäunten **Asklepios-Tempel** am Fuß der östlichen Talwand. Am Zaun beginnt der schmale Weg, der in Serpentinen die Felswand hinauf bis zu einer **Hochebene** über dem Tal führt (Aufstieg ca. 20 Min.,

Der Südwesten

ausreichend markiert). Die Hochebene überquert man auf gut sichtbarem Pfad aus rostroter Erde. Dann steigt man auf einem befestigten **Maultierpfad** durch einen Wald von Aleppokiefern hinunter, bis man nach 20 Min. zum Grund einer **Schlucht** mit an-

fangs überhängenden Felswänden kommt. Wenn man 20 Min. das mit Felsbrocken übersäte, im Sommer ausgetrocknete Bachbett hinuntergelaufen ist, steht man plötzlich vor der Hafenanlage von **Soúgia**. Von hier sind es noch ca. 5 Min. in den Ort.

Soúgia, beschauliches Örtchen an langem Kiesstrand

Soúgia

Nach dem Rummel in Paleochóra eine fast unwirkliche Atmosphäre – eine Handvoll Häuser, wie hingeworfen in eine weite Felsbucht, davor eine Tamariskenpromenade und ein langer Strand aus Kies und grauem Sand.

Obwohl über eine Straße von der Nordküste zu erreichen, wirkt Soúgia, das am Ausgang eines langen Tals liegt, von der Außenwelt nahezu abgeschlossen. Es herrscht erholsame Stille. Nicht einmal die Zikaden kreischen, nur ab und zu schreit ein Esel, und der Schrei wird mehrfach verstärkt von den hohen Felswänden zurückgeworfen. Eine kleine Idylle also. Das konnte natürlich nicht verborgen bleiben, und das Dorf hat sich zu einem beliebten Anlaufpunkt für meist junge Leute entwickelt, die überwiegend aus Deutschland stammen. So beginnt auch hier allmählich eine verstärkte touristische Expansion. Soúgia ist in den letzten Jahren rasant gewachsen, Hotels und Pensionen wurden gebaut, Restaurants und Bars sind entstanden, fast jedes Haus vermietet Zimmer. Dazu kommen die täglichen Rückkehrer aus der Samariá-Schlucht, die hier mittlerweile häufig von Bussen abgeholt werden, um Chóra Sfakíon zu entlasten.

Verbindungen

• *Bus*: täglich 1 x von und nach **Chaniá** (Mo-Sa 13.30 h, So 8.30 h), in der Hauptsaison eventuell 2 x. Schöne Strecke an der Flanke der Lefká Óri entlang, unterwegs im Dorf Agía Iríni Einstiegsmöglichkeit zur gleichnamigen Schlucht (→ Wanderung weiter unten). Ab **Soúgia** nach Chaniá Mo-Sa 7 h, So 14.30 h. Morgens fährt in der Saison mehrmals wöchentlich ein Bus zum Eingang der **Samariá-Schlucht**.
Bushaltestelle an der Zufahrtsstraße, etwa 150 m vom Meer zurück.

• *Schiff*: Jeden Morgen (ca. 9.30 h) kommt eine Fähre mit Autotransport von **Paleochóra** und fährt weiter nach **Agía Rouméli**. Wer nach **Loutró** oder **Chóra Sfakíon** will, muss in Agía Rouméli umsteigen. Von Agía Rouméli kommt das Schiff am Spätnachmittag zurück und fährt weiter nach Paleochóra. Etwa 2-3 x wöch. geht morgens ein Schiff von Paleochóra über Soúgia zur Insel **Gávdos**, in der NS nur 1 x wöch.
Preise: nach Agía Rouméli und Paleochóra je 6.50 DM, nach Gávdos ca. 20 DM.
Tickets: im "Roxana Travel" direkt an der Zufahrtsstraße, Frau Roxana Pateraki spricht ausgezeichnet Deutsch. Oder noch kurz vor Abfahrt im Hafen am Westende der Bucht.

• *Taxi*: Der einzige **Taxifahrer** hat sein Office an der Zufahrtsstraße, knapp 100 m vom Meer entfernt. Tel. 0823/51362.

• *Taxiboot*: **Georgios** bietet Transport zu schwer erreichbaren Stränden und Buchten zwischen Agía Rouméli und Paleochóra. Auskunft im Minimarkt Polyfimos.

Adressen

• *Deutsche Zeitungen/Zeitschriften*: im **Kiosk** an der Promenade, wo der Bus hält.

• *Geldwechsel*: u. a. beim Taxifahrer, in den Supermärkten und im Polifimos Travel.

• *Lebensmittel*: zwei kleine Supermärkte an der Zufahrtsstraße. Der untere namens **Pelican** wird von einer Holländerin mit ihrem griechischen Mann geführt.

• *Reisebüro*: **Polifimos Travel**, an der Zufahrtsstraße, ca. 70 m vom Meer. Hier berät Gabi aus Deutschland. Information, Ausflüge mit Taxiboot, organisierte Wandertouren, Autovermietung, Briefmarken, Buchverleih, Verkauf ausgewählter Reiseführer, Geldwechsel u. a. Tel./Fax 0823/51022.

Übernachten

Galini, gepflegtes Haus am Ortseingang, etwa 500 m vom Meer entfernt. Mehrere schöne Bäume, darunter eine herrliche Weide, beschatten die Terrassen und Balkone. 15 saubere Zimmer mit Du/WC. DZ ca. 35-50 DM. Tel. 0823/51488.
Aretousa, benachbart zum Galini, 20 m zurück von der Straße. Nette Zimmer und Studios mit pastellfarbenen Möbeln. Da etwas ab vom Schuss, achtet man auf Qualität. Tel. 0823/51178.
Captain George, auffällig grün getünchtes Haus, rechter Hand etwas zurück von der Zufahrtsstraße, ruhige, unverbaute Lage, 2 Min. zum Strand. 14 helle, geräumige DZ und Studios mit Kühlschrank, Telefon, Radio, Ventilator, Balkon und Du/WC, z. T. Meeresblick. Auf Service wird Wert gelegt, jeden zweiten Tag auf Wunsch frische Bettwäsche und Handtücher. Eigener Parkplatz. Captain George ist ebenso weltgewandt wie ortskundig. DZ ca. 35-60 DM. Tel. 0823/51133, Fax 51194.
Santa Irene, C-Kat., neues, geschmackvoll aufgemachtes Hotel direkt an der Ecke, wo die Zufahrtsstraße auf die Strandstraße stößt. 14 Apartments um einen hübsch bepflanzten Innenhof, pro Wohneinheit ca. 60-100 DM. Snackbar fürs Frühstück. Tel. 0823/51342, Fax 0821/51182.
Zorbas, das freundliche Haus mit modernem Anbau steht an der Uferstraße Richtung Hafen, über die kaum befahrene Straße kommt man zum Strand, sehr ruhig. Geeignet für Familien mit Kindern, geräumige Zimmer mit Du/WC, kühler Marmorfußboden. Selbstkochmöglichkeit, Bar mit Frühstücksraum, Vorgarten, außerdem Sitzgelegenheiten oberhalb vom Strand unter schattigen Tamarisken. Pavlos vermietet in der Hauptsaison über den österreichischen Reiseveranstalter "Reiseladen". In der Nebensaison sind aber Kapazitäten frei. DZ etwa 40-70 DM. Tel. 0823/51353.
Ririka, direkt an der Uferpromenade, unmittelbar neben der "Café-Bar/Taverne Maria" (→ Essen), vermietet die Tochter Marias schlichte, teils etwas beengte Räume mit

Nasszellen. Vorteil: die zentrale Lage wenige Meter vom Strand und die große Terrasse vor dem Haus. Zimmer nach hinten sind günstiger. Tel. 0823/ 51167.

• *Östlicher Ortsbereich*: schöne Ecke mit weitem Blick. Die nahe Disco soll nachts kaum zu hören sein.

Lissos, am östlichen Ortsende, nur wenige Meter vom Strand am ausgetrockneten Flussbett. Wunderschöner, völlig zugewucherter Vorgarten mit einer Fülle von Blumen, moderne, gut ausgestattete Räume mit hellen Holzmöbeln und sauberen Fliesenböden, kleine Balkons mit Markisen.

Geführt von den beiden sympathischen Damen Sofia und Eleftheria, letztere spricht hervorragend Deutsch. Tel. 0823/51244 (im Winter Tel. 0821/31915).

Paradisos, neben Lissos. Freundliches Haus mit schattiger Terrasse voller Pflanzen und kleiner Taverne. Tel. 0825/ 51359.

• *Freies Zelten*: Einen Campingplatz gibt es nicht, aber das freie Zelten am Strand wird toleriert. Die Plätze unter den wenigen Tamarisken sind allerdings schnell belegt. Auf den Terrassen darüber keinesfalls zelten, antike Ausgrabung! Am Strand stehen mehrere Süßwasserduschen.

Essen/Nachtleben

• *Restaurants*: **Rest if you want**, das alteingesessene Lokal erreicht man, indem man an der Zufahrtsstraße hinter dem Supermarkt hineingeht. Man sitzt gemütlich in einem blühenden Innenhof, das Essen ist gut und preiswert, die Bedienung nett.

Omikron, direkt an der Strandstraße, geführt von Hartmut aus Pforzheim. Morgens Filterkaffee und Müsli, mittags kann man einen der diversen Salate essen, nachmittags trifft man sich zum kühlen Fassbier oder Apfelkuchen und abends zum recht leckeren Essen, diverse Nudelgerichte, Vegetarisches usw. Gut, aber nicht billig.

Polifimos, die Ouzerie von Iannis liegt etwas versteckt abseits der Straße. Unter einer großen Tamariske sitzt man gemütlich im Hof. Gute griechische Küche mit täglich wechselnder Speisekarte, zu empfehlen: mit Käse und Tomaten überbackene Auberginen.

Seaside, Café-Bar mit schattiger Terrasse direkt hinter dem langen Kiesstrand, ca. 10 Fußminuten östlich vom Ortskern.

• *Nachtleben*: Die erholsame Ruhe, die tagsüber herrscht, wird nachts etwas durch die beiden Discos beeinträchtigt.

Raki-Bar, direkt an der Zufahrtsstraße, gegenüber vom Anchorage. Netter Platz mit guter Musik, "der" Treff am frühen Abend, bevor es in die Disco geht.

Bla Bla, weitere Bar, etwas versteckt hinter der ersten Häuserreihe, Gasse hinter dem Supermarkt hinein.

Disco Alabama, östlich vom Ort, jenseits vom ausgetrockneten Flussbett.

Disco Fortuna, an der Ausfallstraße Richtung Chaniá aufgemacht, kurz nach dem Ortsausgang.

Sehenswertes: Etwas zurück von der westlichen Uferstraße steht die kleine Kirche des *Ágios Panteleímon* mit dem ausgezeichnet erhaltenen Mosaikboden einer einst wesentlich größeren byzantinischen Basilika (Schlüssel im nahen Hotel Pikilassos). Die spärlichen Mauern der antiken Siedlung *Syia* liegen auf den Terrassen östlich vom Fluss. Im Schatten der Johannisbrotbäume kann man Rundgewölbe, Hausruinen und Teile von Mosaikböden entdecken.

▶ **Soúgia/Baden**: Der etwa 1 km lange und sehr breite Strand besteht aus grobem Kies. Im Ostteil wird er durch eindrucksvolle, fast senkrechte Steilwände abgeschlossen. Schatten findet man nur unter den wenigen Tamarisken an der Uferstraße, Süßwasserduschen gibt es eine ganze Reihe. Soúgia ist wasserreich – wie an vielen Stränden dieser Region (→ Glikanéra-Strand bei Chóra Sfakíon) fließen unter dem Kies Süßwasseradern.

Unbestritten schönste Badestelle ist die *Kiesbucht* am Ostende des Strands. Umrahmt von malerisch ausgehöhlten Felsen und überhängenden Abbrüchen, gibt es hier kleine Höhlen und schattige Plätzchen, wo man den Tag in aller Ruhe an sich vorbeiziehen lassen kann. Da hier zum großen Teil FKK betrieben wird, nennen die Einheimischen die Bucht "Schweinebucht".

Viel Platz und Ruhe am Strand von Soúgia

Wanderung von Soúgia nach Lissós

Einfache Wanderung, brauchbar als erster Test und um zu sehen, ob man auch den Anforderungen einer längeren Kreta-Wanderung gewachsen ist.

● *Dauer*: einfach ca. 1 Std. 15 Min., hin und zurück knapp das Doppelte.

● *Wegbeschreibung*: Der Weg beginnt im **Hafen** von Soúgia. Man geht zunächst Richtung Nordwesten eine felsige **Geröllschlucht** hinauf, Oleander und feuchte Stellen zeigen an, dass hier im Frühjahr wahrscheinlich ein Bach fließt. Das Tal zeigt sich üppig grün, Mastixsträucher und mächtige Aleppokiefern säumen den allmählich ansteigenden Weg, dichte Polster von Nadeln bedecken den Boden. Nach 25 Min. kommt man zu einer hohen, fast überhängenden **Felswand**, ca. 70 m ü. M. Fast canyonartig rücken die Schluchtwände hier zusammen. Nach 10 weiteren Min. verlässt man die Schlucht und steigt linker Hand einen **Saumpfad** mit roter, gelber und grüner Markierung hinauf. Die Stelle ist deutlich kenntlich gemacht, indem der weitere Weg in die Schlucht mit Steinen abgetrennt ist. Der Pfad ist ein alter **Maultierpfad**, teilweise befestigt und noch sehr gut erhalten. Über rote Erde geht es in engen Serpentinen zwischen Aleppokiefern hinauf. 45 Min. ab Soúgia erreicht man eine mit Felsbrocken übersäte **Hochebene** in 145 m Höhe. Zwischen Dornenbüschen und anderer Vegetation geht es quer über den Kamm, der Pfad ist an der rostroten Erde und gelegentlichen Steinmännchen zu erkennen. Nach 1 Std. **Abstieg** in Serpentinen nach Lissós hinunter, herrlicher Blick ins Tal. Der Weg mündet unten fast direkt am **Asklepios-Heiligtum** unter weit ausladenden Johannisbrotbäumen.

▶ **Lissós**: grüne Oase in einem wasserreichen Tal. Hier hat man die Reste einer antiken Hafensiedlung ausgegraben, die eine berühmte Heilquelle und ein *Asklepios-Heiligtum* besaß. Der umzäunte Tempel des Heiligtums besitzt einen gut erhaltenen *Mosaikfußboden* mit Tiermosaiken und geometrischen Ornamenten. In der Kirche *Ágios Kyriákos*, nur wenige Schritte von der Ausgrabungsstätte, sieht man stark beschädigte Fresken, u. a. ein Abbild des heiligen

Der Südwesten

Mosaikboden im Asklepios-Heiligtum von Lissós

Georg. Vor der Kirche Reste eines Mosaikbodens. Unterhalb der Kapelle wird das Quellwasser in einem offenen Becken gesammelt. Weiter südlich trifft man auf eine *Wasserstelle* mit Sitzgelegenheiten. Um zum Meer zu kommen, geht man am westlichen Bachufer entlang. Unten gibt es einen mäßig sauberen Kiesstrand, etwas oberhalb davon steht eine weitere Kapelle, geweiht der *Panagía*, erbaut aus römisch-byzantinischen Säulenresten und Marmorfriesen. Am Westhang des Tals von Lissós ziehen sich etwa zwanzig Häuschen mit Tonnengewölbe entlang, angeblich römische *Grabkammern*.

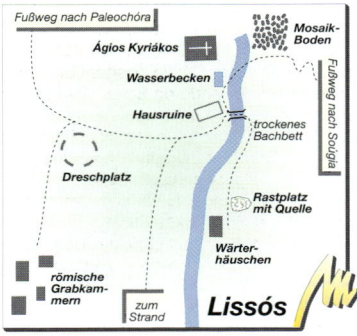

• *Zurück nach Soúgia*: Ausgangspunkt **Asklepios-Tempel**. Am Ausgrabungszaun ein Schild, das den Weg nach Soúgia weist. Dicht am Zaun des Heiligtums halten und über einige Terrassen hinauf. Rote und gelbe Markierungen, auch Steinmännchen weisen den besten Weg auf die **Hochebene** hinauf, die man auf gut sichtbarem Pfad überquert, um auf der anderen Seite in die **Schlucht** zum Hafen von Soúgia abzusteigen.

• *Weiter nach Paleochóra*: Nördlich von Wärterhäuschen und Wasserstelle den Bach auf einer kleinen **Brücke** überqueren, wenige Meter weiter nach rechts bergauf gehen und an dem runden **Dreschplatz** rechts vorbei, danach findet man die Markierungen. Weitere Details in umgekehrter Richtung bei Paleochóra.

Wanderung von Soúgia auf den Berg Óchro

Wanderung von Meereshöhe auf den 807 m hohen Gipfel oberhalb von Koustogérako, z. T. auf einem alten Eselspfad durch Olivenhaine.

- *Route*: Soúgia – Livadás – Koustogérako – Óchro.
- *Dauer*: hin und zurück ca. 4,5 Std.
- *Wegbeschreibung*: Vom Ostende der Promenade in Soúgia den Weg neben dem **Flussbett** hinauf, bis eine Schotterstraße rechts zu der Einfahrt eines allein stehenden **Hauses** führt (etwa 100 m nach der Disco). Man geht auf einem Pfad nördlich an Haus und Einzäunung entlang ("E 4"-Schilder, Steinmännchen, Farbkleckse), bald trifft man auf einen nicht asphaltierten **Fahrweg**, dem man nach links folgt. Nach etwa 30 Min. kommt man auf die Asphaltstraße nach **Livadás**. Etwa 150 m hinter dem letzten Haus von Livadás gibt es einen markanten **Felsen**, der bis zur Straße geht. Direkt hinter diesem Felsen steil nach rechts oben abzweigend, beginnt der wunderschön angelegte alte **Eselspfad** nach Koustogérako. Er verläuft schräg zum Hang durch Terrassen mit vielen Oliven, teilweise Pfirsichbäumen und Wein. Der Pfad endet in der Ortsmitte von **Koustogérako** in der Nähe des Kafenions. Man folgt dann der **Schotterstraße**, die sich am Hang entlang Richtung Südosten bergauf schlängelt. Nach gut 30 Min. kommt man zu einem großen, eingezäunten Weinberg. Rechts daneben befindet sich ein großer **Ziegenstall**. Vor dem Stall am Zaun entlang den Hang in Richtung Osten hinauf quer durch wegloses Gelände auf den Gipfel, der mit einer kleinen Betonsäule (trigonometrischer Punkt) markiert ist. Schöner Blick auf die Küste bis Paleochóra und ins Hinterland.

Wanderung durch die Agía-Iríni-Schlucht nach Soúgia

Wanderung durch eine reizvolle Schlucht im Hinterland von Soúgia bis zum Meer. Der Weg ist befestigt und wurde massentauglich ausgebaut: Wasserleitung, Klohäuschen und mehrere Rastplätze mit Wasserstellen, an schwierigen Stellen sind Stufen angelegt. Die einzelnen Kilometer werden mit Schildern angezeigt. Einstieg bei Agía Iríni an der Straße nach Chaniá. Gut möglich als Tagesausflug ab Soúgia, kann man aber auch bei einer Busfahrt von Chaniá nach Soúgia als letzte Etappe zu Fuß machen.

- *Route*: Agía Iríni (bzw. Epanochóri) – Soúgia.
- *Dauer*: ca. 4 Std., in der eigentlichen Schlucht läuft man nur 2-3 Std.
- *Anfahrt/Einstieg*: mit Frühbus ab Soúgia oder Chaniá bis **Agía Iríni**. Man kann sich direkt am Schluchteingang absetzen lassen, der am südlichen Ortsende liegt (560 ü. M.). Einstieg: unmittelbar südlich von der Ortstafel von Agía Iríni beim Hinweisschild auf den Schluchteingang, an einer venezianischen Bogenbrücke mit betonierter Fahrbahn. Es gibt ein **Café** mit schönen Sitzmöglichkeiten, dort kann man auch Proviant kaufen.
Wer nachmittags ankommt, sollte allerdings in **Epanochóri** aussteigen, ca. 1,5 km südlich des Schluchteingangs. Hier steht direkt an der Straße eine **Taverne** mit weitem Blick, die auch Zimmer vermietet (Tel. 0823/51330). Wer hier übernachtet und frühmorgens aufbricht, hat die Schlucht noch für sich allein. In Agía Iríni keine Unterkunft.

- *Wegbeschreibung*: Vom südlichen Ortsende von **Agía Iríni** folgt der Weg dem linken Ufer unter schattigen Platanen durch üppige Vegetation. Der im Frühjahr stark angeschwollene und rauschende Fluss ist im Sommer nur ein dünnes Rinnsal. Linker Hand liegt die Kirche **Ágios Christós** in einem umzäunten Ölhain, gegenüber einer Taverne an der anderen Seite. Die Fresken sind nur mit Taschenlampe zu sehen. Unterhalb der Taverne muss der Bach auf Steinen überquert werden, man läuft auf dem Fahrweg oder direkt am Ufer. Etwa eine halbe Stunde nach dem Abmarsch versiegt der Bach. Kurz vorher ein verfallener Brunnen in Bienenkorbform. Wenig später erreichen wir das Seitental **Fygoús** ("Tal der Flucht"). Der Name erinnert an die Frauen und Kinder, die hier 1821 vor den Türken flohen. Der Weg geht weiter im trockenen Flussbett, passiert einen **Rastplatz** (45 Min.) und danach den Bildstock **Ágios Joánnis** in der Spalte eines frei stehenden

Felsbrockens. Nach 1 Std. wird die Schlucht eng, es geht über Felsbrocken. Nach 1,5 Std. erreichen wir den **Rastplatz Fournáki** (370 ü. M.) unter schattigen Platanen.

Ein weiterer schattiger **Rastplatz** folgt in 310 m Höhe. Wenig später, etwa zwei Stunden nach dem Aufbruch, weitet sich das Tal, an den Berghängen zeigen sich Waldbrandspuren, Ölbäume und Terrassen auf beiden Talseiten sind sichtbar. Ein einfacher **Fahrweg** führt an der linken Talseite oberhalb des Flussbetts entlang, diesen

Weg nehmen wir. Ab jetzt ist das Tal grau und steinig, ohne Schatten geht es weiter. Noch eine halbe Stunde, und wir kommen zu einer venezianischen **Bogenbrücke**, von der nur noch ein Bogen erhalten ist (87 ü. M.). An der weiß gekalkten Kirche etwas oberhalb gibt es einen Wasserhahn. Nach 10 Min. gelangt man an eine **Betonbrücke** mit Pumpstation, hier verläuft die Straße nach Koustogérako. Von hier aus sind es noch ca. 3 km talabwärts bis **Soúgia**.

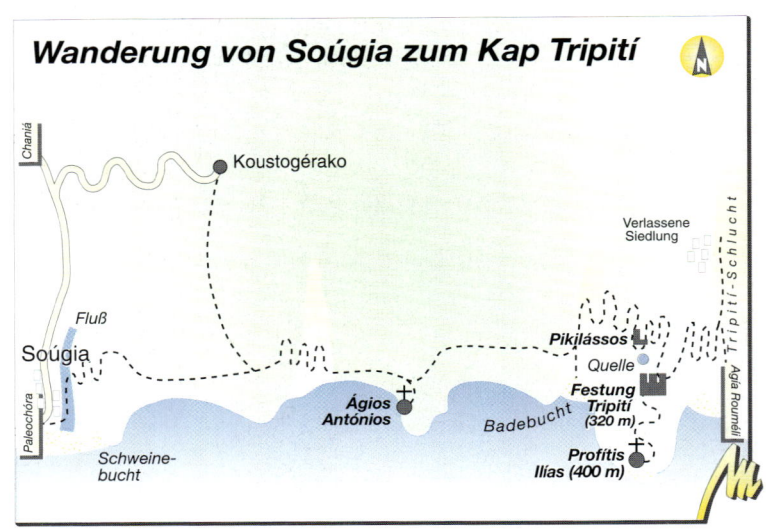

Wanderung von Soúgia zum Kap Tripití und zurück

Ein leicht zu verfolgender Pfad führt von Soúgia zum steil aufragenden Kap (400 m) mit einem venezianisch/türkischen Kastell am Sattel unterhalb des Gipfels. Direkt auf der Spitze die einsame Kapelle des *Profítis Ilías*, man sieht sie von der Hafenmole in Soúgia aus. Die Strecke ist mit "E 4"-Schildern markiert, leider stehen z. T. nur noch die Pfähle. Ausreichend Wasser mitnehmen, es gibt nur eine einzige Quelle am Weg, die, wenn überhaupt, nur spärlich tröpfelt.

> **Tipp**: Morgens so früh wie möglich aufbrechen, damit man am Ziel ausgiebig Rast machen kann! Spätestens um 14 h sollte man an den Rückweg denken.

● *Dauer*: ca. 4 Std. einfach.

● *Wegbeschreibung*: Vom Ostende der Promenade in Soúgia den Weg neben dem **Flussbett** hinauf, bis eine Schotterstraße

rechts zu der Einfahrt eines allein stehenden **Hauses** führt (etwa 100 m nach der Disco). Man geht auf einem Pfad nördlich an Haus und Einzäunung entlang ("E 4"-

In der Festung Tripití

Schilder, Steinmännchen, Farbkleckse). Bald trifft man auf einen nicht asphaltierten **Fahrweg**, dem man ein kurzes Stück nach rechts folgt ("E 4"-Schild) bis zu einer Markierung, die den Hang hinauf weist. Der nun folgende **Pfad** – auf Steinmännchen achten! – ist teilweise infolge eines neu angelegten Fahrwegs, eines Waldbrands und dadurch umgestürzter Bäume schwer erkennbar. Er führt in Serpentinen den Hang hinauf auf ein **Hochplateau** oberhalb vom Strand. Spätestens ab hier ist der weitere Weg wieder eindeutig zu erkennen.

Am **Ostende** des Plateaus öffnet sich ein weiter Blick bis zum hoch aufragenden Kap Tripití. Durch eine weit geschwungene **Bucht** führt der Weg über heute unbewirtschaftete Terrassen hoch über dem Meer entlang. Der Pfad ist leicht zu verfolgen und ausreichend markiert. Nach der ersten großen Bucht kommt man zu einer markanten **Schlucht**, in die man auf einem alten, teilweise noch gepflasterten Mauleselpfad hinuntersteigt. Am Grund angelangt, läuft man ein Stück in Richtung Meer, dann führt der Weg wieder hinauf auf eine Anhöhe, darüber senkrechte Hänge. Man durchquert ein Waldgebiet, bis man auf eine geschwungene Bucht trifft, an der man oberhalb entlanggeht. Tief unten am Wasser erblickt man die zweischiffige Kirche **Ágios Antónios**.

Wir halten uns halbhoch am Hang und steigen am Buchtende über eine **Geröllhalde** aufwärts bis zur nächsten großen Bucht, die schon unterhalb des gewaltigen Kap Tripití liegt, dem Ziel unserer Wanderung. Am Fuß des Felsmassivs laufen wir eine **Schlucht** landeinwärts (am Ausgang der Schlucht schöner Kiesbadestrand zwischen Felsen!) und beginnen schließlich in Serpentinen den steilen Anstieg. Bereits ziemlich weit oben am Hang trifft man auf eine weiß gekalkte **Steinsäule** und kurz darauf auf eine kleine **Quelle**, die meist nur tröpfelt. An dieser Stelle soll sich die antike Stadt **Pikilássos** befunden haben, zu sehen ist davon aber nichts mehr. Der Weg steigt weiter steil nach oben, und nach insgesamt 4 Std. erreichen wir in ca. 320 m Höhe einen **Sattel** mit einer kleinen Betonsäule (trigonometrischer Punkt). Wenige Meter oberhalb steht die venezianisch/türkische **Festung Tripití**. Die Festungsmauern sind samt Putz noch beeindruckend gut erhalten. Ein Rundturm und Reste eines Kamins sind zu erkennen. Mit der Felsszenerie der Umgebung ein schöner Rastplatz. Unterhalb der Burg sind noch Ruinen zweier in Bienenkorbform gemauerter Zisternen sichtbar. Richtung Osten hat man einen herrlichen Blick auf den weiteren Küstenverlauf bis zum hohen Kap Kalotrivídis in der Ferne.

Der Südwesten

Direkt unterhalb liegt die majestätische **Tripití-Schlucht** mit teils fast senkrechten Steilwänden.

Bevor man den Rückweg antritt, sollte man noch den kleinen Abstecher zur Wallfahrtskirche **Profítis Ilías** machen, die am Gipfel des Kap Tripití in fast 400 m Höhe steht. Von der Festung in Richtung Meer halten,

ca. 10 Min. Anstieg. Der Bau besitzt eine eigenartige Form mit einem rund gemauerten Längsschiff, im Inneren drei Räume mit einfachen Heiligenbildern, die hauptsächlich den Prophet Elias darstellen. Auf dem Zementdach der Kirche haben sich die Bauarbeiter verewigt. Das Wasser der **Zisterne** besser nicht trinken.

> **Tipp**: Wer weiter nach Agía Rouméli wandern will, muss den Steilhang in die Tripití-Schlucht hinunter, dort führt der Weg am Wasser unten weiter. Für diese Strecke muss man mit mindestens 9 Std. Gehzeit rechnen, einige anstrengende Ab- und Aufstiege müssen überwunden werden. Hinweise dazu auf S. 215 ff.

Blick über Gávdos: links Gavdópoula, Kreta weit voraus im Dunst

Insel Gávdos

Gávdos, knapp 40 km vor Kreta, ist die südlichste Insel Europas – und zweifellos eine der ungewöhnlichsten Ecken Griechenlands. Hier gibt es keinen Urlaub von der Stange: Gávdos ist eine Insel für Individualisten, die mit einfachsten Verhältnissen zufrieden sind. Während sich im Sommer einiges tut, herrscht im Winter die große Stille. Ein paar Dutzend alte Menschen wohnen noch hier, die letzten lebenden Zeugen einer Insel, die vor hundert Jahren noch über 400 Einwohner zählte, vor 2000 Jahren sogar 8000.

Gávdos ist eine Insel der Gegensätze. Der einsame Süden ist absolut steinig und kahl, der Boden wegerodiert. Im Norden und an der Westküste fallen die kahlen Felsen mehr als 100 m steil ab, weite Teile der Landschaft im Norden

gleichen afrikanischen Steinwüsten bis ins Detail. In der Mitte der kleinen Insel finden wir dagegen ausgedehnte Waldbiotope mit niedrigen *brutia*-Kiefern, in einigen Tälern sogar mit richtig großen Bäumen. Im Norden erstrecken sich weite, mit Wacholderarten und niedrigen Kiefern bewachsene Sanddünen, dort gibt es oasenartige Süßwasserbiotope, an einem sumpfigen Bach sollen sogar noch Süßwasserschildkröten leben. Uralte Pfade vergangener Jahrhunderte führen durch die Landschaft. An vielen Stellen ist sie aber bereits von Planierraupen zerstört, in der Hoffnung, durch den Straßenbau die Bewohner doch noch zu überzeugen, die abgelegene Insel nicht zu verlassen. Gávdos ist heute arm. Der Boden ist zwar nicht durchweg schlecht, doch viele Felder sind mit Traktoren nicht zu erreichen. Landwirtschaft lohnt deshalb kaum. Die meisten Bewohner sind nach Athen oder aufs kretische "Festland" hinübergezogen, vor allem nach Paleochóra. Die wenigen Häuser aus rohen Bruchsteinen sind bescheiden, es gibt nur wenige Fahrzeuge, elektrischen Strom erst seit kurzem.

Geschichte einer kleinen Insel

Es wird geschätzt, dass in der Antike etwa 8000 Menschen auf Gávdos lebten. Schon zur Zeit des **Hellenismus** existierte eine kleine Stadt im Norden
der Insel, deren Hafen bei Lavrákas lag, und in **römischer Zeit** hatte Gávdos
große Bedeutung als Seehafen. Lukas erwähnt Gávdos in der Apostelge-
schichte. Von einer Landung des Apostels Paulus spricht er aber nicht direkt,
und der Wortlaut lässt dies eher unwahrscheinlich erscheinen.
Nach der Eroberung Kretas durch **arabische Seeräuberbanden** (824, Abu
Hafs Omar) dürfte Gávdos fast vollständig entvölkert gewesen sein. Der Hafen von Lavrákas musste aufgegeben werden, da sich das Land in den vergangenen Jahrhunderten tektonisch um mehrere Meter angehoben hatte und
die Hafenbecken zu flach wurden. In diesen Zeiten wurde begonnen, die Sa-
rakíniko-Bucht als Hafen zu benutzen. Benannt ist sie nach den Sarazenen,
den arabischen Seepiraten. Bis weit in **venezianische Zeit** prägte die Pirate-
rie das Bild der Insel. Eine ständige Besiedlung fand erst zur Zeit der **Türken**
wieder statt, 1881 ermittelte eine Volkszählung 417 Einwohner, darunter keine
Moslems. Zwischen Erstem und Zweitem Weltkrieg war Gávdos **Verban-
nungsinsel** für politische Gefangene, meist Kommunisten. Am Sarakíniko-
Strand steht noch immer das so genannte "Kommunistenhaus". Stelios vom
"Café Stelios" in Kastrí hat gegen Bezahlung mitgeholfen, Häftlingen die
Flucht nach Kreta zu ermöglichen. Im **Zweiten Weltkrieg** besetzte die deut-
sche Wehrmacht auch Gávdos. Eine Stuka schoss dabei den Leuchtturm
zwischen Kastrí und Ámbelos in Trümmer, der Stumpf steht noch heute. Etwa
300 deutsche Soldaten waren damals auf der Insel stationiert. Sie befestigten
– wahrscheinlich, um nicht dem Müßiggang zu verfallen – den Pfad zwischen
Kastrí und Ambelos. 1996 geriet das kleine, unscheinbare Gávdos in die
Schlagzeilen der Weltpresse: Im Rahmen ihrer ständigen Reibereien mit
Griechenland hatten die **Türken** kurioserweise Ansprüche auf die Insel erho-
ben und rasselten drohend mit den Waffen. Eilends konnte der gerade in
Griechenland weilende Ex-US-Präsident George Bush dazu bewegt werden,
die Insel per Hubschrauber zu besuchen und damit symbolisch den Status
Quo zu untermauern. Das 1999 publik gemachte Vorhaben, aus der kleinen
Nachbarinsel Gavdopoúla einen gigantischen **Containerhafen** zu machen, ist
glücklicherweise gescheitert. Seit langem gibt es jedoch Gerüchte, dass die
Nato auf Gávdos eine **Radarstation** aufbauen will.

Anfahrt/Verbindungen

Paleochóra und **Chóra Sfakíon** sind die Haupthäfen für Fahrten nach Gávdos.
Mittlerweile laufen aber die meisten Schiffe nach dem Ablegen noch **Soúgia**, **Agía
Rouméli** und **Loutró** an, so dass man auch von dort übersetzen kann. Die Über-
fahrtsdauer hängt vom eingesetzten Schiff ab (vom umgebauten Fischerboot bis
zum kleinen Passagierdampfer ist alles vertreten). Die Entfernung von Chóra
Sfakíon ist etwas geringer als von Paleochóra.

Abfahrten von Paleochóra: in der warmen
Jahreszeit 2 x wöch., in der Hochsaison ergänzt durch zusätzliche Abfahrten (1-2 x
wöch.). Dauer je nach eingesetztem Schiff,
meist 3-4 Std., Kostenpunkt etwa 18-20
DM. Unterwegs werden meist **Soúgia** und
Agía Rouméli angelaufen, so dass man
auch dort zusteigen kann.
Abfahrten von Chóra Sfakíon: 2-3 x wöch.

(Fr, Sa und So), Dauer ca. 2-2,5 Std., etwa
15 DM. Mindestens 1 x wöch. fährt ein
Schiff in **Loutró** los, stoppt in Chóra Sfakíon
und fährt weiter nach Gávdos.
Zurück fahren die Schiffe jeweils am selben
Nachmittag, es sind also auch **Tagesausflüge** möglich. Man kann natürlich auch
kombinieren, also z. B. von Paleochóra hin
und zurück nach Chóra Sfakíon.

Taxi zum Kórfos-Beach

> **Tipp**: Regelmäßige Überfahrten mit größeren Schiffen finden nur etwa Mitte Juni bis Ende September statt. Im Herbst und Winter, wenn schwere Stürme über das Meer fegen, kann Gávdos wegen des hohen Seegangs nur noch selten angelaufen werden.

*A*dressen

• *Ärztliche Versorgung*: Ein **Arzt** ist während des Sommers hier stationiert. Seinen Sitz hat er im "Rathaus" vom Hauptort Kastrí, das aus einem einzigen Raum besteht und auch als Post und Telefonzentrale fungiert. Für Notfälle gibt es einen **Hubschrauberlandeplatz**.

• *Telefon*: Mittlerweile existieren eine Handvoll Telefonanschlüsse auf Gávdos, Vorwahl 0823 (wie Paleochóra).

• *Übernachten*: Derzeit stehen etwa zwanzig sehr einfache Privatzimmer bereit, die meisten im **Hafenort**, einige wenige am **Kórfos** und **Sarakíniko Beach**. Man kann versuchen, in den Reisebüros von Paleochóra Zimmer vorzubuchen. DZ ca. 25-30 DM. Die meisten Besucher schlafen mit Schlafsäcken am Sarakíniko Beach.

• *Transport auf Gávdos*: Ein **Bus** fährt immer dann auf der Insel, wenn ein Schiff ankommt. Die Straßen sind inzwischen für diesen großen Bus ausgelegt, der Transport war bisher kostenlos.

Wenn ein Schiff ankommt, warten auch meist einige Pickup-Trucks, zwei Lieferwagen und ein klappriger VW-Bus und transportieren Neuankömmlinge in den Hauptort **Kastrí** sowie zu den Stränden **Sarakíniko** und **Kórfos**.

Ansonsten geht man zu Fuß. Entfernungen ab Hafen zum Hauptort **Kastrí** ca. 1,5 Std.; zum **Sarakíniko Beach** ca. 30 Min; zum **Kórfos Beach** ca. 40 Min.

> **Tipp**: Die Versorgungslage auf Gávdos ist völlig von den Lieferungen der Schiffe abhängig. Die Tavernen bieten nur einfache Speisen und Getränke, und oft geht etwas aus, so dass das nächste Schiff abgewartet werden muss. Wasser gibt es nur aus wenigen Brunnen und Zisternen.

Der Südwesten

Ziele auf der Insel

Beliebtester Anlaufpunkt ist der lange Sarakíniko Beach, aber auch die Bucht von Kórfos wird gerne angesteuert. Die Orte im Inselinneren werden dagegen meist nur im Rahmen von Tagesausflügen besucht. Der Westen von Gávdos besteht aus unzugänglicher Steilküste, und auch im Norden gibt es steile Felswände, teilweise fallen sie über 100 m fast senkrecht zum Meer ab. Darin versteckt liegen einige Strandbuchten.

Gávdos eignet sich gut zum Wandern, da das Inland nur leicht hüglig ist bzw. aus einer zentralen Hochebene besteht und nicht zuletzt die alten Maultierpfade zum Entdecken der Insel einladen. Einfach zu machen ist z. B. die Rundwanderung von *Karavés* über *Kastrí* nach *Vatsianá*, von dort hinunter zum *Kórfos Beach* und zurück zum Hafen. Dauer ca. 3,5-4 Std.

▸ **Karavés:** Der winzige Hafenort besteht aus zwei Tavernen und einigen Privatzimmern. Vor allem, wenn die Fähren ankommen und abfahren, lässt sich hier jeder mal sehen. In der rechten Kneipe (wenn man ankommt) versammeln sich die meisten Touristen. Die linke ist eher Treffpunkt der Inselbewohner.

• *Übernachten/Essen*: Zur rechten Taverne schreiben B. und E. Alker: "Die sehr nette Familie Jorgos und Evangelia **Tsigonakis** vermietet sieben DZ, drei mit Du/WC, vier mit Gemeinschaftsdusche. Wir waren dort den Verhältnissen entsprechend sehr zufrieden". Rooms **Calypso** liegen etwas oberhalb vom Hafen.

▸ **Sarakíniko Beach:** Im Nordosten, längster Sandstrand und für Touristen wichtigster Anlaufpunkt der Insel. Hunderte von Metern ziehen sich Dünen landeinwärts, bestanden mit Schatten spendenden Wacholderbäumen, dazwischen große Büschel mit lila blühendem Thymian. Teer, Angeschwemmtes und Plastikmüll sind jedoch nicht zu übersehen. Es geht ganz flach ins Wasser, im fernen Dunst kann man mit etwas Glück schwach die Konturen Kretas erkennen. Einsamkeit darf man nicht mehr erwarten, im Sommer leben bis zu 200 Leute in der Umgebung des Strandes, darunter etliche Aussteiger. Diverse einfache Holztavernen sind auf den Strand gebaut und stehen in hartem Konkurrenzkampf. Nordwestlich von Sarakíniko setzt sich die Küste in niedrigen Klippen fort. Der folgende Strand von *Ágios Ioánnis* ist völlig einsam und besteht aus Verwehungen von extrem feinem Sand, die sich weit die Hänge hinaufziehen. Etwa 20 Fußminuten weiter kommt man zur nicht minder eindrucksvollen Bucht von *Lavrákas*, wo einst der antike Inselhafen lag (→ Kasten).

• *Von Karavés nach Sarakíniko*: Vom **Anlegekai** sind es etwa 30 Min. zu Fuß. Man muss anfangs den Weg in den Hauptort Kastrí nehmen, der sich aber bald teilt.

• *Vom Sarakíniko nach Kastrí*: Problemlos ist der Weg auf der **Fahrstraße**.

• *Übernachten*: So ziemlich alles schläft am Strand, überall unter den Bäumen gibt es Kuhlen mit aufgeschichteten Steinen. An einer Zisterne kann man mit Strick und Eimer Wasser zum Duschen heraufholen (Achtung: kein Trinkwasser!). **Manolis** vermietet zwei, drei Zimmer ohne Wasser für 20 DM. Ansonsten steht am Nordende der Bucht eine **Hütte** aus Stein, deren zwei Räume im Sommer ebenfalls vermietet werden (je 12 DM, Einrichtung besteht nur aus einem Bett). Die Hütte gehört der Schwester eines Tavernenwirts und Frau des Popen von Gávdos, der in Vatsianá lebt.

• *Essen/Unterhaltung*: Die Tavernen bieten einfache Mahlzeiten, pro Tag meist nur ein, zwei Gerichte. Im **To Sarakiniko** von Manolis treffen sich die meisten Urlauber, Alternative ist z. B. **Savvas** links von Manolis. Eine **Bar** bietet spätabends Popmusik, gelegentlich greift jemand zur Gitarre.

Beliebtestes Ziel auf Gávdos: der Sarakíniko Beach

Der Südwesten

▶ **Kastrí:** Der kleine Hauptort von Gávdos liegt zentral auf einer Anhöhe im Inselinneren, vom Hafen ist er auf der einzigen Asphaltstraße der Insel zu erreichen. Weniger als zehn Häuser sind bewohnbar, etwa ebensoviele Menschen leben hier noch. Als erstes trifft man auf den urigen Gemischtwarenladen von *Stelios*, gegenüber liegt das Büro des Arztes, gleichzeitig Post und Rathaus. Am Ortsausgang hat das Kafenion mit Laden von Herrn und Frau *Lampakis* einen ganz speziellen Charme. Zwischen gackernden Hühnern kann man hier Lebensmittel und Gaskartuschen erwerben, auch ein Telefon mit Zähler gibt es.

• *Von Karavés nach Kastrí*: Auf der breiten Straße vom **Hafen** läuft man etwa 1 Std. 15 Min. Nach etwa zwei Dritteln der Strecke stehen sich direkt an der Straße zwei Kirchen gegenüber. Rechts **Ágios Christós** mit einfacher Altarwand und diversen Christusbildern. Links die Kirche der **Panagía** mit alten Anbauten, im Inneren Marienbilder und Votivtäfelchen. Hier beginnt der Weg zum Kórfos Beach.

• *Von Kastrí nach Kórfos*: 100 m oberhalb der Kirche der **Panagía** beginnt der Weg nach Kórfos, der in der zweiten Hälfte mit Steinmännchen markiert ist.

Zunächst in die Schlucht hinunter und dem deutlichen **Fahrweg** folgen. Bei einem Betonfundament rechts ab, den Hang hinauf bis zu einem umzäunten Grundstück, dort links abbiegen, am **Zaun** entlang und auf einer ebenen Terrasse bis zu einer niedrigen **Schlucht**. Auf einem Pfad hindurch, auf der anderen Seite eine **Terrassenmauer** entlang, in diagonaler Richtung quer über einen **Acker** und dem mit Steinmännchen gut markierten Weg folgen, der kurz vor der Bucht von Kórfos auf die Küstenpiste von Karavés mündet.

▶ **Ámbelos:** nördlichster Inselort. Hier leben gerade noch zwei, drei Familien. Auf Fußwegen zu erreichen sind die beiden einsamen Sandbuchten *Potamós* und *Pírgos* (→ Kasten). Wichtiger Hinweis: Potamós ist ausschließlich links entlang des Berges zugänglich, sonst gibt es nur gefährliche Steilhänge!

Rundwanderung im Norden von Gávdos

Die **Straße nach Ámbelos** zweigt einige hundert Meter südwestlich von **Kastrí** vor dem ehemaligen Schulhaus rechts ab. Man kann von Kastrí aber auch den landschaftlich viel schöneren **Maultierpfad** nehmen. Dazu müssen wir von der zentralen Kreuzung in Kastrí nach Nordwesten gehen, der Pfad führt zunächst steil nach oben und am Hang entlang in den Wald. Stellenweise sehen wir alte **Terrassen** im Wald aus längst vergangenen Zeiten. Bald sind wir über 350 m hoch, lassen den Wald hinter uns und sehen im Norden die Berge Kretas. Ein paar hundert Meter westlich steht der alte, von den Deutschen zerstörte **Leuchtturm**. Wir kommen nach **Ámbelos**. Gleich neben der Kirche Ágii Pándes führt ein Pfad nach Osten aus dem Dorf und langsam, aber sicher nach unten. Südlich von uns liegt der Wald, nördlich sieht man einige Felder und die Oberkanten von über 100 m fast senkrecht nach unten fallenden Felsen. Der Strand am unteren Ende ist **Potamós**. Wir gehen oben entlang weiter und kommen in die Gegend von **Lavrákas**, dem antiken Hafen der Insel, der am Ende des nach Norden führenden Tals lag. Hier müssen wir uns in den heute mit Wacholder und *brutia*-Kiefern bewaldeten Sanddünen der Talebene eine kleine Stadt mit vielleicht 6000 Einwohnern vorstellen. Der Pfad ändert die Richtung, er führt ein paar hundert Meter nach Norden und verzweigt sich dann: Wir gehen rechts, hinunter nach Nordosten. Kurz darauf erreichen wir die Talmitte und die alte Kirche **Ágios Geórgios**. Nach Nordwesten führt von hier ein Pfad nach **Pírgos** (von da kann man auch nach Potamós laufen). Nach Norden können wir das Tal entlang nach Lavrákas weitergehen und im alten Hafen baden, oder wir können uns die Oase noch etwas näher ansehen. Ein breiter Pfad, nicht zu übersehen, führt von der Ágios-Geórgios-Kirche zur Kirche **Ágios Nikólaos** nach Südosten. Im Wäldchen nördlich von uns liegen teilweise an der Oberfläche uralte minoische, hellenistische oder römische **Wasserleitungen** im Sand. Von der Ágios-Nikólaos-Kirche können wir nun den Pfad nach Südosten weitergehen, wo wir bald nahe bei einem Gehöft auf eine Straße treffen, die Richtung Süden nach Kastrí führt. Wir können aber auch nach Südwesten wandern, im kleiner, schwieriger Pfad am Berghang, der sich zu unserer Überraschung auf einmal in einen **"Roman Highway"** verwandelt: Hier an dieser Stelle haben wir eine alte römische Straße. Sicherlich war sie eine der Hauptverkehrsadern vom Hafen ins Inselzentrum. Heute führt sie buchstäblich durch die Wüste. Die Straße versinkt nach ein paar hundert Metern wieder in der Landschaft, wir müssen einen Zaun überklettern und kommen etwas weiter südlich auf eine Straße, die wir links nach Osten entlanggehen und die bald auf die nach Süden führende **Straße nach Kastrí** trifft.

▶ **Kórfos Beach:** ruhige Bucht mit schönem Kiesstrand und kristallklarem Wasser, nur wenige Kilometer südlich vom Hafen Karavés. Wie am Sarakíniko Beach wird auch hier im Freien geschlafen. Auf einem Hügel über dem Strand steht seit vielen Jahren die Taverne von Giorgios und Maria Michelarakis, geöffnet von etwa Mitte Juni bis Ende September (je nach Bedarf auch etwas länger). Die freundlichen Gastgeber bieten gute griechische Küche und vermieten auch Zimmer (Tel. 0823/42166, Tel. Chaniá 0821/81678).

● *Von Karavés nach Kórfos*: Vom Hafen läuft man ca. 40 Min. auf betonierter **Höhenpiste** mit Blick auf Kastrí und Sarakíniko-Beach.

● *Von Kastrí nach Kórfos*: Man muss nicht über Vatsianá laufen, sondern kann eine Abkürzung nehmen (→ Kastrí).

Einstieg von Kórfos aus: Etwa 50 m nach dem Serpentinenaufstieg aus der Bucht zweigt von der Piste nach Karavés links ein breiter Fahrweg ab. Daneben führt ein schmaler, mit Steinmännchen markierter **Pfad** landeinwärts zur Straße von Karavés nach Kastrí.

● *Von Kórfos nach Vatsianá*: Einstieg bei der Kirche **Ágios Geórgios**. Gegenüber vom Eingang stehen in 100 m Entfernung zwei Häuserruinen. Hinter ihnen muss man ein Trockental überqueren, dort beginnt der Pfad.

● *Von Kórfos zum Kap Tripití*: Der **Wanderweg** zur südlichsten Landspitze Europas wurde kürzlich hervorragend ausgebaut: durchgehende Steinbegrenzungen, Rastplätze mit Tischen und Bänken, Informati-

onstafeln am Anfang und Ende, alle 500 m schwarze Steine mit eingravierten Entfernungsangaben, schwierige Stellen sind durch Treppen mit Geländer gesichert.
Variante für den Rückweg: Über aufgegebene Felder nach **Vatsianá** hinauf, von dort nach **Kastrí** weiter auf der Straße oder wieder nach **Kórfos** zurück über einen der zwei Pfade. Für die gesamte Tour mit einer Laufzeit von 4-5 Stunden rechnen.

▶ **Vatsianá**: Die südlichste Ortschaft Europas liegt auf einer Hochebene in der prallen Sonne. Bruchsteinhütten aus bröseligem Kalkstein ducken sich aneinander, nur das Haus des Inselpopen ist getüncht.

● *Von Kastrí nach Vatsianá*: Die Fahrpiste von Kastrí führt völlig schattenlos über eine Hochebene, ca. 35 Min. sind es bis Vatsianá. Vorbei an der kleinen **Inselschule** kommt man an der Hauptstation des **Solarkraftwerks** entlang, die Kastrí Ende der achtziger Jahre mit Strom versorgte. Ebenfalls am Weg nach Vatsianá steht die Kapelle des **Profítis Ilías**.

● *Von Vatsianá weiter*: Über aufgegebene Felder kann man in ca. 1 Std. 15 Min. zum **Kap Tripití** laufen oder auf einem befestigten, noch ganz ursprünglichen Eselspfad zwischen grünen Kiefern den felsigen Hang zum **Kórfos Beach** hinuntersteigen und von dort auf der Piste zum Hafenort **Karavés** zurückkehren.

Das ist er, der südlichste Punkt Europas

▶ **Ákra Tripití**: Das steile Kap ist der *südlichste Punkt Europas*. Nach Nordwesten setzt es sich in einer unzugänglichen Steilküste fort. Mutige können den Leuchtturm besteigen, bis Afrika kann man aber nicht sehen. Der benachbarte Kiesstrand *Kamaréles* ist im Frühjahr und Herbst Rastplatz tausender Zugvögeln. Nach Tripití kann man sich vom Hafen auch per Boot fahren lassen. Ansonsten muss man zu Fuß gehen: reine Gehzeit ab Sarakíniko-Beach ca. 4-5 Std.

Fast wie in den Alpen: Wanderung im Umfeld der Samariá-Schlucht

Samariá-Schlucht und Umgebung

Die kretische Wanderung schlechthin – aus beinahe alpin anmutender Hochgebirgslandschaft mit dichtem Baumbestand, fast senkrecht ansteigenden Steilwänden und turmhohen Felsbrocken windet sich Europas angeblich größte Schlucht dem erlösenden Blau des Libyschen Meeres entgegen. Der 18-km-Marsch hat es in sich, doch kaum ein ambitionierter Besucher Westkretas lässt sich das Erlebnis der 5- bis 6-stündigen Fußtour entgehen.

Viele Dutzend Busse aus ganz Westkreta karren im Sommer ihre Ladung zum Schluchteingang, bis zu 3000 Menschen durcheilen täglich (!) den gesamteuropäischen Trimmpfad. Das tut der Natur keinesfalls gut, doch der Boom ist ungebrochen. Was man verstehen kann, denn die Schlucht von Samariá bietet nun mal einige der schönsten Landschaftseindrücke Kretas: angefangen vom grandiosen *Omalós-Plateau*, auf dem sich der Einstieg befindet, bis hin zu der *Síderoporta*, der "Eisernen Pforte", wo die anfangs so breite Schlucht mit ihren 600 m hohen Seitenwänden auf 3 m Breite zusammenrückt.

Was nicht jeder der Schluchtbezwinger weiß: Auch im Umkreis findet man reizvolle Wandermöglichkeiten, allen voran den Aufstieg zum Berg *Gíngilos* (2080 m) mit herrlichen Panoramen. Und wer am Schluchtausgang noch nicht genug hat, kann am nächsten Tag auf schönem Küstenpfad nach *Loutró* bzw. *Chóra Sfakíon* weiterwandern.

Anfahrt/Verbindungen

Die kretische **Busgesellschaft KTEL** bietet den Transport zur Omalós-Hochebene, wo die Schluchtwanderung beginnt, von beinahe allen Küstenorten im Westen Kretas. Im Anschluss an die Schluchtdurchquerung nimmt man von Agía Rouméli ein **Schiff** nach Chóra Sfakíon oder Soúgia und wird wieder per Bus zurücktransportiert. Diese Fahrten sind preiswerter als das Buchen einer Tour bei Privatunternehmen (z. B. Hotels, Reisebüros etc.).

> **Tipp**: Die Abfahrtszeiten von Bussen und Schiffen variieren von Jahr zu Jahr! Man sollte sich deshalb vorab in den Informationsbüros von Chaniá, Réthimnon und Iráklion die aktuellen Angaben besorgen!

● *Per Bus ab Chaniá*: Die meisten Wanderer starten in Chaniá. Das funktioniert folgendermaßen: Bus ab Chaniá/Busbahnhof bis Hochebene von Omalós (ca. 1,5 Std.), Schluchtwanderung bis Agía Rouméli (5-6 Std.), Bootsfahrt Agía Rouméli-Chóra Sfakíon (ca. 1 Std.), Bus zurück nach Chaniá (1,5 Std.).

Abfahrt ab **Chaniá/Busbahnhof** mit dem frühestmöglichen Bus. Abfahrtszeiten 6.15, 7.30, 8.30 und 13.45 h (in der Nebensaison oft nur 7.30 und 8.30 h!). Am besten schon einen Tag vorher zum Busbahnhof gehen, um die aktuellen Zeiten zu erfahren und die Fahrkarten zu besorgen, denn die Plätze sind in der Hochsaison schnell ausverkauft. Wegen des großen Andrangs fahren aber jeweils mehrere Busse zu den einzelnen Terminen. Die **Tagesrückfahrkarte** kostet ca. 15 DM, darin ist die Busfahrt von Chaniá zum Schluchteingang und die Rückfahrt von Chóra Sfakíon nach Chaniá enthalten.

● *Schiffspassage*: Nach der Schluchtwanderung muss man in Agía Rouméli frühzeitig eins der Nachmittagsboote nach **Chóra Sfakíon** nehmen, um die Busse nach Chaniá zu erwischen, die spätnachmittags und am frühen Abend starten. Fahrtzeit der Boote nach Chóra Sfakíon ca. 1 Std.

Es empfiehlt sich, **sofort nach Ankunft** in Agía Rouméli die Schiffskarten zu kaufen, da der Andrang groß ist. Achtung: Das letzte Boot nach Chóra Sfakíon fährt um 18 h. Wer mit diesem Boot fährt, erreicht den 19-Uhr-Bus nach Réthimnon nur mit Mühe und etwas Glück! Der Bus nach Chaniá fährt erst um 19.15 h.

Weitere Details unter **Agía Rouméli**.

> **Wer die ganze Tour nicht in einen Tag packen oder an der Südküste bleiben will, hat mehrere Möglichkeiten:**
>
> ● Mit dem **Nachmittagsbus** von Chaniá zum Schluchteingang fahren und dort oder im nahe gelegenen Dorf **Omalós** übernachten (→ Anfahrt). Dann am nächsten Tag in aller Frühe los, bis mittags die Schlucht durchqueren und am frühen Nachmittag ein Schiff nach Chóra Sfakíon oder Paleochóra, Soúgia oder Loutró nehmen. Zwei Vorteile: Die Schluchtwanderung ist am frühen Morgen und Vormittag wesentlich angenehmer als in der Mittagshitze. Und frühmorgens, bevor die Busse kommen, hat man die Schlucht noch für sich allein!
>
> ● Mit dem **Frühbus** von Chaniá kommen, die Nacht nach der Schluchtdurchquerung in **Agía Rouméli** übernachten und erst an einem der nächsten Tage mit dem Schiff weiterfahren oder die **Küstenwanderung** über Loutró nach Chóra Sfakíon anschließen (→ Chóra Sfakíon). Vorteil: Man kann ganz in Ruhe die Schlucht durchwandern und muss nicht fürchten, die Fähre zu verpassen.
>
> ● Interessante Variante: die Samariá-Schlucht **von unten nach oben** laufen! Also am Meer loslaufen bis zur Hochfläche von Omalós und den Bus am Nachmittag (beim letzten Check: 17.45 h) nach Chaniá nehmen. Ist natürlich ein ganzes Stück anstrengender als in der Gegenrichtung, vor allem wegen des Aufstiegs im letzten Wegstück zur Omalós-Hochebene. Bequeme Alternative: von Agía Rouméli nur bis zur **Eisernen Pforte** bzw. Siedlung **Samariá** laufen, ca. 1 Std. Auch so erhält man schöne Eindrücke.

Samariá-Schlucht und Umgebung

Von Chaniá zum Schluchteingang

Die Fahrt in die Weißen Berge ist ein Erlebnis. Obwohl die Entfernung bis Omalós nur 40 km beträgt, dauert die Busfahrt 90 Min. Die Route folgt bis *Fournés* der Beschreibung im Kapitel Chaniá/Hinterland auf S. 149. Zuerst wird das größte Orangenanbaugebiet Kretas durchquert, dann beginnt die Bergstrecke. Anfangs sind es nur sanft gerundete Hügel mit Olivenpflanzungen, später schraubt sich der Bus in langen Serpentinen immer höher die Hänge hinauf. Immer höher geht die Fahrt, bis man *Lákki* erreicht. Das malerisch gelegene Bergdorf war immer ein Zentrum des kretischen Widerstands – gegen Venezianer, Türken und Deutsche. Chatzimichális Jannáris, einer der wichtigsten Anführer im Freiheitskampf gegen die Türken, wurde hier geboren (→ Omalós/Ort). Die Häuser stehen weit verstreut auf einem Hügelkamm zwischen dichtem Nadel- und Laubwald, schön ist die leuchtend rote Kuppel der Kirche. Lákki ist ein gutes Standquartier, um in der Umgebung Wanderungen zu unternehmen, z. B. nach Mesklá (→ S. 149). Die große Taverne neben der Kirche vermietet für 30-40 DM ordentliche Zimmer mit Balkon und fantastischem Ausblick. Nach Omalós geht es noch höher in die fast kahlen und wild zerfurchten Felshänge der Weißen Berge. Nur noch Distelgestrüpp, Farn und Phrygana wachsen zwischen den windgegerbten Gesteinszinken, überall liegen gewaltige Brocken verstreut. Dann wieder Hänge, in die der Bergwacholder seine Wurzeln krallt. Die steinigen Grate, auf denen hohe Nadelbäume wachsen, wirken fast wie Alpenlandschaften, nur wilder, steiniger, unnahbarer. Auf einmal öffnet sich ganz unvermutet die Hochebene von Omalós.

Hochebene von Omalós

Ein kreisrunder Teller in 1200 m Höhe, von Bergen gänzlich eingeschlossen. Wie die Lassíthi-Hochebene im Osten Kretas ist auch der Omalós während der Schneeschmelze im Frühjahr überschwemmt. Riesige Karstschlünde sorgen für den Abfluss der Wassermassen.

Während der kretischen Befreiungskriege gegen die Türken fungierte der Omalós, wie die ganze Region der Lefká Óri, als Rückzugsgebiet der Aufständischen. Heute gibt es kaum ständige Bewohner. Außer der winzigen Siedlung Omalós in der Mitte wohnen nur wenige Schafhirten den Sommer über in Steinhütten am Rand. Zahlreiche Pisten durchqueren das Weideland, auf einer kann man zur Straße nach Soúgia gelangen (→ S. 152).

▶ **Tsanís-Höhle:** Wenn man über den Tellerrand in die Ebene hineinfährt, liegt rechts neben der Straße ein tiefes, dunkles Loch. Dieser unheimliche Schlund ist dafür verantwortlich, dass die Omalós-Ebene heute kein See ist. Die Wassermassen, die nach der Schneeschmelze die ganze Ebene meterhoch überschwemmen, laufen hier in unerforschte Karstgründe ab – wie der Abfluss einer überdimensionalen Badewanne.

▶ **Omalós:** Unter weit ausladenden Bäumen eine Handvoll Häuser und Zucchinifelder. In den letzten Jahren wurde viel gebaut, zwei Hotels bieten Zimmer. Abends werden die wenigen Tavernen fast ausschließlich von den Bewohnern

Die Omalós-Hochebene: 1200 m über dem Meer

Samariá-Schlucht und Umgebung

der Hochebene und den wenigen unternehmungslustigen Touristen besucht, die über Nacht bleiben und die Schlucht am Vormittag durchqueren wollen.

● *Übernachten/Essen*: **Neos Omalos**, C-Kat., unter den Bäumen im Zentrum. Geschmackvoll eingerichtet, Mobiliar aus gemasertem Olivenholz, unten Böden aus dunklem Schiefer, oben gefliest. 26 Zimmer mit Du/WC für ca. 40-60 DM. Unten große, holzgetäfelte Taverne, Spezialitäten sind Lamm mit Kartoffeln und Ziegenfleisch. Tel. 0821/67269, Fax 67190.

To Exari, C-Kat., am südlichen Ortsausgang, Hotel in Bungalow-Bauweise, geführt von Familie Koutroulis. Derselbe Preis wie im Neos Omalos. Mit Restaurant. Leserkommentar: "Nicht sonderlich gepflegt, beim Essen Massenabfertigung." Tel. 0821/67180, Fax 67124.

Auch **Privatquartiere** werden angeboten.

Grab und Haus des Chatzimichális Jannáris

Das markante Wohnhaus dieses bedeutenden Anführers des kretischen Widerstandskampfs steht auf einer Anhöhe links der Straße, direkt am Ortseingang von Omalós. Jannáris (1831-1916) wurde von den Türken mehrmals gefangen genommen, konnte aber immer wieder entkommen und wurde nach dem siegreichen Ende der Revolution 1912 Präsident der kretischen Nationalversammlung. Sein weiß gekalkter Grabschrein befindet sich in dem unscheinbaren Häuschen neben seinem Wohnhaus.

▶ **Schluchteinstieg**: Etwa 3 km nach Omalós/Ort erreicht der Bus sein Ziel, den Einstieg zur Schlucht. Rechter Hand liegt halbhoch am Hang das frühere Xenia-Gästehaus, heute als Restaurant betrieben (keine Zimmervermietung). Vom Balkon hat man einen wunderbaren Blick auf die unglaublich steil aufragende Wand des *Gíngilos* (2080 m) und den dicht bewaldeten Schluchtbeginn.

- *Übernachten*: keine Unterkunft am Schluchteingang. **Wild Zelten** wird toleriert.
- *Essen*: Das ehemalige **Xenia-Hotel** ist Restaurant und Café-Bar, direkt an der Straße gibt es einen **Coffee-Shop** und **Imbissbuden**, zu etwas angezogenen Preisen werden bescheidene Ansprüche an Souvenirs und Essen erfüllt.

Wandern im Umkreis von Omalós

Vom Südrand des Omalós-Plateaus kann man zahlreiche Wanderungen auf die benachbarten Gipfel unternehmen, nicht nur die populäre Schluchtdurchquerung. Warme Kleidung muss immer dabei sein: Vor allem bei Wetterumschwüngen sinken die Temperaturen schnell und radikal!

Wanderung auf den Gíngilos

Sehr schöne und eindrucksvolle Wanderung vom Schluchteinstieg auf den 2080 m hohen *Gíngilos*, der majestätisch über dem Beginn der Samariá-Schlucht aufragt. Ein Hinweisschild mit Zielen und Zeitangaben steht hinter dem Restaurant am Hang. Dort beginnt ein alter Maultierpfad, der über die kräftige *Linoséli-Quelle* auf den Gipfel führt.

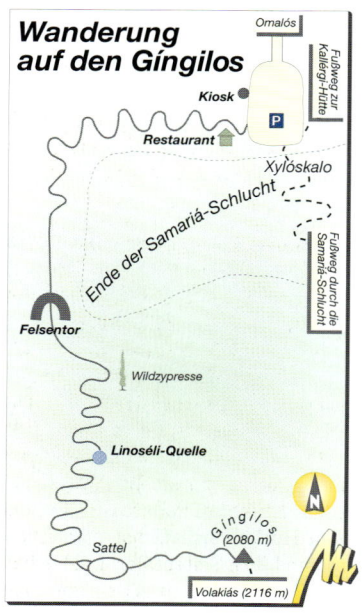

Wanderung auf den Gíngilos

weiter wird der Blick aufs gegenüberliegende Páchnes-Massiv. Der Weg windet sich schließlich nach links hinüber in den Anfangsteil der Samariá-Schlucht. Dort verläuft er nahezu eben am Schluchthang, senkt sich schließlich etwas und führt durch ein riesiges Felsentor, den **Spilion tou Xepitira**. Massive Zacken und Steilwände ragen in den Himmel, darüber kreisen schwarze Vögel, und sogar Adler kann man hin und wieder sehen. Bei einer großen **Wildzypresse** beginnt der eigentliche Anstieg auf den Gíngilos. Nach 10 Min. erreicht man die eingefasste **Linoséli-Quelle** mit herrlich erfrischendem, eiskaltem Wasser.

Von der Quelle steigt man auf einem schmalen, ausgetretenen Pfad in Serpentinen durch ein steiles **Geröllfeld** hinauf, das Restaurant am Einstieg zur Samariá-Schlucht ist immer im Blickfeld. Nach 30 Min. erreicht man einen windigen **Sattel**. Jetzt Anstieg nach links knapp 30 Min. durch steiles **Felsgelände** ohne erkennbaren Weg. An roten Punkten, Pfeilen und Steinmännchen kann man sich grob orientieren. Man klettert über Felsplatten und Geröll, teilweise scharfkantig und mit Spalten, ab und an muss man die Hände zu Hilfe nehmen. Danach bis zur Spitze ein mit senkrechten Steinplatten markierter **Pfad**. Vom Sattel zum Gipfel braucht man 45 Min. Das **Gipfelplateau** (2070 m) besteht völlig aus Schieferplatten, um zum allerhöchsten Punkt zu gelangen (2080 m), müsste man noch ein kleines Stück hinüberturnen, ist aber nicht unbedingt nötig.

- *Dauer*: bis zur Linoséli-Quelle 1 Std. einfach, auf den Gipfel 2,5 Std. einfach ab Xenia-Haus, ca. 2 Std. zurück.
- *Wegbeschreibung*: Hinter dem **Restaurant** beginnt der gute und viel begangene Pfad und zieht sich in steilen Serpentinen den Hang hinauf. Je höher man steigt, desto

Aufstieg zum Gíngilos

Samariá-Schlucht und Umgebung

> **Hinweis**: Oberhalb des Sattels befindet sich abseits der ausgewiesenen Route ein Schacht mit Stalaktiten. Man sieht ihn beim Aufstieg, beim Abstieg nicht! 1997 stürzte ein deutscher Urlauber hinein und kam dabei ums Leben. Unbedingt an die Wegmarkierung halten!

▶ **Kallérgi-Hütte und Umgebung:** Etwa 1 km vor dem Ende der Fahrstraße am Schluchteinstieg zweigt links eine Geröllpiste ab (beschildert). Sie führt in steilen Serpentinen zur alpenmäßig eingerichteten Berghütte in 1680 m Höhe hinauf. Zu Fuß braucht man vom Beginn der Piste unten an der Straße ca. 1 Std. 15 Min., befahren sollte man sie besser nur mit einem Wagen mit Allradantrieb. Alternative: Direkt am *Eingang zur Samariá-Schlucht* steigt linker Hand ein schmaler Pfad querfeldein den Hang hinauf, der nach ca. 30 Min. auf die Piste zur Kallérgi-Hütte mündet. Wer am Schluchteingang aus dem Bus steigt, muss also nicht den Kilometer auf der Asphaltstraße bis zur Einmündung der Piste zurücklaufen. Am Wegbeginn Wasserhahn mit gutem Trinkwasser.

Da die Hütte hoch über der Omalós-Ebene auf der anderen Seite des Kamms steht, ist sie bis zuletzt nicht zu sehen. Vom Hüttenvorplatz hat man einen fantastischen Blick auf die Samariá-Schlucht und ihre Seitentäler. Leider hat man begonnen, sich von der Kallérgi-Hütte eine rücksichtslose Bresche quer durch die Lefká Óri zu schlagen: Eine Fahrpiste wurde in die Berghänge gesprengt und endet derzeit nach etwa 4 km am Sattel *Poriá* (1500 m) am Fuß des Bergs *Psári* (1849 m). Geplant war ursprünglich, diese Piste dicht am Berg Páchnes vorbei nach Anópolis (bei Chóra Sfakíon) oberhalb der Südküste zu führen. Allerdings haben sich die Widerstände gegen dieses Projekt massiv verstärkt, so dass für die nähere Zukunft keine Fertigstellung zu erwarten ist.

• *Übernachten/Essen*: Die **Kallérgi-Hütte** wird von April bis Oktober durch die Alpinschule Innsbruck (ASI) bewirtschaftet und hauptsächlich von deren Gästen genutzt. Es gibt sechs Vierbettzimmer und ein Matratzenlager mit acht Schlafstellen, Übernachtung mit Frühstück kostet ca. 12-15 DM, Halbpension (Frühstück, Lunchpaket, Abendessen) ca. 30 DM. Suppe ist immer zu haben, vollständige Mahlzeiten nicht immer. Wichtig: Einzelwanderer, die oben übernachten wollen, sollten sich vorher anmelden, sonst kann es sein, dass kein Platz verfügbar ist! Tel. 0821/74560.

Wanderung von der Kallérgi-Hütte auf den Melindaoú

Bergtour zum Gipfel des *Melindaoú* (2133 m) und wieder zurück. Unterwegs wunderbare Ausblicke in den Samariá-Park und bis zur Nordküste. Im Folgenden nur einige Anhaltspunkte, Details kann man auf der Hütte erfragen bzw. von dort eine geführte Tour mitmachen. Wichtig: Wasser mitnehmen, es gibt keine Quellen unterwegs.

• *Route*: Kallérgi-Hütte – Hirtensattel Poriá – Psári – Mávri – Melindaoú.

• *Dauer*: hin/rück ca. 6 Std.

• *Markierung*: Farbpunkte und "E 4"-Schilder.

• *Wegbeschreibung*: Man läuft zunächst den o. g. **Fahrweg** Richtung Osten entlang, der sich in zahlreichen Windungen durch die kahlen Hänge schraubt. An einer Stelle öffnet sich ein langer Einschnitt mit herrlichem Blick bis hinunter zur Nordküste. Nach ca. 1 Std. trifft man auf den farnbe-standenen Hirtensattel **Poriá** (1500 m) am Fuß des Bergs **Psári** (1849 m). Kurz darauf beginnt bei einem Schild direkt an der Straße der **Gipfelpfad** durch niedrige Farne und Distelgewächse, die erste rote Markierung entdeckt man aber erst 50 m nach dem Schild. Aufstieg dauert eine knappe Stunde. Anschließend geht es in einer Gratwanderung auf den Gipfel des benachbarten **Mávri** (2030 m) und weiter auf dem Grat bis zum **Melindaoú**.

Wanderung durch die Samariá-Schlucht

Die Samariá-Schlucht ist vom Einstieg bis zum Ausgang 15,5 km lang, danach läuft man bis Agía Rouméli am Libyschen Meer noch ca. 2,5 km, insgesamt also knapp 18 km. Die Marschdauer beträgt ohne Pausen ca. 5,5-6,5 Std.

Geschlossene und gut eingelaufene Schuhe (mindestens stabile Turnschuhe) sind notwendig. Wasser muss man dagegen nicht mitnehmen, da es unterwegs genügend Quellen gibt und fast die ganze Schlucht entlang ein kräftiger Bach fließt, der zwischen den Felsbrocken herrlich klare Teiche bildet.

Nationalpark Samariá: Refugium für Wildtiere und -pflanzen

Um die grandiose Bergwelt mit ihrer einzigartigen Flora und Fauna zu schützen, hat die griechische Regierung das Gebiet um die Samariá-Schlucht 1962 zum geschützten Nationalpark erklärt. 1964 kaufte sie allen Privatgrund auf, enteignete die wenigen Bewohner des Ortes Samariá und siedelte sie aus der Schlucht aus. Der Nationalpark hat eine Fläche von etwa 4850 ha. Berühmteste Bewohner sind die kretischen Wildziegen namens Agrimiá (wissenschaftlicher Name "capra aegagrus Cretica"). Bis vor kurzem waren sie vom Aussterben bedroht, nach neueren Schätzungen sollen nun wieder mehrere tausend Tiere im Gebiet der Schlucht leben. Da sie nachts weiden, bekommt man sie allerdings auf freier Wildbahn so gut wie nie zu Gesicht. Neben den Agrimiá leben hier noch viele weitere seltene Tierarten, z. B. Stein-, Habichts- und Zwergadler, außerdem Gänse-, Bart- und Lämmergeier sowie Siebenschläfer und Dachs. Auch mehr als 450 verschiedene Pflanzenarten sind zu finden, darunter 70 auf Kreta endemische.

Schluchtwanderung

Chaniá

Soúgia

Omalós

Psári
(1828 m)

Mávri
(1884 m)

N
1 km

Kallérgi-Hütte

Melindaoú
(2134 m)

Restaurant

P

Xylóskalo

Ág. Nikólaos

Samariá

Páchnes
(2453 m)

Gíngilos
(2074 m)

Volákias
(2113m)

Christós

Óssia María

Vríssi tis pérdikos
(Quelle)

Aféndis
Christós

Eiserne Pforte

1000 m

800m

600m

Altes Dorf

Ág.
Geórgios

400m

200m

Venez./ Türk.
Festung

Ág.
Pávlos

Soúgia

Anópolis

Agía Roúmeli

Loutró

Domáta-
Strand

Kap Kalotrividis

Paleochóra

Chóra Stakíon

Samariá-Schlucht und Umgebung

• *Öffnungszeiten*: je nach Witterungsverhältnissen etwa **Anfang Mai bis Ende Oktober** tägl. 6-16 h. Falls nicht zuviel Wasser in der Schlucht steht, ist die Schlucht auch schon vor dem 1. Mai offen. Auch wenn der obere Eingang noch geschlossen ist, kann man von unten in die Schlucht hineinlaufen. Nach 16 h bis Sonnenuntergang darf die Schlucht nur noch 2 km weit begangen werden.

• *Eintritt*: derzeit etwa 9 DM, Eintritt frei für Behinderte, und Kinder unter 15. Eintritt für Kinder unter 15 nur in Begleitung eines Erwachsenen. Eintrittskarte aufheben, sie wird am Schluchtende eingesammelt. So kann kontrolliert werden, dass niemand in der Schlucht übernachtet.

• *Bestimmungen*: Bevor man die Wanderung beginnt, sollte man die **Tafel** am Eingang lesen. Hier sind die Bestimmungen niedergelegt, die in der Schlucht zu beachten sind. Da in der Hochsaison täglich

mehrere tausend Besucher hindurchgehen, sollte man sie auf jeden Fall einhalten, denn nur so kann die Schönheit und Unberührtheit der Schlucht erhalten bleiben!

• *Einrichtungen*: mehrere **Rastplätze** mit eingefassten **Quellen** und **Toiletten** am Weg; organisierter **Rastplatz** mit Toiletten und ärztlich besetzter **Sanitätsstation** in der Ortschaft Samariá; teurer **Getränkeverkauf** in Kiosken am unteren Ausgang der Schlucht.

• *Rettungsmöglichkeiten*: Theoretisch wird der gesamte Wegverlauf von **Forstbeamten** kontrolliert. In der Ortschaft **Samariá** Stützpunkt der Schluchtaufseher, dort und an weiteren Stellen in der Schlucht stehen **Maultiere**, die Verletzte nach Agía Rouméli transportieren können. Außerdem gibt es in Samariá einen **Hubschrauberlandeplatz**, eine **Telefonleitung** und **Funkverbindung** nach unten. Telefon der **Forstdirektion Chaniá**: 0821/92287.

Die Schluchtwanderung ist kein Spaziergang auf befestigtem Weg!

Immer wieder sieht man Menschen mit ernsthaften Kreislauf- bzw. Sonnen- und Hitzeproblemen, außerdem Wanderer mit Fußblasen bzw. angeschwollenen Füßen und offenen Wunden. Jeder Einheimische weiß

zu berichten, dass pro Jahr sechs bis acht Touristen in der Schlucht ums Leben kommen. Unsere dringende Bitte an Senioren und Menschen, die keinerlei Wandererfahrung haben: Besser eine kleine Wanderung von Agía Rouméli aus in die Samariá-Schlucht machen, ohne Mühe kann man jederzeit wieder umkehren. Der Weg ist flach und ohne größere Steigung. Wer von Omalós aus wandert, hat zwar die psychologische Unterstützung "bergab dem Ziel entgegen", sollte aber die Belastung der Knie und Knöchel nicht unterschätzen. Eine Umkehr über den Xylóskalo ist weitaus anstrengender als Weiterlaufen und damit ausgeschlossen! In jedem Fall wichtig: Trinken Sie ausreichende Mengen! Kopfschmerzen sind ein Zeichen dafür, dass nicht genug Flüssigkeit aufgenommen wurde.

Abstieg in die Schlucht

▶ **Wegbeschreibung:** Wie von einem gewaltigen Tellerrand steigt man den *Xylóskalo* (Holzleiter) hinunter – ein steiniger Weg mit Holzgeländer, der sich in engen Serpentinen 800 m tief in die Schlucht windet.

Der Name des Pfads weist auf die Jahrhunderte des **kretischen Freiheitskampfes** zurück. Damals diente die schwer zugängliche Schlucht als Schlupfwinkel und Stützpunkt der Rebellen und konnte trotz wiederholter Versuche nie eingenommen werden (→ Kasten, S. 212). Schon im 17./18. Jh. verwendeten die kretischen Partisanen hier große Holzleitern, um aus der Samariá-Schlucht auf die Omalós-Ebene hinaufzugelangen und ihre Überraschungsschläge gegen die türkischen Besatzer durchzuführen. Erst Anfang unseres Jahrhunderts wurde der heutige Weg gebaut, der aber seinen ehemaligen Namen beibehielt.

Hart an der Felswand zwischen riesigen, knorrigen Zypressen und übermannshohen Felsbrocken klettert man heute über angedeutete Stufen und grobe Steine langsam zum Grund der oberen Schlucht. Rechts steigt das gigantische Massiv des Gíngilos 2000 m in die Höhe. Bei diesem Abstieg kommt man an mehreren eingefassten *Quellen* mit Sitzbänken vorbei.

Nach etwa 1,5 Std. ist man unten angelangt und trifft in 630 m ü. M. auf die schlichte Kapelle des *Ágios Nikólaos* unter turmhohen Zypressen. In der Antike lag hier vielleicht eine dorische Siedlung mit einem Heiligtum der Naturgöttin Artemis Vritomartis. Heute ist ein *Rastplatz* mit Sitzbänken angelegt, erstmals weitet sich das Tal zu einer terrassierten Fläche mit Ölbäumen und Resten von Pferchen und Terrassen.

Der weitere Weg führt über Geröll leicht auf und ab. Man kreuzt dabei mehrmals den Bach, der auch im Hochsommer Wasser führt und zwischen den glatten, runden Felsblöcken immer wieder glasklare Teiche bildet. Obwohl Baden streng verboten ist, kommt man leicht in Versuchung. Die Schlucht ist hier noch weit und ohne Steilwände, sie wirkt eher wie ein Waldpark. Nach 2 Std. erreicht man den Rastplatz *Vríssi* (540 m ü. M.) mit Wasser und Bänken. Etwa 2,5-3 Wegstunden nach Aufbruch sieht man in einer Erweiterung des Tals links die verlassene Siedlung *Samariá* in eine Nische unterhalb einer steilen Felswand gedrängt.

Samariá (380 m ü. M.): eine Handvoll Häuser aus rohen Bruchsteinen inmitten von schattigen Platanen, Feigen-, Mandel- und Olivenbäumen. Vor vielen Jahren, als das Übernachten in der Schlucht noch erlaubt war, war Samariá der traditionelle Übernachtungsplatz für Schluchtwanderer. Heute ist es der wichtigste Rastplatz in der Schlucht, der frühere morbide Charme ist dahin, alles ist sauber und renoviert. Abfallkörbe sind immer auf Sichtweite, es gibt ein Toilettenhaus, ein paar Bänke und Tische, eine Quelle, ein (oft unbesetztes) Wärterhaus und eine Sanitätsstation (von Mai bis Oktober mit Ärzten besetzt). Für die Bergrettung sind (theoretisch) Maultiere im Ort vorhanden.

Von Samariá zum Schluchtausgang: Kurz nach dem Ort sieht man rechts am Weg die weiß gekalkte *Christós-Kapelle* unter einer überhängenden Felswand. Im Inneren eine Kiste mit Knochen und diverse Ikonen. Auf der anderen Bachseite steht etwas erhöht die venezianische Kapelle *Óssia María* aus dem Jahr 1379. Sie gab dem Ort und damit der Schlucht ihren Namen (Ossia Maria – Sia Maria – Samariá). Um sie zu finden, muss man beim Hubschrauberlandeplatz etwas mühsam auf die andere Bachseite hinüberwechseln (beschildert). Über dem Portal eine Schiefertafel von 1888, im Innern verwitterte Fresken.

Samariá-Schlucht und Umgebung

Jetzt ist allmählich die Hälfte des Wegs erreicht, und der dramatischste Teil der Strecke beginnt. Ab der Wasserstelle *Vríssi tis pérdikas* (Rebhuhnquelle), die man nach ca. 3,5 Std. erreicht, wird die Schlucht enger, und die Wände rücken zusammen. Turmhohe, bedrohlich überhängende Gesteinsschichten ragen in den Himmel, nur wenige Büsche klammern sich in Vorsprünge und Nischen. Unten tastet man sich im Geröll vorwärts, nur noch wenig Sonne dringt herunter. In zahllosen Kurven windet sich der Weg zum Meer, immer wieder muss man den Bach durchqueren, der im Winter zum reißenden Fluss wird. Gigantische Felsblöcke liegen überall verstreut, die Wände sind teilweise bis zu mehrere hundert Meter hoch! Ganz markant schließlich die engste Stelle der Schlucht, die *Sideropórta* ("Eiserne Pforte"). Von oben nach unten laufen die Felsen hier handtuchschmal zusammen. Ganze 3 m misst der Abstand an der Sohle! Ein paar Kurven weiter, knapp 5 Std. nach Beginn der Wanderung, kommt endlich der offizielle *Ausgang* der Schlucht, hier werden die Tickets eingesammelt (genaue Kontrolle). Schnell erreicht man jetzt die alte Siedlung *Paléa Agía Rouméli*, die 20 Min. landeinwärts vom neuen Ort am Meer liegt, 1952 durch ein schweres Hochwasser zerstört und aufgegeben wurde. In mehreren Kiosken werden hier Getränke und Postkarten verkauft. An der rechten Uferseite, etwa 30 m vom Weg, die Kapelle *Ágios Geórgios*. Kurz nach der Siedlung passiert man links am Weg das malerische Kirchlein *Agía Triáda*. Schutzlos brütet es in der prallen Sonne, drum herum ist ein kleiner Friedhof angelegt. In der Felswand dahinter die kleine Höhlenkapelle *Ágios Antónios*. Noch wenige Kilometer sind es jetzt durch die schattenlose Ebene am Ausgang der Schlucht, bis man die ersten Häuser der neuen Siedlung Agía Rouméli direkt am Meer erreicht.

Die Samariá-Schlucht: ständiger Hort des Widerstands

Während des kretischens Freiheitskampfs diente die Samariá-Schlucht als wichtiger Stützpunkt. Als die Türken 1770 versuchten, die Schlucht zu stürmen, konnte sie der Partisanenführer **Iánnis Bonátos** mit nur 200 Mann an der Eisernen Pforte abwehren. Auch die folgenden Versuche der Osmanen, vom Omalós-Plateau in die Schlucht einzudringen, scheiterten an der Verteidigung durch die ortskundigen sfakiotischen Rebellen. Auch im 19. Jh. konnten die türkischen Soldaten die Samariá-Schlucht nicht in ihre Gewalt bringen. Als sie beim großen kretischen **Aufstand von 1866** versuchten, Agía Rouméli zu erobern, wurden sie vernichtend geschlagen und mussten 600 Tote zurücklassen. 1867 kamen sie mit 4000 Mann zurück und brannten das Dorf nieder. Die etwa 300 Aufständischen konnten unversehrt in die Schlucht fliehen, Frauen und Kinder entkamen auf einem Schiff. Als aber schließlich im ganzen übrigen Kreta der Aufstand niedergeschlagen wurde, mussten sich auch die Kämpfer in der Samariá-Schlucht ergeben, da sie im Winter von jeglichem Nachschub abgeschnitten gewesen wären. Zur Überwachung der Schlucht erbauten die Türken danach im Gebiet um Agía Rouméli eine Reihe von Festungen und Türmen, mussten sie aber bereits zehn Jahre später wieder aufgeben. Als schließlich 1941 Kreta durch die deutsche Wehrmacht besetzt wurde, benutzte die griechische Regierung, nämlich König **Georg II.** und Ministerpräsident **Emanuel Tsoudéros**, die Samariá-Schlucht für ihre Flucht nach Agía Rouméli, von wo sie ein britisches Kriegsschiff nach Ägypten evakuierte. Die deutsche Wehrmacht errichtete später einen Kontrollpunkt auf Omalós, um die kretischen Partisanen zu kontrollieren – allerdings vergeblich.

Nach der Wanderung: erfrischendes Bad in Agía Rouméli

Agía Rouméli

Staubiger Ort ohne Flair, Touristenschleuse mit der Atmosphäre eines Riesenwartesaals. In jedem Haus eine Taverne oder "Rooms to rent". Die vier oder fünf Familien, die hier wohnen, leben alle vom Wandertourismus – es gibt keine andere Erwerbsquelle.

Beeindruckend ist jedoch die Landschaft der Umgebung: eine weite Bucht mit silbrigem, aber völlig schattenlosem Kiesstrand, dahinter die mächtige Kulisse steiler Fels- und Geröllhänge, hoch oben auf dem Kamm eine venezianisch/türkische Festungsruine. Kaum ein Baum oder Strauch lockert die Silhouette von grauem Gestein und praller Sonne auf. Nur das Wasser wirkt hier so tiefblau wie kaum irgendwo auf Kreta.

Jeden Nachmittag läuft der gleiche Countdown: Tausende erschöpfter Wanderer trudeln in Agía Rouméli ein und nehmen sämtliche Tavernenplätze in Beschlag. Jetzt wird der Tagesumsatz gemacht, und erst wenn alle Schiffe abgefahren sind, kehrt wieder Stille ein. Nur wenige bleiben über Nacht.

● *Anfahrt/Verbindungen*: Von Mai bis Oktober fahren bis zu 5 x tägl. große Schiffe mit hoher Aufnahmekapazität (ehemalige Autofähren) über **Loutró** nach **Chóra Sfakíon**. Nachmittags stoppen die Fähren nicht in Loutró, sondern fahren direkt bis Chóra Sfakíon durch, wo die Busse auf die Rückkehrer zur Nordküste warten. Danach fährt aber mindestens ein Boot nach Loutró zurück, wo es über Nacht ankert. Mindestens eine Fähre geht in die andere Richtung, über **Soúgia** nach **Paleochóra**.

Fahrtzeiten (Änderungen möglich!): Agía Rouméli – (Loutró) – Chóra Sfakíon 9 h, 11 h, 15.45 h, 17 h und 18 h. In der Nebensaison fahren weniger Schiffe! Agía Rouméli – Soúgia – Paleochóra 16.45 h.

Fahrtdauer/Preise: nach Chóra Sfakíon ca. 1 Std., Preis ca. 9 DM, nach Paleochóra etwa 2 Std. Fahrtzeit, rund 13 DM.

• *Übernachten*: **Agia Roumeli**, C-Kat., weiß getünchter Bau am westlichen Ortsende, direkt am Strand, ideal zum Baden. Ordentlich ausgestattet, alle Zimmer mit Du/WC und kleinem Balkon. Mit großer Restaurantterrasse, ruhige Lage. DZ ca. 40-60 DM ohne Frühstück. Für Gäste des Hauses eine Süßwasserdusche direkt neben dem Hotel. Tel. 0825/91232.

Livikon, Tipp, am hinteren Ortsende, kurz vor dem Steilhang. Absolut ruhige Lage, sehr sauber und hübsch aufgemacht, Grün und Hibiskusstauden bis zum Dach, alles recht gepflegt. DZ ca. 30-45 DM mit warmer Dusche. Tel. 0825/91363.

Tara, Taverne fast direkt am Meer, oberhalb der Schiffsanlegestelle. Die Zimmer einfach, aber alle mit eigener Du/WC und Balkon, umgänglicher junger Wirt. Am schönsten natürlich vorne raus, toller Blick. DZ ca. 30-45 DM. Tel. 0825/91231.

Kalypso, ordentliche Pension, Information im Restaurant Tara.

Zorbas, neben Tara, 15 DZ mit Du/WC für ca. 30-45 DM, z. T. Blick aufs Meer.

• *Essen*: Das Angebot ist ziemlich einheitlich und in der Regel nichts Besonderes. Wichtig, falls die Zeit sehr knapp ist: gleich beim Servieren zahlen, sonst kann es unter Umständen passieren, dass sich der Wirt urplötzlich "in Luft auflöst" und das Schiff ohne einen fährt – und Agía Rouméli hat ein paar Nachtgäste mehr.

Paralia, hier sitzt man fast direkt am Anleger, abends nach dem letzten Schiff treffen sich hier die Einheimischen einschließlich Kapitän, Essen okay, danach oft Rakí gratis, Wirt ist freundlich und großzügig.

Tara und **Zorbas**, 50 m oberhalb der Schiffsanlegestelle, von den schattigen Terrassen dieser benachbarten Restaurants hat man den schönsten Blick aufs Meer. Im Tara Frühstück ab 6.30 h, auch kleine warme Küche.

Sehenswertes: Beim Weg aus der Schlucht kommt man am Ortseingang an der alten Kirche der *Panagía Kyrá* vorbei. Sie ist aus großen Steinen errichtet, wahrscheinlich Mauern eines älteren Bauwerks. Reste eines antiken *Mosaikfußbodens* liegen um die Kirche. Am Fluss sieht man noch Reste einer alten *venezianischen Brücke* sowie Kanäle und Fundamente von ehemaligen Wassermühlen. In ca. 30 Min. kann man vom Hafenort querfeldein den Steilhang hinauf zur malerisch platzierten *venezianisch/türkischen Burg* am Felsgrat klettern. Der ursprüngliche Saumpfad ist durch Erdrutsche fast völlig verschüttet und nur noch an wenigen Stellen zu erkennen. Der Blick auf das verlassene Dorf, das Tal und die neue Siedlung am Meer ist herrlich.

Wer will, kann oben parallel zur Küstenlinie noch ein Stück nach Westen laufen. Auf den Spuren eines nur noch an wenigen Stellen sichtbaren Saumpfads gelangt man nach ca. 45 Min. zur Ruine eines zur Burg gehörigen *Wachturms* mit Blick ins Landesinnere und die Schlucht hinauf. Die Türken hatten in strategisch wichtigen Regionen Kretas ein ganzes Netz dieser Wachtürme aufgebaut, mit optischen Signalen hielten sie untereinander Kontakt und konnten so innerhalb kürzester Zeit Nachrichten übermitteln.

Wanderung von Agía Rouméli nach Soúgia

Anspruchsvolle Zwei-Tages-Wanderung, zu der man Kondition und Ausdauer braucht. Der Weg führt durch ein fast unzugängliches Gebiet, das aber relativ gut durch E 4-Zeichen markiert ist. Im Fall einer Verletzung, Wassermangels usw. gibt es jedoch keinerlei Rettungsmöglichkeit. Einige anstrengende Aufstiege sind zu bewerkstelligen. Zwischenübernachtung am Sentóni-Strand oder in der Tripití-Schlucht ist notwendig. Achtung: Es gibt *kaum Wasser* am Weg, die Mitnahme eines ausreichend großen Vorrats (ca. 5 Liter pro Person)

Samariá-Schlucht und Umgebung

Wanderung von Agía Rouméli nach Soúgia

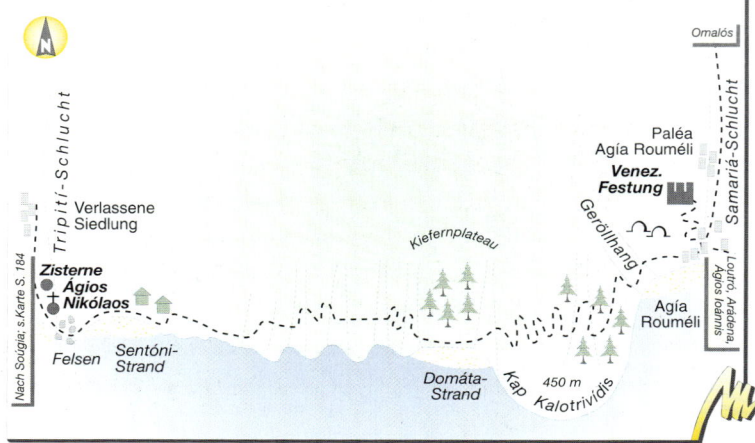

ist erforderlich. Außerdem mitnehmen: Verpflegung, Schlafsack, feste Wanderschuhe mit Profilsohle sowie lange Hose. Bedacht werden muss auch der frühe Einbruch der Dunkelheit in Frühjahr und Herbst.

Die Tour lässt sich in zwei verschiedene Abschnitte einteilen. Der erste Teil bis zur Tripití-Schlucht ist deutlich länger und kräftezehrender, Beschreibung im Folgenden. Hinweise zum Weg von Tripití bis Soúgia unter Soúgia auf S. 192.

> **Tipp**: Man kann die Wanderung natürlich auch in Soúgia starten, der Start in Agía Rouméli hat jedoch den Vorteil, dass man die großen Aufstiege zum Kap Kalotrivídis und vom Grund der Tripití-Schlucht zur venezianischen Festung hinauf ausgeruht am Morgen machen kann.

• *Route*: Agía Rouméli – Kap Kalotrivídis – Domáta-Strand – Sentóni-Strand – Tripití-Schlucht – Kap Tripití – Soúgia.

• *Dauer*: von Agía Rouméli bis Tripití-Schlucht ca. 9,5 Std., bis Soúgia etwa 13-14 Std., eine Übernachtung ist erforderlich.

• *Wegbeschreibung*: In **Agía Rouméli** findet man den Einstieg nach Soúgia zwischen Hotel Tara und Hotel Artemis. Am nördlichen Ortsende grenzt ein Zaun ein **Kiefernwäldchen** ab. Durch ein **Tor** (mit "E 4" markiert) kommt man in das Wäldchen und kann zum **Hang** hinaufsteigen. Dort geht es mit herrlichen Rückblicken nach Agía Rouméli unterhalb der Höhlen, deren Eingänge man vom Strand aus sehen kann, nach

Westen bis zu einem gewaltigen **Geröllfeld**. Unmittelbar westlich davon führt ein alter **Eselspfad** im Schatten von Kiefern in Serpentinen hinauf auf eine **Hochebene** nördlich von Kap Kalotrivídis, etwa 450 m ü. M. Oben verläuft der Weg im Kiefernwald weiter, man steigt in eine **Schlucht** und auf der anderen Seite wieder hinauf. Der **Abstieg** zum Domáta-Strand ist steil und dauert gut eine Stunde (Tipp: Wer von Soúgia kommt, findet den Einstieg zum Weg über das Kap Kalotrivídis am **Ostrand** des Strands, gut zu erkennen durch ein "E 4"-Schild).

Der einsame **Domáta-Strand** besteht aus grauem Kies und ist ca. 500 m lang. Auf der Landseite ist er von einem eigenarti-

Blick auf Agiá Rouméli am Ausgang der Samariá-Schlucht

gen, ca. 20 m hohen Plateau aus verbackenen Kieseln begrenzt, das mit senkrechten Wänden zum Strand abfällt. Obenauf gedeihen üppige Kiefernwäldchen. Man trifft hier kaum Menschen, nur ab und an landen Boote, z. B. bietet Stavros vom Hotel Porto Loutró in Loutró (→ S. 231) gelegentlich Ausflüge hierher an.

Am **Westende des Strands** überquert man das trockene Flussbett und sucht auf der rechten Uferböschung das "E 4"-Zeichen für den Aufstieg in die steilen Felshänge. Wir steigen entlang der markierten Strecke steil hinauf, durchqueren mehrere **Schluchten** und können ohne größere Probleme bis zum Sentóni-Strand wandern. Nur ein kurzes Stück, etwa eine Stunde östlich vom Strand, ist laut Zuschrift von Leser René Bélat etwas heikel. Dort hängt der schmale Weg gegen die steile Kante, und man muss auf ein paar Metern die Hände zu Hilfe nehmen. Der weitere Weg führt leicht abfallend durch Reste ehemaliger Terrassen und duftende Gewürzfelder dicht an der Küste entlang bis zum Sentóni-Strand.

Am **Sentóni-Strand** gibt es einige Fischerhütten und eine **Zisterne**, im seichten Wasser liegen große, markante Felsbrocken. An den Felsen unterhalb der Hütten tritt **Süßwasser** mit salzigen Beimischungen aus.

Weiter geht man unmittelbar am Meer entlang. Der Weg führt über und durch ein Gewirr von riesigen Felsbrocken, unterwegs passiert man einige in Höhlen gebaute Ziegengehege, auch zwei Gatter müssen durchquert werden. Nach etwa 20 Min. erreicht man eine kleine **Kiesbucht** am Ausgang der **Tripití-Schlucht**. Wenige Meter die Schlucht hinauf trifft man rechts auf die Kapelle **Ágios Nikólaos**, in der man bei schlechtem Wetter geschützt übernachten kann. Daneben liegt ein Ziegenpferch mit **Zisterne**.

In etwa. 20 Min. erreicht man vom Schluchtausgang den **Eselspfad** zur **venezianischen Festung Tripití** hinauf (Tipp: etwa 10 Min. weiter die Schlucht hinein liegt am Westhang die ehemalige Ziegenzüchtersiedlung **Tripití**, die vor etwa zwanzig Jahren verlassen wurde). Der Aufstieg zum **Sattel** unterhalb der Festung dauert etwa 1 Std. und ist anstrengend, da der Weg immer wieder im Geröll verschwindet.

Der weitere Weg nach Soúgia ist in umgekehrter Richtung unter Soúgia beschrieben, S. 192.

Samariá-Schlucht und Umgebung

Wanderung von Agía Rouméli über Ágios Ioánnis und Arádena nach Anópolis

Von Agía Rouméli aus kann man nach Osten entweder an der Küste entlang über Loutró nach Chóra Sfakíon wandern oder kurz nach der Kirche Ágios Pávlos landeinwärts über Ágios Ioánnis und Arádena nach Anópolis (und weiter nach Chóra Sfakíon). Letztere Variante ist zwar anstrengender, aber insgesamt reizvoller als die reine Küstenwanderung nach Loutró. Markiert ist der Weg bis zur Weggabelung 25 Min. östlich der Kirche Ágios Pávlos mit schwarz-gelben "E 4"-Schildern, von denen leider teils nur noch die Stangen stehen (Der "E 4"-Weg führt an der Küste weiter nach Loutró/Chóra Sfakíon). Bei Ágios Pávlos gibt es seit wenigen Jahren das Restaurant "Saint Paul".

> **Tipp**: Hinweise zur Wanderung in umgekehrter Richtung finden Sie unter Anópolis und Ágios Ioánnis, zur reinen Küstenwanderung unter Chóra Sfakíon.

• *Route*: Agía Rouméli – Kapelle Ágios Pávlos – Ágios Ioánnis – Arádena – Anópolis – Chóra Sfakíon.

• *Dauer*: Alles in allem muss man mit Gepäck einen ganzen Tag einplanen, obwohl die reine Gehzeit von Agía Rouméli nach Anópolis nur etwa 6-7 Std. beträgt. Nach Chóra Sfakíon sind es weitere 2 Std.

• *Wegbeschreibung*: Von **Agía Rouméli** durchquert man Richtung Osten das im Sommer ausgetrocknete Flussbett am Ausgang der Samariá-Schlucht (in Frühjahr und Herbst muss man meist durch mindestens kniehohes Wasser waten). Anfangs geht man über Geröll und dann immer am Strand entlang. Der Weg ist mit "E 4"-Schildern, roten und gelben Punkten markiert. 45 Min. nachdem man Agía Rouméli verlassen hat, kommt man an den Ausgang der **Eligiás-Schlucht**, wo zwei riesige Felsbrocken à 10 x 10 m im Wasser liegen. Danach geht der Weg gut markiert weiter, man kommt in einen ausgedehnten **Kiefernwald** und sieht bald die hübsche Bruchsteinkapelle des **Ágios Pávlos**. Erbaut wurde sie im 11. Jh. zu Ehren des Apostels Paulus, der bei seiner Romreise im nahen Fínix (beim heutigen Loutró) gelandet sein soll. Im (meist geöffneten) Inneren sind Wandmalereien erhalten. Unterhalb der Kapelle liegt ein langer Strand. Das neue Restaurant **Saint Paul** ist etwa von Juni bis September geöffnet.
Gut 1,5 Std. ab Agía Rouméli und ca. 25 Min. östlich der Kapelle kommt mitten im Kiefernwald die wichtige **Weggabelung**, wo

sich der Küstenweg vom bergaufwärts steigenden Pfad nach Ágios Ioánnis trennt. Geradeaus geht es mit "E 4" markiert an der Küste in ca. 3 Std. nach Loutró (→ Wegbeschreibung unter Chóra Sfakíon), links landeinwärts steil bergauf nach **Ágios Ioánnis**, das auf einem hohen Plateau liegt. Zwei neue, gut lesbare **Hinweisschilder** machen auf die Gabelung aufmerksam, sind aber leider schon wieder beschädigt.
Der **Aufstieg** in Richtung Ágios Ioánnis ist mit Abstand das anstrengendste Stück der Wanderung, denn es geht von Meereshöhe bis auf fast 700 m ü. M. Man kann sich von unten gar nicht vorstellen, dass die steilen Felswände irgendwie zu besteigen sind. Dennoch führt ein guter Weg in vielen Serpentinen nach oben. Immer wieder hat man herrliche Ausblicke auf Agía Rouméli und das Libysche Meer. Anfangs hat man noch ausreichend Baumschatten, später prallt die Sonne gnadenlos auf die nackten Felsen. Etwa 1 Std. 15 Min. ab Gabelung kommt die erstaunlich gut erhaltene, alte **Pflasterung des Wegs** zum Vorschein, 15 Min. später man die Kante des **Plateaus** erreicht. Von Agía Rouméli sind wir jetzt ca. 3 Std. unterwegs.
Von der Plateaukante führt der Weg **geradeaus** durch ein bewirtschaftetes Waldgebiet in etwa 45 Min. weiter nach Ágios Ioánnis. Schöner Blickfang ist im Hintergrund die Silhouette der Lefká Óri. Zunächst kommen wir an einem **Zaun** entlang und überqueren sofort danach eine **Piste**, im Anschluss geht es quer durch eine nied-

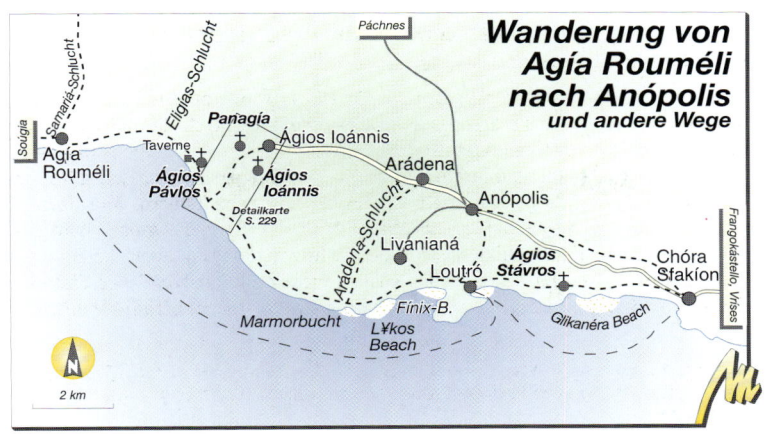

Wanderung von Agía Rouméli nach Anópolis und andere Wege

rige **Schlucht** (rechter Hand Schafs- und Ziegengehege). Weiter geradeaus treffen wir an einer Kurve auf eine **Forstpiste** und gehen auf dieser weiter. Wenige Meter weiter zweigt rechts ein Weg ab, den man nehmen kann, wenn man gleich weiter in Richtung **Arádena** will. Wenn man sich zuerst Ágios Ioánnis ansehen will, geht man geradeaus weiter. Die Piste wird zum Pfad und steigt allmählich den Hang hinauf. Im letzten Stück ist der Weg von Steinmäuerchen eingefasst und geht zwischen der **Kapelle der Theotókou** (links) und der **Kapelle des Ágios Ioánnis** (rechts) hindurch, bevor wir reichlich erschöpft die Asphaltstraße genau am Ortseingang von Ágios Ioánnis bei der Café-Taverne **O Giannis** erreichen. Der Ort besteht aus vielen Ruinen und mehreren Kirchen, nur noch wenige Häuser sind bewohnt. Zu diesem Teilstück der Wanderung vgl. Detailkarte auf S. 229.

Auf der **Asphaltstraße** kann man Ágios Ioánnis nun in östlicher Richtung verlassen und erreicht nach etwa 5 km den fast ausgestorbenen Ort **Arádena** am Rand der gleichnamigen Schlucht. Die **Arádena-Schlucht** wird in 80 m Höhe auf einer **Stahlträgerbrücke** mit Holzbohlen überquert. Am westlichen Brückenkopf steht im Sommer

ein **Getränkewagen**. Interessante Variante hier: in die Schlucht absteigen und am Meer entlang nach Loutró wandern (Beschreibung auf S. 227) oder kurz nach der Schlucht rechts nach **Livanianá** abzweigen und von dort zur Fínix-Bucht absteigen.

Wenn wir auf der Asphaltstraße bleiben, erreichen wir in ca. 80 Min. **Anópolis**, ein weit verstreutes Dorf ohne festen Kern, jedoch mit Tavernen und Unterkünften. Man muss es ganz durchqueren und kann in weiteren 2 Std. nach **Chóra Sfakíon** hinunterlaufen. Dafür nimmt man etwa 5-10 Min. nach Ortsende eine **Schotterpiste**, die links von der Asphaltstraße abzweigt, weiter unten in einen alten Hirtenpfad übergeht und die Ilíngas-Schlucht überquert (→ S. 224).

Man kann aber auch auf der Straße weiterlaufen, der Blick aufs Meer und das tief unten liegende Chóra Sfakíon ist einmalig, diese Variante dauert 30 Min. länger. Weitere Möglichkeit: in ca. 2 Std. nach **Loutró** absteigen, das direkt unterhalb von Anópolis liegt (→ Anópolis, S. 224). Es fahren auch Busse die Strecke Anópolis-Chóra Sfakíon, allerdings nur um ca. 6.30 h hinunter (weiter nach Chaniá) und um 16 h hinauf.

Samariá-Schlucht und Umgebung

Blick auf Chóra Sfakíon und die kahle Südküste der Sfakiá

Chóra Sfakíon

Beschaulicher, kleiner Fischerhafen, eingerahmt von schroffen Küstenbergen. Von den Einheimischen wird er wie die ganze Region einfach "Sfakiá" genannt.

Mehrmals am Tag wird die Ruhe jäh unterbrochen, wenn die aus allen Nähten berstenden Boote aus Agía Rouméli die erschöpften Wanderer zu ihren Bussen bringen, die hier oft zu Dutzenden warten. Dank seiner verkehrsgünstigen Lage nahe der Samariá-Schlucht ist Chóra Sfakíon zur Drehscheibe und zum fast reinen Durchgangsort geworden, das prägt die Atmosphäre und leider auch das Geschäftsgebahren der Einheimischen.

Reizvoll ist hier vor allem die Umgebung. Ganze drei Straßen führen von Chóra Sfakíon weg. So muss man zu den schönen Stränden in Richtung Loutró zwischen einer halben und einer Stunde laufen, ins kleine Bergdorf Anópolis etwa zwei Stunden. Etwas Kondition sollte man also mitbringen. Ein Höhepunkt ist natürlich der Ausflug zur Insel Gávdos; an jedem Wochenende fährt das Boot mehrmals hinüber zur südlichsten Insel Europas.

Anfahrt/Verbindungen

● *Bus*: Der große **Parkplatz**, wo die Reisebusse auf die Schluchtbezwinger warten, liegt am Ostende der Hafenpromenade. Tickets im dortigen Kiosk. Von und nach **Chaniá** gehen Busse etwa 5 x tägl., nach **Plakiás** und **Agía Galíni** nur 1 x nachmit-

tags (in der Nebensaison z. T. auch nicht!), in der Hochsaison 2 x. Rechtzeitig da sein, wird schnell voll! Man kann auch – ziemlich umständlich – erst nach Réthimnon fahren (Bus nach Chaniá bis Vríses, dort umsteigen – alle 30 Min. Bus nach

Réthimnon) und von dort weiter nach Plakiás (6-7 x tägl., Nebensaison weniger), der letzte spätnachmittags. Außerdem fährt ein Bus 1 x von und nach **Anópolis**, ist allerdings auf einheimische Pendler eingestellt – nachmittags hinauf, frühmorgens hinunter.

• *Schiff*: Chóra Sfakíon ist neben Agía Rouméli wichtigster Hafen und Drehscheibe des Schiffsverkehrs an der Sfakiá-Küste. Zwei Gesellschaften befahren die Strecke nach Westen, bis zu 5 x tägl. fährt ein Schiff nach **Agía Rouméli** und zurück (ca. 1 Std. 15 Min., ca. 18 DM hin/rück), 4 x wird dabei Stopp in **Loutró** gemacht. In der Nebensaison weniger Fahrten!

Zur **Insel Gávdos** fährt ein Boot 1-2 x wöchentl., Abfahrt etwa 9 h (startet teilweise bereits in Loutró), zurück ca. 16.30 h.

Achtung: Die Fähren haben einen **eigenen Anleger** im Ostteil der Bucht. Wichtig jedoch für Reisende, die in Chóra Sfakíon abfahren: **Tickets** werden in einem Kiosk im alten Hafenbecken westlich der Tavernenzeile verkauft!

• *Eigenes Fahrzeug*: großer, kostenpflichtiger **Parkplatz** östlich der Promenade, 1 Std. ca. 1,30 DM, 1 Tag 6,50 DM.

• *Taxi*: Reservierung im ersten Supermarkt an der Hafengasse (neben Rest. Livikon).

• *Bootstaxi*: **Captain Yiannis** fährt nach Loutró, Agía Rouméli und zu den Stränden der Umgebung, Auskunft in den Restaurants oder unter Tel. 0825/91261.

Bewegte Vergangenheit: Von Daskalojánnis zu den Alliierten

Das rauhe, unwegsame Bergland der Sfakiá konnte von den Eroberern und wechselnden Herren Kretas nie völlig erobert werden. Schon die Venezianer setzen deshalb die mächtige Festung **Frangokástello** nur wenige Kilometer östlich von Chóra Sfakíon in die Küstenebene. Später, in den finsteren Zeiten der türkischen Besetzung, war die Sfakiá ein Zentrum des kretischen Widerstands. Einer der bedeutendsten Anführer war Jánnis Vláchos, den man wegen seiner Klugheit und Umsicht **Daskalojánnis** nannte, "Jánnis den Lehrer". Doch den Türken gelang es, ihn unter Vorspiegelung von Friedensverhandlungen nach Iráklion zu locken, wo sie ihm unter den Augen seines Bruders, der darüber den Verstand verlor, die Haut abzogen. Sein Denkmal steht in Anópolis, wo er geboren ist (→ Chóra Sfakíon/Umgebung). Im **Zweiten Weltkrieg** gingen nach dem deutschen Überfall auf Kreta in Chóra Sfakíon die letzten alliierten Truppen an Bord um nach Afrika evakuiert zu werden. Ein unscheinbares Denkmal am Weg zum Hafen erinnert heute daran.

---

*Ü*bernachten

Xenia, C-Kat., an der Landungsstelle im alten Hafenbecken, geführt von Jorgos Braoudakis mit bulgarischer Partnerin. Schöner, pflanzenüberwucherter Eingang, zwölf Zimmer verschiedener Güte – von schlicht mit dünnen Holzwänden bis zu recht ordentlichen Zimmern verschiedener Größe mit Betonmauern und tollem Blick aufs Meer. Die guten Zimmer kosten je nach Saison und Größe ca. 40-70 DM, die einfachen zwischen 30 und 50 DM (kein eigenes Bad). Tel. 0825/91238.

Sofia, einfaches Haus in der Parallelgasse hinter der Hafenpromenade. Geräumige Zimmer mit dunklen Holzmöbeln, Linoleumboden und Du/WC, laut Prospekt tägl. Room-Service. Etwa 35-50 DM mit Meeresblick (im obersten Stock), ohne etwas günstiger. Tel. 0825/ 91259.

Panorama, auf dem bewaldeten Hügel östl. vom Ort, direkt an der Straße nach Chaniá u. Agía Galíni. Fantastische Lage über steiler Felsbucht, bei stürmischer See pfeift der Wind durch die Gänge. Unten Taverne und Terrasse am Klippenrand. Einrichtung laut Leserzuschrift teils renovierungsbedürftig. DZ ca. 35-50 DM. Tel. 0825/ 91296.

Eleana, ruhige Apartmentanlage an der wenig befahrenen Straße nach Anópolis, 200 m oberhalb vom Hafen. Geräumige Studios, 2- und 3-Zimmer-Apartments. Auskunft im "Sofia Souvenir Shop" neben Hotel Sofia, Tel. 0825/91259, Fax 91222.

Privatzimmer gibt es jede Menge. Mit Meerblick, Wasserplätschern und dem Geräuschpegel der unterhalb liegenden Tavernen schläft man an der Hafenfront, z. B. im **Alkion**, Tel. 0825/91180.

Chóra Sfakíon/Baden

Im Hafen gibt es einen halbrunden Kiesstrand, wesentlich besser ist aber der kleine, in die Felsen gesprengte *Kiesstrand* unmittelbar westlich vom Ort, der zudem abends sehr lange in der Sonne liegt. Dort wird aber ca. 6,50 DM Eintritt (!) verlangt, Liegen und Sonnenschirme kosten zusätzlich.

▶ **Ilíngas-Beach**: etwa 20 Min. westlich von Chóra Sfakíon an der Straße nach Anópolis. Schöne Kiesbucht zwischen hohen Felswänden. Vor einigen Jahren wurde hier das Hotel *Ilingas Beach* (mit Taverne) errichtet, das den Strand als quasi hoteleigen betrachtet.

▶ **Glikanéra-Beach** (= süße Wasser): gut 800 m langer, schattenloser Kiesstrand, eine Fußstunde westlich von Chóra Sfakíon, eingeschlossen von fast senkrecht abfallenden Steilwänden. Von Touristen wird er meist *sweet water beach* genannt. Seinen Namen hat er von den unterirdischen Quellen, die an manchen Stellen unterhalb der Felswände aus dem Boden fließen. Auf einem vorgelagerten Felsen hat sich ein kleines Mini-Café etabliert, Zelten ist erlaubt.

● *Anmarsch*: Von Chóra Sfakíon ist der Glikanéra-Strand über die Straße nach Anópolis zu erreichen. Bei der ersten Spitzkehre, wenn sich die Straße hangwärts vom Wasser entfernt, führt ein steiniger, mit "E 4"-Schildern markierter **Pfad** hinunter und an der Küste entlang weiter nach Loutró (→ Wandern). Wem der Fußweg zu anstrengend ist: Bei genügend Nachfrage gibt es in der Saison **Bootsverbindungen** ab Chóra Sfakíon und Loutró.

Chóra Sfakíon/Umgebung

Abgesehen von den Stränden (→ Chóra Sfakíon/Baden) kann man vor allem westlich vom Ort mehrere reizvolle Wanderungen unternehmen, aber auch mit dem Fahrzeug über eine Stahlträgerbrücke die tiefe *Arádena-Schlucht* überqueren und bis ins abgelegene Dörfchen *Ágios Ioánnis* vordringen.

▶ **Von Chóra Sfakíon zur Nordküste**: grandiose Fahrt auf der einzigen Zufahrtsstraße aus Norden, vor allem das erste Stück ist beeindruckend. In unglaublichen Haarnadelkurven quält sich die Straße die kahlen Berghänge hinauf, immer wieder tolle Ausblicke! Ab *Imbros* lohnende Wanderung durch die gleichnamige Schlucht. Später durchquert man die schöne *Hochebene von Askífou* (→ Vríses S. 112).

Wanderung durch die Ímbros-Schlucht

Ausgesprochen schöne, etwa 7 km lange Schlucht mit z. T. sehr engen Durchlässen zwischen den Felswänden. Noch im letzten Jahrhundert verlief hier der Hauptverbindungsweg von der Nordküste nach Chóra Sfakíon. Selbst im Frühjahr führt die Schlucht kein Wasser, besitzt aber trotzdem erstaunlich üppige Vegetation. Der Weg ist für ungeübte Wanderer und auch Kinder bestens geeignet, da er kein starkes Gefälle hat. Allerdings gibt es reichlich Geröll, festes Schuhwerk ist erforderlich. Hinweis: Die Schlucht ist Programmpunkt zahlreicher Bustouren – keine Einsamkeit erwarten, sondern Wanderer im Gänsemarsch! Mittlerweile muss man etwa 4 DM Eintritt zahlen.

• *Verbindungen/Anfahrt*: mehrmals tägl. Busse ab **Chaniá**, **Réthimnon** (umsteigen in **Vríses**), **Vríses** und **Chóra Sfakíon**.
In Komitádes Weitertransport mit **Bus** möglich (→ S. 234). Achtung: **Taxifahrer** verlangen sehr hohe Preise für den Rücktransport nach Ímbros (40-60 DM).

• *Route*: von **Ímbros** an der Straße Chóra Sfakíon-Vríses (mehrmals tägl. Busse) nach **Komitádes** zwischen Chóra Sfakíon und Frangokástello. Problemlos auch in umgekehrter Richtung möglich.

• *Dauer*: 1,5-2 Std.

• *Wegbeschreibung*: Am **Ortsende** in Richtung Chóra Sfakíon steht an einer Taverne ein Schild mit der Aufschrift "Schlucht". Hier ist der Einstieg, und schnell erreicht man den Talgrund. Der Weg ist sehr leicht zu finden, da es stetig das Tal hinuntergeht, das sich bald zu einer schmalen Schlucht verengt. Die **Vegetation** ist üppig und vielfältig: Eichen, Ginster, Ahorn, Johannisbrotbäume, Zypressen, Keuschbäume u. v. m. säumen den Weg. Nach 45 Min. erreicht man einen **Brunnen** mit Ziegenstall (Getränkeverkauf, Toilette), 30 Min. später einen imposanten **Torfelsen** und kurz darauf eine **Höhle**, deren Größe ohne Taschenlampe nicht festzustellen ist. Bald weitet sich die Schlucht und gibt den Blick zum Meer frei, rechts steigt man hinauf in die Ortschaft **Komitádes**. Von Komi-

In der Ímbros-Schlucht

tádes aus kann man Chóra Sfakíon auf der Straße in einer guten Stunde erreichen.

Anópolis

Lang gestreckte Streusiedlung auf einem Plateau hoch über Chóra Sfakíon. Zwischen Oliven, mit Steinmäuerchen eingezäunten Weiden und spärlichen Weinreben hat man einen fantastischen Blick auf die Weißen Berge. Am Ortsende steht auf dem runden Dorfplatz das Denkmal von Daskalojánnis, dem berühmtesten Widerstandskämpfer der Sfakiá.

Eine asphaltierte Straße windet sich von Chóra Sfakíon 12 km lang in Steilkehren hinauf, überwältigende Panoramablicke bieten sich. Zu Fuß braucht man gut 2,5 Std., man kann aber auch auf einem alten Hirtenpfad und einer Schotterpiste wandern. Im Ort gibt es mehrere Tavernen, Kafenia und Privatzimmer, die Preise sind günstig.

• *Anfahrt/Verbindungen*: Der einzige **Bus** fährt etwa um 16 h von Chóra Sfakíon hinauf. Von Anópolis hinunter fährt er aber nur morgens gegen 6.30 h. Am besten hinauffahren und hinunterlaufen.
Taxi ab Chóra Sfakíon kostet ca. 25 DM.

• *Übernachten/Essen*: Das **Café/Restaurant** im ersten Gebäude auf der nördlichen Straßenseite ist schon allein wegen der einheimischen Hirtengestalten eine Pause wert, erst recht eine Übernachtung. Meist nur drei Gerichte: Omelett, Lammkotelett und griechischer Salat.
200 m weiter liegt linker Hand die Pension **Ta Tria Adelphia** mit ordentlichen Zimmern, DZ ca. 20-25 DM.
Kopasis, Pension mit guter Taverne am Dorfplatz, einen guten Kilometer weiter, Zimmer ca. 20-25 DM.

▶ **Livanianá**: Das früher nur über Maultierpfade erreichbare Dorf oberhalb der Arádena-Schlucht ist seit einigen Jahren durch eine Straße mit Anópolis verbunden. Als Wanderweg gibt die etwas öde Serpentinenpiste nicht viel her, aber in Livanianá findet man eine *Café-Taverne* mit fantastischer Aussicht. Von Livanianá weiter gelangt man entweder in die *Arádena-Schlucht* oder über *Fínix* nach *Loutró* (Wegweiser).

Wanderung von Chóra Sfakíon über Anópolis nach Loutró

Wanderung von Chóra Sfakíon nach Anópolis und weiter nach Loutró

Aufstieg auf einem Eselspfad, der streckenweise in einer Schlucht bis Anópolis hinaufführt. Dort schattenloser Abstieg mit herrlichen Panoramen nach Loutró.

● *Dauer*: ca. 4,5-5 Std. (Chóra Sfakíon – Anópolis 2 Std., Anópolis – Loutró 2,5 Std.)

● *Wegbeschreibung*: Auf der **Fahrstraße** von Chóra Sfakíon nach Anópolis, etwa 80 m nach Ortsende, ist rechts ein schmaler Einstieg an einer Abbruchkante, der nach 10 m zum gepflasterten **Saumpfad** wird. Der ursprüngliche Weg ist mehrfach durch neu angelegte Wege unterbrochen, deshalb halte man sich westwärts auf die **Ilíngas-Schlucht** zu. Steinmännchen markieren den Weg über diese Fahrwege, sind aber nicht eindeutig, deswegen orientiert man sich am Rand des Tals. Dort ist der Saumpfad auf der linken Talseite noch gut erhalten und leicht zu erkennen. Nach einer halben Stunde hat man die **Talsohle** erreicht, der Weg führt auf der anderen Talseite weiter und trifft etwa 40 Min. nach Aufbruch auf die **Anópolis-Schlucht**, ein Seitental der Ilíngas-Schlucht. Diese Schlucht gehen wir ca. 20 Min. bergauf (zunächst am Grund, später auf der rechten, dann auf der linken Seite) bis zum Ende, wo wir auf eine von einer Dreidraht-Leitung versorgte **Pumpstation** treffen. Von hier folgt man einer Schotterstraße, bis linker Hand (Steinmännchen) ein alter **Maultierpfad** links aufwärts führt. Man überquert die Schotterstraße und geht geradeaus das Bachbett aufwärts, an einer weiteren **Pumpstation** (430 ü. M.) vorbei. 10 Min. später treffen wir auf die **Asphaltstraße** nach Anópolis. Der Saumpfad führt 5 m höher weiter und passiert drei fest verschlossene Zauntore, die man nur kletternd überwinden kann. Nach 15 Minuten auf der Asphaltstraße erreicht man **Anópolis** (540 m ü. M.). Vor dem ersten Gebäude (Hotel, "Rent Rooms") weist ein griechisches Schild den Weg nach Loutró zum Meer.

Einstieg nach **Loutró**: Von Chóra Sfakíon aus kommend, geht man beim **ersten Hotel** in Anópolis einen Fahrweg links in Richtung Meer, auf griechisch mit "Loutró" beschildert. An der Kirche des Dorfes vorbei führt

Abstieg von Anópolis nach Loutró

der Fahrweg durch zwei Gatter zum **Süd-hang**, mit Blick auf Loutró am Meer. Der Fahrweg wird bald zu einem **Eselspfad**, et-was schwer zu laufen, da das Pflaster locker ist und man auf jeden Schritt achten muss. Beim letzten Felsrücken vor Loutró gabelt sich der Weg. Wer westlich (rechts) geht, kommt zur Fínix-Bucht, wir bleiben auf dem linken Pfad und erreichen nach 1,5 Stunden **Loutró**. Einstieg in Loutro → dort.

Aufstieg zum Páchnes

Der *Páchnes* ist mit 2453 m der zweithöchste Berg Kretas. Die Wanderung auf den Gipfel ist mit Anfahrt ab Chóra Sfakíon bzw. Anópolis in einem Tag zu be-wältigen. Möglich macht das die Forst- und Hirtenpiste, die vor einigen Jah-ren von Anópolis quer durch die Weißen Berge geschlagen wurde und südöst-lich vom Páchnes, etwa 2 km vor einem Pass endet, von dem aus man nach links zum Gipfel aufsteigt. Man kann also mit einem strapazierfähigen Fahrzeug bis zum Straßenende fahren, in etwa 3 Std. hinauf- und hinuntersteigen und am Abend wieder zurück in Chóra Sfakíon sein. Vorsicht jedoch: Aufstieg nur in den Monaten Juni bis September unternehmen – sonst liegt zu viel Schnee!

• *Wegbeschreibung*: in **Anópolis** bei der Ta-verne gleich oberhalb vom **Denkmal** die Staubstraße nehmen und immer den **Hauptweg** in Richtung Norden auf die Berge zu wählen. Ziemlich nahe bei den Bergen im geschlossenen Kiefernwald **ver-zweigt** sich diese Piste – links geht es etwa 30 Grad westlich, die andere, 60 Grad öst-lich, zweigt davon ab. Die letztere nimmt man und folgt ihr, dabei passiert man in 1100 m Höhe rechter Hand eine Abzwei-gung ins verlassene Dorf **Mourí**. Am **Ende** der Piste ggf. Fahrzeug abstellen und zu Fuß in derselben Richtung (westlich bis nordwestlich) weiter. Knapp 30 Min. nach Straßenende kommt man zu einem **Pass** in 2150 m Höhe (Name laut manchen Karten: "Kumus"). Hier steht ein **Wegweiser**: "Pach-nes, 2453 m, 2.30 hours". Durch eine bizar-re Mondlandschaft steigt man in etwa 1,5 Std. zum Gipfel auf: teils deutlicher Steig, teils nur Steigspuren, teils Steinmänner, keine Markierung. Achtung: Bei schlechtem Wetter, z. B. Nebel, ist die Orientierung

Der Páchnes, zweithöchster Berg der Lefká Óri

höchst problematisch! Am **Gipfel** genießt man überwältigende Rundblicke auf die Berge im Umkreis – weit drüben im Osten grüßt sogar der meist schneebedeckte Psilorítis. 1997 hat der griechische Gebirgsverein ein Gipfelbuch ausgelegt, das bisher noch existiert.

▶ **Von Anópolis über Arádena nach Ágios Ioánnis:** Vom Platz mit dem Denkmal führt eine Asphaltstraße nach Arádena und weiter nach Ágios Ioánnis. Dort endet die Straße. Bei Arádena überquert man die gleichnamige Schlucht auf einer in den achtziger Jahren erbauten Stahlträgerbrücke. Dank der Holzbohlen holpert der Wagen lautstark über das bizarre Bauwerk, was ein leicht kitzliges Gefühl in der Magengrube verursacht. Fantastischer Blick hinunter. Am westlichen Brückenkopf sorgt im Sommer ein Getränkewagen für Erfrischungen.

Sehr beliebt auf dieser Route ist die Weitwanderung von Anópolis nach Agía Rouméli bzw. umgekehrt. Wanderer können von Anópolis bis Ágios Ioánnis auf der neuen Piste bleiben oder den alten Maultierpfad suchen, der meerwärts davon verläuft. In Ágios Ioánnis steigt man zum Meer hinunter, trifft im Kiefernwald östlich der historischen Kirche Ágios Pávlos auf den Küstenpfad und kann weiter nach Agía Rouméli laufen bzw. nach Loutró. Etwas kürzere Alternativwanderung ist der im Folgenden beschriebene Weg die Arádena-Schlucht hinunter und am Meer entlang nach Loutró.

▶ **Arádena:** Ruinenort unmittelbar am Rand der hier senkrecht abfallenden Schlucht, seit einer Blutrachefehde vor fünfzig Jahren so gut wie verlassen. Die aus rohen Brocken gefügten Häuser bilden eine bizarre Kulisse, in der es sich lohnt, ein wenig herumzustöbern. Die Kreuzkuppelkirche des *Erzengels Michael* (auch: Ágios-Efstrátios-Kirche) ist leicht zu erkennen an ihrer markanten Form und der ziegelgedeckten Kuppel. Wer früher in der Sfakiá des Viehdiebstahls verdächtigt wurde, musste vor der Ikone des Erzengel Michael seine Unschuld beschwören.

Die Brücke über die Arádena-Schlucht

Wanderung durch die Arádena-Schlucht

Von Arádena zum Meer hinunter. Lohnende Wanderung zwischen eindrucksvoll steilen Felswänden, an einer Stelle muss man etwa 12 m auf zwei Eisenleitern hinunterklettern. Am Meer angelangt, kann man, falls man nicht übernachten will, an der Küste entlang nach *Loutró* laufen oder bequem mit dem nachmittäglichen Badeboot fahren (vorher in Loutró nach der Abfahrtszeit erkundigen!). Wanderstiefel sind unbedingt erforderlich. Hinauf nach Arádena per Taxi (ca. 30 DM). Falls man ein eigenes Fahrzeug und Kondition hat, kann man z. B. folgende Tour ausprobieren: *Anópolis – Arádena – Marmorbucht – Loutró – Anópolis*. Gesamtlänge ca. 20 km, aber es lohnt sich!

Hinweis: Auch in umgekehrter Richtung ist die Schlucht dank der Leitern an der Steilstelle problemlos zu erwandern. Vorschlag: Von *Loutró* mit Taxiboot in die *Marmorbucht*, dann die *Schlucht* hinauf, von *Arádena* nach *Anópolis* und wieder hinunter nach *Loutró*, Dauer ca. 6 Std.

● *Dauer:* ca. 2,5 Std. von Arádena zur Marmorbucht, von dort ca. 1,5 Std. nach Loutró.

● *Wegbeschreibung:* Von **Anópolis** kommend, biegt man beim letzten Kiefernwäldchen vor der neuen Brücke rechts ab auf die Schlucht zu. Der Einstieg auf dem alten **Eselspfad** liegt etwa 500 m flussaufwärts oberhalb der Brücke. Andere Möglichkeit (dabei kann man Arádena besichtigen): Man überquert die Brücke und läuft unmittelbar nach der Brücke rechts, dem Schild "Prós Ekklísía" und roten Punkten folgend, durch den heute fast unbewohnten Ort Arádena. Vorbei an der **Erzengel-Michael-Kirche** hält

Abstieg in die Arádena-Schlucht

man sich parallel zur Schlucht in Richtung einer weiteren, weiß gekalkten Kirche. Wenn der Weg in Arádena einen Kanal mit einer Fußgängerbrücke überquert, rechts gehen bis zu der **Kapelle** am Rand der Schlucht, bei der ein gut befestigter **Saumpfad** in die Schlucht beginnt (ca. 10 Min. ab Brücke). Für den **Abstieg** benötigt man etwa 15 Min. Der ausgetretene Weg in der Schlucht führt über Feinkies und ist nicht markiert. Nach einer halben Stunde kommt man an den etwa 12 m hohen **Felssturz**, den man kletternd überwinden muss. Hier befinden sich mittlerweile zwei **Eisenleitern**, so dass die Stelle ihre früheren Schrecken weitgehend verloren hat. Zudem sind eine Eisenkette und ein Kunststoffseil verankert.

Nach weiteren 30 Min. kommt links ein mit roten Punkten markierter **Abzweig**, der den Hang hinauf zur Kirche Ágios Geórgios führt. An der Kirche vorbei (15 Min.) gelangt man hier über verlassene, mit Ölbäumen bestandene Terrassen in den Ort **Livanianá**. Geht man stattdessen weiter geradewegs die Schlucht flussabwärts, so ist der Weg bald mit Steinmännchen und blauen Punkten markiert (ca. 30 Min. nach der Abzweigung). 10 Min. später liegt links am Hang eine **Quelle** (Viehtränke), deren Wasser aber durch eine Rohrkonstruktion vollständig ins Tal abgeleitet wird. Nach einer weiteren halben Stunde sieht man bereits das Meer. Zuvor noch rechts die Ruine einer gemauerten Zisterne in Bienenkorbform, am Schluchtausgang in der linken Felswand eine **Höhle**. Im unteren Teil der Schlucht gibt es einen ausgedehnten **Oleander-"Wald"**, der zur Blütezeit im Juni/Juli ein schönes Bild bietet. Wenig später steht man am Grobkiesstrand der **Marmorbucht**, wo man sich in einer Snackbar erfrischen kann, auch eine Übernachtungsmöglichkeit ist vorhanden (→ S. 233).

Von der Marmorbucht gelangt man in östlicher Richtung in 15 Min. zum **Lýkos-Beach** mit mittlerweile drei Tavernen und Rooms (→ S. 233). Bei Niko's Restaurant steigt man vom Strand eine (etwas versteckte) Treppe hinauf und weiter aufs Plateau über Loutró.

In der **Fínix-Bucht** ist ein geschotterter Fahrweg nach Livanianá sichtbar. Auf Sicht geht es jetzt den Hügel zur **Festung von Loutró** hinauf. Danach kurzer Abstieg in den Ort.

▶**Ágios Ioánnis:** nur eine Handvoll Häuser inmitten von dichtem Kiefern- und Wacholderwald. Die wenigen alten Einwohner leben hauptsächlich von ihren

Ziegen. Am Ortseingang (760 Höhenmeter) Gatter quer über die Straße und eine Café-Taverne. Hier beginnt der reizvolle Abstieg zur Küste, wo man nach Agía Rouméli oder Loutró weiterlaufen kann. Beschreibung der Wanderung von Anópolis über Ágios Ioánnis nach Agía Rouméli in umgekehrter Richtung bei Agía Rouméli.

● *Abstieg zur Küste*: Direkt am Ortsbeginn führt linker Hand gegenüber der Café-Bar **O Giannis** ein beiderseits von Mäuerchen eingefasster **Hohlweg** zur Küste hinunter (gelegentlich rote Pfeile und andere farbige Markierungen). Nach wenigen Metern kommt man zwischen zwei erhöht stehenden Kirchen hindurch, links **Ágios Ioánnis**, rechts die Kapelle der **Theotókou (Panagía)**. Ohne Orientierungsschwierigkeiten geht es durch eine bewirtschaftete **Waldebene** immer geradeaus zur Abbruchkante des Plateaus. Wichtig: Wenn die Forstpiste nach links abbiegt, **geradeaus** weiter gehen – die Stelle ist markiert! Im Weiteren quert man eine kleine **Schlucht** und steht bald in etwa 600 m Höhe über dem Meer an der senkrecht abbrechenden **Plateaukante**. Herrlicher Blick die Küste entlang bis Agía Rouméli am Ausgang der Samariá-Schlucht! Hier beginnt ein eindrucksvoll erhaltener **Pflasterweg**, der durch teils brandgeschädigte Kiefern steil zur Gabelung im Kiefernwald hinunterführt, etwa 100 m ü. M.

● *Dauer*: von Agios Ioánnis bis zur **Plateaukante** ca. 45 Min., danach Abstieg bis zur **Gabelung** im Kiefernwald ca. 1 Std.

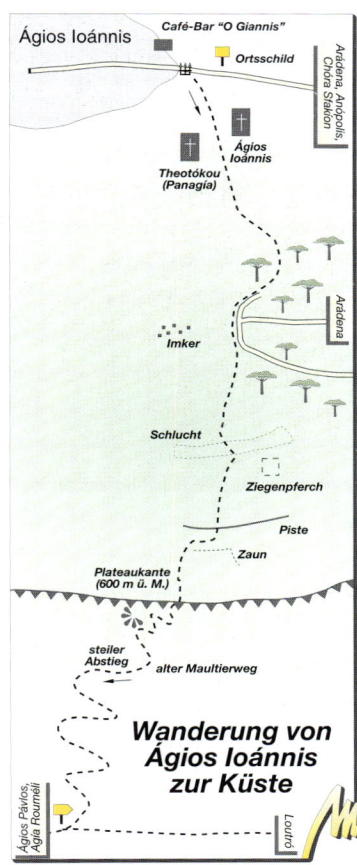

Wanderung von Ágios Ioánnis zur Küste

Küstenwanderung von Chóra Sfakíon über Loutró nach Agía Rouméli

Nicht allzu schwere Küstenwanderung, jedoch mit einigen kurzen Steilabschnitten. Ausdauer erforderlich, jedoch kann man in Loutró unterbrechen und in zwei Etappen laufen. Markierung durch schwarz-gelbe "E 4"-Schilder.

● *Route*: Chóra Sfakíon – Ágios Stávros – Loutró – Marmor-Bucht – Ágios Pávlos – Agía Rouméli.

● *Dauer*: mit leichtem Gepäck insgesamt 7,5 Std. (2 Std. Chóra Sfakíon – Loutró, 5,5 Std. Loutró – Agía Rouméli).

● *Wegbeschreibung*: Der **Küstenpfad** nach Loutró beginnt knapp 30 Min. westlich von

Chóra Sfakíon an der **ersten Spitzkehre** der Straße nach Anópolis. Hinter den Leitplanken (deutlich sichtbares "E 4"-Schild) führt der Weg abwärts in Wassernähe. Teilweise ragen rechts die Felswände fast senkrecht in die Höhe und fallen auf der anderen Seite steil zum Meer ab. Nach knapp 30 Min. kommt man zum Wasser, dort gibt es keinen

Weg mehr, man steigt über Felsbrocken und Geröll. Bald darauf ist man am **Glikanéra-Strand** (→ Chóra Sfakíon/Baden). Am Ende der Bucht führt der Weg rechts treppenartig hinauf. Nach kurzem Aufstieg kommt man ca. 45 Min. ab Asphaltstraße zur Kapelle des **Ágios Stávros**. Der Weg führt 50 m nördlich der Kapelle vorbei, bald darauf ist schon Loutró zu sehen, und man kommt an einer kleinen Badebucht vorbei. In einer Höhe von 40 m führt nun der Weg mit roter Markierung nach **Loutró**, das man ca. 2 Std. ab Chóra Sfakíon erreicht. Dort durch ein Gattertor, und schon trifft man bei der Taverne To Kri Kri ans Wasser. In Loutró hat man noch nicht ganz ein Drittel des Wegs hinter sich.

Vom Fähranleger steigt man zu der Ruine des Kastells hinauf. Oben angelangt, kann man am Berg in Richtung Westen bald das Dorf **Livanianá** erkennen. Von der Festung steigt man zur **Fínix-Bucht** mit Hotel und Taverne hinunter (→ Loutró/Umgebung). Hinter der Taverne geht es einen Weg hinauf, der bald zu einem Zaun führt. Hier entlang, bis sich der Weg an der rechten oberen Ecke des Zauns an einem Baum in zwei Richtungen teilt. Wir steigen links in die nächste Bucht hinunter, zum **Lýkos Beach**. Hier gibt es mittlerweile drei Tavernen mit Rooms (→ Loutró/Umgebung). Am Ende der Bucht Aufstieg, für den man etwas Trittsicherheit braucht. Im weiteren ist der schmale **Küstenweg** nicht zu verfehlen, außerdem mit "E 4"-Schildern markiert. Schwindelfreiheit nötig, da die Felsen steil zum Meer abfallen! Etwa 90 Min. ab Loutró trifft man auf eine dritte Bucht, die **Marmorbucht** (→ Loutró/Umgebung). Diese Bucht

ist herrlich zum Baden, besitzt außerdem eine sehr schön, halbhoch über dem Meer gelegene Snackbar. Hier mündet die steilwandige **Arádena-Schlucht**, die man von Arádena aus hinunterlaufen kann (→ Chóra Sfakíon/ Umgebung).

Nach dem markierten Aufstieg hat man einen tollen Blick auf die zurückliegenden Buchten und das Kastell von Loutró. Das folgende Stück ist nicht schwer zu gehen, aber etwas monoton, und es gibt keinerlei Schatten. 1,5 Std. nach der Arádena-Bucht sieht man vor sich Agía Rouméli. Man kommt in einen **Kiefernwald**, der sich vom Hang bis kurz vor Agía Rouméli zieht. 30 Min. nachdem man den Wald betreten hat, kommt man an einer **Zisterne** vorbei (3 m Durchmesser, 1 m hoch). 300 m weiter geht in spitzem Winkel nach rechts hinten der **Weg nach Arádena** ab (aus Richtung Agía Rouméli kommend), beschrieben auf S. 218. Zwei Hinweisschilder weisen auf die Gabelung hin. 20 Min. später führt der Weg etwas abwärts und auf schwarzem Sand oberhalb der Kapelle **Ágios Pávlos** vorbei (Achtung: 100 m von der Kirche neues Restaurant Saint Paul!). Von hier aus führt der Weg am Hang im Sand weiter (gelbe und rote Markierungen), und nach weiteren 20 Min. erreicht man die **Eligiás-Schlucht**. Nach der Schlucht empfiehlt es sich, auf den Strandkies hinunterzusteigen und nicht auf der Höhe zu bleiben. 45 Min. nach der Schlucht erreicht man das Bett des **Samariá-Flusses**. Im Frühjahr kommt man hier nicht umhin, Schuhe und Strümpfe auszuziehen und die Hose hochzukrempeln. Nach ca. 7 Std. reiner Gehzeit hat man **Agía Rouméli** erreicht.

Loutró

Ansprechend herausgeputztes Örtchen, eingeschmiegt in eine tiefe Bucht zwischen dem Meer und der unmittelbar dahinter ansteigenden Felswand. Mittendrin ein kleiner Kiesstrand. Wunderschön die Kontraste der Farben: das glasklare Türkis des Wassers, die weiß gekalkten Häuschen, tiefblaue Türen und Fenster, üppiger Blumenschmuck.

Das Kuriosum: Loutró ist durch keine einzige Straße mit der Außenwelt verbunden! Die Steilhänge verhindern jegliche Straßenführung, nur Schiffe und Fußwanderer laufen das Örtchen an. Trotzdem (bzw. gerade deswegen) ist im Sommer eine Menge los: Fast alle Häuser vermieten Zimmer, die Tavernen haben sich zu Touristenlokalen entwickelt, der schmale Kiesstrand im Ort ist meist voll. Der "Geheimtipp" Loutró hat sein Massenpublikum gefunden. Trotzdem ist es immer noch ein malerischer Fleck, an dem man es gut ein paar Tage aushalten kann.

• *Anfahrt/Verbindungen*: **Schiff**, Loutró-Chóra Sfakíon 3-5 x tägl., Loutró-Agía Rouméli ebenfalls. Bei Bedarf mehr Schiffe. Im August laufen die Fähren teilweise fast stündlich ein, was etwas die Ruhe stört. Außerdem fährt ab Mitte Juni bis Ende Sept. 1 x wöch. etwa um 8.30 h ein Schiff von Loutró nach Chóra Sfakíon und weiter zur Insel Gávdos. Tickets gibt es in einem **Kiosk** am Kiesstrand.

Badeboot, in der Saison tägl. zu den Buchten Fínix und Mármara (11 h hin, 17 h zurück).

Taxiboot, nach Chóra Sfakíon ca. 50 DM, zum Glikanéra-Beach und zur Mármara-Bucht ca. 35 DM (2 Pers.).

Zu Fuß, vom Bergdorf Anópolis (von Chóra Sfakíon über Asphaltstraße zu erreichen) führt ein Weg hinunter nach Loutró, bergab etwa 1,5 Std. (→ S. 224). Ebenso ist Loutró von Agía Rouméli und Chóra Sfakíon zu Fuß zu erreichen (→ S. 229).

• *Übernachten*: Es gibt ein Hotel in Loutró und sogar schon Pauschaltouristen. Ansonsten vermieten alle Tavernen an der Uferfront Zimmer, Preisklasse ca. 30-50 DM fürs DZ, je nach Saison, ob mit Meeresblick, eigene Du/WC usw.

Porto Loutro, C-Kat., das einzige Hotel, freundlich geführt von Stavros und seiner britischen Frau Alison. Weißer Bau mit tiefblauen Türen, Zimmer klein, ohne Extras, dunkles Vollholzmobiliar, Schieferböden, Bad. Schöne Terrassen und Bar, in der es sogar Kuchen gibt. Inzwischen hat Stavros eine Dependance eröffnet, direkt am Hang oberhalb vom Fähranleger. Sehr sauber, toller Meeresblick, auf jedem Stockwerk eine große Terrasse, dazu große Dachterrasse. DZ mit Frühstück ca. 70-100 DM, auch einige Studios werden vermietet, sind aber oft durch Reisegesellschaften belegt. Pauschal bei Jahn Reisen. Tel. 0825/91433, Fax 91091.

Pantelitsa Manousoudaki, in der Mitte von Loutró, höchstes Haus, blaue Türläden. Sehr schöne DZ mit ebenso schönem Buchtblick. Tel. 0825/91348.

Villa Niki, erhöht über Loutró, traditionelles Haus mit alten Holzdecken, jedes Zimmer mit Balkon. DZ ca. 60-80 DM. Im Nachbarhaus liegen die stilvoll eingerichteten **Apartments Niki**, ebenfalls mit schattigen Balkonen, ca. 70-100 DM. Weiterhin wird ein ganzes Haus mit drei Schlafzimmern (jeweils Du/WC) und großem Wohnraum vermietet, geeignet für bis zu 8 Pers., ideal für Familien, herrlicher Buchtblick. Auskunft

Auf keiner Straße erreichbar: Loutró im Südwesten Kretas

und Buchung für alle drei Häuser in Chóra Sfakíon bei Frau Stamatakis im "Sofia Souvenir Shop" neben Hotel Sofia. Tel. 0825/91364, Fax 91259.

To Kri Kri, vom Bootssteg aus gesehen die vorletzte Taverne vor dem Ende der Bebauung. Acht Zimmer, derzeit noch gut in Schuss, allerdings keinerlei Roomservice, nette Wirtsleute.

Scirocco, im Ostteil der Bucht das vorletzte Haus, Tipp sind ganz oben die beiden Zimmer mit großer Dachterrasse.

Keramos, das letzte Haus der Bucht. Vermieter Manolis und seine deutsche Frau Eike wohnen seit Ende der siebziger Jahre in Loutró. Schlichte, aber nett möblierte Zimmer mit schönem Meeresblick, überall im Haus liebevolle Wandmalereien, gute Atmosphäre. DZ ca. 30-40 DM, mit Kochnische 40-50 DM, auch Dreibettzimmer. Am Wasser unten hübsche Terrassentaverne.

Frei gezeltet wird am langen Sandstrand **Glikanéra** eine Fußstunde östlich vom Ort, Richtung Chóra Sfakíon.

●*Essen*: Der Konkurrenzkampf in der engen Bucht hebt die Qualität – die Tavernen von Loutró gehören zu den besten im Südwesten. Alle besitzen schöne, blumengeschmückte Terrassen am Wasser. Besonders lecker sind die reichhaltigen Gemüseaufläufe aus dem Ofen.

To Loutro, zu erkennen an den knallgelben Stühlen, hier wird gut und mit Liebe gekocht, Riesenauswahl an Aufläufen.

Blue House, hervorragende Küche mit originellen Variationen von Moussaká und anderen griechischen Speisen, viel feines Gemüse, Reisgerichte, gefüllte Auberginen, Kräuter usw.

Notos, Mezedopólion am Ende des Kiesstrands, leckere Mezédes, "vegetable balls" mit Wildgemüse Chórta, gebackene Kartoffeln in Alufolie usw. Es wird mit wenig Öl gekocht.

Keramos, am östlichen Ortsende, schöner Blick von der Terrasse, guter Fisch und Gemüsegerichte aus dem Backofen, deutsch geführt.

●*Unterhaltung*: **Maistrali**, Bar am Anleger, fetzige Musik (gelegentlich sogar Live-Jazz), Cocktails, Frühstück, Obstsalat. Nachts herrscht Ruhe – keine Disco im Ort!

Loutró/Baden und Umgebung

Wem am Ortsstrand zu viel los ist, der findet östlich von Loutró den langen Strand von Glikanéra (→ S. 222), in einer Fußstunde ist er auf einem schmalen Trampelpfad zu erreichen. Weitere Strandbuchten gibt es hinter dem Bergrücken westlich von Loutró. Zwar wurde ihr Reiz durch intensive Bebauung in den letzten Jahren gemindert, nach wie vor wunderschön ist jedoch die Mármara-Bucht. Man kann dorthin zu Fuß laufen, mit dem täglichen Badeboot hinüberschippern oder per Padelboot fahren.

> **Wandern um Loutró**: Wie in allen Orten im Südwesten gibt es reichlich Möglichkeiten, die man auf vielfältige Art kombinieren kann.
>
> ● Küstenwanderung nach **Chóra Sfakíon** → in umgekehrter Richtung unter Chóra Sfakíon. Wer in Loutró loslaufen will: Einstieg bei der Taverne To Kri Kri, einem der letzten Häuser im Ort. Hinter dem Haus beginnt der Pfad, der sich später in 20-30 m Höhe über dem Meer entlangzieht.
>
> ● Aufstieg nach **Anópolis** → in umgekehrter Richtung unter Anópolis. Von Loutró aus: Weg nach Chóra Sfakíon nehmen und kurz nach dem letzten Haus (Pension Keramos) Abzweig hinauf nach Anópolis bei markanten Felsbrocken und Baum. Dauer ca. 1,5-2 Std. Achtung: Nicht in der Mittagshitze gehen, der Weg ist absolut schattenlos!
>
> ● Küstenwanderung nach **Agía Rouméli** → unter Chóra Sfakíon.
>
> ● Wanderung durch die **Arádena-Schlucht** → Chóra Sfakíon/Umgebung.

▸ **Von Loutró zur Fínix-Bucht**: Etwa 30 Min. läuft man von Loutró zur nächsten Bucht auf der Westseite des Bergrückens. Aufstieg gegenüber vom Anleger, neben Restaurant Madares. Einen markanten Blickfang bildet oben das alte, verfallene *Kastell*. 50 m hinter der Burg eine riesige *Zisterne*, die meist gut mit Wasser gefüllt ist. Vorne am Kap steht die weiße Kapelle *Sotíros Christoú*.

▸ **Fínix-Bucht**: Hier soll einst der Hafen des antiken Anópolis gewesen sein. Apostel Paulus wollte auf seiner Romreise hier überwintern, wurde aber von heftigen Winden abgetrieben. Um den kleinen Kiesstrand ist viel gebaut worden, Zimmervermietung.

Die markante Burgruine von Loutró

Von der Fínix-Bucht kann man auf einem Eselspfad in das kleine Bergdorf *Livanianá* hinaufwandern (→ S. 224), der Weg dauert höchstens eine Stunde. Von Livanianá kann man dann im Anschluss nach *Anópolis* wandern oder in die *Arádena-Schlucht* absteigen und zur *Marmorbucht* am Meer hinunterlaufen (ca. 2 Std. ab Livanianá).

▶ **Lýkos Beach**: Über den nächsten Hügel kommt man zu einer größeren Bucht mit steinigen Terrassen, vereinzelten Olivenbäumen, einem Kiesstrand und flachen Felsplatten im Wasser. Auch hier wurde in den letzten Jahren viel gebaut, mindestens drei Tavernen mit Zimmern stehen nebeneinander. Blick auf den oberhalb liegenden Bergort Livanianá.

● *Übernachten/Essen*: **Niko's Small Paradise**, von Loutró kommend das erste Lokal, ein Altbau und ein Neubau, letzterer bisher noch recht gut in Schuss und sauber, ca. 30-40 DM. Außerdem gibt es noch **Lykos Restaurant** und **George's Restaurant**. Im Angebot der Tavernen: Tsatsiki, Käsekuchen aus der Sfakiá, Ziegenfleisch, offener Rotwein.

▶ **Mármara-Bucht** *(Marmorbucht)*: Die schönste der drei Badebuchten liegt noch ein Stück westlich vom Lýkos Beach, direkt am Ausgang der tiefen Arádena-Schlucht. Kleiner Kiesstrand, eingefasst von malerisch-bizarren Marmorfelsen und ins Wasser abgleitenden Felsplatten – ideal zum Sonnen und beliebt bei Nacktbadern. Sonnenschirme und Liegen werden vermietet. Tägliches Badeboot oder etwa 90 Fußminuten ab Loutro.

Tipp: Man kann die eindrucksvolle Schlucht hinauflaufen (→ Wanderung durch die Arádena-Schlucht, S. 227) oder steigt nach einem Drittel der Strecke nach Livanianá hinauf und kehrt von dort über die Fínix-Bucht nach Loutró zurück.

Samariá-Schlucht und Umgebung

• *Übernachten/Essen*: Eine kleine **Snackbar** auf den Felsen über dem Strand bietet einen herrlichen Panoramablick und kleine Gerichte wie Omeletts, Bauernsalat usw. Hinter der Bar stehen eine Handvoll **Häus**chen mit Zimmer für ca. 30-40 DM, allerdings ohne Strom. Besitzer Chrisostomos ist zu erreichen unter Tel. 093/300445 (Handy) oder zu Hause, Tel. 0825/91387.

Von Chóra Sfakíon nach Plakiás

Panoramastrecke durch eine der reizvollsten Küstenregionen Kretas. Nach der Ebene um Frangokástello, hinter der im gewaltigen Bogen die Ausläufer der Lefká Óri aufsteigen, folgt eine Serpentinenfahrt durch fast alpenähnliche Felsmassive. Höhepunkt ist der Blick auf die Bucht von Plakiás.

• *Anfahrt/Verbindungen*: Nur ein Bus startet tägl. in Chóra Sfakíon nach **Plakiás** und **Agía Galíni**, ebenso in umgekehrter Richtung. Frühzeitig da sein, sonst findet man keinen Platz mehr! Kostenpunkt nach Agía Galíni ca. 12 DM.

▶ **Komitádes:** Hier mündet die schöne *Ímbros-Schlucht*, die sich zu einer der beliebtesten Wanderschluchten Kretas entwickelt hat (→ Chóra Sfakíon/Umgebung). Dementsprechend viel ist hier mittlerweile los, trotzdem ein netter Ort, der sich auch für eine Übernachtung anbietet (viele Zimmervermieter). Diverse Tavernen warten auf hungrige Wanderer – günstiger als die neuen Lokale in Schluchtnähe sind die am unteren Ortsende.

• *Anfahrt/Verbindungen*: Nachmittags bringen Linienbusse die Schluchtwanderer nach **Frangokástello**, **Chóra Sfakíon** und **Réthimnon**. Taxifahrer verlangen auf dieser Strecke sehr hohe Preise.

Frangokástello

Einsames, weithin sichtbares venezianisches Kastell direkt am Meer, in einer weiten, fast steppenartigen Ebene mit Gemüsefeldern und knöchelhoher Phrygana. Vor dem Kastell ein flacher Sandstrand mit Lagune, im Umkreis verstreut Ferienhäuschen und Tavernen, deren Zahl in den letzten Jahren kräftig zugenommen hat.

Vielleicht findet man noch hier und dort Gelegenheit, die eigentümliche Stille zu spüren, die über der Landschaft liegt: Nur ein paar Vögel zwitschern, die Zikaden zirpen, der Wind säuselt, fast schon unheimlich. Nicht verwunderlich also, dass es in Frangokástello spukt: Während der Befreiungskriege stellte sich hier 1828 der vom griechischen Festland abkommandierte Truppenführer *Chatzimichális Daliánnis* trotz dringender Warnungen der Sfakioten mit 600 Mann den zahlenmäßig weit überlegenen Türken in offener Feldschlacht. Binnen kurzem waren mehr als 200 Griechen gefallen, unter ihnen Daliánnis selbst. Die restlichen 385 Partisanen flüchteten in die verlassene Festung, konnten sie trotz der türkischen Übermacht tagelang verteidigen und erreichten in Verhandlungen schließlich den ehrenvollen Abzug. Die gefallenen Widerstandskämpfer liegen seitdem im Küstensand begraben, und alljährlich im Mai ziehen sie in der Morgendämmerung langsam an der Festung vorbei. Sie werden *Drosoulítes* genannt, "Seelen des Taus". Wissenschaftler vermuten hin

Kastell und Strand von Frangokástello

ter dem Phänomen Luftspiegelungen von der gegenüberliegenden libyschen Küste, die wegen des Zusammentreffens verschiedener atmosphärischer Faktoren nur im Mai auftreten.

● *Anfahrt/Verbindungen*: schlechte Verbindungen. Nur in der Hochsaison fahren die 1-2 Busse zwischen **Chóra Sfakíon** und **Plakiás/Agía Galíni** auf einer Asphaltstraße bis zum Kastell hinunter. Oben an der Durchgangsstraße halten sie in den beiden kleinen Nestern **Patsianós** und **Kapsodásos**. Von beiden Orten kann man in ca. 30 Min. zum Kastell und Wasser laufen. Im Frühjahr und Spätherbst oft keine Verbindung nach Plakiás!

● *Übernachten*: In den letzten Jahren sind im weiten Umkreis um das Kastell Unterkünfte entstanden.

Artemis, neben dem Kastell, geführt von zwei Brüdern, geräumige und helle Zimmer mit Bad, Balkon z. T. mit Meerblick, Taverne im Haus, 50 m zum Sandstrand. DZ ca. 35-50 DM.

Kali Kardia, westlich vom Kastell, Thanasis Kaoudis vermietet mehrere Zimmer mit Du/WC. Dazu gehört eine idyllische Taverne (→ Essen). Tel. 0825/92123.

Castello, gepflegte Apartmentanlage an der Straße westlich vom Kastell, ca. 100 m zum Strand. Tel. 0825/92068.

Dolphin, neben Castello, acht Apartments auf einem großen, mit Bäumen bepflanzten Grundstück.

Blue Sky, 150 m vom Strand, von deutscher Wirtin aufmerksam geführtes Apartmenthaus. Mit Garten und Kinderspielgeräten. Kinderbett und Buggy auf Anfrage.

Fata Morgana, kleine Bungalowanlage mit zehn Studios unmittelbar oberhalb vom Dünenstrand Órthi Ámmos, Garten mit niedrigen Ölbäumen. Tel. 0825/92074.

● *Essen*: **Drosolithes**, Taverne mit grün überwuchertem Garten, direkt unterhalb der Burg.

Kali Kardia, 100 m westlich vom Kastell, urige Café/Taverne mit romantischer Gartenterrasse, geführt von Thanasis Kaoudis, einem Wirt echt sfakiotischer Tradition.

Flisvos, westlich vom Kastell, hier hat man einen besonders schönen Blick auf den Sonnenuntergang.

Orthi Ammos, ruhige, allein stehende Taverne, etwa 200 m östlich vom Kastell.

● *Cafés*: **Beach Bar**, direkt oberhalb vom Dünenstrand Órthi Ámmos, herrlicher Blick aufs Meer.

Frühchristlicher Mosaikboden bei Frangokástello

Sehenswertes: Vor der Festung steht das einsame *Denkmal* des gefallenen Truppenführers Chatzimichális Daliánnis. Das *Kastell* stammt aus dem 14. Jh. und ist ein mächtiges Rechteck mit prachtvoll erhaltenen Außenmauern, Zinnen und Wachtürmen. Von den Häusern im Inneren stehen jedoch nur noch die Grundmauern, am besten erhalten ist der bullige Vierungsturm in der Südwestecke. 200 m nördlich der Festung steht links der Straße Richtung Plakiás die kleine Kirche *Ágios Nikítas*, malerisch hängt die Glocke in Kniehöhe in einem Johannisbrotbaum. Um die Kirche wurden die Grundmauern und der Mosaikfußboden einer deutlich größeren frühchristlichen Basilika frei gelegt – geometrische Muster und Pflanzen aus grauem, schwarzem und weißem Marmor und gebranntem Ton. Am 15. September findet hier ein populäres Kirchenfest statt. Richtung Osten kommt man am Steilufer entlang zum verlassenen Kloster *Ágios Charalámbos* mit zweischiffiger Kirche und Friedhof. In der Kirchenfassade sind Stücke einer frühchristlichen Basilika eingemauert.

▶ **Frangokástello/Baden:** Unterhalb der Festung liegt ein flacher, meist stark besuchter Strand aus hellem Sand, daneben eine Art Lagune mit Fischerbooten. Es geht ganz seicht ins Wasser, günstig für Urlaub mit Kindern. Verleih von Sonnenschirmen und Liegen.

Fast schon ein Naturphänomen ist die tiefe Bucht *Órthi Ámmos* ("steiler Sand"), die etwa 500 m östlich vom Kastell inmitten der malerischen Steilküste mit senkrechten Abbrüchen und hinuntergepolterten Steinbrocken liegt. Gewaltige Sanddünen ziehen sich vom Wasser bis zur Abbruchkante hinauf, darunter erstreckt sich ein flacher Sandstrand der feinsten Sorte. Zwar gibt es hier mittlerweile zwei Tavernen, doch überlaufen ist die Bucht nicht.

Frangokástello/Umgebung

▶ **Asfendoú-Schlucht** (Farángi Asfendoú): die westliche der beiden Zwillings-schluchten. Die etwa 5 km lange Wanderung von *Ásfendos* am oberen Schluch-tende bis *Ágios Nektários* am Schluchtausgang dauert ca. 1,5 Std., im An-schluss kann man in etwa der gleichen Zeit nach Frangokástello weiterlaufen.

● *Anfahrt*: mit dem Fahrzeug (Taxi) kann man von **Ímbros** an der Straße Vríses-Chóra Sfakíon bis **Ásfendos** am oberen Schlucht-einstieg fahren.

▶ **Kallikrátis-Schlucht** (Farángi Kallikratianó): Diese 7 km lange Schlucht zieht sich vom Bergdorf *Kallikrátis* bis Patsianós an der Straße oberhalb von Frango-kástello. Dauer der Schluchtwanderung ca. 2,5 Std., dann 1 Std. nach Frango-kástello.

● *Anfahrt*: Zwischen **Patsianós** und den Bergdörfern **Kallikrátis** und **Kataporí** gibt es eine neu angelegte Verbindungsstraße, die sich östlich der Schlucht 500 Höhen-meter hinaufwindet.

● *Essen*: In **Kallikrátis** lohnt die Einkehr in der urigen Taverne von Manolis und Ange-liko (Hirtentreff, offener Kamin), weitere Ta-vernen gibt es in **Patsianós**.

Von Frangokástello nach Plakiás

Die Küstenstraße führt Richtung Plakiás in die Berge, bizarre Felstürme ra-gen an beiden Seiten der Straße empor. Der erste Blick auf die tief unten lie-gende Bucht von Plakiás ist grandios.

▶ **Áno** und **Káto Rodákino**: Bergdorf mit uralten Steinhäusern und einer reich ausgestatteten Kirche, malerische Lage auf einem Plateau über dem Meer. Beide Ortsteile werden durch eine steilwandige Schlucht getrennt, die sich nach unten verbreitert und im Kóraka-Beach endet. In haarsträubenden Ser-pentinen wird die Schlucht überquert.

▶ **Strand von Kóraka** (Kóraka Beach): Am westlichen Ortsanfang von Káto Ro-dákino führt eine asphaltierte Straße hinunter zum 2 km entfernten, grauen Sand- und Kiesstrand. Am Ostende bilden bizarre Klippenwände eine sepa-rate Bucht, nach Westen führt ein Fahrweg zu weiteren kleinen Stränden. Bislang sehr ruhig und erholsam.

● *Übernachten*: An Unterkünften zu empfeh-len sind die freundlichen **Studios Oasis** und das **Hotel Polyrizos** in einem Olivenhain, C-Kat., 50 modern eingerichtete Zimmer in einer Reihe separater Gebäude (Restaurant, Bar, Laden). Tel. 0832/31334, Fax 32170. Lesertipp: "Seit Sommer 1998 betreibt **An-drea Lukakis** eine Bäckerei und vermietet fünf saubere und günstige Zimmer mit Blick aufs Meer."

● *Essen*: Es gibt mittlerweile eine Handvoll Tavernen und ein Kafenion am Strand. **Arokaria**, in der Ostbucht, gutes, typisches Essen und aufmerksamer Service.

> **Tipp**: Die übliche Route nach Plakiás führt über Mírthios. Seit 1998 gibt es je-doch von Séllia eine asphaltierte Straße hinunter zur Küstenstraße zwischen Plakiás und Soúda Beach. Wer aus Richtung Westen kommt und schnell nach Plakiás will, kann so die Fahrt deutlich abkürzen.

Samariá-Schlucht und Umgebung

Pittoresk: die weite Bucht von Plakiás

Plakiás und Umgebung

Eine der malerischsten Ecken der kretischen Südküste. Zwischen wilden Felsspitzen liegt die kreisrunde Bucht von Plakiás mit ihrem langen und breiten Sandstrand. Oberhalb davon kleben an lang gezogenen Olivenbaumhängen die Bergorte Séllia und Mírthios. Dahinter recken sich die gewölbten grauen Bergrücken des Kédros- und des Ída-Gebirges in die Ferne.

Plakiás ist touristisch gut erschlossen und ein begehrter Anlaufpunkt für griechische und ausländische Urlauber geworden, denn der lange Strand bietet hervorragende Bademöglichkeiten, und auch im Umkreis findet man schöne Buchten sowie den berühmten *Palmenstrand von Préveli*, der täglich mit Ausflugsbooten angefahren wird. Das nahe gelegene *Kloster Préveli* ist eine ausgiebige Besichtigung wert, wunderbare Panoramablicke genießt man vom Bergdorf *Mírthios*, wo man auch sehr gut essen kann. Das hüglige Gelände um Plakiás ist mit seinen beiden eindrucksvollen Schluchten *Kotsifoú* und *Kourtaliotikó* auch für ausgedehnte Spaziergänge und Wanderungen bestens geeignet. Schließlich lohnt ein Besuch des weiter östlich gelegenen, in der Hochsaison fast menschenleeren *Strands von Akoúmia*. Und auch im Hinterland der Küste gibt es reizvolle Ziele, so die "Gartenstadt" *Spili* und das nahe gelegene Dorf *Lambiní* mit seiner eindrucksvollen Kreuzkuppelkirche.

Plakiás

Plakiás, das war lange Jahre der Geheimtipp an der Südküste. Ein riesiger Talkessel, eingeschlossen von steilen Bergzacken, ein herrlicher Strand aus feinem Sand, der Ort nur eine Handvoll bescheidener Häuschen mit zwei Kafenia und einer Taverne, darüber am Hang zwei ursprüngliche Bergdörfer. Was will man mehr?

Heute ist Plakiás entdeckt. Zwar ist der Strand noch genauso schön, ebenso wie die archaische Berg- und Schluchtenlandschaft der Umgebung, aber der alljährliche Touristenstrom ist für die Dorfbewohner zum beherrschenden Element ihres Lebens geworden. Überall wird gebaut und investiert. Ein ganzes Neubauviertel mit Hotels und Privatzimmern ist entstanden, mehr als zwanzig Tavernen bieten ihre Dienste an. Plakiás hat den Schritt vom einsamen Küstenörtchen über den Geheimtipp von Rucksackreisenden bis zum begehrten Ziel für Pauschalreisende in wenigen Jahren geschafft – der Rubel rollt.

Anfahrt/Verbindungen

• *Bus*: von und nach **Réthimnon** ca. 6-7 x tägl. (Nebensaison deutlich weniger), **Agía Galíni** 4 x (2 x direkt, 2 x mit Umsteigen in Bále an der Straße Réthimnon-Agía Galíni), **Kloster Préveli** 2-3 x, **Frangokástello** und **Chóra Sfakíon** 1-2 x (je nach Saison, am Wochenende nur 1 Bus). Bushaltestelle ge nau vor dem Hotel Livikon an der Strandstraße. Tickets im Bus.
• *Schiff*: Täglich fährt mindestens ein Badeboot zum **Préveli-Beach**, Auskünfte und Buchung im Reisebüro Monza Travel (→ Reisebüros), Tickets auch direkt am Boot.
• *Taxi*: Tel. 0832/3135 und 31287.

Tipp: Schöne Rundfahrten durch die Umgebung von Plakiás bietet eine Bimmelbahn mit Benzinmotor und Autoreifen. Tägliche Tour über den Strand von Damnóni zum Kloster Préveli, Rückfahrt über Marioú und Asómatos. Weitere Route über den Strand von Soúda, Mírthios und Damnóni. Abfahrt an der Strandstraße, Nähe Brücke.

Adressen

• *Ärztliche Versorgung*: **Dr. Emmanuel Alexandrakis** hat seine Praxis im Neubauviertel vor dem eigentlichen Ort, in einer Seitengasse der Uferstraße. Tel. 0832/31170. Das **Health Center** von Spíli ist in 20 Min. mit dem Auto zu erreichen. Tel. 0832/22222.
• *Auto-/Zweiradverleih*: **MotoAutoPlakias**, Verleih unmittelbar im Zentrum an der Promenade, vor der kleinen Brücke zum alten Ortskern. Hier werden auch detaillierte Landkarten von Plakiás und Umgebung verkauft. Tel./Fax 0832/31632. **Alianthos**, großer Verleiher am Ortseingang, Tel. 0832/31280.
• *Fahrräder*: **Odyssia**, 100 m nach der Brücke, Verleih von Mountainbikes. Tel. 0832/31596. Tipp: mit dem Bike zum Klos ter Préveli, eine gute Stunde schweißtreibende Fahrt.
• *Geldwechsel*: im **Postkiosk** und im Hotel **Livikon** (→ Übernachten).
• *Postkiosk*: direkt an der Uferstraße, kurz vor den Tavernen am Kai, nicht zu übersehen. Nur Hauptsaison Mo-Fr 8.30-13.30 h. Nächste Poststelle in **Mírthios**.
• *Reisebüros*: **Monza Travel** in der Pension Lamon organisiert Ausflüge, Bootsfahrten, Autovermietung. Tel. 0832/31214. **Anso Travel**, kurz nach der Brücke, großes Ausflugsangebot. Tel. 0832/31712.
• *Shopping*: Die Supermärkte bieten ein umfassendes Sortiment für Selbstversorger, hier gibt es fast alles für Groß und Klein.

Acrovatis, etwas zurück von der Promenade, Nähe Brücke, hübscher Laden mit diversem Kunsthandwerk, Schmuck u. Souvenirs.

Nature Collection-exclusive, im Neubauviertel, kurz hinter der Arztpraxis und Apotheke, niveauvolle Reisemitbringsel in einem geschmackvoll gestalteten Laden, unaufdringliche Bedienung.

Mythos, an der Promenade, Nähe Brücke, ausgefallene Keramik und Schmuck.

Photo Plakias, bei der Brücke, über Restaurant Lysseos. Große Auswahl an Filmen, 1 Std. Entwicklung.

• *Tauchschule*: Ägean Dive Shop, PADI-Center im Ortskern, geführt von Isabella Papadakis, Juni bis September. Tel. 0832/ 31206.

• *Wäscherei*: gegenüber Taverne Christos.

• *Zeitungen/Zeitschriften*: internat. Angebot im großen Supermarkt vor der Brücke.

Übernachten

Da so gut wie jedes Haus zum Zweck der Vermietung erbaut wurde, ist die Zimmerauswahl riesig.

Neos Alianthos Garden, B-Kat., großes Badehotel, dominierend am Ortsanfang, moderner, weiß gekalkter Bau mit Rundbögen. Insgesamt recht gepflegt und architektonisch ansprechend – verwinkelte Gänge, dicht bewachsener Innenhof (nicht zugänglich), Blumen auf Brüstungen und Balkonen. Zimmer geräumig, einfaches Mobiliar. Vor dem Haus großer Swimmingpool mit Schilfdach und Bar inmitten gepflegter Rasenflächen. Wer Ruhe sucht, solllte ein Zimmer zum Innenhof verlangen. DZ mit Frühstück ca. 70-110 DM. Pauschal z. B. über Attika und Jahn. Tel. 0832/31280, Fax 31282.

Alianthos Beach, C-Kat., Dependance an der Straße vorne, schöne Terrasse zum Schauen. Nur über die Straße zum Strand. DZ ca. 60-80 DM. Tel. 0832/31280, Fax 31282.

Lofos, C-Kat., Abzweigung kurz vor Ortsbeginn, schöne Lage auf einem Hügel (grch. *lofos* = Hügel). Familiäres Haus, hübscher, kleiner Aufenthaltsraum mit Bar, Zimmer mittelgroß mit solidem Holzmobiliar. Besitzer Marcos Zambetakis und seine Familie sprechen gut Englisch, herrlicher Panoramablick. DZ ca. 50-75 DM. Tel. 0832/31422, Fax 31967.

Livikon, C-Kat., ebenfalls an der Uferstraße, direkt an der Bushaltestelle. Einfach, aber okay. In den Zimmern helle Holzmöbel, Duschen im Zimmer abgetrennt, Balkon. DZ ca. 50-70 DM, auch Dreibettzimmer zu haben. Laut Leserzuschrift tägliche Zimmerreinigung und Wäschewechsel. Unten gemütliche Frühstückstaverne. Tel./Fax 0832/ 31216.

Flisvos, C-Kat, an der Strandpromenade, ziemlich am Ortseingang, neben der Patisserie. Von Lesern empfohlen: neu, sauber, komfortabel und preiswert, dazu gastfreundliche Wirte. Tel. 0832/31988, Fax 31421.

Sofia, C-Kat., nettes, kleines Hotel im Ortskern, von deutscher Frau mit igriechischem Partner geführt. Frühstück im Innenhof. Auch pauschal über Attika. Tel. 0832/ 74060.

• *Privatzimmer*: Die ersten vier der folgenden Unterkünfte liegen in einer Parallelgasse zur Uferstraße, etwas zurück vom Strand – um hinzukommen, direkt neben Reisebüro Monza Travel die Straße rein.

Nefeli und Kyriakos, zwei Pensionen neben Taverne Manoussos. Zimmer werden von einem netten, alten Griechen vermietet. Ausgestattet mit Bad, Balkon, Kühlschrank und Geschirr. Der alte Herr macht jeden Tag piccobello sauber inkl. aufräumen, putzen und abspülen. DZ ca. 30-50 DM.

Thetis, schräg gegenüber, größeres Gebäude mit schönem Kiesgarten und kleinen Balkonen zur Südseite (im Erdgeschoss hübsch überwachsen und schattig). Vermietet werden Studios und Rooms, vom Schnitt her ziemlich verschieden, vorher anschauen. Im ersten Stock ein Zimmer mit großer Dachterrasse, ansonsten DZ mit Gemeinschaftsküche. Unten liegen die Studios – Schlafzimmer, Du/WC und kleine Küche (Kühlschrank, Gaskocher und Spüle). Zimmer an der Nordseite etwas feucht. Wegen des Gartens geeignet für Kinder. Etwa 40-60 DM. Tel. 0832/31430.

Ippokampos, das schöne Apartmenthaus von Angelos und Georgia Moutsos liegt wenige Meter weiter, sehr gut ausgestattet, ca. 40-60 DM. Leserbrief: "Unsere mit Abstand beste und unschlagbar sauberste Unterkunft. Das ganze Haus und alle Zimmer sind weiß gefliest, helle Holzmöbel, Kühlschrank und Spüle im Zimmer, großer Balkon mit gepflegten Blumen – und die Dame des Hauses putzt den ganzen Tag, die Sauberkeit ist ihr ganzer Stolz!" Andere Leser bestätigen das. Tel. 0832/31525 (Athen 01/5061860).

Morpheas, an der Strandpromenade beim Busstopp. Olga Koumentaki vermietet acht moderne und sehr saubere Zimmer mit hellen Holzmöbeln und Balkon zum Meer. DZ ca. 35-50 DM. Tel. 0832/31583.

Gio-Ma, die Taverne (→ Essen) am kleinen Hafen vermietet einige Zimmer (nicht ganz leise wegen Essensbetrieb), außerdem schräg gegenüber schöne und ruhige Studios mit Balkon bzw. Terrasse mit Meeresblick und kleiner Küche. DZ ca. 35-50 DM, Studios 60 DM. Tel. 0832/31942.

Emilia, hinter dem Alianthos Beach Hotel hübsch in einem Olivenhain gelegen, von mehreren Lesern empfohlen. Geführt von netter, alter Dame. Sehr ruhig und sauber, alle zwei Tage Handtuchwechsel, unten fünf Studios (inkl. Kochecke), oben fünf DZ mit Du/WC. Tel. 0832/31302.

● *Etwas außerhalb*: **Afroditi**, etwa fünf Minuten landeinwärts der Uferpromenade an einem Berghang, das Haus ist von einem wahren Blumenparadies umgeben, es herrscht wohltuende Stille. Nikos pflegt sein Haus mit Hingabe. Das üppige Frühstück, das hier serviert wird, gehört sicherlich zu den besten im Ort. DZ mit Frühstück ca. 50-60 DM, zwei Apartments für Selbstversorger kosten dasselbe. Tel. 0832/31266, Fax 28015.

Skinos, am Ortsausgang in Richtung Soúda-Strand, fünf saubere Zimmer, drei davon mit Meeresblick, zum Haus gehört ein Café/Taverne, freundliche Wirtin.

Phoenix, C-Kat., schönes Hotel in sehr ruhiger Lage, 2 km westlich von Plakiás, knapp 1 km vor dem Soúda-Strand. Architektonisch einfallsreich, elegantes, schwarzes Mobiliar, Marmortreppen, in der Lobby viel Platz. Geflieste Zimmer mit Rauputz, vorne raus herrlicher Meeresblick (nicht alle Zimmer). Frau Drikakis kocht ausgezeichnet. DZ ca. 55-75 DM. Tel. 0832/31331, Fax 31831.

Plakias Bay, C-Kat., am Ostende des langen Strands von Plakiás, etwas erhöht am Hang, ca. 20 Min. in den Ort. Gepflegte Anlage, die auch von Reiseveranstaltern pauschal angeboten wird. Sehr ruhig, da kein Autoverkehr, in den Zimmern Telefon, gute griechische Küche, Frühstücksbuffet mit wenig Auswahl. Wirtin Natascha Moraitis spricht Deutsch, Englisch, Französisch und Italienisch. DZ ca. 65-85 DM. Tel. 0832/31215, Fax 31951.

● *Jugendherberge*: ein Stück hinter dem Ort, am Weg zur "Old Mill" (→ Sehenswertes). Sympathisches Anwesen in schöner, ruhiger Lage zwischen Olivenbäumen, gute Holzbetten in kleinen Häuschen, kleine Snackbar. Übernachtung kostet ca. 8 DM. Tel. 32118.

● *Camping*: **Apollonia**, am Ortseingang, zu erkennen am pompösen Eingangstor. Stellplätze unter Schilfdächern und niedrigen Olivenbäumen, Auto muss man z. T. separat abstellen. Vorhanden sind großzügige, weiß gekachelte Sanitäranlagen (immer warmes Wasser), Swimmingpool (mit Gebühr), Snackbar, Mini-Market, Waschraum, Vermietung von Mountainbikes. Leider wirkt der Platz etwas unaufgeräumt und schien uns beim letzten Check etwas nachlässig geführt. Linienbus fährt direkt am Eingang vorbei, zum Strand sind es 2 Min. zu Fuß. Tel. 0832/31318, Fax 31424.

● *Umsonst im Freien*: Am Ende vom Strand, vor der hohen Felswand, wird vereinzelt **wild gezeltet** (→ Plakiás/Umgebung).

Essen

Entsprechend der zunehmenden Zahl an Pauschaltouristen haben die Tavernen ihr Angebot qualitativ deutlich gesteigert. Man isst gut in Plakiás, wenn auch zu etwas höheren Preisen.

Sofia, der Marktführer, benannt nach der Wirtin, der legendären "Mama Sofia". Vor Jahren schon, als nur Rucksackreisende nach Plakiás kamen, das beliebteste Lokal. Inzwischen hat die Familie Drimakis das Lokal völlig modernisiert und die Sitzplätze vervielfacht. Sehr gute Küche mit Riesenspeisekarte, vor allem alle Arten von Fleischgerichten, auch im Tontopf. Sehr gut z. B. *Sofia foúrnou*, eine Art Gulasch aus scharf gewürzten Fleischstückchen mit Käse.

Lysseos, vor der kleinen Brücke an der Uferstraße, etwas tiefer gelegen. Mittlere Qualität, zur Auswahl stehen auch einige zypriotische Spezialitäten. Urige Wirtin, normale Preise, zum Bezahlen muss man sich an der Theke anstellen.

Mousses, kleine Taverne an der Wasserfront (vor Christos), spezialisiert auf griechische Spezialitäten wie *stifádo*, *békri mézes* und *spetsofaí*, gute Qualität bei angemessenen Preisen.

Christos, die letzte Taverne in der Reihe der Lokale an der Wasserfront. Schöne Terrasse neben dem winzigen Hafen auf einer kleinen, vorgelagerten Landzunge. Wegen der exponierten Lage immer viel Rummel.

Gio-Ma, kleine Taverne neben Christos, geführt von nettem Ehepaar, Blick die Küste entlang Richtung Westen. Gutes Angebot, sorgfältig und mit Liebe zubereitet.

Siroko, beim Hafen um die Ecke, Leserkommentar: "Ursprungliche kretische Küche, wunderschöner Blick, viele Einheimische treffen sich dort. Stavros und seine Frau Mary sind stets gut gelaunt, der älteste Sohn Michalis spielt Lyra."

Manoussos, im Neubauviertel vor dem Ort, nette Gartentaverne mit Olivenbäumen, relativ preiswert u. ruhig, hauptsächlich Fisch.

● *Außerhalb*: **Paligremnos**, hübsche Taverne am Ostende vom Strand, Rasenflächen und schattige Speiseterrasse.

● *Cafés/Snacks*: **Bakery Pastry Shop**, zwischen den Tavernen und Cafés am Hafen, viele selbst gebackene Leckereien.

Gialia, nach der Brücke rechts kleine Gasse hinein, hübsches Kafenion, auf rustikal getrimmt, gemütliche Terrasse, auch *mezédes* werden serviert.

Nachtleben

Plakiás ist nicht nur bei ausländischen Touristen beliebt, sondern auch bei der Athener Jung-Schickeria, die vor allem an den Sommerwochenenden die Bars und Discos bevölkert.

Ostraco, in der kleinen Tavernenzeile am Hafen, beliebte Musikbar hoch über den Köpfen der Flanierer.

Meltemi, nette Disco in frei stehendem Holzhaus am Strand, nicht zu verfehlen. Innen lange, rundum laufende Bar, Ventilatoren schaffen Kühlung, schöner Treffpunkt. Tagsüber Strandbar.

Hexagon, moderne Disco im Ort an der Uferstraße, beschallt in der Hauptsaison einen Teil des Orts. Sechseckige Tanzfläche, mehrere Bars.

Plakiás/Baden und Umgebung

▶ **Ortsstrand:** Der breite *Kies-/Sandstrand* ist gut 1,5 km lang und ca. 30 m breit. An den meisten Stellen fällt er ziemlich flach ins Wasser ab, der Meeresboden besteht die ersten 50-100 m aus reinem Sand. Je weiter man nach Osten geht, desto feiner und weicher wird der Sand, sogar ein paar schöne Dünen findet man. Am Ostende, kurz vor der Felswand, vermietet die ansprechende Taverne "Paligremnos" Zimmer. Davor findet man einige schattige Strandplätze unter Tamarisken, außerdem zwei Duschen (eine am Strand, eine bei der Taverne). Das Pauschalhotel Plakias Bay liegt etwas erhöht vor dem Felshang. Am Strand Verleih von Surfbretter – dank der oft heftigen Winde ist Plakiás ein begehrter Windsurfspot.

▶ **Gaviótolimano Beach:** künstlich aufgeschütteter Sandstrand, unmittelbar westlich vom Ortskern und Fischerhafen, etwa 150 m lang, mit einigen schattigen Tamarisken.

▶ **Soúda Beach:** etwa 3 km westlich von Plakiás, zu erreichen auf neuer Asphaltstraße. 300 m Sand-/Kiesbucht vor einer hohen Felswand, an der ein im Sommer ausgetrockneter Fluss mündet. Im Hintergrund der Bucht wachsen Palmen, dort auch zwei hübsche Tavernen mit weinüberwucherten Terrassen, einige Duschen sind installiert.

> **Tipp:** Seit 1998 zweigt von der Straße zur Soúda-Bucht eine asphaltierte Straße hinauf ins Bergdorf Séllia ab!

Am langen Sandstrand von Plakiás

▶ **Damnóni Beach**: wenige Kilometer östlich von Plakiás, zu erreichen von der Straße nach Lefkógia (beschildert). Feiner Kies-/Sandstrand, etwa 500 m lang. Es gibt zwei Tavernen, mehrere Duschen, Liegen, Sonnenschirme, Tret- und Paddelboote, Wasserski, Parasailing und Jet-Ski. Mittlerweile hat der Tourismus massiv zugeschlagen: Mehrere Großhotels sind an den Hängen der Bucht entstanden, u. a. die Time-Sharing-Anlage Hapimag, die das ganze westliche Hinterland des Strands ausfüllt.

● *Anfahrt/Verbindungen*: Das **Badeboot** zum Préveli Beach stoppt hier und lädt Badegäste ein und aus. Damnóni ist außerdem Stopp der **Bimmelbahn** von Plakiás.

● *Übernachten/Essen*: Beliebter Treff ist seit langem Jahren die große Taverne von **Stavros** direkt am Strand unter Tamarisken. In der dahinterliegenden Taverne **Akti** gibt's gutes Essen, jedoch meist wenig Gäste. Mit Zimmervermietung.

Kakares, Pension im Hinterland von Damnóni in schöner Panoramalage, ca. 1,5 km vom Meer, an der Straße zwischen Plakiás nach Lefkógia führt eine Nebenstraße hinauf. Die freundliche Gastgeberin Astrid aus Deutschland betreibt das Haus mit ihrem Mann Manolis. Die ruhige Anlage gruppiert sich in L-Form um Rasenflächen. Die einfachen Zimmer sind mit gemauerten Schränken und Bögen versehen, für Familien gibt es doppelstöckige Räume. Abends kocht Astrid. Zu empfehlen wegen der ruhigen Lage. DZ ca. 40-70 DM. Tel. 0832/31340.

▶ **Buchten östlich von Damnóni**: Zwei schöne Buchten mit feinem Kies liegen etwa 10 Fußminuten östlich vom Damnóni-Strand, eine Fahrpiste führt hinüber und weiter nach Amoúdi. In der ersten Bucht, der *Schweinebucht*, wird das Wasser schnell tief, aufpassen mit Kindern. Gebadet wird in der früheren FKK-Bucht bekleidet und unbekleidet. Die andere Bucht, der *Mikró Amoúdi Beach*, liegt gleich dahinter.

Plakiás und Umgebung

> **Tipp**: Unter Wasser gibt es in etwa 3 m Tiefe ein großes Loch im Fels, das eine Verbindung zwischen beiden Buchten herstellt. Ein geübter Schwimmer kann problemlos hindurchtauchen – aber bitte nicht allein versuchen, immer jemanden mitnehmen, der notfalls helfen kann! Wenn man nachmittags zur Felswand schwimmt, sieht man unten das Loch als hellen Fleck, durch den die Sonnenstrahlen fallen.

▶ **Amoúdi Beach**: von Damnóni ein Stück in Richtung Osten, auf Asphalt von der Straße nach Lefkógia zu erreichen (oder auf einer Piste ab Damnóni). Schöne Bucht mit feinem, weißem Kies und einigen Tamarisken. Ein paar Duschen stehen am Wasser.

● *Übernachten/Essen*: **Amoudi**, etwas versteckt links der Zufahrtsstraße zum Strand. Sympathische Pension mit freundlichen Wirtsleuten, saubere Zimmer mit Du/WC und Balkon. DZ ca. 40-60 DM. Zum Strand etwa 200 m. Tel. 0832/31355.

In Mírthios: Essen mit Panoramablick

▶ **Mírthios**: Das hübsche Bergdorf klebt hoch am Hang über Plakiás. Viele Gäste kommen zum Essen herauf, denn von der terrassenförmig erweiterten Durchgangsstraße hat man einen großartigen Blick auf die Bucht – einer der schönsten Aussichtsbalkons Kretas!

● *Anfahrt/Verbindungen*: Die **Busse** von und nach Plakiás fahren zum großen Teil über Mírthios und halten am Platz im Ortskern. Rückweg nach Plakiás zu Fuß durch Olivenhaine hinunter, ca. 45 Min. Einstieg: vom kleinen Platz die Straße hinunter nach Osten bis zum Gebäude mit dem Schild "Dairy Cheese Serving Breakfast". Hier fängt der Pfad an.

● *Übernachten*: **Villa Armonia (Harmony)**, an der Kreuzung 500 m östlich vom Ort, dort wo die Straße nach Plakiás hinunter abzweigt. Neue, saubere Apartments bei Nikos Geroukakis und seiner Frau, seit

1998 mit Elektroheizung. Etwa 35-60 DM. Tel. 0832/31401.

Stella Velonaki, von Plakiás kommend gleich am Ortseingang links. Stella und ihre junge Familie haben in ihrem Haus einige Zimmer und Apartments zu vermieten, sogar eine Heizung wurde installiert (selten auf Kreta). Von der Veranda herrlicher Blick auf Bucht und Meer. DZ ca. 35-60 DM.

Kürzlich hat die Familie außerdem die **Villa Stella** am Hang über dem Ort gebaut. Es handelt sich dabei um eine großzügige Anlage mit vier Ferienwohnungen (für bis zu 4 Pers.). Sie besitzen jeweils eine komplett eingerichtete Küche, ein Wohnzimmer mit Schlafcouch, ein Schlafzimmer, ein schönes Bad und eine große Terrasse mit traumhaftem Blick auf die Buchten von Plakiás und Damnóni. Auch hier gibt es Heizungen und vor den Fenstern Moskitonetze. Bungalow ca. 60-100 DM. Tel. 0832/31821.

● *Essen*: **Panorama**, direkt am kleinen Platz im Zentrum, schöner Blick vom Balkon, viele Grünpflanzen und warmes Licht von Korblampen, gelegentlich klassische Musik. Engagiert geführt von Wolfgang Tusche aus Deutschland. Für seine interessanten kretischen Speisen verwendet er nur frische Produkte, gewürzt wird mit selbst gesammelten Kräutern. Spezialität sind vegetarische Gerichte. Nachmittags auch Kuchen.

Platia, weitere schöne Aussichtsterrasse, ordentliche griechische Küche, z. B. *Békri Méze* oder *Papoutsáki* (mit Hackfleisch gefüllte Auberginen).

Dionysos, erhöhte Terrasse an der Durchgangsstraße, etwas unterhalb vom Platz, ansprechend aufgemacht, frischer Fisch und Gemüsegerichte.

▶ **Séllia**: ursprünglich gebliebenes Bergdorf, gekrönt von einer markanten Kirche (Baujahr 1886) auf einem Felsklotz. Herrlicher Blick auf die Bucht von Plakiás.

> **Tipp**: Seit 1998 gibt es eine asphaltierte Straße hinunter zur Küstenstraße zwischen Plakiás und Soúda Beach. Wer aus Richtung Westen kommt, kann so die Fahrt nach Plakiás deutlich abkürzen.

▶ **Lefkógia**: freundliches Bauerndorf östlich von Plakiás, der letzte Ort vor dem Kloster Préveli. Die kleinen, schlichten Tavernen und Kafenia im Zentrum verführen zum Rasten. Eine steile, beschilderte Betonpiste führt hinauf zur abgelegenen Bucht von *Skinária*.

▶ **Asómatos**: ruhiges Dorf am Ausgang der Kourtaliótis-Schlucht, durchflossen vom Megalopótamos, der am Palmenstrand von Préveli ins Meer mündet. Da es einige Unterkünfte gibt, gut geeignet für erholsame Tage abseits vom Rummel. Wandertipp: In drei Fußstunden ist man unten am Préveli Beach. Einen Besuch wert ist das *historische Heimatmuseum* von Papás Michalis Georgoulakis. Sein Leben lang hat der mittlerweile in den Achtzigern stehende "Papa Michalis" alles gesammelt, was ihm zwischen die Finger kam. So entstand im Wohnhaus seiner Familie das Museum, das acht Räume umfasst. Auch der liebevoll angelegte Innenhof mit seinem üppigen Pflanzenschmuck ist einen Blick wert. Die Führung durch die Räume übernimmt Schwiegertochter Romi (→ Übernachten), Eintritt ca. 3 DM.

● *Übernachten*: **Antigoni**, Privatzimmer bei der Tankstelle an der östlichen Ortseinfahrt, ordentlich eingerichtet und sauber. Tel. 0832/31372.

Anthoula Soumbasaki, gemütliche Apartments neben Antigoni, ruhig, offene Terrasse mit kleinem Garten, herrlicher Blick auf das Tal. Die freundliche Wirtin spricht Englisch. Tel./Fax 0832/31006.

Villa Faragi, abgelegenes Haus mit schwäbischer Gemütlichkeit am Dorfrand inmitten von Olivenhainen. Romi aus Stuttgart, die Schwiegertochter von Papás Michalis, vermietet zusammen mit ihrem Mann Giorgios Georgoulakis vier DZ mit Kochgelegenheit, Kühlschrank und Heizung. Anfahrt: Asómatos am östlichen Ortsausgang verlassen, nach 800 m rechts hinunter abbiegen (vor

Plakiás und Umgebung

einer Kurve) und der Beschilderung in süd-lichen Richtung folgen. Tel./Fax 0832/ 31158.

• *Sonstiges*: Seit einigen Jahren gibt es in zentraler Lage von Asómatos die Töpfer-werkstatt **Ydria** von Stavros und Eleftheria Kalonaki. Tel. 0832/32225.

▶ **Kourtaliótis-Schlucht**: Diese eindrucksvolle Felsenschlucht, durch die der *Megalopótamos* fließt (im Sommer nur dünnes Rinnsal), verbindet die Region um Préveli mit der Hauptstraße von/nach Réthimnon. Die Straße verläuft etwas oberhalb des Schluchtgrunds, eine Einstiegsmöglichkeit gibt es z. B. bei der Kapelle *Ágios Kyrídonas*.

Plakiás/Wandern

Das hügelige Gelände um Plakiás und die grüne Kotsifoú-Schlucht mit dem fast immer Wasser führenden, gleichnamigen Bach bieten sich für Spaziergänge und Halbtageswanderungen geradezu an.

> **Tipp**: Eine brauchbare farbige Wanderkarte "The Plakiás Walker's Map" von Lance Chilton (1996) wird in den Geschäften angeboten. Ebenfalls erhältliche verkleinerte Kopien sind weniger empfehlenswert.

Wanderung von Plakiás nach Séllia

Einfacher Spaziergang durch die Olivenhaine zum Nachbarort.

• *Dauer*: etwa 50 Min.

• *Wegbeschreibung*: In Plakiás folgt man den Schildern zur Jugendherberge. An der Abzweigung vor dem Gebäude nimmt man den **westlichen Weg**, eine Schotterstraße, die am westlichen Talufer entlangführt. 8 Min. später kommen wir an einem Betonge-bäude vorbei (Wasser- oder E-Werk?), der Weg läuft parallel zum Hang. Nach ca. 200 m überqueren wir eine **Betonbrücke** über einen von Westen kommenden Bach, bei der nach der Brücke liegenden Abzwei-gung gehen wir westlich. Hinweis: An die-ser Betonbrücke ist der Abzweig zu einer der beiden alten Wassermühlen im Tal des Kotsífos (nach 100 m Schild "Zur Mühle OLD MILL"). Beschreibung der Mühle, die auch über die Jugendherberge zu erreichen ist, im Rahmen der folgenden Wanderung.

Der Weg nach **Séllia** führt jetzt im Zickzack den Talhang hinauf. Wenige Minuten später ist die Kirche von Séllia im Blick, und etwa 20 Min. später haben wir die Taverne im Ort erreicht. Zurück nach Plakiás geht es auf demselben Weg oder auf der weiter west-lich verlaufenden Fahrpiste.

Wanderung von Plakiás zu zwei Wassermühlen (und weiter nach Mírthios)

Der Weg ist mit "Old Mill" beschildert, wird allerdings im letzten Stück vor der zweiten Mühle ziemlich unübersichtlich. Mit kleinen Irrwegen muss man rechnen.

• *Dauer*: bis Mirthios etwa 1 Std. 15 Min.

• *Wegbeschreibung*: Von der Brücke über den Bach in Plakiás folgt man den Schil-dern zur **Jugendherberge** (Youth Hostel). Neben dem Herbergsgebäude teilt sich der Weg (Plakiás bzw. "Old Mill"). Nach 10 Min. durch die Ölberge stehen wir vor der Ruine der **ersten Mühle**. Erkennbar ist der auf ei-ner hohen Mauer befindliche Zulaufkanal, ebenfalls der turmförmige Wasserfallschacht. Ein-/Auslauf und das Mühlengebäude fehlen.

20 Min. später kommen wir zur **zweiten Mühle**, im letzten Stück muss man den Fahrweg verlassen und auf engem, über-wuchertem Pfad den Bachlauf entlangge-hen. Zur Mühle gehörten zwei Mahlwerke, die Wasserfallschächte lagen hintereinan-der, die Fallhöhe beträgt über 20 m. Vom al-ten Gemäuer hat man einen schönen Blick auf die Bucht von Plakiás.

Wenn man bei der Mühle die **Bogenbrücke** über den Bach nimmt und talaufwärts geht, gelangt man nach wenigen Minuten zu der in eine Felsnische gemauerten, schmucklosen **Kapelle** der Mühle.

Rückweg: Zwischen den beiden Mühlenge-

bäuden befindet sich ein Wegweiser nach **Mirthios**. Auf einem Trampelpfad erreicht man den Ort in 15 Min. u. kann den folgenden Spaziergang nach Plakiás anschließen.

Wanderung von Plakiás zum Strand von Damnóni

Einfache Tour über Feldwege zum nächsten Strand in Richtung Osten (→ Plakiás/Baden).

• *Dauer:* ca. 45 Min.
• *Wegbeschreibung:* Wir beginnen in Plakiás an der **Brücke** der Strandpromenade und gehen den Strand entlang geradewegs nach Osten bis zum letzten Hotel namens **Plakias Bay**. Auf der rechten Seite führt ein ausgewaschener Fahrweg um das Gebäude. Vor uns liegt ein Olivenhain an der Landseite des Kaps. Bei der anschließenden **T-Kreuzung** gehen wir nach Süden zu einem weiteren Olivenhain. Das in diesem

Hain sichtbare Landgut umgehen wir südlich (meerwärts). Nach Norden zeigt sich das Hügelland um Plakiás. Der Weg führt am Berghang entlang, ca. 35 Minuten nach dem Abmarsch überqueren wir eine Landstraße, die den Berg nach Süden hinauf führt. Wir gehen geradeaus talwärts einen Feldweg. Eine Viertelstunde später sehen wir den Damnóni-Strand, der Weg führt direkt an der östlich liegenden **Hapimag-Anlage** vorbei.

Wanderung von Lefkógia über Gianioú zum Kloster Préveli

Einfache Wanderung rund um den Berg Tímios Stavrós.

• *Dauer:* ca.1,5 Stunden.
• *Wegbeschreibung:* Mit Bus bis **Lefkógia**, dort beginnen wir unseren Weg. Von Plakiás aus kommend, gehen wir bei der ersten Abzweigung rechts (nach Süden) in Richtung **Tímios Stavrós** ("Heilig Kreuz"), den von allen Seiten sichtbaren, kegelförmigen Berg. Nach der Dorfkirche wählen wir an der Gabelung den bergseitigen Weg, vorbei am **Brunnenhaus**. Der Weg, eine Schotterstraße, führt nun mit leichter Steigung rund um den Tímios Stavrós, durch aufgegebene Felder und ohne Schatten. Nach fast 30 Min. erreichen wir die am Berghang gelegene Kapelle **Ágios Antónios**, in

der Nähe stehen auch Neubauten von Häusern. Nach einer weiteren halben Stunde erreichen wir **Gianioú**.
Es empfiehlt sich jetzt, den Weg nach Préveli zu erfragen. Der Weg führt nicht an der Kirche vorbei, sondern am Hang entlang. Nach etwa 50 m kommt man an einem **Brunnenhaus** vorbei (Quellwasser genießbar), die Straße wird zu einem geschotterten Fahrweg. Etwa 50 m hinter dem Brunnenhaus wählen wir an der Gabelung den bergseitigen Weg. Dieser folgt mit Abstand einer Zweidraht-Telegrafenleitung. Eine halbe Stunde nach Gianioú haben wir das **Kloster Préveli** erreicht.

Von Plakiás zum Kloster Préveli

Etwa 1 km östlich von Lefkógia zweigt eine beschilderte Asphaltstraße von der Durchgangsstraße ab. Es geht in das fruchtbare Flusstal des Megalopótamos mit prächtiger Vegetation aus Zedern, Zypressen, Johannisbrot und Platanen.

Nach etwa 2 km trifft man links der Straße auf eine venezianisch anmutende *Brücke*, die allerdings, wie man einer Inschrift entnehmen kann, erst Mitte des 19. Jh. erbaut wurde. Als formvollendeter, eleganter Bogen schwingt sie sich über das breite, sogar im Sommer recht kräftige Flüsschen.

Hier gabelt sich die Straße: Geradeaus geht es weiter zum Kloster Préveli, nach links führt eine Schotterpiste über den Fluss zum Meer hinunter (→ unten). Wenig später, nach einer Steigung, liegen links der Straße zum Kloster die schwarz-grauen Ruinen des Klosters *Káto Préveli*, ein Nebenkloster des

Plakiás und Umgebung

Die Ruinen von Káto Préveli, im Hintergrund die Kourtaliótis-Schlucht

Klosters Préveli. Hier lebten Mönche zusammen mit Landarbeitern, die die umliegenden Ländereien des Klosters bestellten. Anfang des 19. Jh. wurde es während der Aufstände gegen die Türken völlig niedergebrannt und ist seitdem verlassen. Hinter Káto Préveli führt die Straße im Bogen vom Flusstal weg und schraubt sich hinauf in die rostbraunen, kahlen Felshänge. Landschaftlich großartig ist vor allem der tiefe Schluchteinschnitt, an dessen Grund der Megalopótamos fließt. Am Ende der Straße liegt das Kloster Préveli 170 m über dem Meer.

> **Tipp**: Für Wanderer interessant ist auch die andere Möglichkeit, das Kloster Préveli zu erreichen, nämlich bis Gianioú (südlich von Lefkógia) gehen oder trampen und von dort in einer bequemen halben Stunde auf breiter Fahrpiste über den Berg zum Kloster laufen. Auch mit dem Fahrzeug ist diese Variante möglich.

Kloster Préveli (auch: Píso Préveli)

Ausgesprochen hübsches Kloster, weitab von jeder Ortschaft inmitten der felsigen Küstenlandschaft. Populäres Ausflugsziel für alle Urlauber in Plakiás. Derzeit bewohnen nur zwei Mönche das Kloster, doch die Besichtigung ist mit eigens dafür eingestelltem Personal organisiert.

Durch ein großes Tor betritt man die luftige Anlage aus terrassenförmig versetzten Höfen, die zum Hang hin von Wirtschaftsgebäuden und Mönchszellen begrenzt sind. Im Hof unterhalb der Kirche ist ein alter *Quellbrunnen* erhalten. Er trägt den alten orthodoxen Sinnspruch: Niψon Anomimata Mi monan

Oψin ("Reinige deine Seele und nicht nur dein Äußeres"), der auch rückwärts gelesen werden kann. Das benachbarte *Museum* beherbergt in einem lang gestrekten Gewölbe die sakralen Schätze des Klosters, u. a. vergoldete Kelche und Kreuze, Weihegaben von Gläubigen, reich bestickte Abtgewänder und alte Ikonen. Im oberen Hof steht die zweischiffige *Klosterkirche*, 1836 erbaut und 1911 restauriert. Im Inneren findet man eine prächtige Altarwand aus Zypressenholz (wegen seiner Dauerhaftigkeit ein Symbol der Ewigkeit), einen reich geschnitzten Bischofssitz und eine ebenso üppig verzierte Kanzel. Auch das wertvollste Stück des Klosters wird hier verwahrt, das goldene und mit Edelsteinen besetzte *Kreuz des Evraim Prevelis*, das einen Splitter des Kreuzes Jesu beinhaltet. Mit ihm werden alljährlich am 8. Mai, dem höchsten Feiertag des Klosters, Augenkranke gesegnet, für deren Heilung Préveli bekannt ist.

Kloster Préveli: Zentrum des Widerstands

Im 18. und 19. Jh. war Kloster Préveli eins der wichtigsten Zentren des kretischen Partisanenkampfs gegen die Türken, besaß eine Geheimschule und einen verborgenen Versammlungsraum. Hier trafen sich die Widerstandskämpfer aus den Bergen mit den Mönchen, die sie mit Lebensmitteln, Waffen und Munition ausstatteten und ihnen die neuesten Nachrichten zukommen ließen. Das Kloster wurde deshalb mehrmals niedergebrannt und verwüstet, das letzte Mal 1867. Für den Freiheitskampf opferte das Kloster den Großteil seines Kirchenschatzes.
Auch im Zweiten Weltkrieg diente Préveli als geheimer Schlupfwinkel für zahlreiche englische, australische und neuseeländische Soldaten, die sich hier mit Hilfe der Mönche vor den deutschen Truppen solange versteckten, bis sie mit U-Booten der Alliierten vom Strand an der Mündung des Megalopótamos nach Ägypten evakuiert werden konnten.

● *Verbindungen*: Es gehen mehrmals täglich **Linienbusse** ab Plakiás, der letzte zurück um 17.45 h (Stand '99). Außerdem wird das Kloster von einer **Bimmelbahn** angefahren (→ Plakiás).

● *Öffnungszeiten/Preise*: tägl. 9-14, 15.30-20 h (saisonal bedingte Änderungen möglich), ca. 3.50 DM, EU-Stud. frei. Lange Hosen sind für Männer nicht mehr obligatorisch, Frauen müssen jedoch Leihröcke und Tücher überziehen.

Palmenstrand von Préveli

Der Strand tief unten am Ende des Flusstals ist ohne Zweifel eine der schönsten Badestellen der Insel. Die in den letzten Jahren durch "Langzeiturlauber" arg mitgenommene Bucht ist auf dem Weg zur Besserung, Schutzmaßnahmen scheinen vorerst gegriffen zu haben.

Wer die Straße durch die kargen Felsen zum Kloster Préveli fährt, ahnt nicht, was ihm nur wenige hundert Meter darunter entgeht. Ein nahezu subtropisch anmutender Dschungel aus Palmen, Eukalyptus, Mastix, Oleander und vielen anderen Baum- und Straucharten breitet sich dort zu beiden Seiten des glasklaren Flusses aus. Am Ausgang zum Meer bildet er einen Lagunensee, davor liegt ein weißer Sandstrand. Am Seeufer steht das kleine Kirchlein Ágios Sávvas. Das Ganze ist eingeschlossen von turmhohen Felswänden, die einen vor allem im hinteren Teil des Tals beim Hinaufblicken fast schwindlig werden lassen. Vergleiche wie "paradiesisch" oder "Garten Eden" drängen sich förmlich auf ... Doch das Paradies ist entdeckt. Seit einigen Jahren kommen massenweise Tagestouristen, die täglich mit randvollen Badebooten aus Plakiás herüberschippern. Dazu gesellen sich zahlreiche Ausflügler, die ihren fahrbaren Untersatz oberhalb vom Tal oder in der Nachbarbucht abstellen und herüberlaufen.

Anfahrt/Verbindungen

Für **Motorisierte** gibt es zwei Möglichkeiten, zum Préveli Beach zu gelangen. **Fußwanderer** haben noch eine dritte. Wer es sich ganz leicht machen will, fährt mit den täglichen **Badebooten** ab Plakiás. Hinweis für Wanderer: Man darf ein Boot für die Rückfahrt nur benutzen, wenn man es bereits für die Hinfahrt genommen hat. Man kann aber vom Kloster Préveli mit dem Bus nach Plakiás zurückfahren.

● *Bequemste Variante*: die Asphaltstraße zum Kloster Préveli fahren und etwa 1,5 km vor dem Kloster nach links in einen seit kurzem **asphaltierten Seitenweg** auf ein kahles Hügelplateau über dem Flusstal abbiegen. Am Straßenende großer gebührenpflichtiger **Parkplatz**, von dort kann man auf gut ausgebautem Weg nach links in die Bucht hinuntersteigen. Insgesamt problemlos und schnell zu machen. Auch Fußwanderer, die schnell und bequem ans Ziel gelangen wollen, sollten diesen Weg nehmen!

● *Langwierige Fahrt, aber weniger zu laufen*: bei der oben erwähnten **"venezianischen" Brücke** über den Megalopótamos fahren und gleich nach dem Fluss **rechts** abbiegen. Diese Piste führt im weiten Bogen über den Flusstal in die **östliche Nachbarbucht** des "Palm Beach". Unterwegs aufpassen: Nach einer **Brücke** über den Nebenfluss Bourtzoúkos kommt eine Gabelung, an der man links weiterfahren muss. Dieser Fahrweg ist ca. 5 km lang und **sehr schlecht**, sehr langsam und keinesfalls ohne intakten Reservereifen fahren! In der Bucht stehen zwei ordentliche **Tavernen** am wenig ansehnlichen Kiesstrand (→ unten). Nach rechts kann man auf einem gut ausgebauten und mit Holzzaun gesicherten **Fußweg** in wenigen Minuten in die Nachbarbucht hinübersteigen.

Badevergnügen am Palmenstrand von Préveli

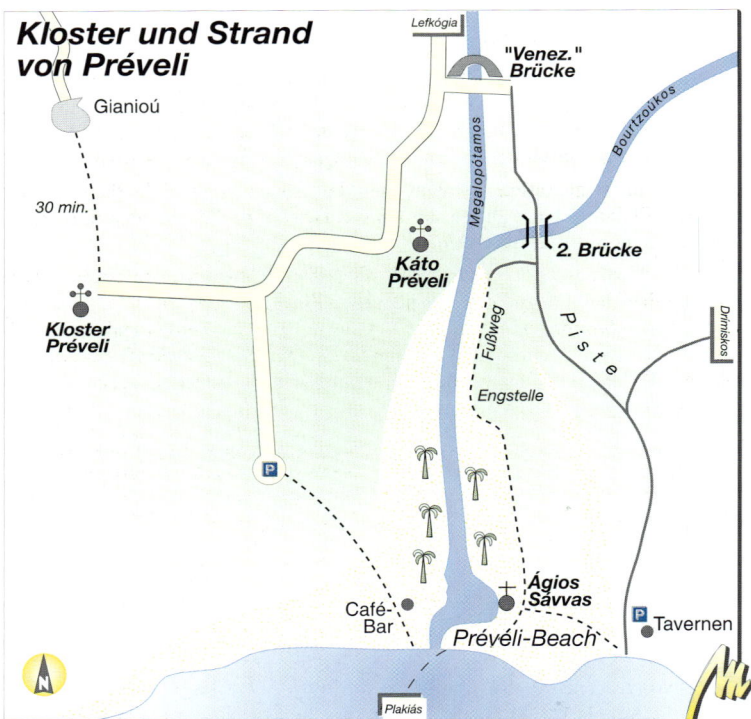

Kloster und Strand von Préveli

Lefkógia

"Venez." Brücke

Bourtzoúkos

Gianioú

Megalopótamos

30 min.

Káto Préveli

2. Brücke

Kloster Préveli

Fußweg

Piste

Drimískos

Engstelle

P

Café-Bar

Ágios Sávvas

Préveli-Beach

P Tavernen

N

Plakiás

• *Fußweg durch die Schlucht*: Der **direkte Fußweg** durchs Flusstal ist zwar möglich, jedoch landet man immer wieder im Gestrüpp, muss über einige große Felsen klettern und auch hin und wieder durchs Wasser waten oder sogar schwimmen.   Besser ist es, von der **"venezianischen" Brücke** in ca. 2 Std. das Flusstal entlang zum Strand zu wandern, indem man an einer Stelle zum oberen Schluchtrand hinaufklettert und dort (mit tollem Blick in die Schlucht!) bis zum Meer weiterläuft, wo man problemlos wieder absteigen kann. Man nimmt dazu den oben beschriebenen Fahrweg über den Megalopótamos (nach der Brücke rechts).

Nach einer zweiten gepflasterten **Brücke** zweigt rechts eine Piste ins Flusstal ab. Bald nach der Brücke kommt man zu einer **Klosterruine**. Hier gibt es drei Wege, der linke führt den Berg hinauf, der rechte direkt ins Tal. Der **mittlere**, neu angelegte Weg führt ohne große Steigungen bzw. Gefälle den Hang entlang. Er mündet am Ende in einen kleinen **Pfad**, der durchgängig rot markiert ist, allmählich ansteigt und eine Engstelle hoch über dem Fluss umgeht. Man läuft durch teilweise wegloses Gelände immer oben am Schluchtrand entlang, bis man die Palmen am Préveli Beach und die Nachbarbucht mit der Taverne sieht.

Essen/Übernachten

Bereits vor 15 Jahren hatte Jorgos unten am Strand eine **"Café-Bar"** aufgemacht, inzwischen wird sie von seiner Tochter "Mamada" und ihrem Mann Stavros geführt. In der östlichen Nachbarbucht, wo man

sein Auto parkt, stehen zwei **Tavernen** mit schönen, schattigen Terrassen, die zum Verweilen und Essen einladen. Auch Zimmer kann man hier mieten.

Östlich von Préveli

Die Straße von Réthimnon führt über Spíli in den viel besuchten Badeort Agía Galini. Vor allem östlich von Spíli wird die Fahrt eindrucksvoll. Es geht ein weites, lang gestrecktes Tal entlang – links das schroffe *Kédros-Gebirge*, rechts die Küstenberge, hinter denen sich einige abgelegene Strände verstecken.

▶ **Bále:** Busumsteigestation etwas südlich der Abzweigung nach Plakiás (über Koxaré). Plakiás ist nur durch die enge *Kourtalíotis-Schlucht* oder die weiter westlich gelegene *Kotsifoú-Schlucht* zu erreichen.

▶ **Spíli:** Die "Gartenstadt" liegt am Fuß einer steilen Felswand, inmitten herrlicher, waldreicher Umgebung. Ein hübscher Platz zum Rasten ist der venezianische *Löwenbrunnen* inmitten des Ortes. Aus 19 Löwenköpfen und sechs weiteren Öffnungen sprudelt das Wasser aus den Quellen oberhalb der Stadt. Gemütliche Kafenia und Tavernen findet man an der gewundenen Dorfstraße.

• *Übernachten*: **Green**, C-Kat., am Ortsausgang nach Réthimnon, über und über mit Blumen bedeckt. Unten gemütlicher Frühstücksraum/Bar, das Treppenhaus hübsch ausstaffiert mit Gummibäumen und Kletterpflanzen. Hinter dem Haus ruhige Terrasse, von den blumengeschmückten Balkons weiter Blick. DZ ca. 35-50 DM. Tel. 0832/22225.
Herakles, Pension direkt hinter Hotel Green, geführt von einer netten Familie, ruhig, sauber, geschmackvoll möbliert, gutes Frühstück. DZ ca. 35-50 DM. Tel. 0832/ 22411. Außerdem werden viele Privatzimmer vermietet, z. B. **Rooms Vangelis**, von Réthimnon kommend 300 m nach dem Ortseingang rechts. Tel. 0832/22266.
• *Essen*: **Spili**, liebevoll aufgemachte Taverne an der Straße nach Réthimnon rechts, weitab vom touristischen Ortskern.
Leserempfehlung für **Giannis** an der Hauptstraße, "preiswert und sehr leckeres *gíros*".

▶ **Lambiní:** etwas nordwestlich von Spíli, kleines Dorf mit einer sehenswerten Kreuzkuppelkirche, in der angeblich ein Massaker stattgefunden hat – die Türken sollen die in der Kirche Versammelten ausgeräuchert haben. Der Innenraum ist noch heute schwarz und wird zum Gedenken nicht renoviert.

▶ **Strand von Akoúmia**: Vom Dorf *Akoúmia* kommt man auf einer etwa 12 km langen, gut ausgebauten und panoramareichen Asphaltstraße zu einem herrlichen, bisher fast menschenleeren Sandstrand. Unterwegs sieht man überall die Spuren heftiger Brände. Offensichtlich ist das touristische Kapital dieser bisher gänzlich unberührten Region von skrupellosen Grundstücksspekulanten entdeckt worden. Am Meer angekommen, trifft man auf einen gut 1 km langen, ganz flachen und breiten Sandstrand, im Osten abgeschlossen durch die markanten Felsen von Triopétra. Eine äußerst einsame Ecke, erholsam und völlig ruhig – und das mitten in Kreta. Inzwischen beginnt zögernd die touristische Erschließung, es gibt bisher zwei Tavernen am Strand und eine Handvoll Zimmervermieter.

Plakiás und Umgebung

Sach-und Personenverzeichnis

Geographisches Verzeichnis